명리대요
(下)

雲情 秋一鎬 著

도서출판 청 연

▍발간에 부쳐,!! ▍

역학에 입문한지도 30여년 아직까지도 완전히 정립되지 않은 명리학에 미련을 떨쳐 버리지 못한 나는 헛된 일인줄 알면서도 자주 서점의 역학코너를 찾게 된다. 어느날 다시 대구의 어느 큰 서점에서 역학서적을 살펴 보던중에 그전에 보지 못하던 명리비전이란 책을 접하게 되었다.

모든 역학서적이 그렇듯이 짜집기한 책이거나 아니면 흥미위주의 황당한 도사이야기이고, 어쩌다가 새로운 시도를 하여 기존 역학서적과는 다른 전혀 새로운 차원의 책이 없잖아 있지마는 거의가 비슷한 수준의 책들뿐이라서 실망이 이만저만이 아니었는데 명리비전의 내용을 살펴본 결과 내용의 정밀함은 물론 사주와 대운과의 관계가 아주 자세히 서술되어 있었다.

책 내용중 의문스러운 부분이 있어서 실례를 무릅쓰고 저자와 통화를 하게된 후 늦가을 어느 오후 혼자 라면을 끓여 드시는 선생님과의 첫 만남이 이루어졌다. 먼저 박정희 전 대통령의 용신에 대한 이야기였는데 기존 명리학의 용신법으로 보면 신약인데도 신왕으로 설명되는가 하면 신왕으로 해석을 해도 어떻게 신왕이 되는지에 대한 설명이 부족하고 하여 선생님에 대한 견해를 피력하였던바 분명히 신왕이며 신왕신약을 가리는데 있어서는 분명한 공식이 있다는 것이었다. 이리하여 운정선생님과 역리학회와의 인연으로 인하여 명리학에 새로운 눈을 뜨게 되었다.

평소에도 평리대요를 두고 말씀하시기를 내 마지막 역작이며 내 죽은 후에도 이책으로 인하여 명리학의 많은 발전이 있을꺼라고 하시며 해맑게 웃으시면서 우리 운정역리학회는 명리비전과 용신비법 그리고 마지막으로 명리대요가 있음으로 해서 타 학회와는 질적으로 많이 다를꺼라고 말씀하시곤 하던 책이 이제 정식으로 활자되어 나오게 되니 그 감회가 새롭다.

이제 명리대요가 빛을 봄으로 인해 운정선생님의 뜻과 같이 명리학회에 많은 공헌을 하리라 믿으며 선생님의 명리학에의 열정과 넘치는 자신감이 담긴 선생님의 여러저서들을 내 30여년 현직 명리인으로써 감히 필독을 권하며 간절히 선생님의 명복을 빌며 이만 줄인다.

대구 보리암선원 주지 신혜명 합장

서 문

命理大要 上, 中, 下권을 모두 마치면서,!!

천리길도 한 걸음이라고 하였던가....

길고 긴 세월 속에 집필한지도 어언 7년,!!

실제인물을 찾아 삼천리 방방곡곡을 헤메면서 문전걸식을 하다 보니 이제는 부끄러움도 없으며 오히려 자랑스럽다.

추운 겨울에 불도 들어오지 않는 냉방에서 집필을 하다보니 꽁꽁 얼어붙은 볼펜을 잡은 손길이 떨리고, 굳어지던 어느 시절에는 정말 힘들었고 괴로웠으나 어느새 집필을 마치는 글을 쓰고 있다.

처음 사주추명학을 독학으로 입문하던 시절은 내 나이가 18세로 기억하고 있는데 이제 반편생을 속절없이 나이만 먹고 지금 이 순간까지 끝없이 매달려 왔던 시간이 공허하게 느껴진다.

세월의 굴레는 허망하고 덧없는 것! 한 인생을 번민과 고통속에서 오직 명리의 독파라는 일념 때문에 그 한가지에 뜻을 두고 달려왔던 것이 이제는 정리가 되고 있지 않는가?

정말 참으로 힘들었던 시절이니 호랑이는 죽어 가죽을 남기고 사람은 죽어 오로지 석자의 이름을 남긴다는 고대 성현의 말씀을 기억하고 되새기면서 본 서 命理大要는 아마도 사주추명학상 하나의 체계를 이룩할 수 있는 조그만한 깃털이 될수 있으리라는 자부심으로 본인은 그 어려웠던 지난 시절을 마음으로 조금이라도 위로를 하여본다.

세상의 역학자들이여,!!

그래도 雲情 秋 一鎬는 지금 혼탁한 명리의 세계에 참신하고 개척스런 선구자의 역할을 하였던 저자(著者)라는 말 한마디만 있다면 본인은 지금까지 모든 고생의 위로를 받을 수가 있겠다.

먼훗날에 지금의 사주추명학이 선구적인 역할을 하여 세상사람들의 앞길을 인도하여 주는 희망의 등불로 거듭나고 있을 때 그 때는 진정 지금의 천대받는 역학자들이 상류사회의 계급으로 우뚝 서는 시절이 반드시 오고 있을 것이다.

끊임없는 정열과 노력으로 지금의 본 저자 이상으로 새 시대에 걸맞는 명리의 비법(秘法)을 창출해내도록 증진과 열의를 다하도록 부탁하고 싶다.

낡은 수레는 구르지 못하고 인생이 늙어지고 병들면 한줌의 흙으로 돌아간다....

명리학의 초석이 되고 먼 훗날 자랑스런 우리 역학의 후학들이 마지막 본 저자가 작고(作故)한 뒤에도 그나마 본 저자를 잊지 않고 생각해주고 불러주는 학자들이 있다면 그 때는 진정 죽은 혼백이나마 영광스러운 축복이라 생각하겠다.

아쉬운 세월의 뒤안길에서 한 줄기 긴 한숨을 몰아치며 그 때는 진정 우리 후학자들에게 내 언젠가 다시 말할 날이 있지 않겠는가.....?

雲　情

일러두기

본서 명리대요는 운정선생의 집념과 끊임없는 탐구의 정신이 담긴 책이다.

철학관을 찾아오는 고객들의 사주명식을 매일같이 연구하고 명리학의 고서나 다른 저자분들의 이론, 그리고 선생본인의 이론에 맞추어 변화가 예상되면 언제나 전화를 걸어 확인하고 묻고 하기를 근 10여년...

선생을 찾았던 고객들의 사주명식이 닳고 헤어져 누더기가 되어감에 따라, 하나씩 둘씩 정립된 이론들이다. 더러는 의문덩어리를 짊어지고, 이론을 확인할 사주 당사자를 찾아나서기도 더러는 대가분들을 찾아 엎더려 묻기도....

오로지 운명(運命)이라는 두글자의 화두를 풀기위해 그는 노력했다.

이러한 과정 끝에 만들어진 이 책은 선생의 저서 명리입문, 명리비전(上)(下) 그리고 명리대요로 이어지는 연속선상의 책이다. 초급, 중급, 고급의 순으로 쓰여진 책이고 명리입문이 초급자를 위한, 명리비전이 중급자를 위해 이론적 체계를 나열한 책이라면 명리대요는 소위 한 역학자의 개인적인 비법서이다.

중급수준을 끝낸분들이 한결같이 마주치는 역(易)이라는 거대한 벽은 사실 혼자서 해결하기엔 오랜 시간과 경험 그리고 이루 말할 수 없은 시행착오와 고뇌의 과정을 거쳐야할 문제이다. 공유하지 않는 지식은 지식으로서는 가치가 없는 것이다. 그럼에도 불구하고 역학만큼은 그 독특한 성격으로 인해 이론적 체계를 나열하고 설명하는 것은 별론으로 하더라도 이책 명리대요처럼 대가의 종합적이고 정치한 시각이 담긴 서책은 드물다.

본서 명리대요는 인생의 각 주제별로 선생의 이론적 체계를 나열하고 실제 인물의 사주를 통해 구체적이고 상세하게 선생의 이론을 증명해 나가고 있다. 본서 명리대요를 통해 독자들은 선생께서 무엇을 어떤 시각에서 바라보고 그가 나열한 소위 비법이라는 이론을 통해 자신의 역학실력을 상당부분 업그레이드(Upgrade) 시킬 수 있으리라 확신한다.

더러 미흡하고 부족한 부분은 공부하는 사람들의 몫이라 생각하고,

더욱 정밀하고 깊이있는 연구가 행해져 이러한 시도가 역학발전의 한 계기가 되기를 바란다.

차례

命理大要(下)

제1장

추명의 응용(推命 應用)

*. 사주추명(四柱推命)의 응용(應用)은 인간의 사주팔자를 분류한 뒤 실제의 감정을 하는 것으로 격국(格局) 및 용신(用神)을 정한 후 육신을 표출하여 사람의 직업 및 대운(大運)의 흐름과 같이 접목시켜 인생총운을 총 망라하는 것이다.

제1장

추명의 응용(推命 應用)

1. 직업(職業)의 분류

오늘날의 직업에는 옛날과 달리 대단히 많은 직업을 가지고 있겠으며 그 종류도 관록(官祿)을 가지는 것부터 말단 하류계 부분까지 작게는 수백 종류이고 많게는 수천 가지로 그야말로 직업에 귀천(貴賤)이 없을 정도로 다양하다.

이 모든 것을 한꺼번에 전부 기술하려고 해도 지면상 한정되어 있는 것이 되니 그 중에서도 중요한 부분만 저자가 실제경험을 토대로 직업의 분류로 정리 하는 것이므로 학자는 이와 같은 직업의 특성을 백분 활용하여 감정에 취용하기 바란다.

제1장

*. 관 록 (官 祿)

*. 관록(官祿)의 부분에는 최고 직급인 대통령부터 아래로는 말단 공무원까지 그 직위분포가 대단히 광범위하게 나타나고 있는데 본장에는 역대 대통령의 격국을 주로 간명에 준하였다.

(1). 관록(官祿)의 팔자

관록(官祿)에는 아래로는 소관말직부터 위로는 군주나 대통령에 이르기까지 여러 등급이 있다.

따라서 사주팔자의 기본적인 루트를 파악함이 필요한데 그 중에서 전편 命理秘典 上권과 下권에서 이미 설명한 격국(格局)의 청탁(淸濁) 및 용신(用神)의 강령함의 차이에 따라 그 등급을 주어야 할 것이다.

더하여 하나의 사주팔자의 기준을 놓고 이상과 같이 감정하여 이 모든 부분에 대해 사주의 주인공이 팔자가 아무리 좋다고 해도 학업이 중단되는 현상이 일어나면 학업을 계속하지 못하는 관계로 관록의 대열에 서지 못하게 될것이다.

그렇다면 본 저자는 이상과 같은 취지를 생각하여 볼 때 아무리 뛰어난 격국(格局)이 된다해도 사주주인공의 초년대운인 약15세부터 30세를 전후로 대운의 흐름이 정히 용신이나 희신의 운로로 치달리고 있어야 학업중단이 없을 것이며 따라서 이와 같은 관록(官祿)의 성취함도 자연스럽게 이루어진다고 판단하여야 된다.

결국 관록(官祿)은 이하 타 직업도 마찬가지가 되겠지만 사주의 격국이 얼마나 순수한가, 그리고 용신이 강령한가, 더불어 대운의 흐름이 필수적으로 용신이나 희신의 운로로 치달리고 있어야 이와 같은 관록(官祿)의 대열에 자리매김을 할 수 있다고 귀착하는 것이다.

(가). 관록(官祿)이 있는 운명,!

● 일간이 신왕하고 "관성"(官星)이 쇠약한 중에 "재성"이 "관성"을 생조 할 때,!

● 일간이 신약하고 "관성"이 왕성(2개정도 있는 것)한 사주에 "관성"이 "인성"으로 생조하고 "재성"이 없을 때,!

● 신왕하여 "비겁"이 중첩되고"재성"이 쇠약한 사주에 관성이 "비겁"을 억제할 때,!

● 신왕하고 "재성"이 "인수" 및 "편인"을 억제하는 사주에 "관성"이 이것을 연결시키고 있을 때,!

● 신왕하고 "관성"과 "재성"이 모두 지장간에 암장되어 있는 사주,!

● 신왕하고 "인수"가 천간에 투출되어 있고 "관성" 역시 사주천간에 투출되어 있는 사주,!

● 신왕하고 "관성" 또한 강력한 사주에 "편인","인수"가 일간과 근접하여 서로 상생 시킬 때,!

● 일간이 신약하여 "비겁"이 용신 및 희신인 사주에 "관성"이 "편인"이나 "인수"를 생조할 때,!

●신왕하고 "재성"도 왕성한 중에 "관성"이 강력한 "재성"의 기운을 누출시키고 있을 때,!

●일간이 신왕하고 "관성"도 왕성한 사주에 "재성"이 없거나 경미할 때,!

●신왕하고 "관성"이 사주에 없으나"삼합""육합"하여 "관성"의 기운이 나올 때,!(삼합하여 관성이 나올 때는 일간이 약간 신약해도 관록을 가짐)

※참고로 고서(古書)에는 "관성이 왕성하고 식상이 있을 때",!에도 관록을 가진다고 적고 있으나 이것은 일간의 신강, 신약을 결정하지도 않고 더하여 격국의 청탁(淸濁)여부도 파악되지 않은 채 기술한 것은 고서(古書)의 오류라고 감히 지적한다.

따라서 전자에 위의 여러 사항을 말하였지만 무엇보다 격국(格局)이 순수하여야 되겠고 사주상의 용신이 강령하여야 됨은 두말할 필요가 없을 것이며 대운의 생조가 필수적임을 첨언하고 싶다.

※참고로 관록의 팔자는 사주원국이 木, 火, 土, 金, 水의 유통됨을 기뻐하며 일간이 신왕하고 더하여 "정관"이나 "편관"을 용신으로 삼는 유형이 관록을 쥐게 되는데 한편으로는 위의 사항과 부합하면서 사주 내 "寅-巳-申"이나 "丑-戌-未"등의 삼형을 동반하는 사주팔자가 다소 관록이나 권력에 종사하는 것을 저자는 많이 보

고 있다.

※참고로 사주가 일간이 신왕하여 정관을 용신을 삼는 경우가 있는데 그러나 정관의 곁에 가깝게 상관이 바로 마주보고 있다면 관록의 대열에 서지 못하는 경우도 발생한다.

그것은 일간이 신강, 신약을 불문하고 정관이 있어 상관을 보고 있다면 4길성("식신" "재성" "정관" "인수")과 4흉성("겁재""상관""편관""편인")이 상극되는 의미가 되니 오히려 정관의 귀함을 깨어버리고 재화가 속출하니 관록의 대열에 서지 못하는 현상을 저자는 많이 보고 있다.

(예1).고서(古書)에 나오는 중국의 청(淸)나라 때 강희황제(康熙皇帝) 사주,!

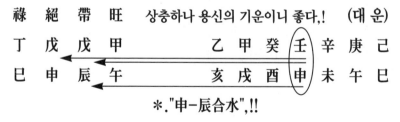

祿 絕 帶 旺 **상충하나 용신의 기운이니 좋다,!** **(대 운)**

丁 戊 戊 甲 **乙 甲 癸 壬 辛 庚 己**

巳 申 辰 午 **亥 戌 酉 申 未 午 巳**

***."申-辰合水",!!**

인수 비견 편관

火 (土) 土 木

火 金 土 火

편인 식신 비견 인수

＊대운천간 壬水가 비록 사주 일, 월상에 戊土를 壬-戊 상충하나 일간이 신왕한 중에 용신의 기운이고 대운 지지 申金이 申-辰合水하니 대단히 승승장구하는 것을 알 수가 있다.!

＊. 일간의 왕쇠(旺衰),!

戊일간 辰월에 출생하여 득령하고 년지 午火 인수의 제왕지에 그 뿌리를 두고 다시 시지 편인 巳火의 제왕지에 앉아 시상에 丁火 인수가 투출되어 있으니 일간 戊土가 신왕하다.

이렇게 일간 戊土가 신왕하면 이것을 적절히 억제할 수 있는 오행이 필요한데 다행스럽게 일지 申金 식신이 자리잡아 왕성한 일간의 기운을 자연스럽게 누출시키므로 대단히 좋게 되어 있다.

더하여 일지 申金 식신은 월령 辰土 비견과 申-辰合水하여 그 뿌리를 튼튼히 하고 있으므로 금상첨화이며 또한 일간 戊土와 유정(有情)하니 사주원국이 어느 하나 버릴 것이 없는 절묘한 배합을 이루었다할 것이다.

＊. 격국(格局)과 용신,!

격국(格局)을 살펴보면 사주원국의 월지에 辰土 비견이 자리잡아 일간 戊土가 신왕하여 "신왕월지건록격(身旺月支健祿格)"이 성격(成

格)되니 약간의 자존심과 고집스러운 면이 돋보인다.

고로 용신은 "인중용재격(印重用財格)"으로 인성 火氣와 비겁 土氣가 강하여 일간 戊土가 신왕하고 있으니 인성과 비겁을 억제하는 재성 水氣를 용신하고 재성 水氣를 생조하는 식상 金氣는 희신으로 삼는 것이 마땅하다.

여기서 관성 木氣의 경우는 년간 甲木이 투출되어 있으나 일간 戊土와 원격하여 무정(無情)하고 더하여 인성 火氣가 강력하게 작용하고 있으므로 관성木氣의 경우는 평길이 된다고 본다.

***. 격국에 대한 판별,!**

한편으로 사주원국을 살펴보니 용신인 재성 水氣는 일지 申金 식신의 지장간 중기(中氣)에 壬水와 월령 辰土의 지장간의 癸水가 존재하여 있으나 월령과 일지간에 申-辰合水하여 암합리에 재성 水氣가 만들어지고 있으므로 비록 세운이나 대운에서 보아야 하는 가용신(假用神)을 채택하지 않아도 좋게 되어 있는 것이다.

위 사주주인공은 청(淸)나라 때 강희황제(康熙皇帝)사주로서 역대 제왕(帝王)중에서 부귀공명을 한 몸에 받았던 제왕(帝王)으로 사주팔자가 정신기(精神氣)삼자가 충족되어 만족하는 사주이며 비록 木, 火의 기운이 사주에 강하여 조후법상 水氣를 필요로 하는 현상이 일어나고 있으나 다행히도 申-辰合水하고 巳-申合水하여 조후법을 완전히 충족하고 있으니 사주가 절묘하게 이루어졌다 하여도 과언이 아니다.

고서(古書)에는 부왕(父王) 때는 어려운 난국이 있었으나 본인 때에는 나라 안밖이 태평성대를 이루었고 더하여 대운 역시 말년이 서방 申-酉-戌로 흐르고 있었으므로 수명 또한 갖추어진 인물로 고서(古書)에는 적고 있다.

(예2). 故 박 정희 전대통령의 사주.! (1917년 음력 9월 30일 寅시)

(대 운)

絕	祿	病	生	乙-辛 상충,!	62	52	42	32	22	12	2
戊	庚	辛	丁		甲	乙	丙	丁	戊	己	庚
寅	申	亥	巳		辰	巳	午	未	申	酉	戌

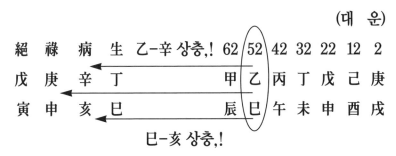

巳-亥 상충,!

편인		겁재	정관
土	(金)	金	火
木	金	水	火
편재	비견	식신	편관

＊대운천간 乙木이 사주월상 辛金을 乙-辛상충하고 다시 대운지지 巳火가 월지 亥水를 巳-亥 상충하여 가격한 중에 다가오는 62세 대운천간 甲木이 일간을

甲-庚 상충이 되어 간접적으로 영향력을 행사하므로 흉사의 운명을 피할 수가 없다.!

故 박 정희 전대통령의 사주이다.!

*. 일간의 왕쇠(旺衰),!

庚일간 亥월에 출생하여 비록 실령(失令)하였지만 사주원국에 일지 申金 비견을 중심으로 하여 득지(得地)하며 다시 십이운성의 제왕지에 뿌리를 두면서 월상 辛金 겁재 양인이 투출되어 있는 중에 더하여 시상 戊土 편인까지 일간 庚金을 생조하고 있으므로 신왕이다.

이렇게 일간 庚金이 신왕하면 이것을 적절히 억제할 수 있는 오행이 필요한데 다행히도 월지 식신 亥水가 자리잡아 신왕한 일간 庚金의 기운을 자연스럽게 누출시키고 있고 더하여 시지 寅木 편재와 년지 관성 火氣가 역시 적절히 자리잡아 일간 庚金을 단련시키고 있으므로 대단히 좋게 되어 있다고 하겠다.

한편으로 볼 때 계절이 亥월인 추운겨울이므로 제일로 관성 火氣로 일간 庚金을 적절히 데워줄 필요가 있는데 금상첨화로 년주가 丁巳이니 년지 巳火 편관이 십이운성의 제왕지에 뿌리를 두고 년간 丁火 정관이 투출되어 있음에 따라 이것은 진용신(眞用神)이 자리를 잡은 것이 되고 또한 억부법과 조후법에 일치하는 용신이므로 복록이 대단히 깊다고 할 것이다.

＊. 격국(格局)과 용신,!

따라서 격국(格局)을 정하여 보면 월지 식신 亥水가 자리잡고 있음에 따라 "신왕월지식신격(身旺月支食神格)"으로서 하나의 격국(格局)이 성립된다.

또한 용신에 대한 격국(格局)을 잡으니 신왕한 일간 庚金이 왕성한 비겁 金氣에 의해 신왕이 되고 있으므로 "비중용관격(比重用官格)"이니 일간 庚金을 적절히 견제하고 아울러 조후법상에도 일치하는 관성 火氣를 용신하고 관성 火氣를 생조하는 재성 木氣는 희신으로 삼는다.

식상 水氣의 경우는 원칙적으로 사주원국이 조후를 충족할 수 있는 관성 火氣가 대단히 쇠약하거나 없는 경우는 오히려 조후를 충족하지 못하므로 아무리 신왕한 일간의 기운을 누출시키는 현상이 있다하여도 이것은 불리하게 작용할 것이지만 년주에 관성 火氣가 대단히 강력하게 작용하는 현상이 됨에 따라 조후를 충족하는 것이니 식상 水氣는 길신으로 작용한다.

＊. 격국에 대한 판별,!

사주팔자가 일면 정관과 편관이 자리잡고 있어 관살혼잡(官殺混雜)이 되고 있으나 사주가 묘하게 년지에 존재하는 편관 巳火를 일지 申金 비견과 巳-申合으로 변화되어 편관을 합을 하고 사주년간에 정관 丁火를 남기니 합살유관(合殺有官)의 법칙에 준하여 대귀격

(大貴格)이다.

고로 청탁(淸濁)의 부분에서 일간을 적절히 생조하는 인성 土氣가 시상에 투출되어 있으며 또한 신왕한 일간 庚金의 기운을 적절히 억제하고 단련시키는 식상 水氣와 재성 木 그리고 관성 火氣가 절묘하게 자리잡고 있는 가운데 일간의 동기인 비겁 金氣가 역시 적절히 일간을 신강하게 만드니 정신기(精神氣)삼박자가 고루 갖추어진 정말 어느 하나라도 버릴 것이 없는 절묘한 배합을 이루고 있다.

***. 본 저자의 판단,!**

위 사주주인공은 故 박 정희 전대통령의 사주인데 사주격국이 일면 지지에 寅-申-巳-亥등으로 사충(四沖)을 구비하여 사주상의 탁기(濁氣)를 남기고 있는 듯하나 신왕사주에 寅-巳-申의 삼형은 오히려 대귀대부한 운명의 소유자로 변신하는 하나의 기준을 가진다고 판단하여야 될 것이다.

하지만 만약 위의 사주원국이 일간이 쇠약한 신약사주라면 寅-巳-申 삼형으로 인한 대단한 재화를 면하지 못할 것인데 절묘하게도 일간이 신왕사주가 됨으로 인해 호랑이를 두들겨 개와 같이 써먹는 팔자로 둔갑하는 것이다.

이것은 한편으로 볼 때 관록(官祿)의 부분에서 한국최고의 대통령까지 그 직위가 승승장구한 것은 비록 군인의 서열이지만 대운의 흐름이 초 중년부터 정히 용신이나 희신의 운으로 치달리고 있음을 눈

여겨 볼 필요가 있는 것이다.

역사의 흐름은 비록 故 박 정희 전대통령이 5.16 군사구테타를 일으켜 권력을 강점하였다하여 세인들의 눈총과 비판의 목소리가 높이 나고 있지만 그래도 故 박 정희 전대통령이 오늘날의 경제발전에 신명을 다해 헌신적으로 새마을운동과 경제성장에 피나는 노력이 있었기에 지금의 한국경제에 눈부신 발전을 이룩하였다는 점은 높이 평가하여야 될 것임은 두말할 것도 없다.

＊. 격국(格局)에 대한 대운의 흐름,!

이와 같이 故 박 정희 전대통령의 사주의 격국을 살펴보고 대운의 흐름을 면밀히 검토할 때 초 중년 31세까지는 戊申대운으로 일간 庚金을 생조하는 인성 土氣와 비겁 金氣로 치달리고 있으므로 유년과 청년시절이 대단히 고통과 번민속에서 성장하였다는 것을 엿 볼 수가 있다.

실제로 故 박 정희 전대통령은 이 때에 일찍이 부모님 곁을 떠나 와서 타향에 서 전전긍긍하다 직업적으로 군인생활과 어린 학생들을 가르치는 초등학교 선생 등으로 직업이 바뀌는 등 어려운 삶을 영위하다 급기야는 만주로 이사를 하는 등 대체로 고통 속에 청년시절을 보냈다고 할 수 있다.

하지만 32세는 丁未대운으로 비로서 행운의 여신이 달려오는 것을 알 수 있는데 이것은 대운천간 丁火가 일간 庚金에 대한 정관의 운로이니 대 발전을 할 수 있는 용신의 운로이고 비록 대운지지가 未土가 되어 일간 庚金을 생조하는 인수의 운로이나 未土 역시 조토로서 火氣에 가까운 성질이 되므로 그다지 흉함이 일어나지 않는다고 판단한다.

다행히 금상첨화로 사주원국의 월령의 亥水 식신과 亥-未合木으로 둔갑하여 재성 木氣로 변화되니 대단히 발전을 할 수 있는 운로이다. 따라서 이 때에는 그 당시 이승만정권 초기에 군대에 몸을 담아 그 직위가 나날히 승승장구하여 연대장과 나아가서는 여단장을 맡는 등 장군으로서 일약 하늘을 놀라게 하였던 것이다.

다시 42세는 丙午대운으로 대운천간 丙火가 대운지지 午火의 십이운성의 제왕지에 앉아 남방 火氣의 세력이 대단히 강력한 것을 알 수 있는데 이것은 일간 庚金에 대한 편관의 운로로서 사주의 용신이 조후용신인 火를 선택한 것을 살펴볼 때 정히 용신의 기운이 대단히 왕성한 것을 알 수가 있다.

***. 대운에 대한 학자의 의견,!**

학자들 중에는 일면 "대운천간 丙火가 사주원국의 월상에 투출되어 있는 辛金 겁재간에 丙-辛合水가 성립되어 조후를 오히려 상반되게 만들고 있으니 그에 대한 길함이 적을 수도 있지 않겠느냐",!라며 반문을 하고 있다.

그것에 대해 본 저자는 약간의 견해를 달리하고 있는데 사주원국의 월상에 투출되어 있는 辛金 겁재와 대운천간 丙火간에 丙-辛合水는 사주년간에 투출되어 있는 丁火 정관이 辛-丁상충이 성립되니 완벽한 丙-辛合水로 변화되지 못하게 만들고 있음을 엿볼 수가 있겠다.

더구나 대운지지 午火의 십이운성 제왕지에 뿌리를 두고 들어오는 대운천간 丙火가 합을 잘 이루지 않을려는 법칙은 이미 전편 命理秘典 上권인 합의 성질 편에서 자세하게 설명하고 있다.

상황이 이럴진데 하물며 대운지지 午火는 사왕지지(子, 午, 卯, 酉)로서 사주원국의 시지에 존재하는 寅木 편재와 寅-午合火하여 火局으로 변화되니 더욱 더 용신의 기운이 강력하게 되므로 故 박대통령의 운명이 이 때가 최대의 전성시절인 것을 알 수가 있다.

그러나 다음에 들어오는 52세 乙巳대운이 故 박 정희 전대통령의 마지막 운명이 된다는 것을 알 수가 있는데 이것은 비록 乙巳대운이 신왕사주에서는 길신이나 대운천간 乙木이 사주원국의 일간 庚金과 乙-庚合金으로 변화되어 신왕한 사주에서 더욱 더 신강으로 만들고 있으니 대단히 불운이라 할 수가 있다.

더하여 대운천간 乙木이 사주원국의 일지 申金 비견의 십이운성 제왕지에 뿌리를 두고 투출되어 있는 월상 辛金 양인을 乙-辛 상충으로 충격을 가하니 쇠자왕신발(衰者旺神發) 및 왕신충왕(旺神沖旺)하여 왕신(旺神)이 발동하는데 설상가상으로 대운지지 巳火는 寅-巳-申 삼형이 이미 존재되어 있는 것을 다시 중첩 성립되므로 그 재화가 극도로 치달리는 것으로 판단하여야 될 것이다.

***. 命理秘典 下권에 준한 판단,!**

이것은 신왕사주에서는 寅-巳-申 삼형은 대권을 장악하는 등으로 판단할 수 도 있고 또한 운로에서도 이와 같은 삼형이 중첩되어 들어오는 것은 한 마리 호랑이나 두 마리 호랑이나 똑같이 개와 같이 써먹을 수 있는 장점도 있다고 이미 전장 命理秘典 下권인 간명비법(看命秘法)에 준하여 자세하게 저자가 설명한 바가 있다.

하지만 위의 박 전대통령의 격국(格局)하고는 조금차이가 나고 있다고 파악하여야 되는데 그것은 위의 사주원국이 월상에 양인인 辛金이 투출되어 있는 것을 乙-辛 상충과 寅-巳-申 삼형을 동시에 가격한다는 점을 유의 깊게 살펴 볼 필요가 있다.

따라서 한 마디로 말해서 양인을 충격하지 않고 삼형만 성립되고 있다면 오히려 대 발전을 할 수 있다는 것도 판단할 수 있지만 양인을 충격하면서 삼형이 성립되니 이것은 신왕사주에서 대단히 큰 재화가 일어날 수밖에 없는 것이라 판단하여야 된다.

결국 故 박 정희 전대통령은 곧 이어 뒤 따라 들어오는 62세 甲辰대운이 역시 흉물로서 대운천간 甲木이 일간 庚金을 甲-庚 상충하고 더하여 사주원국의 시상에 투출되어 있는 편인 戊土를 甲-戊 상충이 성립되는 것이니 52세 乙巳대운의 마지막 9수에서 비명의 김재규의 총탄에 흉사의 운명을 당한 것이다.

(예3). 문민정부를 이룩한 김 영삼 전대통령의 사주,!

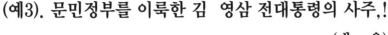

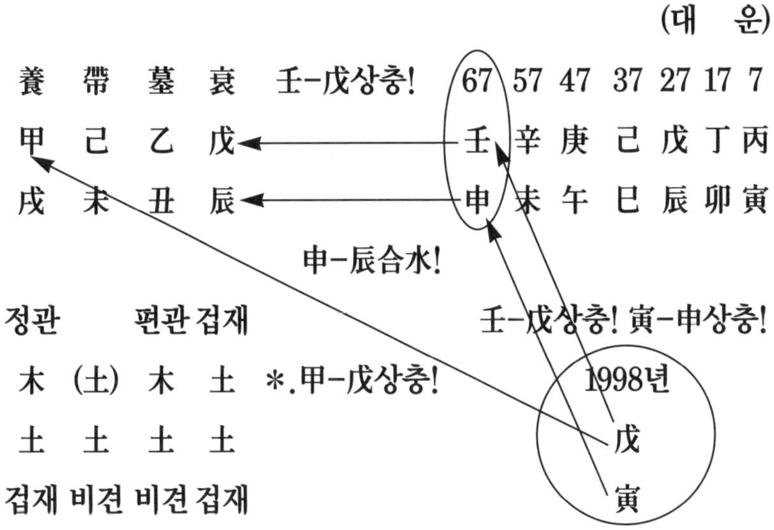
(대 운)
養 帶 墓 衰
壬-戊상충!
67 57 47 37 27 17 7
甲 己 乙 戊
壬 辛 庚 己 戊 丁 丙
戊 未 丑 辰
申 未 午 巳 辰 卯 寅
申-辰合水!
정관 편관 겁재
壬-戊상충! 寅-申상충!
木 (土) 木 土
*.甲-戊상충!
1998년
土 土 土 土
戊
겁재 비견 비견 겁재
寅

***군사정권에 맞서 맨몸으로 대항하였고 급기야 대한 민국의 문민정부를 이룩한 김 영삼 전 대통령의 사주 이다.!**

***. 일간의 왕쇠(旺衰).!**

己일간 丑월에 출생하여 득령(得令)하고 월지 丑土 비견을 중심으로 하여 사주의 지지에 모두 辰, 戌, 丑, 未가 자리잡고 있어 일간 己土를 생조하고 있으니 대단히 신왕하다.

이렇게 일간 己土가 신왕하면 이것을 적절히 억제할 수 있는 오행이 필요한데 사주원국에 시상에 甲木 정관이 투출되어 있으나 일간 己土와 甲-己合土가 성립되어 버렸고 월상에 乙木 편관이 있겠으나 사주의 지지에 뿌리를 두는 현상이 있어야 될 것 같다.

하지만 乙木 편관은 비록 일지 未중의 지장간 중기(中氣)에 존재하는 乙木이 있고 더하여 월령 丑土의 지장간인 여기(餘氣)에 癸水와 년지 辰土에 여기(餘氣) 및 중기(中氣)에 乙木과 癸水등이 있다 하지만 전부 丑-戌-未 삼형의 작용과 辰-戌 상충 등의 성립으로 사실상 월상 乙木 편관이 힘을 받는 의지처가 상실하고 만다.

따라서 월상 乙木 편관은 지지에 뿌리를 두지 못하는 성질이 되므로 이와 같은 현상은 전편인 命理秘典 上권의 전왕용신(專旺用神)편과 命理秘典 下권인 종격(從格)부분에서 자세하게 기술하였듯이 사주원국에 하나의 견제하는 오행이 있다고 가정할 때 이러한 오행이 사주의 지지에 의지하는 근거가 대단히 쇠약하거나 뿌리를 두지 못하는 현상이 되면 그에 해당하는 오행은 통근(通根)을 하지 못하기 때문에 내격(內格)의 기준인 억부법이나 조후법의 용신이 선정되지 못하고 외격(外格)의 종격(從格)이나 가종격(假從格)으로 귀착하는 것이다.

*. 격국(格局)과 용신,!

사주원국을 살펴보니 일간 己土를 중심으로 하여 시상에 甲木 정관과 甲-己合土가 성립되고 더하여 월령이 丑월이면서 지지전부가 土氣를 따르고 있으니 "갑기합토화격(甲己合土化格)"이 성격(成格)

되며 또한 戊, 己일간이 지지에 辰, 戌, 丑, 未를 전부 가지고 있으므로 "가색격(稼穡格)"을 같이 성립하고 있다.

***. 일부학자들의 질문,!**

학자들 중에는 이와 같은 갑기합토 화격(甲己合土 化格)이나 가색격(稼穡格)이 성격(成格)되려면 고서(古書)에는 갑기합토 화격(甲己合土 化格)이나 가색격(稼穡格)은 관성 木氣가 완전히 없어야 만이 성격(成格)할 수 있다고 말하고 있는데 위의 사주원국이 종격(從格)에 거슬리는 편관 乙木이 월상에 투출되어 있어 완전히 종격(從格)의 성질에 부합하지 못하지 않겠느냐, 라고 저자에게 반문을 하고 있다.

***. 학자의 질문에 대한 본 저자의 판단,!**

그렇지만 본 저자는 견해를 완전히 달리하는데 그 이유로 우선 종격(從格)의 판단부분에서 왕신(旺神)을 따르는 동일오행을 거슬리는 하나의 오행이 있다고 가정할 때 이러한 거슬리는 오행이 우선 사주의 지지에 뿌리를 두고 있는가, 아니면 뿌리를 두지 못하는가에 따라 그 성질을 논할 필요가 있다.

따라서 위의 사주에서는 비록 월상에 乙木 편관이 투출되어 있다고 하나 그 세력을 받쳐주는 지지의 통근(通根)여부가 이미 설명하였지만 丑-戌-未 삼형과 辰-戌 상충의 작용으로 乙木 편관을 받쳐주는 지지의 지장간인 여기(餘 氣)나 중기(中氣)의 세력이 완전히 파괴됨으로 인하여 사실상 乙木 편관이 힘을 받지 못하는 현상이 되고 말았다.

그렇다면 지지의 힘을 받지 못하는 乙木 편관은 무용지물일 수밖에 없을 것이며 또한 乙木 편관 자신까지도 왕성한 土氣에 의해서 반대의 상극으로 인한 상모(相侮)의 법칙에 준하여 완전히 파극을 당하고 있으니 더욱 더 확실하게 성립되는 것이다.

또한 이러한 사항을 제쳐두고라도 월상 편관 乙木이 비록 지지의 약간의 힘을 받고 있다손 치더라도 사주원국의 동일오행이 강력하여 불가분의 관계에서 동일오행을 추종하는 격국(格局)이 성격(成格)되면 가종격(假從格)이라 하여 별도의 종격(從格)부분에서 포함시켜 용신을 선정하는 경우도 있는 것은 자명하다.

그런데도 불구하고 위의 사주처럼 지지에 통근(通根)하지 못하고 오로지 월상에 동일오행을 거슬리는 편관 乙木이 있다하여 가색격(稼穡格)이나 갑기합토화격(甲己合土化格)이 성격(成格)되지 못하는 것은 어불성설에 지나지 않는다.

결국 이와 같은 이유에서 고서(古書)에는 가색격(稼穡格)이나 갑기합토 화격(甲己合土 化格)이 성립되려면 관성 木氣가 없어야 성격(成格)할 수 있다는 고서(古書)의 논리는 추명의 원리를 제대로 파악하지도 않고 또한 그 이유를 자세하게 설명하지도 않은 채 가색격(稼穡格)이나 갑기합토 화격(甲己合土 化格)이 성격(成格)되지 못한다는 것은 역학을 공부하는 학자들에게 추명의 혼란만 가중시키는 처사이므로 이것은 마땅히 지탄을 받아야 할 것이다.

위의 사주원국은 김 영삼 전대통령의 사주인데 비록 월상에 투출되어 있는 편관 乙木이 존재하여 있다하나 지지에 왕성한 土氣를 추종하여 왕신(旺神)을 따르고 있으므로 완벽한 가색격(稼穡格)과 갑기합토 화격(甲己合土 化格)을 같이 구성하고 있다.

고로 용신은 왕신(旺神)의 土氣를 따르는 인성 火, 그리고 일간 己土의 동기인 土, 왕성한 土氣를 자연스럽게 누출시키는 식상 金氣를 같이 용신하는데 그 중에서 가장 주된 용신의 기운은 식상 金이 된다.

그것은 사주원국에 존재하여 있는 월상 乙木 편관이 투출되어 있는데 아무리 지지에 뿌리를 두지 못하는 현상이 있다손 치더라도 이미 존재하여 있는 것을 제거하여야만 길이 되는데 비록 지지의 강력한 土氣에 의하여 乙木 편관이 완전히 흙에 파묻혔다고 가정해도 乙木 편관의 잔여기운이 미약하나마 남아 있는 것이기에 운로인 대운이나 세운에서 이것을 완벽하게 제거하는 식상 金氣를 보아야 대길하게 되는 이유가 여기에 있다.

***. 본 장 관록의 부분에 대한 판단,!**

그런데 여기서 한가지 중요한 것은 본 저자가 약 23년 동안에 수많은 격국(格局)을 감정하고 파악하여 본 결과 곡직인수격(曲直印綬格)이나 가색격(稼穡格)등을 이루는 사주팔자의 운명들이 대체로 상류사회에서 권세와 대부귀를 누리고 있는 것을 많이 보고 있다.

따라서 본 장 관록(官祿)의 부분에서 이와 같은 가색격(稼穡格)을 구성하고 있는 김 전대통령은 아마도 관록(官祿)의 최정상인 대통령을 지내게 된 것은 어쩌면 당연한 일인지도 모른다.

그것은 외격(外格)의 타 종격(從格)이나 가종격(假從格)보다 가색격(稼穡格)이 대부귀를 누릴 수 있는 것은 사주 내 지지에 자리잡고 있는 오행이 타 종격(從格)과 같이 하나의 동일오행으로 구성되어 있지 않고 동일한 土氣의 성질이라도 辰, 戌, 丑, 未의 지장간에 조후를 충족할 수 있는 여기(餘氣), 중기(中氣), 정기(正氣)에 습기(濕氣)와 온기(溫氣)를 각각 가지고 있음을 간명하여야 된다.

따라서 이러한 성질이 되는 것은 비록 세운이나 대운에서 왕신(旺神)을 상극 하는 오행이 들어온다 해도 타 종격(從格)의 성질에 비해 왕신(旺神)이 발동하는 성질을 서로간 지장간에서 상쇠시켜 그 흉의를 약하게 만드는 하나의 계기가 된다.

이와 같은 부분은 대단히 중요하게 판단하여야 될 부분으로 같은 종격(從格)이라도 가색격(稼穡格)에 해당하는 격국(格局)은 이상과 같은 맥락에서 더욱 더 한 단계 높이 판단하여야 될 이유가 여기에 있는 것이다.

***. 성격(性格)과 육친의 운명,!**

김 전대통령의 사주는 일주가 己未일주로서 지지에 辰, 戌, 丑, 未를 전부가 지고 있으니 土氣가 왕성하면 화개로서 정통승도나 목사로서 신앙심이 대단하다는 것을 엿볼 수가 있을 것이다.

더구나 일주를 주동하여 월지 丑土 비견이 공망이 되고 년주 戊辰을 주동하 여 시지 甲戌이 공망이 되고 있으니 辰, 戌, 丑, 未를 공망하고 있으므로 더욱 더 확실한 것이 된다.

실제로 김 전대통령은 교회의 목사이상으로 대단한 종교가의 특성이 나타나고 있는 것은 이와 같은 맥락에서 비추어 볼 때 완벽하게 부합하는 하나의 기준이 되는 것을 알 수가 있는데 더하여 월지 비견 丑土가 공망이 되고 십이운성의 墓지에 앉아 있으므로 형제가 아니면 모친 및 부친의 형제중에 일찍히 작고(作故)한 분이 있을 것이다.

＊. 命理秘典 上권인 비견의 육친통변법에 인용하여,!

그 이유는 본 저자가 편찬한 命理秘典 上권인 비견의 육친통변법에 인용하면 비견이 공망되거나 비견이 십이운성의 死, 墓, 沐浴과 동주하여 있을 경우 형제중에 일찍히 유명(有命)을 달리하는 형제가 있다는 법칙에 준하는 것이고 더구나 월주는 부모궁을 의미하는 중에 丑-戌-未 삼형으로 월주의 육신를 삼형으로 가격하니 더욱 더 확실하게 되는 것이다.

＊. 격국(格局)에 대한 대운의 흐름,!

대운을 살펴보니 초년7세는 丙寅대운으로 대운천간 丙火가 왕신(旺神) 土氣 를 생조하는 인수의 운로이고 그러나 대운지지 寅木은 왕신(旺神) 土氣를 木剋土하여 상극하는 기신(忌神)이 되나 다행으로 사주원국의 시지 戌土와 寅-戌合火하여 인성 火氣로 둔갑하니 초년 7세 丙寅대운이 지배되는 시점까지는 행복한 생활을 영위하였다고 볼 수가 있겠다.

다시 17세는 丁卯대운으로 역시 대운천간 丁火는 편인의 운로이니 길신이고 그러나 대운지지 卯木은 편관의 운로이니 좋지 않겠지만 사주원국의 시지 戌土와 卯-戌合火, 일지 未土 비견과 卯-未合木 등 양쪽으로 투합(鬪合)이 되므로 길함과 흉이 교차될 것이다.

따라서 이 때에는 김 전대통령이 학창시절로서 아마도 그 때에 대학의 진로문제로 약간의 고통과 번민이 있었다는 것을 알 수가 있을 것이며 이것은 일지 未土와 대운지지 卯木간에 卯-未合木으로 인한 기신(忌神)의 영향력이 행사되는 현상이나 그러나 역시 시지 戌土 겁재와 卯-戌合火로 성립되어 왕신(旺神)의 土氣에 부합하는 현상으로 연결하는 것이기에 기복은 있겠으나 정상적으로 학업을 성취할 수 있는 것이라고 판단한다.

27세는 戊辰대운으로 대단한 발전이 예상되는데 이것은 대운천간 戊土가 일간 己土의 겁재로서 왕신(旺神)의 土氣를 따르고 있으며 더하여 대운지지 辰土 역시 겁재로서 대단한 길운이라고 판단한다.

***. 대운 흐름에 대한 학자의 판단,!**

한편으로 볼 때 학자들 중에는 "대운지지 辰土 겁재는 오행상 그 성질이 습토로서 재성 水氣를 깔고 들어오는 것이 왕신(旺神)의 성질에 나쁜 영향력이 행사되지 않겠느냐",! 라고 반문하는 학자도 적지 않다.

그러나 이 부분에도 전자에 약간 언급을 하였지만 같은 종격(從格)이라도 가색격(稼穡格)이나 곡직인수격(曲直印綬格)등을 제외한 순수하게 하나의 동일 오행으로 이루어진 종격(從格)이 되어 있는 것이라면 아마도 운로에서 들어오는 습토는 水氣를 깔고 들어오는 것이기 때문에 왕신(旺神)이 대단히 반발하게 되어 오히려 극도로 불리하게 연출될 수도 있을 것이다.

하지만 본 가색격(稼穡格)은 사주의 격국이 지지에 전부 辰, 戌, 丑, 未로 구성되어 있어 이미 조후법상 습기(濕氣)와 온기(溫氣)를 갖추고 있는 것이니 대운이나 세운에서 비록 왕신(旺神)의 성질에 위배된다 하여도 사주의 지지와 합을 하여 水氣로 변화되지 않는 한 지장간속에 내포되어 있는 습기는 오히려 조후를 충족하는 것이 되어 가색격(稼穡格)의 성질에는 길하게 작용하게 된다.

실제로 이 戊辰대운에서 김 전대통령은 약관의 나이에도 불구하고 국회의원 등으로 출마하여 당선되는 등 대단히 승승장구하였는 것을 볼 수가 있는데 그러나 대운지지 辰土가 사주원국의 戌土 겁재를 辰-戌 상충을 하는 관계로 약간의 기복이 일어나는 것은 무시할 수가 없다.

따라서 이 때에 김 전대통령은 민주화 운동과 당내갈등으로 대단히 고통속에 번민하였다는 것을 알 수가 있는데 하지만 그것이 국민들의 염원을 담은 결실로 거듭하여 훗날의 대성장의 밑거름이 되었다는 것을 배제 할 수는 없는 것이다.

다시 37세는 己巳대운으로 대운천간 己土는 비견으로서 대단히 길운이고 더하여 대운지지 巳火는 인수의 운로이나 사주원국의 월지 丑土 비견과 巳-丑合金하여 식상 金氣로 둔갑하니 보기 싫은 월상에 투출되어 있는 편관 乙木을 金剋木하여 제거하므로 승승장구할 운로이다.

47세 庚午대운과 57세 辛未대운 역시 승승장구할 운로로서 그러나 그 중에서 세운의 영향력이 水-木으로 흐르는 운로에서는 약간의 기복이 있었지만 그래도 대운지지의 흐름이 남방 巳-午-未로 치달리는 관계로 왕신(旺神)의 土氣를 생조하니 대발전을 이룩할 수 있는 것이라 판단한다.

본 命理大要 3권을 편찬하는 현재시기는 1998년 戊寅년으로서 이 때에는 김전대통령의 대운은 67세 壬申대운이 지배되고 있는데 김 전대통령의 차남인 현철씨가 탄핵을 받아 구속이 되고 있는 것을 보고 있다.

이것을 좀 더 자세하게 육친통변법에 준하여 설명하여 보면 대운의 지배가 壬申대운인 지지 申金이 지배하고 있는데 원칙적으로 대운지지 申金은 가색격(稼穡格)의 왕신(旺神) 土氣에 부합하는 길운이다.

하지만 사주원국의 년지 辰土와 申-辰合水하여 길신이 재성 水氣로 변화됨에 따라 재성 水氣는 기신(忌神)이 되니 재물적으로 대단한 탄핵을 받는 것이라 예상할 수가 있는 것이다.

이와 같은 현상은 이미 사주원국이 세운이 戊寅년으로 들어가면 세운천간 戊土가 시상에 투출되어 있는 甲木 정관과 甲-戊 상충이 일어나니 시주의 관성은 자식을 의미하므로 이미 사주원국은 戊寅년이 되면 자식이 탄핵을 받는것을 무언중에 사주원국은 암시를 하고 있는 것이다.

더구나 이 부분이 더욱 더 확실하게 뒷받침되고 있는 것은 이미 대운이 壬申대운으로 대운천간 壬水가 왕신(旺神)의 土氣를 대표하는 사주년간 戊土를 土剋水하여 왕신(旺神)을 발동시키고 있고 더하여 대운지지 申金은 오행별로 보면 길신이나 역시 년지 辰土와 申-辰合水하여 이것 또한 재성 水氣로 변화되니 대단한 기복을 나타내는 것이다.

그런 와중에 설상가상으로 대운천간 壬水와 세운천간 戊土간에 壬-戊 상충이 일어나고 더하여 대운지지 申金과 세운지지 寅木간에 寅-申 상충이 성립되어 대운천간지지 모두 전극(戰剋)이 형성됨은 세운과 대운이 천극지충(天剋地沖)으로 인한 소용돌이는 무사할 수가 없게 되는 것을 피할 수가 없다.

하지만 김 전대통령의 자식으로 인한 고민은 내년인 1999년 己卯년이 되면 봄날에 눈이 녹듯이 깨끗이 해결되는 것을 알 수가 있는데 그것은 지금의 세운 戊土가 시상에 투출되어 있는 甲木 정관을

甲-戊 상충으로 일간 己土와 甲-己合土를 방해하고 있는 것을 다시 己卯년이 되면 甲-己合土를 완전히 부합시키는 것이 된다.

또한 대운지지와 세운지지 간에 寅-申 상충이 일어나는 것을 자연스럽게 세운이 바뀜에 따라 전극(戰剋)이 해소되면서 己卯년의 지지 卯木은 시지 戌土를 卯-戌合火로 왕신(旺神)의 성질에 생조하는 길신이기 때문에 더욱 더 확실하게 감평을 할 수가 있는데 아마도 내년인 己卯년이 되면 현철씨의 탄핵 부분이 해소되어 석방될 수가 있을 것이라고 예상한다.

결국 김 영삼 전대통령의 사주팔자를 분석하여 본 결과 관록(官祿)의 부분에서 가색격(稼穡格)이 성격(成格)되는 것은 본인 역시 대부귀를 누리는 팔자라고 판단하는 것인데 이것은 대운의 흐름이 정히 용신이나 희신의 운로로 치달리고 있음을 눈 여겨 볼 필요가 여기에 있는 것이다.

제2장

*. 사 법 관(司 法 官)

*. 사법관(司法官)은 위로는 대법원장으로부터 판사, 검사, 그리고 형권(刑權)에 직업을 잡는데 고대에는 형부(刑部)에 소속되어 있다.

(2). 사법관(司法官)의 팔자

관록(官祿)의 팔자중에서 사법관(司法官)은 아래로는 말단 경찰에서 검사나 판사 및 위로는 검찰총장이나 대법원장에 이르기까지 그 직책이 여러등급으로 분류되어 있다.

이것은 같은 관록(官祿)의 운명중에서 행정관(行政官) 등의 격국(格局)과 대동소이하다는 것을 느낄수가 있는데 그러나 그 중에서 사법관(司法官)은 우리사회의 안녕 및 질서와 생살지권(生殺之權)을 행사하는 관계로 사주원국이 寅-巳-申 등 삼형(三刑)이나 육신의 정관 및 편관이 용신이 되어 있는 격국(格局)이 사법관(司法官)에 많이 종사하고 있는 것을 보고 있다.

그러나 이 경우에도 역시 사주원국이 신왕하여야겠고 따라서 격국(格局)이 청기(淸氣)를 가지면서 대운의 흐름이 정히 용신이나 희신으로 치달리고 있어야 만이 고위직으로 성공할 수 있는 점은 두말할 이유도 없을 것이다.

더하여 만약 사주원국이 용신이 강력하지 못하고 일간이 신약하여 있는 중에 대운의 흐름마저 기신(忌神)의 운로로 맞이하고 있다면 일평생을 고위직으로 가지 못할 것이며 따라서 말단 하류직에 머물다가 일생을 종명(終命)하기 쉬우니 제일로 사주원국의 청탁(淸濁)의 부분에서 판단의 기준을 두어서 사법관(司法官)의 직위 등급을 주어야 할 것이다.

※참고로 사법관(司法官)의 팔자중에서 옛날에는 형부(刑部)나 사헌부(司憲 部)등으로 한정되어 있으나 오늘날에는 판사, 검사, 경찰, 등에 한정되어 있지 않고 변호사나 정치인 등도 대다수 사법계통에 종사하다가 직업을 잡는 것이기 때문에 본 사법관(司法官)의 운명에 포함시켜 운명을 감정함이 타당하다.

(가). 사법관(司法官)의 운명,!

●일간이 신왕하고 사주원국에 "寅-巳-申"이나 "丑-戌-未" 등의 삼형(三刑)이 있고 격국(格局)에 청기(淸氣)를 가진 사주,!

●일간이 신왕하고 사주원국에 삼형(寅-巳-申, 丑-戌-未)이 존재하면서 육신의 "정관"이나 "편관"이 용신이 되는 사주,!

●일간이 신강, 신약을 불문하고 "재성"이나 "관성" 및 "식상"등의 "신"(神)이 왕성하고 월령이 "왕인(旺刃)"에 해당하는 사주,!(旺刃:일간을 주동하여 월지가 甲=卯, 乙=寅, 丙, 戊=午, 丁, 己=巳, 庚=酉, 辛=申, 壬=子, 癸=亥)

●일간이 신강하고 "편관"이나 "정관"이 "재성"에 의해 생조되어 왕성한 사주,!

●일간이 신약하나 격국(格局)이 "청기"(淸氣)를 가지고 삼

형(寅-巳-申, 丑-戌-未)이 있는 중에 대운의 흐름이 용신이나 희신으로 치달리는 사주,!

●일간이"水","木"일간으로서 일주 및 시주에 "戌","亥"등의 천문성(天門星)을 가지면서 일간이 신왕하여 용신이 "정관"이나 "편관"이 되는 사주,!

●외격(外格)의 "비천록마격"(飛天祿馬格)이 사주원국에 대운의 흐름이 용신이나 희신으로 치달리는 사주,! (飛天祿馬格 : 壬,庚일간=子多, 辛,癸일간=亥多, 丙午일주=午多, 丁巳일주=巳多,)

※참고로 이상과 같이 사법관(司法官)의 팔자에 대해 언급을 하였으나 실제로 이와 같은 부분에 대해 대체로 직위 고하(高下)가 격국(格局)에 따라 차이가 많이 나고 있는 것을 본 저자는 보고 있다.

또한 더하여 이상과 같은 법칙에 준하여 사법관(司法官)을 판단해야 될 것이나 대운의 흐름을 대단히 중요하게 파악하여야 될 점은 두말할 것도 없을 것이며 그 중에서 사주가 일간이 신약하더라도 사주가 청기(淸氣)를 가지면서 대운이 일간을 생조하는 인성이나 비겁의 운로로 치달리고 있을 때도 일부 사법관(司法官)으로 종사하는 것을 본 저자는 많이 보고 있다.(검찰 사무관 등)

(예1). 고서(古書)에 나오는 중국의 형부상서(刑部尙書)의 사주,!

衰 浴 旺 絶　　"水剋火",!　　(대 운)

丙 庚 己 壬　　　乙 甲 癸 壬 辛 庚

戊 午 酉 寅　　　卯 寅 丑 子 亥 戌

*."酉-丑合金",!!

편관　인수 식신

火 (金) 土 水

土 火 金 木

편인 정관 겁재 편재

● 대운천간 癸水가 일간 庚金에 대한 상관의 운로로서 사주내 관성 火氣가 태왕하여 있는 것을 水剋火 식상제살(食傷制殺)의 법칙에 적용되어 정히 용신의 기운이 되고 있다.!

또한 대운지지 丑土가 습토로서 일간 庚金을 土生金으로 생조하면서 다시 사주월지 酉金 겁재와 酉-丑合金으로 일간의 동기인 비겁 金氣로 변화되는 것은 조후법상 관성 火氣를 수습하면서 일간을 생조하는 길신의 역할을 같이 하게 되므로 이 때가 사주주인공이 일생동안 가장 길한 대박이 터지고 있다.!

또한 일간 庚金이 비록 신약하나 중화(中和)의 기점에 안정된 기운을 가지고 있는데 비록 사주지지에 寅-午-戌 삼합 火局이 들어 있으나 절묘하게 사주월지 酉金 겁재가 년지 寅木 편재를 가로막아 완벽한 삼합의 기운으로 돌아가는 것을 방해하고 있으니 이것은 정말 절묘한 배합을 이루고 있다해도 과언이 아니다.!

***. 일간의 왕쇠(旺衰),!**

고서(古書)에 나오는 중국의 한 형부상서(刑部尙書)의 사주이다. 庚일간 酉월 양인월에 출생하여 득령하고 사주원국의 월령 酉金 양인을 중심으로 해서 월상 己土 인수가 일간 庚金을 생조하였으나 사주의 일지 午火 정관과 시지 戌土 및 년지 寅木 편재와 함께 寅-午-戌 삼합 火局이 성립된 중에 시상에 丙火 편관이 투출되어 있어 일간 庚金을 극루(剋漏)하고 있으니 약간 신약이다.

하지만 월령에 사왕지지(子, 午, 卯, 酉)인 午火가 자리잡고 있지 않아 삼합의 중심기운인 본 계절이 아니므로 강력한 삼합 火局이 성립되지 않고 있는데 하지만 그 중심의 대표를 나타내는 시상에 丙火 편관이 투출되어 있으므로 관성 火局의 의미는 대단히 강하다고 보아야 된다.

그런 와중에 일간 庚金은 월지 酉金의 겁재인 양인월에 생조되어 있고 더하여 월상에 투출되어 있는 己土 인수가 일간 庚金을 생조하고 있으니 비록 관성 火氣가 대단히 강력하지만 이것을 능히 견제할 수 있는 힘을 일간이 지니고 있다고 해도 과언이 아니다.

따라서 이렇게 관성 火氣가 강력하면 이것을 적절히 억제할 수 있는 기운이 필요한데 금상첨화로 일간 庚金이 양인월에 출생하여 그리 쇠약하지 않는 중에 사주원국의 년간에 식신 壬水가 투출되어 있으니 강력한 관성 火氣를 식신 水氣로 제살(制殺)를 할 수가 있게 되고 더하여 진용신(眞用神)이 자리를 잡은 것이 되므로 대단히 좋게 되어 있다.

＊. 격국(格局)과 용신,!

사주의 격국(格局)을 살펴보니 월지 酉金 겁재인 양인이 자리잡고 있으니 월지양인격(月支陽刃格)이며 사주의 지지에 寅-午-戌 삼합 火局이 성립된 중에 시상에 丙火 편관이 투출되어 있으니 시상편관격(時上偏官格)을 같이 격국(格局)으로 성립한다.

고로 용신은 관성 火氣가 강력하니 이것은 원칙적으로 신강, 신약을 불문하고 식상 水氣를 용신을 써야 된다는 법칙에 준하며 강력한 관성 火氣를 살인상생(殺印相生) 및 관인상생(官印相生)을 도모하는 인성 土氣를 같이 용신하고 아울러 관성 火氣를 대적하는 비겁 金氣도 같이 길신으로 작용한다.

＊. 격국에 대한 청탁(淸濁)의 판별,!

한편으로 볼 때 일지 午火 정관이 자리잡고 있고 또한 시상에 투출되어 있는 丙火 편관이 같이 있으니 관살혼잡(官殺混雜)이 되어 있겠으나 일지 午火 정관을 중심으로 하여 년지 寅木 편재와 시지 戌土 편인간에 寅-午-戌 삼합 火局으로 정관을 합하고 편관을 남기고 있으므로 합관유살(合官有殺)의 법칙에 따라 대귀격(大貴格)이 성격(成格)된다.

사주의 일간 庚金을 주동하여 일간 庚金의 동기인 양인 酉金이 존재하여 있고 월상에 己土가 이것을 적절히 생조하고 있으며 더하여 일간의 기운을 적절히 단련시키는 관성 火氣가 존재하여 있는 중에 식상 水氣의 기운까지 관성 火氣를 서로 억제 및 견제하고 있으므로 사주의 청탁(淸濁)부분에서 대단한 청기(淸氣)를 가지고 있는 것이 되고 또한 정신기(精神氣)삼박자가 고루 갖추어진 정말 절묘한 배합을 이루고 있다고 해도 과언이 아니다.

위의 사주주인공인 중국의 형부상서(刑部尙書)는 이와 같이 사주의 격국(格局)이 비록 지지의 寅-午-戌 삼합의 기운으로 관성 火氣가 태왕하여 일간 庚金이 약간 신약으로 치우쳐지나 그래도 월지 양인이 강력하게 생조를 하고 있으니 왕성한 관성 火氣의 기운과 서로 중화(中和)가 되어 있다고도 볼 수 가 있다.

***.격국(格局)에 대한 대운의 흐름,!**

대운을 살펴보니 위의 사주주인공인 형부상서(刑部尙書)는 초년부터 정히 일간 庚金을 생조하는 비겁 金氣와 왕성한 관성 火氣를 제살(制殺)하는 식상 水氣인 북방 亥-子-丑으로 정히 치달리고 있으므로 대부대귀한 운명이라는 것을 알 수가 있는 것이다.

***. 고서(古書)가 위 사주에 대한 판단,!**

고서(古書)에 적기를 월령이 왕인(旺刃)에 해당하여 정신기(精神氣)삼자가 모두 왕성하므로 일찍이 과거에 급제한 후 누차 생살지권을 행사하는 사헌(司憲)을 맡았으며 그 후 벼슬이 상서(尙書)에 이르렀음을 말하고 있다.

***. 본 저자가 고서(古書)의 기술한 부분에 대한 판단,!**

하지만 대운의 흐름이 북방 亥-子-丑으로 식상 水氣의 지배가 끝나는 甲寅대운부터는 본 사주운명 소유자인 형부상서(刑部尙書)의 운명이 내리막길이라는 것을 알 수가 있는데 그것은 대운천간 甲木이 비록 편재의 운로로서 일간 庚金을 甲-庚 상충을 하나 다행이 월상에 투출되어 있는 己土 인수와 甲-己合土로 일간 庚金을 생조하는 오행으로 바뀌게 되니 약간의 기복이 있겠으나 무사할 것이다.

그러나 대운지지 寅木이 역시 편재의 운로로서 이미 사주원국의 寅-午-戌 삼합 火局이 성립되어 관성 火氣가 태왕하여 있는 것을 대운지지가 다시 중첩하여 寅-午-戌 삼합 火局이 성립되므로 관성이 대단히 강력하게 작용하는 것은 대단히 위험하게 되는 것을 알 수가 있다.

고서(古書)에는 이러한 부분을 약간씩 언급을 하여 사주의 격국(格局)을 풀이를 하여 놓았으면 학자들을 위해 추명(推命)의 연구에 도움을 줄 수가 있을것인데 한마디 언급을 회피한 채 막연히 직위등과 용신부분만 언급하여 있는 것이 조금 아쉽기만 하다.

(예2). 남자, 김 모씨(부산시 해운대) 1966년 1월 17일 巳시

(대 운)

祿	病	生	旺	木生火,!	69	59	49	39	29	19	9
癸	丙	庚	丙		丁	丙	乙	甲	癸	壬	辛
巳	申	寅	午		酉	申	未	午	巳	辰	卯

寅-午合火,!

정관		편재	비견
水	(火)	金	火
火	金	木	火
비견	편재	편인	겁재

●대운천간 甲木이 월상 庚金을 甲-庚상충을 하면서 신왕한 일간을 생조하고다시 대운지지 午火가 사주 월상 寅木과같이 寅-午合火로 태양과 같은 불길로서 더욱 신왕하게 만들고 있으니 대단히 그 흉이 극심하게 발생한다.!

더구나 대운지지 午火가 사왕지지(子, 午, 卯, 酉)로서 이미 대운이 남방 巳-午-未 火局으로 접어드는 마당에 신왕한 일간을 더욱 강력하게 만들고 있으니 이 때가 사주주인공은 가장 힘든 시절이 될 것이다.!

결국 비록 본 사주원국이 시상정관일위귀격(時上正官一位貴格)을 성격(成格)하여 관록(官祿)을 거머쥐고 있다는 것은 알 수가 있지만 이렇게 대운이 첩첩으로 기신(忌神)의 운으로 치달리고 있으니 기신(忌神)의 운로가 지배되는 시점에서 숙명적인 불길함을 모면할 수가 없음을 알 수가 있겠다.!

***. 일간의 왕쇠(旺衰),!**

丙일간 寅월에 출생해서 득령하고 사주원국의 월지 寅木 편인을 중심으로 하여 년지 午火 겁재와 寅-午合火 한중에 년간 丙火 비견이 투출되어 일간 丙火를 생조하고 있으므로 신왕이다.

이렇게 일간 丙火가 신왕하면 이것을 억제할 수 있는 오행이 필요한데 때마침 일지 申金 편재가 자리잡아 적절히 일간 丙火의 기운을 견제하고 있는 중에 월상에 투출되어 있는 庚金 편재가 일지 申金의 십이운성 건록지에 앉아 그 세력이 대단히 강력하다.

또한 비록 시지 巳火 비견이 일간의 기운을 생조하는 성질이 한편 될 수가 있겠지만 일지 申金 편재간에 巳-申合水가 성립되어 그 세력을 대표하는 시상 정관 癸水가 투출되어 있고 더하여 월상에 강력한 편재 庚金의 기운을 생조받아 일간 丙火의 기운을 적절히 억제하고 있으므로 진용신(眞用神)이 자리잡은 것이 되어 대단히 길하게 작용하고 있다.

＊. 일부학자의 질문,!

한편으로 볼 때 일부학자들 중에는 "일지 申金 편재가 자리잡아 월령의 寅木편인과 寅-申 상충이 성립되고 더하여 시지 巳火 비견간에는 巳-申合水를 월령의 寅木이 역시 일지 申金을 상충을 하게 되므로 양자간의 합이 상충의 작용으로 인하여 합이 잘되지 않을 수도 있지 않느냐",!라는 의문을 제기하고 있다.

그러나 그 부분에 대해 저자는 견해를 달리하고 있는데 그것은 전편 命理秘 典 上권인 합의 의미부분에서 언급을 하였지만 이렇게 사주원국에 巳-申合水와 寅-午合火 등에 각각의 합이 결성되면 비록 양자간에 합을 깨는 상충이 있다해도 합을 탐한 나머지 상충의 작용은 퇴색되는 것이라고 판단하여야 된다.

＊. 격국(格局)과 용신,!

다시 사주의 격국(格局)을 살펴보니 월지에 편인 寅木이 자리잡고 일간 丙火가 신왕하니 "신왕월지편인격(身旺月支偏印格)"이 성격되며 더하여 사주의 지지에 巳-申合水하여 그 세력에 뿌리를 두고 시상 癸水 정관이 투출되어 있는 중에 사주팔자 내 거듭 정관이나 편관을 보고 있지 않고 정관이 일위(一位)가 시상에 존재함에 따라 "시상정관일위귀격(時上正官一位貴格)"이 성격(成格)된다.

고로 용신은 원칙적으로 사주의 지지에 寅-午合火하니 일간 丙火의 동기인 비겁이 강력하여 일간 丙火가 신왕이 되고 있으므로 "비중용관격(比重用官格)"으로서 비겁 火氣를 적절히 억제할 수 있는 관성 水氣를 용신하고 관성 水氣를 생조하는 재성 金氣는 희신으로 삼는다.

식상 土氣의 경우에는 습토와 조토를 구분하여 조토(燥土)인 未, 戌 土氣는 원칙적으로 신왕한 일간 丙火의 기운에 동조하는 성질이 되고 더하여 시상에 투출되어 있는 정관 癸水를 상극함에 따라 불리하게 될 것이며 그렇다면 왕성한 火氣를 습기로서 자연스럽게 억제하면서 누출시키는 습토(濕土)인 辰, 丑 土氣는 길신으로 작용한다.

***. 격국에 대한 판별,!**

또한 습토인 辰, 丑 土氣는 시상에 투출되어 있는 용신인 정관 癸水를 완벽하게 상극하지 못하고 오히려 습기(濕氣)를 가지고 있는 것이기 때문에 그의 성질에 동조하는 현상이 일면 성립되므로 이와 같이 습토(濕土)는 왕성한 일간 丙火의 기운을 억제하면서 자연스럽게 누출시키는 양면적 역할을 하게 됨에 따라 길신으로 작용하는 것이다.

위의 사주주인공인 김 모씨는 현재 모 지청 검사로서 재직하고 있는 인물인데 사주의 격국이 일간 丙火가 신왕하고 더하여 신왕한 일간의 기운을 적절히 억제할 수 있는 재성과 관성의 기운이 절묘하게 자리잡고 있으니 정신기(精神氣)삼박자가 모두 갖추어진 대귀격(大貴格)의 인물인 것을 알 수가 있다.

더하여 사주원국의 시상에 투출되어 있는 癸水 정관이 일위(一位)에 존재하여 관성 水氣의 기운이 한곳으로 집중되어 시상정관일위귀격(時上正官一位貴格)의 격국(格局)을 성립하고 또한 사주의 지지에 寅-巳-申 삼형을 갖추고 있으니 정말 어느 하나라도 버릴 것이 없는 절묘한 배합을 갖추고 있다고 하여도 과언이 아니다.

***. 격국(格局)에 대한 대운의 흐름,!**

따라서 사주주인공인 김 모씨의 대운을 살펴보니 초 중년까지는 대운천간의 도움으로 金, 水의 기운이 되고 있으나 중년이후 39세부터는 일간 丙火의 기운을 더욱 더 생조하는 남방 巳-午-未로 치달리고 있으므로 이렇게 좋은 격국(格局)이 중도에서 좌절이 되지 않겠는가, 라고 걱정스런 마음이다.

김 모씨 초년 9세는 辛卯대운으로 대운천간 辛金이 정재의 운로로서 정관 癸水를 생조하는 길신으로 작용하고 있는데 금상첨화로 사주원국의 일간과 년간에 투출되어 있는 丙火 비견간에 丙-辛合水로 관성 水氣로 변화되니 정히 용신의 기운이 되어 대 길운이다.

하지만 대운지지 卯木은 일간 丙火를 생조하는 인수의 운로로서 신왕한 일간을 더욱 더 생조하고 있으니 불운이라고 볼 수 있는데 그렇다면 9세부터 13세까지는 부모님의 비호속에 행복의 나날이었다고 판단하는 것이 타당하며 14세부터 18세까지는 대단한 불운이라고 본다.

실제로 김 모씨는 14세인 중학교시절부터 고등학교시절까지 학업적으로 성적이 오르지 않아서 대단히 고통을 당하였고 설상가상으로 인수가 기신(忌神)이 됨에 따라 이것을 육친별로 파악하여 보면 인수는 문서, 명예, 학업상 성적을 내지 못하는 것이며 더구나 편인, 인수가 기신(忌神)이 되므로 인해 김모씨는 신체상 질병으로 인하여 많은 어려움을 당하였다고 회고를 하고 있다.

다시 19세는 壬辰대운으로 대운천간 壬水가 일간 丙火에 대한 편관의 운로로서 정히 용신의 기운이 되니 대길운인데 하지만 한편으로는 일간 丙火와 년간에 투출되어 있는 丙火 비견을 같이 丙-壬 상충이 일어나서 약간의 기복을 예상할 수 있겠으나 용신의 기운이 되므로 별 문제가 없을 것이다.

더하여 대운지지 辰土는 식신의 운로이니 역시 신왕한 일간 丙火의 기운을 자연스럽게 습기로서 억제하며 누출시키는 길운인데 금상첨화로 사주원국의 일지에 존재하는 申金 편재간에 申-辰合水로 관성 水氣로 변화됨에 따라 용신의 기운이 더욱 더 강력하여 대발전이 예상되는 것을 알 수가 있다.

따라서 사주주인공인 김 모씨는 그동안 학업적으로나 건강적으로나 대단히 고통을 받는 등 학업성적이 결실이 좋지 못함에 따라 재수를 하여 본 壬辰대운이 시작되는 만19세 때 한국의 최고대학의 법학과에 들어갈 수가 있었던 것이다.

또한 이러한 대발전은 여기서 끝나지 않고 계속 승승장구하여 壬辰대운말기에는 사법시험에 패스를 하였으니 그 때가 약관의 29세 때 라고 김 모씨는 말하고 있는데 그 때만 하더라도 사법시험의 경쟁률이 만만치 않을 것을 감안할 경우 이것은 세상이 놀라는 현상이라 아니할 수 없는 것이다.

29세는 현재대운인 癸巳대운으로 대운천간 癸水가 역시 정관의 운로로서 용신의 기운이니 대단히 발전하는 길운이다.

일면 대운지지 巳火가 일간 丙火의 기운을 생조하는 비견의 운로가 되어 불길하다고 판단할 수가 있으나 사주원국의 일지 申金 편재와 巳-申合水로 성립되어 기신(忌神)을 용신의 기운으로 변화되게 만들고 있으니 불행 중 다행이라 아니할 수 없다.

＊. 대운운로에 대한 학자의 의견,!

여기서 학자들 중에는 "일면 巳-申合水로 변화되어 길운이 될 수가 있겠지만 한편으로 볼 때 대운지지 巳火와 사주원국에 이미 존재하여 있는 寅-巳-申삼형을 중첩하여 삼형의 기운이 성립되니 대단한 재화를 불러오지 않겠느냐",!라고 반문을 하고 있다.

＊. 命理秘典 上권에 인용하여,!

그렇지만 본 저자는 이 부분에 대해 견해를 달리하고 있는데 삼형살(三刑殺)은 전장 命理秘典 上권인 삼형(三刑)편에서 기술하였듯이 사주의 격국에 따라 그 성질이 천차만별의 차이를 보이고 있는 것을 감안할 필요가 있다.

이와 같은 현상은 보통 사주원국이 일간이 신약인가, 신왕인가를 면밀히 검토하여 살펴본 뒤 일간이 신왕할 것 같으면 완전히 호랑이를 두둘겨 개와 같이 써먹을 수 있는 팔자로 둔갑되는 것을 판단할 필요가 있으며 이것은 命理秘典 上권인 삼형부분에서 "삼형살은 신왕하여야 되고 더하여 십이운성에 장생, 건록, 제왕지 앉아 있으면 권력의 팔자이다",!라고 본 저자가 이미 기술을 한바가 있다.

따라서 위의 사주를 단편적으로 판단하여 보아도 이미 일간이 신왕하고 지지에 寅-巳-申 삼형을 가지고 있는 중에 정관이 일위(一位)로 존재하여 대귀격(大貴格)이 성격(成格)되는데 금상첨화로 삼형이 앉아 있는 주(柱)를 십이운성에 월주가 장생지 시주가 건록지에 있으므로 완전히 부합하게 된다.

결국 일부 학자들이 의문을 표시하고 있는 삼형의 부분이 이와 같은 맥락에서 판단하여 본다면 아무리 운로에서 삼형을 중첩으로 받는다하여도 이것은 신왕사주에서 관성을 용신으로 하고 있는 격국(格局)은 한 마리 호랑이를 개와 같이 써먹는 것을 다시 운로에서 두 마리 호랑이를 거듭 개와 같이 써먹을 수 있는 이점을 발휘할 수 있는 장점을 면밀히 파악할 필요가 여기에 있는 것이다.

＊. 대운흐름에 대한 최종적인 판단,!

다시 김 모씨는 이상과 같이 현재대운이 癸巳대운에서 손에 생살지권을 잡는 검사로서 재직하여 승승장구하고 있는 것을 보고 있는데 하지만 앞으로 다가오는 39세 甲午대운에서는 김 모씨의 어두운 그림자가 엄습하여 오는 것을 알 수가 있다.

그것은 대운천간 甲木이 일간 丙火를 생조하는 편인의 운로이면서 사주원국의 월상에 투출되어 있는 庚金 편재를 甲-庚 상충으로 맞이함에 따라 시상에 투출되어 있는 정관 癸水를 생조하는 중요한 庚金 편재의 기운을 상극함으로 인하여 용신이 뿌리 채 흔들리게 되는 대단한 불운이다.

더구나 대운지지 午火는 사왕지지(子, 午, 卯, 酉)로서 이미 사주원국의 월령 寅木 편인과 년지 午火 겁재간에 寅-午合火가 성립하고 있는 것을 다시 대운지지에 중첩하여 寅-午合火를 맞이하고 있으므로 완전히 대운천간지지 모두 흉물로 변화되니 일생최대의 고비라 할 수 있는 대단한 재화가 예상된다.

이것을 육친통변법에 준하여 좀 더 자세하게 살펴보면 대운천간 甲木은 편인이 되어 일간 丙火를 생조하는 현상이 더욱 강력하게 되는 것은 편인은 육친성질로 건강을 나타내므로 질병이나 사고로 고통이 있지 않으면 반대 육친인식신을 파극하는 것이므로 식신은 직업을 나타내는 일면이 있기 때문에 김모씨의 현재 사법관(司法官)의 직위가 위험하다는 것을 알 수가 있다.

또한 이와 같은 현상은 더욱 더 뒷받침되고 있는 것은 대운지지 午火가 사왕지지(四旺支地)로서 이미 사주원국에 寅-午合火를 성립한 것을 다시 중첩하여 寅-午合火로 변화되니 火氣는 비겁을 나타내고 신왕한 일간에 대해 비겁은 완전한 기신(忌神)이 된다.

따라서 비겁 火氣는 반대의 육신인 재성을 쟁탈하는 것이 되므로 곧 군비쟁재(群比爭財)의 법칙에 준하여 재물이나 직업의 타격 및 교통사고를 의미하는 것이니 대운천간지지 모두 흉물이 되는 것을 반대의 사주원국에 한신(閑神)이 존재하여 이것을 억제하지 않은 한 완전히 흉이 들이닥치게 되는 것을 사주원국은 무언중에 암시를 하고 있다.

***. 김 모씨의 운명에 대한 결론,!**

아마도 본 저자는 39세 甲午대운에서 김 모씨의 운명이 직업적으로 아니면 건상상으로 대단히 어려움에 봉착하는 것을 피할 수가 없다고 판단하고 있는데 그래도 한가닥의 희망이 있다면 세운의 흐름이 대운의 흉을 상극하여 전극(戰剋)을 형성할 경우 그 흉을 감쇠시키는 도리 밖에 없을 것이나 세운의 흐름이 일년정도에서 수년을 한꺼번에 받는다해도 10년을 지배하는 대운의 세월에 그 영향력이 미치지는 못할 것이다.

앞으로 49세 乙未대운 역시 대단히 불운이라는 것을 알 수가 있는데 그렇다면 59세 丙申대운이 지배하는 지지 申金대운에 적용되어야 그동안 고통속에 벗어나서 일면 발복하는 것을 예상할 수가 있겠지만 어쩐지 생명에 위험을 느낄 정도로 약 20년이 대단한 불운이라고 가정할 때 생명의 보전이 힘들지않겠느냐,하고 본 저자는 생각하고 있는 것이다.

결국 위의 사주주인공은 이렇게 사주의 격국(格局)을 잘 타고 있어도 대운의 흐름이 중년이후 기신(忌神)으로 가는 현상이 됨에 따라 지금은 대발전을 거듭하고 있어도 중도에서 좌절되는 현상을 예상할 수가 있는 것이며 더하여 아무리 사주원국이 좋아도 대운의 흐름이 용신이나 희신으로 치달리고 있지 않는 한 대부귀를 오래 간직할 수 없는 것을 보여주는 한 실례의 사주이라 애석하기 그지없다.

(예3).남자, 정 모씨(서울,반포동)1964년 음력 5월 17일 辰시

(대 운)

帶	旺	旺	帶	甲-庚상충!	64	54	44	34	24	14	4
壬	丙	庚	甲		丁	丙	乙	甲	癸	壬	辛
辰	午	午	辰		丑	子	亥	戌	酉	申	未
				午-戌合火,!							

편관		편재	편인
水	(火)	金	木
土	火	火	土
식신	겁재	겁재	식신

● 대운천간 甲木이 신왕한 일간을 생조하는 기운인데다가 월상 庚金을 甲-庚 상충으로 가격하고 다시 대운지지 戌

土가 사주 월, 일지 午火와 午-戌合火 및 辰-戌 상충을 하니 재화가 극도로 발생한다.! 따라서 사주주인공인 정씨는 이 때에 여자로 인한 금전문제 및 관재수가 발생되는 것을 예상할 수 있다.!

***. 일간의 왕쇠(旺衰).!**

丙일간 午월 양인에 출생하여 득령하며 사주원국의 월지 午火 겁재를 중심으로 해서 각각 십이운성의 제왕지에 뿌리를 두고 일지 午火 양인이 역시 일간 丙火를 생조하고 있는 중에 년간 甲木 편인까지 있으므로 대단히 신왕하다.

이렇게 일간 丙火가 신왕하면 이것을 적절히 억제할 수 있는 기운이 필요한데 때마침 년지 및 시지 辰土 식신이 자리잡아 신왕한 일간 丙火의 기운을 적절히 억제하면서 자연스럽게 누출시키고 있으니 대단히 좋다고 볼 수가 있겠다.

더하여 식신 辰土의 기운을 생조받은 월상에 투출되어 있는 庚金 편재가 다시 시상에 투출되어 있는 편관 壬水의 기운을 생조하여 일간의 기운을 적절히 견제하면서 또한 그 기운을 억제하고 있으므로 진용신(眞用神)이 자리잡은 것이 되어 금상첨화이다.

***. 격국(格局)과 용신.!**

사주의 격국(格局)을 살펴보면 월지에 양인 午火가 겁재가 자리잡고 있는 중에 일간이 신왕하니 "신왕월지양인격(身旺月支陽刃格)"이 성격(成格)되고 더하여 일간이 신왕한 중에 이것을 적절히 억제할 수 있는 기운인 월상 庚金 편재와 시상 편관 壬水가 투출되어 타 주에 거듭 관성 水氣를 보고 있지 않으므로 "시상편관일위귀격(時上偏官一位貴格)"이 같이 성격(成格)된다.

고로 용신은 "비중용관격(比重用官格)"으로 일간 丙火의 기운이 왕성한 비겁 火氣에 의해서 신왕이 되고 있으니 일간의 동기인 비겁 火氣를 적절히 억제하는 관성 水氣를 용신하고 관성 水氣를 생조하는 재성 金氣는 희신으로 삼는다.

식상 土氣의 경우는 역시 왕성한 火氣의 기운을 동조하는 未, 戌 土氣는 조토(燥土)가 됨에 따라 원칙적으로 불리하게 작용하고 그렇다면 습토(濕土)인 辰, 丑 土氣는 왕성한 火氣를 수습하면서 자연스럽게 누출시키는 역할을 하게 되니 습토(濕土)는 위의 사주에 대해 길신으로 작용한다.

＊. 격국에 대한 정신기(精神氣)와 청탁(淸濁)판별,!

더하여 사주의 격국(格局)의 정신기(精神氣)와 청탁(淸濁)의 법칙에 준하여 관찰하여 보면 우선 정(精)에 해당하는 인성이 사주의 년간 甲木이 투출되어 있으며 신(神)에 속하는 식상, 재성, 관성이 동일하게 일간 丙火의 기운을 적절히 누출시키면서 억제하므로 대단히 좋다고 할 것이다.

또한 일간 丙火가 신(神)의 기운을 적절히 감당할 수 있는 기(氣)인 비겁 火氣가 월지 및 일지에 자리잡아 일간을 신왕하게 만들고 있으니 어느 하나라도 버릴 것이 없는 절묘한 배합을 이루고 있다고 하여도 과언이 아니다.

***. 격국에 대한 학자의 판단,!**

한편으로 볼 때 일부 학자들 중에는 "사주원국의 월지 午火를 중심으로 하여 일지 午火 겁재가 자리잡아 午-午 자형이 되고 있으며 년지 辰土 식신을 중심으로 하여 시지 辰土와 역시 辰-辰 자형이 성립되니 사주상의 일면 탁기(濁氣)가 형성되고 있지 않느냐",!라고 의문을 표시하고 있다.

그렇지만 이 부분에 대해 본 저자의 생각은 조금 다른 것이라고 판단하는데 그것은 우선 탁기(濁氣)의 부분에서 언급을 하여보면 사주팔자 내 형, 충, 파, 해 및 괴강이나 백호대살 등의 기운이 강력하여 사주의 오행상 유통 융화됨을 상극하며 나아가서는 격국(格局)의 순화를 도모하지 않고 편중(偏重)으로 치우쳐지게 하여 오행상의 중화(中和)를 거슬리게 하는 것이 탁기(濁氣)의 근본적이 정체이다.

따라서 위의 사주원국처럼 비록 자형(自刑)이 있다고 해도 오행상의 성질로 볼 때 모두다 동일오행의 만남이라는 것을 알 수가 있는데 그렇다면 동일오행끼리 양자간에 상극을 하지 못하는 이유도 성립된다.

그렇다면 이것은 고서(古書)에서 언급하는 탁기(濁氣) 부분을 약간의 해석하는 과정에서 착오를 불러올 수가 있는 이유가 성립되므로 이와 같이 동일오행으로 구성되어 있는 것은 양자간에 상극을 하지 못하는 것으로 귀착하며 또한 오히려 같은 午火나 辰土의 성질은 중첩 만나게 되니 더욱 더 그 힘이 강력하게 작용하는 일면이 있다.

결국 이와 같은 현상을 기준하여 판단하여 본다면 자형(自刑)은 동일오행으로 구성되어 있기 때문에 다른 형, 충, 파, 해 등의 살성과 그 특성이 달리 표현되어야 될 것이며 그러나 자형이 사주 내 존재하여 있다면 이상과 같은 이유에서 탁기(濁氣)의 부분을 제외하더라도 자형(自刑)에 준한 육친의 통변법은 그대로 적용하여야 될 것이다.

위의 사주주인공인 정 모씨는 일간이 신왕하여 정신기(精神氣) 삼박자가 강력하고 더하여 시상에 투출되어 있는 壬水 편관이 일위(一位)로서 용신으로 또한 강력하니 첫눈에 대귀격(大貴格)이라는 것을 알 수가 있다.

더구나 사주원국에 월지 午火 겁재인 양인과 그리고 일지 午火 역시 자리를 잡고 있으므로 왕인(旺刃)에 해당하여 편관 壬水가 용신이 되니 완전한 사법관(司法官)의 법칙에 일치하는 사주의 명조인 것이다.

***. 격국(格局)에 대한 대운의 흐름.!**

따라서 사주주인공인 정 모씨의 대운을 살펴보니 정히 초년부터 서방 金局인 申-酉-戌과 북방 水氣인 亥-子-丑으로 용신이나 희신의 기운이 되므로 호랑이에게 날개를 달아주듯 승승장구하는 운명인 것을 판단한다.

유년인 4세부터는 辛未대운으로 대운천간 辛金이 일간 丙火에 대한 정재의 기운이므로 희신이 되는데 금상첨화로 사주원국의 일간 丙火와 丙-辛合水로 정히 용신의 기운인 水氣로 변화됨에 따라 대단히 길운인 것을 알 수가 있게 된다.

하지만 대운지지 未土가 비록 일간 丙火에 대한 상관의 운로로서 일면 왕성한 火氣를 자연스럽게 누출시키는 것이 되어 길하다고 판단할 지 모르지만 未土가 조토(燥土)이고 더하여 사주원국의 일지 및 월지 午火와 午-未합을 결성하여 火氣와 조토(燥土)의 결합은 건조함을 나타내니 오히려 火氣에 동조하는 성질이 되어 불리하다.

따라서 이 때의 운기는 약간 불리하게 작용한다고 판단하나 다행으로 대운천간 辛金이 사주원국의 일간 丙火와 丙-辛合水로 합을 하여 나오는 水氣로 대운지지 역시 합을 하여 나오는 건조한 성질을 水氣로서 제압을 하므로 평운으로 변화되는 것을 알 수가 있다.

실제로 사주주인공인 정 모씨는 본 辛未대운에서 약간 신체상의 질병으로 인한 고통만 있었을 뿐 부모님의 비호속에 별 탈이 없이 성장을 하였던 것이다.

다시 14세는 壬申대운으로 대운천간 壬水가 정히 용신의 기운인 편관의 운로로서 대단히 발전할 수 있는 대길운인데 일면 사주원국의 일간 丙火를 丙-壬상충이 성립되나 신왕한 일간에게는 별문제가 되지 않고 오히려 승승장구하는 것이다.

더하여 대운지지 申金이 사주상에 편재의 운로로서 희신이 되나 금상첨화로 사주원국의 년지 및 시지 辰土와 申-辰合水하여 역시 관성 水氣로 변화되니 이것은 정 모씨의 일생동안을 좌우할 만큼 최대의 행운으로 맞이한다.

따라서 사주주인공인 정 모씨는 그동안 고등학교를 최우수 성적으로 졸업하고 급기야는 한국 최고대학의 법과를 상위성적으로 합격을 하여 그 명예가 승승장구하였던 것이다.

24세는 癸酉대운으로 대운천간 癸水가 정관의 운로이니 역시 용신의 기운이고 더하여 대운지지 酉金은 희신의 운로인 정재로서 사주원국의 년지 및 시지 辰土와 辰-酉合金하여 희신의 재성 金氣가 한층 더 강력해져서 용신 水氣를 생조하므로 대단히 발전하는 것을 알 수가 있다.

실제로 사주주인공인 정 모씨는 본 癸酉대운에서 사법고시를 패스를 하여 일약 세상을 놀라게 하였고 더하여 대운지지가 재성의 기운이 왕성하여져서 명문집안의 어여쁜 미모의 처와 결혼까지 하였던 것인데 그 당시 정 모씨의 집안 형편상 가운이 그리 썩 좋지 못하였던 것을 감안할 경우 두 마리 토끼를 다 잡았던 것이며 더하여 한창 젊은 나이인 30세에 이르러 지방 모 지원의 판사로서 직위를 재수받았던 것이다.

사주주인공인 정 모씨는 현재 1998년 戊寅년은 34세 甲戌대운이 지배를 하고 있는데 지금의 대운을 보아서는 앞으로 대단히 어려움에 봉착하는 시기인 것을 알 수가 있다.

그것은 대운천간 甲木이 일간 丙火에 대한 편인의 운로로서 신왕한 일간 丙火를 더욱 더 신왕하게 만들고 있으며 더하여 사주원국의 용신인 壬水 편관을 생조하는 월상 庚金 편재의 기운을 甲-庚 상충으로 길신을 상극하여 그 흉이 대단히 강력한 것을 판단한다.

더구나 대운지지 戌土는 일면 식신의 운로로서 신왕한 丙火의 기운을 자연스럽게 누출시키는 길신이 될 수도 있으나 근본적으로 戌土는 조토(燥土)라서 왕성한 火氣에 오히려 동조하는 성질이고 설상가상으로 사주원국의 일지 및 월지 午火 양인과 午-戌合火하여 완전히 삼합의 기운이니 火氣의 성질을 더욱 더 왕성하게 만들고 있다.

또한 한편으로 사주원국의 신왕한 일간 丙火의 기운을 자연스럽게 누출시키고 있는 년지 및 시지 辰土 식신을 辰-戌 상충까지 하게 되므로 그야말로 완전히 사면초과에 부딪치는 현상이 되어 대단한 재화를 예상함이 사주원국은 무언중에 암시를 하고 있는 것이다.

이것을 육친통변법으로 좀 더 자세하게 풀이를 하여 보면 우선 대운천간 甲木은 편인이니 월상에 투출되어 있는 庚金 편재를 甲-庚 상충을 하는 것은 편인은 문서 및 건강을 나타내고 월상 庚金이 상극을 받는 것은 금전적인 면과 여자로서 손재를 예상하는 것이므로 여자 및 금전으로 인한 문서상 타격을 예상하는 것이다.

더하여 더욱 더 이 부분을 뒷받침시키고 있는 것은 대운지지 戌土가 식신의 운로이나 이것이 사주원국의 일지 및 월지 午火 양인과 午-戌合火 등으로 합을 하여 나오는 오행이 비겁 火氣이므로 신왕한 사주에서 비겁 火氣는 상대오행인 재성 金氣를 쟁탈하는 군비쟁재(群比爭財)의 법칙에 완전히 부합함에 따라 여자 및 금전으로 인한 손재를 완전히 당하는 것을 알 수가 있다.

하지만 앞으로 다가오는 44세 乙亥대운부터 그동안 불운의 근심이 완전히 해소되는 것을 알 수가 있는데 비록 대운천간 乙木이 일간 丙火를 생조하는 인수의 운로이나 다행히도 월상에 투출되어 있는 庚金 편재와 乙-庚合金으로 재성의 기운으로 둔갑하니 대길운이다.

또한 대운지지 亥水 역시 편관의 운로로서 왕성한 火氣의 기운을 억제하고 이것은 용신으로 제대로의 역할을 다하게 되니 이 때부터 정 모씨의 운로가 승승장구하는 것을 알 수가 있다.

다시 54세 丙子대운도 비록 대운천간 丙火가 일간 丙火에 대한 비견으로 기신(忌神)이 되나 대운지지 子水가 사왕지지(子, 午, 卯, 酉)로서 사주원국의 년지 및 시지 辰土 식신와 子-辰合水하여 水氣로서 대운천간 丙火의 힘을 개두(蓋頭)의 법칙에 준하여 전극(戰剋)하니 그 힘을 상쇠시키므로 대발전을 이룩하는 것을 알 수가 있다.

***. 대운의 흐름에 대한 학자의 의견,!**

한편으로 볼 때 학자들 중에는 사주원국에 강력한 일지 및 월지 양인인 午火 겁재를 대운지지 子水가 子-午 상충을 하게 되므로 왕신(旺神)이 반발하는 성질이 대단히 강력하여 흉의가 대단히 강력하게 들어오지 않겠느냐,라고 반문을 하고 있다.

그러나 그 부분에도 저자는 약간의 생각을 달리하고 있는데 학자들이 말한 子-午 상충부분이 일면 타당성이 있다고도 볼 수가 있을 것이나 그렇지만 사주원국의 년지 및 시지 辰土가 子-辰合水로 상충의 작용을 완화시키는 일면이 있고 더하여 일간 丙火가 신왕하기 때문에 왕신(旺神)이 존재하는 火氣의 기운이 용신의 기운인 水氣로부터 상쇠시키는 이점이 있다고 판단하여야 될 것이다.

하지만 이와 같은 부분에서도 방금 학자들이 말한 상충의 부분은 완전히는 해소시키지 못할 것이라는 염려는 본 저자도 인정이 가는 부분이며 그렇다면 약간의 분주 다사함은 면치 못할 것이다.

더하여 월지를 상충을 하는 관계로 부모 및 형제간 중에 불의의 흉이 일어나는 것을 알 수가 있을 것이며 더하여 월지를 상극하면 정 모씨의 본인이 직업적이 아니면 가정적으로 이사 이동수가 발생할 것이라는 것을 암시하고 있다.

앞으로 정 모씨는 64세 丁丑대운에서 약간의 흉이 있을 뿐 무사하다는 것을 알 수가 있을 것이며 따라서 이와 같이 대운을 살펴본 결과 대단히 그 복록이 승승장구하는 것을 판단하는데 그렇다면 정 모씨는 지금은 모 처 지원의 판사로서 자리매김을 할 수 있으나 가장 어려운 시기인 34세 甲戌대운만 무사하게 넘길 것 같으면 그 직위가 대단히 발전하여 지방법원 지원장이나 대법원 판사까지 그 직위가 무난하게 될 수 있을 것을 예상한다.

제3장

*. 행 정 관(行 政 官)

*. 행정관(行政官)은 위로는 국무 총리로부터 아래로는 말단의 아전(衙前)까지 그 직업의 분류가 대단히 광범위하다.

(3). 행정관(行政官)의 팔자

관록(官祿)의 팔자중에서 행정관(行政官)은 사법관(司法官)의 팔자와 대동소이하게 다루고 있는데 그러나 사주의 격국(格局)을 자세하게 살펴보면 사법관(司法官)의 팔자보다 약간 그 특성이 다른 점을 보이고 있다.

이것은 사법관(司法官)은 보통 검사나 판사 등의 생살지권을 잡는 법조계에 그 직업이 한정되어 있는 반면 행정관(行政官)은 같은 행정관(行政官)이라도 그 종류와 직업의 특성상 아래로는 지방의 자치단체의 장으로부터 내무, 행정, 치안, 재무, 교통, 국방 등의 다양하게 직업적으로 분류되어 있음을 알 수가 있다.

따라서 사주의 격국(格局)을 면밀히 검토하면 사법관(司法官)의 운명을 갖추고 있으나 사주팔자 내 인수가 왕성하여 있는 것이 특징으로 판단할 수가 있으며 더하여 사주에 재성과 관성이 미약하나 식상이 존재하는 등의 사주도 행정관(行政官)으로서 종사하는 자가 많다.

또한 국가의 재정을 담당하는 행정관(行政官)등은 재성이 유기(有氣)하여 격국(格局)이 청기(淸氣)를 가지는 것을 많이 보고 있는데 이와 같은 재정을 담당하는 격국(格局)은 완전히 사법관(司法官)의 격국(格局)과 다른 양상을 보이기도 한다.

※참고로 행정관(行政官)의 사주는 격국(格局)이 청기(淸氣)를 가져야 되는 것은 두말할 것도 없으며 더하여 사법관(司法官)과는 달리 관성이 강하지 않더라도 행정관(行政官)이 되는 것을 저자는 많이 보고 있다.

그러나 이와 같은 경우에도 역시 사주팔자의 일간이 신왕하고 정신기(精神氣)삼자가 고루 갖추어져 강령함을 필요하는데 또한 대운의 생조가 용신이나 희신으로 치달리고 있어야 만이 대 부귀를 감당하게 된다.

(가). 행정관(行政官)의 운명,!

● 일간이 신왕하고 격국(格局)이 "청기"(淸氣)를 가지면서"재성"과 "관성"이 서로 상생(相生)된 사주,!

● 일간이 신왕하고 사주 내 "정관"이나 "편관"이 강한 중에"인수"가 "관성"의 기운을 유통(流通)시키고 있을 때,!

● 일간이 신강, 신약을 불문하고 "인수"가 왕성(2-3개 정도)한 사주에 "재성"이 유기(有氣)한 사주,!(단 이 때에는 대운의 흐름이 용신이나 희신으로 치달리고 있어야 됨)

● 일간이 신왕하고 관성이 미약하나 "재성"이 "관성"을

생조를 하고 있는 사주,!

- **일간이 신왕하고 재성과 관성이 미약하나 "식상"이 "재성"을 생조를 하고 있는 사주,!**

- **일간이 신왕하고 "재성"이 "식상"의 생조에 의해 강력하고 사주의 격국(格局)이 생식불식(木, 火, 土, 金, 水로 서로 연결되는 것)으로 되어 있는 사주,!**

※참고로 이상과 같은 행정관(行政官)의 운명에 대하여 기술하였지만 실제로 이와 같은 부분에 대하여 일간이 신약하더라도 격국(格局)이 순수하고 비록 재성과 관성의 기운이 강력하나 인성이 존재하여 이것을 유통시키면서 대운의 흐름이 일간을 생조하는 인성, 및 비겁의 운로로 치달리는 사주도 행정관(行政官)에 종사하는 것을 저자는 일부 보고 있다.

(예1). 전 국회의장(國會議長) 이 기붕(李 起鵬)의 사주,! (서기 1896년,음력 12월 20일 辰시생,!)

(대 운)

養	養	墓	祿	土生金,!	64	54	44	34	24	14	4
庚	庚	辛	丙		戊	丁	丙	乙	甲	癸	壬
辰	辰	丑	申		申	未	午	巳	辰	卯	寅

申-辰合水,!

비견		겁재	편관			
金	(金)	金	火		세운	월운
土	土	土	金	申-子-辰合水!	庚	庚
편인	편인	인수	비견		子	辰

● 대운천간 戊土가 신왕한 일간 庚金을 생조하는 기운이고 대운지지 申金이 사주 일지 및 시지 辰土와 申-辰合水하여 水氣로서 조후법을 완전히 거슬리고 있는데 다시 세운과 월운이 같이 동시 申-子-辰 삼합水局이 되므로 흉사의 운명을 피할 수가 없다.!

*. 일간의 왕쇠(旺衰),!

1960년대 국회의장(國會議長)을 지낸 故 이 기붕(李 起鵬)의 사주이다. 庚일간 丑월에 출생하여 득령(得令)하고 사주원국의 월지 丑

土 인수를 중심으로 해서 지지 전부 土, 金으로 이루어져 있으며 더하여 시상과 월상에 투출되어 있는 庚, 辛 金氣가 일간 庚金을 생조하니 대단히 신왕하다.

이렇게 일간 庚金이 많은 지지의 인성 土氣와 비겁 金氣의 생조를 받아 신왕하면 이것이 외격(外格)의 종격(從格)이나 가종격(假從格)으로 가지 않는 이상 인성과 비겁의 기운을 적절히 억제할 수 있는 오행이 필요한데 때 마침 년지 申金 비견과 일지 및 시지 辰土 편인간에 申-辰合水가 성립되어 왕성한 비겁 金氣를 자연스럽게 누출시키고 있으므로 결코 종격(從格)이나 가종격(假從格)으로 돌아가지 못한다.

한편으로 볼 때 사주원국의 일간 庚金이 丑월인 한 겨울에 태어나 만물이 얼어붙을 대로 얼어 있고 더구나 사주팔자가 辰土나 丑土 및 庚, 辛 金氣로 대부분을 차지하고 있으니 대단히 한습하기 짝이 없는데 제일로 시급히 조후법상 관성 火氣로 얼은 庚金을 녹여주어야 되겠고 또한 사주의 습한 것을 건조를 시켜야 대길하게 될 것이다.

따라서 사주원국을 살펴보니 조후를 충족할 수 있는 사주의 년간 丙火 편관이 투출되어 있으나 편관 丙火가 사주의 지지인 지장간조차 그 세력을 두지 못하는 현상이 일어나고 있고 더하여 월상 辛金 겁재와 丙-辛合水로 기반(羈絆)까지 되고 있으니 조후를 충족하지 못하여 설상가상이다.

＊. 격국(格局)과 용신,!

사주의 격국(格局)을 보면 월지에 丑土 인수가 자리잡고 있는 중에 일간 庚金이 신왕하니 "신왕월지인수격(身旺月支印綬格)"이 성격(成格)되며 그러나 사주의 지지에 편인, 인수가 중중하여 왕성한 인성 土氣에 의하여 일간 庚金이 수많은 흙더미 속에 파묻혀 그 빛을 잃은 상태이다.

고로 용신은 "인중용재격(印重用財格)"으로 일간 庚金이 수많은 인성 土氣와 비겁 金氣에 의하여 일간 庚金이 대단히 신왕하니 많은 흙을 파헤치고 억제하면서 아울러 조후법에도 충족할 수 있는 재성 木氣를 용신하고 관성 火氣는 길신으로 선택한다.

***. 용신에 대한 학자의 의견,!**

여기서 일부학자들 중에는 "위의 사주는 丑월인 추운겨울이므로 조후법상 관성 火氣를 용신을 삼아야 되고 따라서 관성 火氣를 생조하는 재성 木氣는 희신으로 삼는 것이 원칙인데 어떻게해서 命理大要의 저자인 운정선생은 같은 木, 火의 기운인데도 재성 木을 주된 용신으로 삼고 관성 火氣는 차길로 삼는 것인지",!에 대하여 의문을 표시하고 있다.

"또한 더하여 만약 재성 木氣를 용신으로 취용한다면 재성 木氣를 생조하는 식상 水氣는 희신으로 삼겠지만 식상 水氣의 경우는 언급을 하지 않고 있는데 이것 역시 자세히 설명하여 달라",!라고 의문을 표시하고 있다.

***. 본 저자의 판단,!**

이 부분에 대해 본 저자는 약간 견해를 달리하고 있는데 그 이유를 약 2가지로 나누어 기술하면 그 첫째로, 우선 위의 사주 주인공인 故 이기붕씨 사주의 격국(格局)을 오행상 면밀히 관찰할 필요가 있다.

따라서 사주원국을 자세히 파악하면 일간 庚金이 지지의 많은 인성 土氣에 의하여 신왕하게 되어 있고 왕성한 흙더미 속에 파묻혀 그 빛을 잃어 있으므로 제일로 시급한 것이 많은 흙더미를 제거시켜야 대길하게 될 것인데 관성 火氣의 경우는 우선 조후법상은 충족시킬 수는 있을 지라도 반대급부현상인 인성 土氣를 생조하는 일면이 있기 때문에 신왕한 庚金은 더욱 더 신왕하게 되어 억부법과 조후법의 용신과는 상반이 되므로 그 길함이 서로 다투게 된다.

또한 이와 같은 현상은 비록 한가지의 요건을 충족할 수는 있을 지라도 또 다른 암적인 존재를 생조하여 완전한 길함을 노리는 현상에 상반되는 일면이 성립될 수 있는 것이기에 비록 조후를 충족하여 약간의 길함을 맛 볼 수가 있겠지만 대길함을 가지지 못하는 이유가 여기에 있는 것이다.

이상과 같은 이유에서 본 저자는 재성 木氣와 관성 火氣의 기운을 놓고 용신과 길신의 차이를 분명하게 선정하는 것이 본 맥락과 같이 하고 있으며 관성 火氣와 재성 木氣 중에서 재성 木氣를 주된 용신으로 선정하는 것은 왕성한 인성 土氣를 木剋土하여 많은 흙더미를 제거하고 아울러 조후법도 충족할 수 있는 두 마리의 토끼를 다잡을 수 있는 장점이 포함되어 있기 때문이다.

둘째로 학자들이 의문을 제기한 재성 木氣를 용신으로 삼으면 재성 木氣를 생조하는 식상 水氣는 희신으로 삼는다는 것은 학설상 통념으로 생각하는 것이 지배적인데 위의 사주격국을 면밀히 살펴보면 월령이 丑월에 태어나 추운겨울에 庚金이 얼어 있음을 단편적으로 보여주고 있다.

또한 사주원국이 천간지지 대부분이 金氣와 습토인 辰土와 丑土로 구성되어 있으니 한습지기(寒濕之氣)가 온통 사주를 차지하고 있다하여도 과언이 아닌데 이렇게 습기와 추위를 막아낼려면 제일로 木, 火의 기운으로 조후를 충족하여야 될 점은 두말할 이유도 없을 것이다.

따라서 학자들이 의문을 제기한 식상 水氣는 비록 재성 木氣를 용신으로 취용하여 있는 중에 식상 水氣는 신왕한 일간 庚金의 기운을 자연스럽게 누출시키면서 재성 木氣를 생조하여 길함을 얻을 수 있을지 모르지만 이렇게 사주원국이 한습하고 꽁꽁 얼어 있는 것을 운로에서 식상 水氣를 맞이하였을때는 오히려 습한 사주를 더욱 더 습하게 만드는 것이 되므로 한편으로는 대단히 사주가 불리하게 연출된다.

이와 같은 이유에서 보통 사주원국에 식상의 기운을 놓고 길신으로 취용하는 격국과 취용하지 못하는 격국 등의 양자로 분류되는 것을 많이 보고 있는데 위의 사주 역시 식상 水氣는 재성 木氣를 생조는 하겠지만 이익보다 손실이 많은 것을 감안할 때 이것은 그다지 좋은 일이 될 수가 없는 점으로 귀착하는 것이 타당하다.

더하여 같은 용신의 기운을 선택하였을 경우 이렇게 용신을 생조하는 기운이 희신이 되지 못하고 오히려 기신(忌神)이 될 수 있는 사주팔자가 종종 나타나고 있음으로 학자는 사주격국을 유의 깊게 관찰할 필요가 여기에 있는 것이다.

결국 사주 주인공인 故 이 기붕(李 起鵬) 전 국회의장(國會議長)은 이렇게 격국(格局)이 한습지기로 조후법에 조차 충족되어 있는 않는 사주이고 더하여 일주 및 시주가 庚辰으로서 괴강살(魁罡殺)이 중첩하여 있으니 생식불식(生息不息)에 막힘이 많은 사주팔자라고 판단한다.

***. 격국(格局)에 대한 대운의 흐름,!**

따라서 이 기붕씨의 대운을 관찰하여 보니 초년 4세는 壬寅대운으로 대운천간 壬水가 일간 庚金에 대한 식신의 운로로서 조후를 필요로 하는 사주에게 그다지 좋지 않게 되는 것을 알 수가 있는데 더하여 년간에 투출되어 있는 丙火 편관을 丙-壬 상충이 성립되니 미약하나마 조후를 담당하고 있는 오행을 상극까지 하게 되어 대단히 불리하게 될 것이다.

하지만 천만다행으로 대운지지 寅木이 대운천간 壬水의 기운을 水生木하여 흡수하니 그 흉을 막아내는 일면이 있고 더하여 寅木은 일간 庚金에 대한 편재의 운로이니 정히 용신이 되므로 흉보다 길함이 앞선다는 것을 알 수가 있다.

실제로 이 때에 이 기붕씨는 부모님의 유복한 가정환경 속에 별탈이 없이성장하였는 것을 알 수가 있었고 그러나 대운지지 寅木이 사주원국의 년지 申金을 寅-申 상충을 하는 관계로 부친의 직업이 변동되어 약간의 기복이 있었다는 것을 알 수가 있는데 이와 같은 사실은 모 씨의 자서전에 기록한 것과 일치하고 있다.

다시 14세는 癸卯대운으로 대운천간 癸水가 역시 일간 庚金에 대한 상관의 운로이니 일면 조후법상 거슬리게 되어 불리하게 작용하는 것이나 천만다행으로 대운지지 卯木이 정재의 운로여서 역시 대운천간 癸水의 힘을 水生木하여 그 흉을 억제하니 학업이 승승장구하여 우등으로 성적이 나날이 향상되었다고 판단한다.

24세는 甲辰대운으로 대운천간 甲木이 일간 庚金에 대한 편재의 운로로서 용신의 기운이 되나 한편으로는 일간 庚金과 시상에 투출되어 있는 비견 庚金을 같이 甲-庚 상충이 일어나니 괴강(魁罡)이 있는 주(柱)를 상충이나 삼형이 작용하면 불의의 재화가 발생하는 것을 인용한다면 대단한 소용돌이에 휘말리는 것을 알 수가 있다.

더하여 대운지지가 辰土로서 일간 庚金에 대한 편인의 운로이니 신왕한 일간을 더욱 더 신왕하게 만드는 하나의 요인으로 작용하겠으나 사주의 년지 申金비견과 申-辰合水로 변화되어 이것 또한 조후를 상반되게 만들고 있으므로 대단한 불운이다.

따라서 이 때의 故 이 기붕씨는 일차적으로 직업적인 거취문제로 대단한 곤욕을 치루었음을 짐작할 수가 있는데 이것은 대운지지가 합을 하여 식상 水氣로 변화됨에 따라 정치적인 반대입김으로 직업 및 정치입문이 여의치 못했음을 예상하고 있다.

다시 34세는 乙巳대운으로 대운천간 乙木이 일간 庚金에 대한 정재의 운로로서 대단히 길운이 되겠으나 설상가상으로 일간 및 시간에 투출되어 있는 庚金과 乙-庚合金으로 비겁 金氣로 변화되니 직업적으로 분가, 이별이 있었다고 본다.

더하여 대운지지 巳火는 일간 庚金에 대한 편관의 운로로서 일면 조후법상 충족할 수 있는 역할이 되나 역시 사주원국의 월지 丑土 인수와 巳-丑合金으로 비겁 金氣로 둔갑하니 완전히 위의 사항과 부합하고 있는데 그래도 지지의 흐름이 남방 巳-午-未로 치달리는 관계로 비록 합을 하였지만 巳火의 잔여기운이 남아 있는 일면이 있으니 그리 대흉함을 맞이하지 않고 소흉으로 변화되게 한다는 것을 알 수가 있다.

따라서 故 이 기붕씨는 그 당시 정치적 입문을 하였던 중에 대단히 고난스러운 일이 많이 발생되었으며 그것으로 인한 탄핵과 좌천 등의 기복이 많았던 것은 이와 같은 길신이 합을 하여 기신(忌神)으로 변화되어 흉을 불러일으킨 것으로 판단한다.

44세는 丙午대운으로 대운천간 丙火가 일간 庚金에 대한 편관의 운로이니 정히 길신이 되는데 한편으로는 사주원국의 월상에 투출되어 있는 辛金 겁재와 丙-辛合水가 성립되어 기신(忌神)으로 변화될 수도 있겠으나 다행으로 일간 및 시상에 투출되어 있는 庚金 비견이 이것을 丙-庚 상충으로 합을 방해하여 丙火의 본래의 역할을 다할 수가 있게 된다.

또한 대운지지 午火는 일간 庚金에 대한 정관의 운로로서 사왕지지(子, 午, 卯, 酉)이니 태양과 같은 火氣를 충족하므로 완전히 조후를 충족하는 것이되나 일면 신왕한 일간 庚金을 생조하는 인성 土氣를 생조하는 일면이 있으므로 대길함 속에 약간의 번민이 나타나는 것을 예상할 수가 있다.

따라서 이 때에 故 이 기붕씨는 정치적으로 대단한 입김을 작용하였는 것을 알 수가 있을 것이며 그 직위 역시 승승장구하여 오늘날의 장관급까지 넘볼 수가 있었던 것은 대운지지 午火의 영향력이 대단하였다는 것을 판단할 수가 있다.

하지만 반대세력의 방해도 만만치 않아서 일면 문서상으로 손해 및 타격도 받았던 것은 이와 같이 관성 火氣가 조후를 충족하여 일면 길함을 가질 수가 있었지만 그에 반해 반대적인 인성 土氣를 생조하는 역할을 할 수가 있으므로 이와 같이 인성 土氣가 정관 午火에 의해서 강력하게 생조되는 것은 문서상으로 타격이 올 수 있는 일면을 가지고 있다.

다시 54세는 丁未대운으로 대운천간 丁火가 역시 정관의 운로이니 길신으로서의 역할을 할 수가 있다고 보지만 사주원국의 월간에 투출되어 있는 辛金 겁재를 辛-丁 상충이 성립되니 약간에 권력의 직위가 변천이 있었음을 예고 하고 있다.

더하여 대운지지 未土가 일간 庚金을 생조하는 인수의 운로이나 未土가 오행상 성질로 판단하여 보면 조토(燥土)이니 조후를 충족하지 못하는 사주원국이므로 일면 일간 庚金의 기운을 완전히 생조를 하지 못하고 오히려 火氣에 동조하여 조후를 충족하는 일면을 가지고 있는 것이 된다.

따라서 비록 사주원국의 월지 丑土 인수를 대운지지 未土가 丑-未 상충의 작용이 성립되고 있기는 하나 조토가 조후의 작용을 충족시키는 일면이 있다고 가정할 때 그다지 나쁜 것은 아니라고 판단하여야 될 것이다.

그러므로 이 때의 故 이 기붕씨는 권력의 중심속에서 그 가속력을 한층 더 배가시키는 역할을 다하였던 것인데 그 부분이 권력 최고권자의 신망을 얻어 그 직위가 승승장구하여 국회의장(國會議長)까지 넘볼 수가 있었던 것이다.

그러나 앞으로 다가오는 64세 戊申대운이 故 이 기붕씨의 비명횡사운이 닥쳐오는 것을 아무도 모르는 채 아마도 앞일에 대해서만 고인(故人)은 생각만 하였을 것이다.

따라서 戊申대운을 보니 대운천간 戊土가 일간 庚金을 생조하는 편인의 운로로서 이것은 인성 土氣에 의하여 일간이 신왕이 되고 있으므로 다시 대운에서 일간을 생조를 중첩으로 하게 되니 대단히 힘들게 된다는 것을 사주원국은 무언중에 암시를 하고 있다.

더구나 대운지지 申金이 역시 일간 庚金에 대한 비견으로서 일간을 생조하는 것이 대단히 좋지 않겠지만 일면 사주원국의 일지 및 시지 辰土와 申-辰合水로 일간 庚金의 기운을 자연스럽게 누출시키는 일면이 있으니 한편으로 구제를 받을 수가 있을 것이라고 추측할 수가 있다.

그렇지만 위의 사주격국이 일간이 신강, 신약을 불문하고 조후법에 충족되어 있지 않아 시급히 조후법상 火氣를 필요로 하는 이상 식상 水氣는 조후법에 완전히 상반되는 현상을 맞이하므로 이것은 대단히 숙명적 불길함을 면할 수 가 없게 되는 점을 알 수가 있다.

따라서 故 이 기붕(李 起鵬) 전 국회의장(前 國會議長)은 권력의 반대에 의한 희생물이 되었던 것인데 이것이 이 기붕 본인자신에게만 끝날 일이 아니고 가족이 전부 비명의 총탄에 의해 몰사(沒死)하는 비극의 참사를 당했던것이다.

이 부분을 자세하게 대운과 세운 및 월운을 파악하여 보면 죽음을 당했던 년이 庚子년이고 庚辰월인 음력 3월인 점을 생각하여 볼 때 대운지지 申金과 세운지지 子水와 월운 辰이 申-子-辰 삼합 水局으로 완전히 조후를 상극하는 것을 엿 볼 수가 있다.

결국 그 당시만 하더라도 1960년에 국민방위군사건(國民防衛軍事件)으로 온나라가 본인의 비명으로 인해 국내외 매스컴이 떠들썩하였고 이 사건으로 인해 역사의 한 페이지가 장식되는 암울한 시절인 것을 감안할 때 후대에 이르러 이 부분이 다시금 떠오르는 사주원국인 것이다.

※참고로 故 이 기붕(李 起鵬) 전 국회의장(前 國會議長)은 사주의 격국이 조후를 충족할 수 있는 오행이 미약하여 이것을 충족하지 못하는 사주가 되고 있음을 알 수가 있었다.

그런 와중에 괴강살(魁罡殺)이 중중하고 생화불식(生化不息)이 막힘이 많은 사주가 되고 있으나 천만다행으로 대운의 흐름이 초년부터 정히 조후를 충족할 수 있는 동방 寅-卯-辰과 남방 巳-午-未로 치달리고 있으므로 그 직위가 국회의장(國會議長)까지 갈 수가 있었던 것이다.

하지만 격국(格局)의 청탁에 비추어 막힘이 많고 조후까지 충족되어 있지 않아 그다지 많은 복록과 권력을 가지지는 못하는 것이라고 일면 판단하는데 이렇게 생화불식(生化不息)에 막힘이 많은 사주가 자기분수대로 조금의 야망만 가지고 있었다면 괜찮겠지만 욕심을 너무 내다보니 사주의 격국이 본인의 야망대로 따라주지 못하는 일면이 있는 것은 곧 생명을 단축하는 하나의 요인으로 작용한다는 것을 단적으로 보여주는 사주격국이라 하겠다.

(예2). 故 김 모씨(부산시 동래구) 1908년 음력 11월 12일 子시

(대 운)

浴	死	生	絕	甲-戊 상충!	61	51	41	31	21	11	1
甲	甲	癸	戊		庚	己	戊	丁	丙	乙	甲
子	午	亥	申		午	巳	辰	卯	寅	丑	子

子-午 상충,!

비견		인수	편재
木	(木)	水	土
水	火	水	金
인수	상관	편인	편관

● 대운천간 甲木이 사주년간 戊土를 甲-戊 상충으로 파극하고 다시 대운지지子水가 사주일지 午火를 이미 사주상에 子-午 상충을 하고 있는 중에 중첩하여 상충으로 충돌하니 흉함이 발생한다.....!!??

*. 일간의 왕쇠(旺衰),!

甲일간 亥월에 출생하여 득령하고 사주원국의 월지 亥水 편인을 중심으로 해서 시지 子水 인수에 득세(得勢)하면서 다시 월지 및 시지 亥水와 子水의 십이운성 제왕지 및 건록지에 각각 뿌리를 두고 월상 癸水 인수와 시상 甲木 비견이 투출되어 일간 甲木을 생조하고 있으므로 신왕하다.

이렇게 일간 甲木이 신왕하면 이것을 적절히 억제할 수 있는 기운이 필요한데 때마침 일지 午火 상관이 자리잡아 일간 甲木과 유정(有情)하여 왕성한甲木의 기운을 자연스럽게 누출시키고 있으므로 대단히 좋다고 볼 수가 있다.

한편으로는 일간 甲木이 亥월인 추운겨울에 출생하였으므로 만물이 전부 얼어 붙을대로 얼어 있으니 제일로 시급히 조후법상 식상 火氣로 따뜻하게 甲木을 보호해 주어야 대길하게 될 것이다.

＊. 격국에 대한 청탁(淸濁),!

따라서 사주원국을 살펴보니 일지에 午火 상관이 자리잡아 조후법을 충족시키면서 신왕한 일간 甲木의 기운까지 적절히 누출시키고 있으므로 이것은 억부법이나 조후법에 일치하는 진용신(眞用神)이 자리를 잡은 것이 되어 사주가 절묘하게 배합을 이루고 있다고 하여도 과언이 아니다.

그렇지만 이렇게 사주원국에 중요한 용신의 기운을 시지 子水 인수가 자리잡아 일지 午火 상관을 子-午 상충을 하고 있으니 일간의 중요한 용신인 午火가 쟁탈을 당하고 있으므로 사주상의 일면 탁기(濁氣)를 남기는 것이 되어 아주 좋지 못하게 되어 있다.

만약 이렇게 양자간에 상충의 작용이 있을 것 같으면 그 가운데에 인수 子水와 상관 午火 사이에 비겁 木氣로서 소통을 시켜주고 있으면 대단히 좋을 것이지만 사주에 비겁 木氣가 없어 양자를 연결을 하지 못하여 있고 더하여 한쪽을 합이라도 하여 상충의 작용을 퇴색하게 하면 좋겠지만 그것 역시 성립되지 않아 이렇게 인수와 상관이 근접하여 상충이 성립되니 대단히 사주상의 탁기(濁氣)를 형성하므로 매우 불리하다.

***. 격국(格局)과 용신.!**

격국(格局)을 살펴보니 사주원국 월지에 편인이 자리잡고 있고 일간 甲木이 신왕하니 "신왕월지편인격(身旺月支偏印格)"이 성격(成格)되며 따라서 위의 사주 주인공인 김 모씨는 대단히 다재다능한 만능꾼임을 알 수가 있는데 그러나 일면 성품이 시작은 잘하나 일면 매사를 용두사미로 처리하는 기질이 있음을 엿볼 수가 있다.

이와 같은 부분은 고서(古書)에 인용하면 사주원국에 인수만이 있으면 괜찮겠지만 이렇게 인수와 편인이 혼잡되어 있고 더구나 월지에 편인이 자리잡고 있으면 더욱 더 그 경향이 깊게 일어나는 것을 알 수가 있는데 이렇게 편인, 인수가 같이 있던지 사주 내 존재하게 되면 일면 결단심이 부족하나 재주가 특출하여 못하는 것이 없는 만능꾼이 될 수가 있는 것이다.

고로 용신은 "인중용재격(印重用財格)"으로 일간 甲木이 사주에 많은 인성水氣에 의하여 신왕이 되고 있으니 이것을 적절히 억제하는 재성 土氣를 용신하고 재성 土氣를 생조하는 식상 火氣는 희신으로 삼는데 그 중에서 식상火氣는 위의 사주가 亥월에 출생하여 추운 겨울이므로 조후법상 일치하는 것이 되니 오히려 식상 火氣의 운로에서 대단히 발전을 할 수가 있다.

한편으로 관성 金氣의 경우 보통 사주원국에 일간이 신왕하면 원칙적으로 식상, 재성, 관성이 용신이 될 수 있다는 법칙에 준하겠지만 위 사주의 경우는 사주 내 인성 水氣가 강력하게 작용하고 있을 것 같으면 관성 金氣로서는 신왕한 일간 甲木을 적절히 억제하지 못하며 오히려 인성 水氣에 의해 살인상생(殺印相生) 및 관인상생(官印相生)의 원칙을 도모하니 신왕한 甲木의 기운을 적절히 억제하지 못하므로 관성의 역할을 제대로 하지 못하게 됨에 따라 불리하게 된다.

따라서 같은 신왕한 사주원국이라도 이렇게 인성의 기운이 강력하게 작용하고 있으면 식상, 재성, 관성, 삼자의 길신중에서 관성의 기운은 무용지물이 될 수가 있는 사주의 격국이 있으므로 그 격국(格局)의 오행상 변화를 면밀히 관찰할 필요가 여기에 있는 것이다.

다시 위 사주 주인공인 김 모씨는 과거 행정관(行政官)에 입문하여 모 지방 군수로부터 시작하여 내무부 치안행정의 장(長)급까지 진출하였던 인물로서 지금은 고인(故人)이 되었지만 그의 업적을 공덕비까지 세워 대대손손 전해 내려오는 것을 저자는 보고 있다.

***. 격국(格局)에 대한 대운의 흐름.!**

사주 주인공인 故 김 모씨의 대운을 살펴보니 초년 일시 북방

亥-子-丑으로 흘렀으나 21세 丙寅대운에서부터 발복되는 운명인 것을 알 수가 있다.

유년 1세부터 10년까지는 甲子대운으로 대운천간 甲木이 일간 甲木에 대한 비견으로서 신왕한 甲木을 더욱 더 신왕하게 만들고 있으니 대단히 불운인데 더하여 사주원국의 년간에 투출되어 있는 戊土 편재를 甲-戊 상충으로 대접하고 있으니 그 흉의가 대단히 강한 것으로 본다.

더하여 대운지지 子水은 일간에 대한 인수의 운로이니 역시 신왕한 甲木을 더욱 더 생조하는 것이 되고 또한 이미 사주원국에 일지와 시지간에 子-午상충이 성립되어 있는 것을 운로에서 중첩하여 子-午 상충이 성립하므로 완전히 용신의 기운을 쟁탈을 당하는 것이 되니 대단히 불운인 것을 알 수가 있다.

***. 대운의 흐름에 대한 육친의 운명,!**

따라서 이 때에 실제로 故 김 모씨의 5세 때 부친이 타향객사의 죽음을 맞이하였던 것인데 이것을 육친통변법으로 자세하게 기술하면 대운천간 甲木이 사주상에 년간에 투출되어 있는 戊土 편재를 甲-戊 상충이 성립하여 완전히 파극을 하고 있다.

고로 남자나 여자를 불문하고 편재의 육신은 부친을 나타내는 것이므로 이미 사주원국에 편재인 戊土가 사주년간에 투출되어 戊-癸 合火를 구성하고 있는 것을 일간과 시상에 투출되어 있는 甲木 비견간에 甲-戊 상충이 성립되어 戊 -癸간합을 깨고 있다.

이것은 단편적으로 보아도 사주천간에 편재가 노출되어 있으면 반대의 상극 오행인 비견이 사주천간에 역시 노출되어 있는 것은 완전하게 부친의 운명이 횡사로 위험하다는 것을 무언중에 사주원국은 암시를 하고 있다.

더하여 대운지지 子水가 이미 子-午 상충이 되어 있는 조후용신인 午火 상관을 중첩하여 子-午 상충이 성립되는 점은 유년에서는 용신의 기운이 부모의 가계를 의미하기도 하니 대운천간 甲木이 甲-戊 상충으로 부친이 죽음을 맞이하므로 인해서 완전히 가업이 기울어지는 것으로 판단한다.

다시 11세는 乙丑대운으로 대운천간 乙木이 역시 일간 甲木에 대한 겁재로서 신왕한 일간을 더욱 더 신왕하게 만들고 있으니 불운인데 더하여 대운지지 丑土는 일면 정재로서 사주상의 길신으로 될 수 있을 것 같지만 丑土가 오행상 성질로 볼 때 습토인 점을 감안하면 水氣로서 일간 甲木을 생조하는 일면이 있으므로 길보다 흉이 많다고 보아야 된다.

더구나 대운지지 정재인 丑土는 사주원국의 시지에 존재하여 있는 子水 인수와 子-丑合土로 구성하니 일면 학자들 중에는 길하게 되지 않겠느냐,라고 볼 수가 있겠지만 역시 子水나 丑土는 水氣와 濕土의 결합으로 역시 水氣에 동조하는 土氣가 되므로 이와 같은 기대는 무산되는 것을 알 수가 있다.

사주 주인공인 故 김 모씨는 이 때의 운로에서 대단히 신고와 번민이 많았는 것을 볼 수가 있을 것이며 학업 또한 성적이 오르지 않아 일면 자포자기하는 등으로 고생을 하였는데 이와 같은 부분은 故 김 모씨의 막내동생을 통하여 듣고 있다.

21세는 丙寅대운으로 이 때부터 故 김 모씨의 운로가 그 동안의 불운을 버리고 희망찬 봄날이 되는 것을 알 수가 있는데 이것은 대운천간 丙火가 일간인 甲木에 대한 식신의 운로로서 정히 조후용신의 기운이 되니 대발전이 있다고 본다.

더하여 대운지지 寅木은 비록 일간에 대한 비견으로서 기신(忌神)이 되나 사주원국의 일지 午火 상관과 寅-午合火하여 역시 식상의 기운이 되니 더욱 더 발전을 예상하고 있는 것이다.

따라서 故 김 모씨는 본 丙寅대운에서 우수한 성적으로 대학을 졸업한 뒤 국가에서 치루는 공직시험에 합격을 하여 승승장구하였는데 그 당시만 하더라도 작은 시골마을에서 이렇게 공직시험에 합격을 하는 것은 온 동네에서 잔치를 벌일 정도로 대단한 것이었다.

다시 31세는 丁卯대운으로 대운천간 丁火가 역시 일간 甲木에 대한 상관의 운로이니 정히 용신의 기운이 되어 발전을 거듭하는 것이 되는데 일면 사주원국의 월상에 투출되어 있는 癸水 인수를 丁-癸 상충이 성립되니 약간의 문서상으로 손재나 타격이 예상된다.

더하여 대운지지 卯木은 일간 甲木에 대한 겁재로서 대단히 좋지 않게 작용하고 있는데 설상가상으로 사주원국의 월지 亥水 편인과

亥-卯合木하여 역시 木氣로 둔갑하면서 시지에 있는 子水 인수를 子-卯 형으로 맞이하고 있으니 대운천간지지 모두 인수를 상극함에 따라 완전히 문서상으로 타격을 받게 되는 것을 더욱 더 뒷받침을 하고 있다.

실제로 故 김 모씨는 이 때의 대운인 36세에 지방 모처의 과장으로 재직중에 보증을 잘못서서 집을 날리는 어려움에 봉착하기도 하였는데 이것은 사주원국의 인수가 천간지지에 모두 운로에서 상극을 당하는 것 때문에 일어나는 점을 단편적으로 보여주는 한 실례가 된다.

41세는 戊辰대운으로 일간 甲木에 대한 편재의 기운이니 대단히 좋은데 더하여 사주원국의 월상에 투출되어 있는 인수 癸水와 戊-癸合火로 역시 조후를 충족하는 용신의 기운이 되므로 그동안 어려움을 탈피하고 승승장구하는 운로이다.

하지만 대운지지 辰土는 오행상 습토이며 더구나 사주원국의 년지 申金 편관과 시지 子水 인수 등이 합작하여 申-子-辰 삼합 水局으로 변화되어 인성 水氣가 일간 甲木을 생조하므로 그 영향력이 길중에 흉이 강하게 일어나는 것을 알 수가 있다.

실제로 故 김 모씨는 45세때에 정부의 발령으로 모 지방의 군수로 되었으나 그 후 47세부터 아래 부하직원이 뇌물관계에 직면하여 탄핵을 받자 상부의 책임을 물어 모처로 좌천되는 비운을 맞이하였다고 김 모씨 막내동생은 회고를 하고 있다.

다시 51세는 己巳대운으로 대운천간 己土가 일간 甲木에 대한 정재의 운로로 서 역시 길신의 기운이 되고 다시 사주원국의 일간과 시상에 투출되어 있는 甲木과 甲-己合土하여 土氣를 한층 더 왕성하게 하므로 일약 대발전의 운로이다.

한편으로는 월상에 투출되어 있는 癸水 인수를 癸-己 상충을 하고 있으나 일간이 신왕하고 용신이 강령함에 따라 이것은 별문제가 되지 않으며 더구나 상충의 작용을 일간 甲木과 시상 甲木이 甲-己合土로 합을 시키니 본인에게는 흉이 돌출되지 않는다고 보아야 된다.

또한 대운지지 巳火는 정히 조후법을 충족시키고는 있으나 일면 사주원국의 년지인 申金 편관과 巳-申合水로 水氣로 변화되는 것이 우려되지만 그래도 대운지지의 방향이 남방 巳-午-未로 치달리는 관계로 巳火 잔여기운이 남아 있으니 크게는 흉이 일어나지 않는다고 보아야 될 것이다.

그러나 사주원국의 월지에 존재하는 亥水 편인을 巳-亥 상충을 하게 되므로 이렇게 왕신(旺神)이 존재하는 강력한 기운을 상충의 작용으로 충돌을 하니 그에 대한 분주다사함을 면치 못할 것을 예상하는데 월지를 상충하고 년지와 巳-申 삼형이 성립되니 년지는 직장관계를 뜻하므로 그동안 군수로 재직을 하다 중앙정부 치안계통 국장으로 승진발령을 하였던 것이다.

하지만 그 때에 故 김 모씨는 일면 승진을 하여 기쁨도 맛보았지만 사고로 신체상 큰 부상을 입어 병원에 입원을 하는 등 신체적으로 고통이 뒤따른 것을 알 수가 있는데 이와 같은 현상은 삼형의 작용이나 巳-亥 상충의 작용이 앞서는 것을 알 수가 있을 것이며 그런 중에도 길함이 나타나고 있었으니 역시 대운의 지지방향이 火局으로 치달리는 현상은 무시못할 것이라고 판단한다.

그 후 故 김 모씨는 61세 庚午대운에서도 약간의 기복이 있었을 뿐 무사하다는 것을 판단할 수가 있을 것이며 이상과 같이 故 김 모씨의 사주의 격국을 관찰하여 보고 대운의 흐름을 면밀히 분석하여 볼 때 대운의 흐름이 안정적으로 용신이나 희신의 운로로 뒷받침이 되고 있다는 것이 행정관(行政官)의 중요한 직책까지 넘볼 수가 있었다는 것을 파악할 수가 있다.

(예3). 남자, 정 모씨(경남 진주시) 1958년 음력 10월 11일 巳시

(대 운)

絕	病	祿	帶	木剋土,!	65	55	45	35	25	15	5
乙	壬	癸	戊		庚	己	戊	丁	丙	乙	甲
巳	寅	亥	戌		午	巳	辰	卯	寅	丑	子

巳-丑合金! 丑-戌 삼형!

상관		겁재	편관
木	(水)	水	土
火	木	水	土
편재	식신	비견	편관

●대운천간 乙木이 사주년간 戊土를 木剋土하고 다시 대운지지 丑土가 사주에 巳-丑合金 및 丑-戌 삼형을 하니 조후를 거슬리면서 삼형이 되므로 관재를 발생시키고 있다.!

***. 일간의 왕쇠(旺衰).!**

壬일간 亥월에 출생하여 득령하고 다시 월령 亥水 비견의 십이운성 제왕지에 뿌리를 두고 월상에 癸水 겁재가 투출되어 일간 壬水를 생조하고 있으나 사주원국의 편관 土氣와 식상 木 그리고 편재 火氣가 대단히 강력하게 작용하고 있으니 강, 약을 결정하기 어려운 약간 신약이다.

이에 대해 우선 전편 命理秘典 上권인 일간의 강약도표에 준하여 판단하여 보면 월지 亥水 비견이 30%의 힘을 가지고 있으며 월상에 투출되어 있는 癸水 겁재가 9%이니 단편적으로 보아도 1%가 모자라는 39%의 힘을 가지는 것을 알 수가 있는데 따라서 왕성한 사주원국의 관성과 재성 그리고 식상의 기운과 일간의 힘이 서로 중화되어 있다고 해도 무방할 것이다.

***. 격국에 대한 청탁(淸濁),!**

한편으로 볼 때 사주원국의 지지에 寅-巳 삼형과 巳-亥 상충이 자리잡아 일면 학자들 중에는 위의 사주가 탁기(濁氣)를 남기고 있다고 판단할 수가 있으나 년지 戌土 편관 및 일지 寅木 식신간에 寅-戌合과 더하여 월지 亥水 비견과 일지 寅木 식신간에 역시 寅-亥합으로 곧 해극을 시키고 있으니 따라서 합과 충이 모두 성립되지 않는다.

또한 사주년간에 투출되어 있는 戊土 편관이 월상에 투출되어 있는 癸水 겁재와 戊-癸合火가 이루어진다고 볼 수가 있지만 이것 역시 월지 亥水 비견이 십이운성 제왕지에 뿌리를 두고 투출되어 있으므로 합을 잘 하려는 성질이 되지 않는데 더구나 일간 壬水가 년간에 존재하는 편관 戊土를 壬-戊 상충까지 되고 있으니 더욱 더 합이 되지 않는다.

***. 격국(格局)과 용신.!**

사주의 격국을 살펴보니 사주원국의 월지에 비견 亥水가 자리잡고 있으므로 "월지건록격(月支健祿格)"이 성격(成格)되며 따라서 사주 주인공인 정 모씨는 약간의 자존심과 고집이 강대하다는 것을 알 수가 있고 또한 일지에 식신 寅木이 길신으로 작용하니 신체가 풍만하면서 도량이 넓다고 판단한다.

또한 壬일간으로서 사주원국의 지지에 寅-巳 삼형이 존재하여 있고 戌, 亥 천문성(天門星)이 자리잡고 있으니 첫 눈에 권력의 팔자라는 것을 알 수가 있는데 월주 癸亥를 중심으로 하여 水生木, 木生火,하니 생화불식(生化不息)에 준하여 격국(格局)이 흐르고 있으므로 더욱 더 이 같은 부분을 뒷받침하고 있다.

고로 용신은 원칙적으로 일간 壬水가 신약하면 인성, 비겁이 용신이 되겠지만 일간 壬水가 그리 쇠약하지 않으니 제일로 계절이 亥월에 태어나 추운겨울이므로 일간이 신강, 신약을 불문하고 조후법상 재성 火氣를 용신하며 재성 火氣를 생조하는 식상 木氣는 희신으로 삼는다.

따라서 사주팔자를 살펴보니 일지 寅木 식신이 자리잡고 다시 그 속에 십이운성의 제왕지에 뿌리를 둔 시상 乙木 상관이 투출되어 시지에 존재하는 巳火 편재를 생조하고 있으니 진용신(眞用神)이 들어있는 것이 되어 대단히 좋다고 보겠다.

***. 격국(格局)에 대한 대운의 흐름.!**

위 사주 주인공인 정 모씨는 현재 정부 모 처의 재정부를 담당하는 행정관(行政官)으로서 그 직위가 국장을 바라보는 위치에 도달하여 있는 것을 저자는 보고 있는데 정 모씨의 대운을 살펴보니 초년에는 일시 북방 水氣로 흘렀으나 25세 丙寅대운부터 대단히 발복되는 시점을 파악할 수 있다.

초년 5세는 甲子대운으로 대운천간 甲木이 일간 壬水를 대조하여 볼 때 길신의 운로인 식신이니 대단히 좋다고 판단하지만 대운지지 子水가 사왕지지(子, 午, 卯, 酉)로서 조후용신을 선택하고 있는 사주원국에 찬물을 쏟아 붇는 것이 되어 흉이라고 판단한다.

더하여 대운천간 甲木이 일면 사주원국의 년간에 투출되어 있는

戊土 편관을 甲-戊 상충이 성립하여 편관을 상극하므로 년주는 사회궁이니 직업을 표시하는 것이기 때문에 8세때 부친이 직업적으로 변동이 생겨 이사 이동을 하였다고 말하고 있으며 또한 대운지지 子水가 지배하는 9세부터 10세까지 신체상 질병으로 인하여 정 모씨는 대단히 고통을 받았다고 회고를 하고 있다.

다시 15세는 乙丑대운으로 대운천간 乙木이 일간 壬水에 대한 상관의 운로로서 역시 길신이 되겠으나 대운지지 丑土는 오행상 성질로 볼 때 습토이므로 水氣는 조후법을 채택하고 있는 사주에 흉이 되는 것을 감안하면 그다지 길하게 되지 못한다.

또한 대운지지 丑土는 사주원국의 시지에 존재하는 조후용신인 巳火 편재를 巳-丑合金으로 용신의 역할을 완전히 못하게 막아버리는 것이 되고 더하여 년지 戌土를 丑-戌 삼형으로 다스리니 완전히 흉함이 들이닥치게 되는 것을 알 수가 있다.

이것을 육친통변법으로 좀 더 자세하게 설명하여 보면 15세부터 5년간은 희신의 운로인 상관 乙木이 지배되는 관계로 그 동안 학업 성적도 우수하여 명문대학에 진학을 하여 승승장구 하였지만 대운지지 丑土가 지배되는 20세때에 우연히 친구들과 어울려 술을 마시다가 옆 좌석의 사람과 시비가 붙어 싸움을 말린다는 것에 본인이 휘말려 잇빨이 2개나 빠지는 중상을 입었다.

그것은 대운지지 丑土가 일면 습토로서 홀로 작용하는 성질인 것 같으면 약간의 기복만으로 넘어갈 수가 있겠지만 사주원국의 시지에 존재하는 조후용신인 巳火 편재를 巳-丑合金으로 용신의 기운을 완전히 사라지게 하는 것이 되어 대단히 불리하게 작용하는 것이다.

설상가상으로 대운지지 丑土가 사주년지에 존재하는 戌土 편관을 丑-戌 삼형으로 가격하니 편관에 상충이나 삼형의 작용이 일어나면 편관은 깡패, 성급, 흉폭등이 일어나는 육친으로 칠살(七殺)이라고 명칭하는데 편관을 삼형으로 상극을 하는 것은 완전히 폭력으로 인하여 본인이 고통을 당하는 것이 된다.

25세는 丙寅대운으로 그 동안 사주 주인공인 정 모씨는 濕土인 축토대운에서 대단히 고통과 번민이 많았으나 丙寅대운으로 들어오니 일약 용신의 운로가 되어 아주 발전하는 것이 된다.

그러므로 대운천간 丙火는 일간 壬水에 대한 편재의 운로이니 정히 용신의 기운이 되고 더하여 대운지지 寅木은 식신의 운로로서 조후용신의 기운을 생조하므로 대단히 좋은데 금상첨화로 이미 사주원국의 년주에 戌土 편관과 일지 寅木 식신간에 寅-戌合火가 삼형이나 상충의 작용으로 성립되지 못하고 있는 것을 운로인 대운에서 寅木이 들어옴으로 인하여 완전히 寅-戌合火로 성립하니 용신의 기운이 대단히 왕성하게 된다.

***. 대운의 흐름에 대한 학자의 의문,!**

여기서 일부학자들 중에서 "대운지지 寅木이 일면 사주원국의 시지에 조후용신이 존재하는 巳火 편재를 寅-巳 삼형으로 상극하는 이유가 있으니 용신을 상극하면 의외로 재화가 나타날 수가 있지 않겠느냐",! 라고 의문을 표시하고 있다.

*. 학자의 의문에 대한 본 저자가 약 23년간 경험상 터득한 비법(秘法),!

하지만 본 저자는 이 부분에 대해 학자들과 견해를 달리하고 있으며 그에 대한 성질을 그동안 실제인물에 준하여 약 23년동안 경험상 터득한 비법(秘法)을 기술하고자 한다.

따라서 학자들이 의문을 표시한대로 용신을 상극하면 의외로 흉이 돌출되는 것이라고 판단하는 것이 명리(命理)의 정석이라고 볼 수가 있겠지만 그 부분에도 사주의 격국에 따라 달리 판단하는 점이 많이 일어나고 있다.

이와 같은 성질을 좀 더 자세하게 세별하여 보면 우선 사주원국에 용신이 되는 오행이 혼자 있는 것과 복수적으로 용신이 2개 이상 존재하여 있는 사주가 있을 것인데 용신이 혼자 있는 격국은 이상과 같이 용신의 기운을 상충이나 삼형등으로 상극을 하면 대단히 흉함이 돌출되는 것을 이미 고서(古書)나 원서에 적고 있다.

그렇지만 용신의 기운이 독립적으로 존재하여 있지 않고 복수적인 즉 2개 이상인 경우 비록 하나의 용신의 기운을 상극한다고 해도 또 다른 용신의 기운이 존재하여 있기 때문에 약간의 흉의만 일어날 뿐 큰 탈이 없는 것으로 판단하여도 무방하다.

그런데 여기서 무엇보다 중요한 것은 만약 운로인 세운이나 대운에서 기신(忌神)을 동반한 상충이나 삼형을 맞이하여 복수적인 하나의 용신의 기운을 상극한다면 이 때에는 독립적인 용신의 기운이나 복수적인 용신의 기운을 불문을 하고 대단한 흉이 돌출되는 것으로 파악하여야 된다.

이와 같은 부분은 추명(推命)의 원리를 연구하는 과정에서 대단히 중요한 부분으로 본 저자가 약 23년동안 명리학의 체계를 세운 과정에서 이룩한 경험상 비법(秘法)이니 특정인 다수 사주의 운로를 긴 세월동안 파악함으로 인하여 완전히 부합하고 있음이 증명되고 있다.

그렇다면 아마도 본 저자가 실제의 경험을 통하여 기술한 命理秘典과 命理大要의 부분부분의 간명비법(看命秘法)의 노하우는 사주추명학(四柱推命學)의 새로운 체계를 세우는 하나의 기틀이 될 수가 있을 것이다.

따라서 위의 사주원국을 파악하여 보면 용신의 기운이 시지에 巳火가 존재하여 홀로 용신의 기운이 존재하여 있는데 이것을 삼형이나 상충이 일어나면 흉이 들어올 수 있다는 것에 대해 이상과 같은 법칙에 준하여 판단하여 보면 운로에서 들어오는 기운이 희신이나 용신의 기운을 업고 들어오는 것이기 때문에 별 탈이 없다는 것을 알 수가 있게 된다.

또한 더하여 이와 같은 이유를 제쳐두고라도 대운에서 들어오는 寅木은 다시 사주원국의 년지 戌土와 일지 寅木과 함께 합을 하여

寅-戌合火로 또다시 용신이 기운이 만들어지고 있으므로 완전히 대길하게 되는 이유가 여기에 있다해도 과언이 아니다.

실제로 사주 주인공인 정 모씨는 丙寅대운이 지배하는 29세 때에 국가에서 치루는 행정고시에 정히 합격을 하여 일약 세상을 떠들석하게 만들었고 이것은 전국에 수많은 고시생이 시험에 다 떨어지고 3차 면접시험까지 합격한 사람은 전국의 7명이 뽑힌 것이다.

더하여 한창 젊은 나이인 31세 때에 정히 정부 모처 사무관으로 일약 발탁이 되었으며 또한 이 때에 명문집안의 규수를 아내로 맞이하여 결혼하니 승승장구 하였는 것으로 본인이 회고하고 있는데 만약 일부학자들이 말한 사주원국의 시지 巳火 편재의 기운이 寅-巳 삼형으로 인하여 상극하는 것이 흉이 돌출되는 것 같으면 감히 이와 같은 대길함은 가질 수가 없을 것이다.

다시 35세는 현재대운인 丁卯대운으로 대운천간 丁火가 일간 壬水에 대한 정재의 운로이니 대단히 좋다고 보는데 금상첨화로 사주원국의 일간 壬水와 丁-壬合木으로 둔갑하여 정히 용신을 생조하는 기운이 되므로 대발전의 운로이다.

일면 대운천간 丁火가 사주원국의 월상에 투출되어 있는 癸水 겁재를 丁-癸상충으로 충격하니 약간의 기복이 일어날 수가 있겠지만 그러나 일간 壬水를 丁-壬合木을 하여 용신의 기운을 생조하는 오행이 나오게 되므로 상충의 작용을 합으로 막고 있는 것을 알 수가 있다.

더하여 대운지지 卯木은 일간 壬水에 대한 역시 길신인 상관의 운로로서 대길한데 금상첨화로 사주원국의 년지 戌土와 卯-戌合火하고 다시 월지에 亥水 비견과 亥-卯合木등으로 변화하여 용신을 생조하는 오행이 나오게 되므로 승승장구할 운로이다.

실제로 사주 주인공인 정 모씨는 지금 현재의 대운에서 정부 모처 재정부의 고위급으로 승진을 하여 자리를 잡고 있는 것을 보고 있는데 아마도 다음대운이 지배하는 戊辰대운에는 그 직위가 차관급까지 바라볼 수가 있을 것이다.

45세는 戊辰대운으로 대운천간 戊土가 일간 壬水에 대한 편관의 운로이니 평길의 운로인데 하지만 금상첨화로 사주원국의 월상에 투출되어 있는 癸水 겁재와 戊-癸合火로 정히 용신의 기운이 되므로 승승장구할 것이다.

그렇지만 대운지지인 辰土가 지배되는 50세부터는 약간 운로가 나쁘게 작용하고 있는데 이것은 대운지지 辰土가 오행별로 습토이니 조후를 채택하는 사주에 水氣로서 용신을 상극하는 의미가 대단히 강하게 작용한다.

더구나 대운지지 辰土가 사주원국의 년지에 존재하는 戌土 편관을 辰-戌 상충을 하고 있으므로 길신이나 용신의 기운이 상충이나 삼형을 하면 무사할 수가 있겠지만 이와 같이 기신(忌神)이 운로에서 들어오면서 편관 戌土를 상극하니 아마도 이 때에는 직업적으로 변동이 일어나는 것을 예상할 수가 있다.

이것을 육친통변법에 준하여 설명하여 보면 대운지지 辰土가 기신(忌神)인 습기를 업고 들어와서 년지 편관 戌土를 辰-戌 상충을 하는 것은 편관을 상충을 하면 관재, 소송, 깡패, 흉폭등이 일어나니 더하여 년지는 직업궁이고 사회궁이므로 완전히 직업적으로 탄핵 내지는 좌천이나 그에 상응하는 대가를 지불하여야 될 것이다.

앞으로 55세 己巳대운은 평길 내지는 소흉으로 판단하여야 될 것이며 하지만 지지의 방향이 남방 巳-午-未로 치달리고 있는 것이므로 그다지 큰 흉의는 없을 것으로 판단하는데 아마도 더욱 더 발전하여 65세 庚午대운에는 사주 주인공인 정 모씨는 말년 대단한 복록을 갖추면서 자손 또한 승승장구할 것으로 판단한다.

※참고로 위의 사주 주인공인 정 모씨는 이상과 같이 대운의 흐름을 파악하여 보았지만 역시 대운의 흐름이 본인의 운명에 절대적으로 작용하는 것으로 파악되고 있었으며 더하여 격국(格局)이 비록 약간 신약이나 왕성한 관성 및 재성 식상의 기운에 서로간에 중화(中和)가 되어 대 발전을 이룩하였는 것으로 간명한다.

또한 같은 행정관(行政官)의 사주격국이라도 이상과 같이 재성이 용신이 되면 내무, 치안등에 종사하지 않고 국가의 재정부분을 담당하는 곳에 몸을 담는 것을 알 수가 있는데 이것은 재성이 곧 용신을 나타내고 더하여 용신의 기운이 직업을 의미하기 때문이다.

제4장

*. 군 인(軍 人)

*. 군인(軍人)은 오늘날 참모총장으로부터 각 장성급과 아래로는 미관말직의 직업군인에 이르기까지 분류되고 있다.

(4). 군인(軍人)의 팔자

관록(官祿)의 팔자중에서 군인(軍人)은 사주팔자의 격국(格局)이 다른 행정관(行政官)이나 사법관(司法官)의 사주보다 약간 특이하게 청기(淸氣)가 있는 중에 일면 탁기(濁氣)를 형성되는 것이 많이 눈에 띄고 있는데 이러한 것은 관록(官祿)을 잡는 직업중에서 군인(軍人)은 그 성정이 성급이나 강렬함을 나타내는 일면이 있기 때문이다.

또한 군인(軍人)의 팔자는 오행상 金氣와 火氣가 많아서 강력하게 작용하여도 군인(軍人)이 되는 경향이 많은데 그것은 金氣는 의인(義人)을 나타내고 火氣는 예(禮)를 대표하는 오행이 되므로 완전히 부합하는 것이며 더하여 대운의 흐름이 서방 金氣나 남방 火氣를 만났을 때 군인(軍人)으로 직업을 잡는 경우가 많다.

보통 이와 같은 현상은 같은 직업의 분류라도 그 사주의 격국(格局)에 따라 변화무쌍함이 많은 것이며 더구나 대운의 흐름이 직급의 무게에 절대적으로 영향력을 행사하므로 정히 용신이나 희신의 운로로 치달리고 있어야 된다.

이상과 같은 법칙에 준하여 군인(軍人)의 직업을 간파할 수가 있겠으나 이것 이외도 사주팔자가 형, 충, 파, 해가 많아도 군인(軍人)이 되는 경우도 종종 확인되고 있으며 또한 육신의 편관이나 정관이 강력하여 이것을 순화되지 않는 경우도 군인(軍人)이 된다.

결국 군인(軍人)의 팔자는 그 격국(格局)이 일면 사법관(司法官)이나 행정관(行政官)과 비슷하게 작용할 것 같으나 사실은 그 양상이 오행의 편중(偏重)이나 약간의 탁기(濁氣)를 남기는 것이 특징이라 할 수가 있는데 따라서 그 직급이 하급인가 고위급인가는 역시 사주의 팔자의 일간이 신왕하고 용신이 강력한 중에 대운의 흐름이 용신이나 희신으로 치달리고 있어야 만이 고관(高官)이 될 수가 있는 것은 두말할 것도 없다.

(가). 군인(軍人)의 운명,!

●일간이 신왕하며 "인성"과 "양인"이 있고 용신이 "편관"이 되어 왕성할 때,!

●일간이 신강, 신약을 불문하고 "편관"이 강력한 중에 "인성"이 약하여 "편관"의 기운을 완전히 "화살"(化殺)을 하지 못할 때,!

●일간이 신왕하고 사주에 "편관", "양인", "괴강살(魁　殺)"이 있을 경우,!

●일간이 신강, 신약을 불문하고 "상관"이 왕성한 사주,!(이때에는 사주가 신약이 극심하여 종격(從格)으로 가지 않아야 됨)

●일간이 신강하고 사주에 "형""충""파""해"가 많아서 격국(格局)에 "탁기"(濁氣)를 형성한 사주,!

●사주원국의 오행대부분이 "金氣"로 구성되어 있는 사주,!

●사주원국에 대부분의 오행이 "金氣"와 "火氣"로 구성되어 있는 사주,!(이 때에는 대운의 흐름이 서방 申-酉-戌이나 남방 巳-午-未로 치달리고 있으면 군인이 된다.!

●일간이 신왕하나 정신기(精神氣)삼자 중에서"식상"," 재성", "관성"의 신(神)이 "형" "충" "파" "해"가 되어 일면"탁기"(濁氣)를 구성한 사주,!

※참고로 이상 외에도 일간이 신약하더라도 편관이 강한 중에 대운의 흐름이 용신이나 희신의 운로로 치달리고 있을 때도 군인이 되는 자를 많이 보고 있으며 결국 이상과 같은 군인(軍人)의 운명이 하급직인가, 고위직인가는 대운이 용신이나 기신(忌神)의 운로에 있는가에 따라 판단의 원칙을 두어야 할 것이다.

(예1). 고서(古書)에 나오는 청(淸)나라 때 원세개(袁世凱)장군의 사주,!

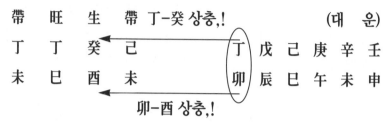

帶 旺 生 帶 丁-癸 상충,! (대 운)

丁	丁	癸	己	丁	戊	己	庚	辛	壬
未	巳	酉	未	卯	辰	巳	午	未	申

卯-酉 상충,!

비견		편관	식신
火	(火)	水	土
土	火	金	土
식신	겁재	편재	식신

● 대운천간 丁火가 사주월상에 투출되어 있는 癸水 편관을 丁-癸 상충으로 파극하고 있는 중에 대운지지 卯木이 역시 월지 酉金 편재를 卯-酉 상충으로 가격하는 것은 아무리 용신의 기운이라도 왕신을 충동하여 쇠자왕신발(衰者旺神發)의 법칙이 성립되므로 십중구사의 운명이다.!

고서(古書)에 나오는 청(淸)나라 말년 청군(淸軍)을 근대화시킨 원세개(袁世凱)장군의 사주이다.!

*. 일간의 왕쇠(旺衰).!

丁일간 酉월에 출생하여 실령(失令)하고 사주원국의 월지 酉金 편재를 중심으로 해서 신(神)의 기운인 金, 水, 土가 많아 일간 丁火의 기운을 극루(剋漏)하고 있으므로 신약이다.

하지만 일간 丁火는 일지 巳火 겁재에 득지(得地)하였으며 또한 일지인 십이운성의 제왕지에 일간과 시상에 투출되어 있는 丁火 비견이 투출되어 있어 일간 丁火를 생조하고 있으니 그리 쇠약하지 않고 더하여 년지나 시지 未土 식신은 오행별로 볼 때 그 성질이 조토이므로 일간 丁火의 기운을 강력하게 누출시키지 못하는 일면이 있다.

한편으로 볼 때 사주원국이 년지 및 시지 未土 식신이 조토이고 일간 巳火가 자리잡아 다시 그 세력에 뿌리를 둔 시상 丁火가 투출되어 있으므로 일면 火氣가 강력하여 조후법상 水氣로서 용신을 선정할 것 같은데 하지만 월령의 酉金 편재가 자리잡고 일지 巳火 겁재와 巳-酉合金하여 그 세력에 뿌리를 두고 월상 癸水 편관이 투출되고 있으니 완전히 조후를 충족하고도 남음이 있다.

***. 고서(古書)의 판단,!**

고서(古書)에는 위의 사주가 일주가 신강하고 월지에 재관(財官)이 상생하여 용신이 癸水 즉 편관이 될 듯하나 癸水는 己土에 의해 파극되어 실상 식신생재격(食神生財格)이라며 적고 있다.

그렇지만 본 저자는 이와 같은 고서(古書)의 말을 완전히 배척하고 있는데 그것은 우선 일간이 신강하다고 고서(古書)에는 적고 있지만 전편 命理秘典上권인 일간의 강약도표에 준하여 설명하여보면 위의 사주는 오로지 일지 巳火 겁재 20%와 시상에 투출되어 있는 丁火 비견이 9%의 힘을 합쳐 모두 29%밖에 되지 않아 중화(中和)이 기점인 40%를 넘지 않으므로 완전한 신약으로 귀착되어 있다.

상황이 이럴진데 설상가상으로 사주원국의 월령 酉金 편재는 사왕지지(子, 午, 卯, 酉)로서 일지 巳火 겁재와 巳-酉合金으로 재성 金氣로 둔갑하니 일간 丁火는 더욱 더 일간의 의지처를 상실하는 것이 되므로 이렇게 되면 일간 丁火는 대단히 쇠약하여 오로지 지지에 뿌리를 두는 것은 사주년지 및 시지 未土 식신인 지장간의 중기(中氣) 乙木에 의지하는 현상밖에 될 수가 없다.

***. 격국에 대한 학자들의 의문,!**

한편으로는 일부학자들 중에 일간 및 시상에 투출되어 있는 丁火가 일지 巳火 겁재에 십이운성 제왕지에 앉아 있으니 이것은 命理秘典 上권인 합의 성질편에 준하여 보면 사주천간의 오행이 십이운성의 지지에 장생, 건록, 제왕지 등에 뿌리를 두고 통근(通根)을 하고 있으면 합을 잘하지 않는다고 적고 있는데 위의 사주도 일지가 제왕지에 앉아 있으므로 이 부분에 대해 의문을 표시하고 있다.

***. 命理秘典 上, 下권에 인용하여,!**

하지만 그 부분에 대해서 본 저자는 일부학자들이 약간의 착오를 하고 있는것 같은데 사실상 이와 같은 부분은 이미 저자가 命理秘典 上, 下권을 통하여 자세하게 기술하였지만 이것 외에도 합이 성립되는 사안을 또한 자세하게 기술하고 있다.

따라서 위의 사주처럼 십이운성의 제왕지에 일지 巳火가 앉아 일간과 시상에 丁火가 투출되어 있는 것이나 이렇게 월령이 사왕지지(子, 午, 卯, 酉)인 酉金이 자리잡고 합을 결성하고 있는 것은 합을 하는 성질이 대단히 강력하게 작용하는 것이므로 이 때에는 삼형이나 상충이 동반되어 상극을 하지 않는 이상 단순히 십이운성의 제왕지에 앉아 있다고 하여서 합이 결성이 안되는 것은 아니다.

***. 命理秘典 下권인 간명비법에 준한 판단,!**

그렇다면 이와 같은 부분은 역시 命理秘典 下권인 간명비법(看命秘法)에 실제의 인물에 준한 대운을 풀이하는 과정에서 더욱 더 자세하게 기술하였는데 그것은 보통 합이 결성되는 오행이 십이운성의 장생, 건록, 제왕지에 뿌리를 두고 사주천간에 투출되어 있는 오행이 천간합(天干合)을 결성하는 것에 대해 이렇게 지지에 왕성한 기운에 의한 통근(通根)을 하고 있으면 합을 잘하지 않을려는 성질이 있다고 명시하고 있다.

따라서 이에 대한 성질은 지지의 합도 천간에 투출되어 대표하는 기운이 존재하여 있을 것 같으면 지지의 합도 잘하지 않을려는 성질이 있겠으나 그 부분에도 지지의 합의 결성인 육합이나 삼합 및 방합의 기운에 따라서 그 의미가 달리 작용되는 것으로 판단하여야 될 것이며 또한 월령에 자리잡은 사왕지지(子, 午, 卯, 酉)가 존재하여 합을 하는 것은 대단히 강력하게 합을 결성하는 것으로 판단하여야 된다.

이 부분을 더 자세하게 세별하면 합을 결성하는 부분이 지지의 왕성한 십이운성에 통근(通根)한 천간의 기운이 천간합(天干合)을 결합하는 것은 잘 안할려는 성질이 되겠지만 지지에서 결합하는 합은 아무리 십이운성에 강력한 기운에 존재하여 천간에 투출되는 오행이 있다고 해도 합을 이루고 있는 한 쪽 오행이 월령에 자리잡고 있다면 이것이 형충으로 상극되지 않는 이상 완벽하게 합을 결합하고 있다고 판단하여야 될 것이다.

더구나 이것은 사주원국의 지지에 같은 합이라도 육합보다 삼합이 강력하고 또한 삼합보다 방합이 강력하게 작용하며 더하여 그 세력의 힘도 대단히 강함을 순차적으로 표시하여야 될 것인데 이것 역시 월령이 사왕지지(四旺支地)가 결합되는 것하고 월령에 존재하지 않는것 하고의 차이에 따라 합의 결성의 힘을 차등을 두어야 한다.

따라서 다시 위의 사주를 살펴볼 때 일간의 강약을 놓고 이상과 같은 월령의 합이 이루어진 것과 일간 丁火의 기운을 비교 분석하여 판단하자면 비록 월령과 일지간에 巳-酉合金을 성립하지 않는다고 가정하더라도 일간의 기운이 모두 합하여도 29%밖에 되지 않는 것을 알 수가 있다.

*. 고서(古書)에 대한 비판,!

그런데도 이와 같은 일간의 힘에 불구하고 설상가상으로 월령이 사왕지지(四旺支地)로 巳-酉合金을 하여 명백히 일간이 의지처를 상실하므로 인하여 일간 丁火는 오로지 지지에는 년지와 시지 未土의 지장간인 중기(中氣)에 의지하는 성질을 비추어보면 완벽하게 신약사주로 귀착하는데 어떻게 해서 고서(古書)에는 일간이 신강하다고 말하고 있는 것인지 그 부분을 명확하게 밝히지 않은채 설명을 회피하고 있다.

그렇다면 이와 같은 고서(古書)의 불분명한 태도는 오늘날의 사주추명학을 연구하는 학자들에게는 간명(看命)상의 오류를 불러올 수 있고 더 나아가서는 추명(推命)의 혼란만 가중시키는 처사이므로 심히 유감이라 말하고 싶다.

***. 격국(格局)과 용신.!**

위의 사주의 격국을 보면 일간 丁火가 월지에 酉金 편재가 자리잡고 일간이 신약하니 "신약월지편재격(身弱月支偏財格)"이 성격(成格)되며 사주의 정신기(精神氣) 삼자중에 식신, 편재, 편관등의 신(神)과 비겁의 기운인 기(氣)는 있겠으나 일간 丁火를 생조하는 인성木氣인 정(精)이 존재하여 있지 않다.

더하여 월상에 癸水 편관과 일간 및 시상에 투출되어 있는 丁火와 丁-癸 상충, 그리고 년간 己土 식신과 癸-己 상충이 일어나고 있으니 사주상의 약간의 탁기(濁氣)를 남기는 현상이므로 이것은 곧 전형적인 군인(軍人)의 사주이다.

고로 용신은 일간 丁火가 왕성한 土, 金, 水에 의해 신약하니 원칙적으로 일간 丁火를 생조하는 인성 木氣와 비겁 火氣를 같이 용신하고 그 중에서 식상 土氣의 경우 辰, 丑 土氣는 습토이므로 水氣를 업고 들어오니 대단히 불리하겠으나 未, 戌 土氣는 조토이므로 신약한 일간 丁火를 일면 동조하는 성질이 되니 평길이 되는 이점이 있다.

***. 격국(格局)에 대한 대운의 흐름.!**

위의 사주주인공인 원세개(袁世凱)장군은 청(淸)나라 때 군인(軍人)으로서 오늘날의 중화민국의 초대총통까지 올랐던 인물인데 대운의 흐름을 살펴보니 초년 일시 곤고하였겠으나 辛未대운이후 용신과 희신의 운로인 남방 巳-午-未와 동방 寅-卯-辰이 되어 흐르고 있으므로 일약 대발복을 할 수 있는 격국(格局)이 된 것이다.

따라서 대운을 파악하여 보면 초년 壬申대운에는 대운천간 壬水가 일간 丁火에 대한 정관의 운로이니 불운이 되겠으나 다행히도 사주원국의 일간과 시상에 투출되어 있는 丁火와 丁-壬合木하여 일간 丁火를 생조하는 인성 木氣로 둔갑하니 길운이다.

하지만 대운지지 申金은 일간 丁火에 대한 정재의 운로로서 불리한데 설상가상으로 사주원국의 일지 巳火와 巳-申合水 및 巳-申 삼형이 성립되어 형을 하는 운로가 신약사주에 기신(忌神)을 업고 들어오는 것이 되어 대단히 흉의가 강하게 일어난다.

그렇다면 아마도 원 장군은 대운천간 壬水가 지배되는 운로에서는 부모님의 비호속에 별탈이 없이 성장할 수가 있었지만 대운지지가 지배하는 申金의 운 로에서는 정재가 사주원국의 일지와 합을 하여 기신(忌神)으로 둔갑되는 것이기에 재성이 기신(忌神)을 업고 들어오면 육친통변법상 건강이 불리하다는 법칙에 준하여 볼 때 이때에 건강상 대단히 곤란을 당하였다는 것을 암시하고 있다.

다시 辛未대운은 대운천간 辛金은 일간 丁火에 대한 편재의 운로로서 대단히 기복이 예상되는데 설상가상으로 일간 및 시상에 투출되어 있는 丁火와 辛-丁 상충이 성립되니 역시 기신(忌神)을 업고 상충의 작용이 일어나는 것이므로 흉이 돌출 될 것이다.

또한 대운지지 未土는 일간 丁火에 대한 식신이고 보면 일간의 기운이 소진되어 불리하게 작용하겠지만 未土가 오행상 성질로 볼 때 조토(燥土)이니 오히려 불의 기운에 동조하는 성질이 되므로 그다지 불리하게 작용하지 못하는 것을 감안한다면 평길이라 할 수가 있다.

다시 庚午대운은 대운천간 庚金은 일간 丁火에 대한 역시 편재의 운로이니 기신(忌神)이 되므로 불리한데 그러나 대운지지 午火가 사왕지지(子, 午, 卯, 酉)로서 정히 일간을 생조하는 용신의 기운이 되고 금상첨화로 사주원국의 이미 巳-未가 존재하여 방합이 성립되고 있지 않으나 대운지지에서 午火가 들어옴으로 인하여 완전히 巳-午-未 방합 火局이 되므로 대단히 승승장구할 운로이다.

***. 고서(古書)의 대운에 대한 해석,!**

이 때를 기준하여 고서(古書)에는 庚午대운에 약관 이십여세의 젊은 나이로 북양대신(北洋大臣) 이홍장(李鴻章)의 명령에 의해 사실상 구한국(舊韓國)의 총독(總督)으로 행세하였다.!

그 후 대운이 식상 土운이라 관계가 누진하여 청군총사령관이 되어 손문의 혁명군과 대적하다가 돌변하여 손문과의 타협아래 중화민국(中華民國) 초대총통이 되고 일시 칭제(稱帝)라는 황제의 칭호까지 받다가 丁卯대운에 병사 하였다.! 라며 적고 있다.

*. 고서(古書)의 대운 및 용신해석에 대한 비판,!

그렇다면 고서(古書)에는 위의 사주를 신강사주로 판단하고 식신생재격(食神生財格)으로 재성 金氣를 용신으로 선정하였는 것을 알수가 있는데 이것은 완전히 말도 되지 않는 어불성설이다.

따라서 고서(古書)에서 말한 원 장군의 대운의 흐름을 본 저자가 살펴볼 때 己巳대운에는 대운천간 己土가 일간 丁火에 대한 식신의 운로이니 일간 丁火의 기운을 누출시키고 있으므로 불리하게 작용하겠지만 사주월상에 투출되어 있는 기신(忌神)인 癸水 편관을 癸-己 상충으로 상극하여 일간 丁火의 기운을 강력히 극루(剋漏)하는 편관 癸水로부터 식신 己土가 일간을 적절히 보호를 하고 있다.

또한 대운지지 巳火는 비록 사주원국의 월령에 존재하는 酉金과 巳-酉合金으로 변화되는 일면이 있겠으나 대운지지의 방향이 남방 巳-午-未로 치달리는 관계로 巳火가 비록 합을 하였지만 본래의 잔여기운이 남아 있는 것이 되니 평길이 되는 것을 알 수가 있다.

또한 戊辰대운에는 대운천간 戊土가 역시 일간 丁火에 대한 상관의 운로로서 일간 丁火의 기운을 누출시키고 있으니 약간 불리하겠으나 다행이 금상첨화로 사주원국의 월상에 투출되어 있는 癸水 편관과 戊-癸合火하여 상관 土氣가 완전히 용신의 기운인 火氣로 변화되어 대단히 길하게 된다.

하지만 대운지지 辰土는 역시 일간 丁火에 대한 상관의 운로로서 辰土가 오행성질로 볼 때 습토인 것을 감안하면 신약한 일간 丁火의 기운을 水氣로서 상극하게 되니 대단히 불리하게 작용할 것이다.

그러나 일면 사주원국의 월지 酉金 편재와 辰-酉合金하여 재성 金氣로 둔갑하므로 그에 대한 재화가 강력하게 작용할 것이지만 천만다행으로 대운천간이 戊-癸合火로 합을 하여 나오는 火局으로 대운지지가 합을 하여 나오는 재성 金氣를 火剋金하여 개두(蓋頭)법칙에 준하여 서로간 전극(戰剋)하여 그 흉의를 상쇠시키고 있다고 볼 수가 있다.

따라서 이 때에 사주주인공인 원 장군은 비록 대운천간 戊土가 사주원국의 월상 편관과 합을 하여 나오는 火氣로서 대운지지가 합을 하여 나오는 재성 金氣를 상극하는 것은 일면 그 흉을 줄여주는 계기가 되겠지만 그래도 완전히 제거하지는 못하는 것이 되므로 아마도 약간의 마음의 고통과 번민이 뒷따랐던 것을 알 수가 있다.

다시 丁卯대운에서는 원 장군이 병사(病死)하였다고 고서(古書)는 적고 있는데 丁卯대운을 살펴볼 때 대운천간 丁火가 일간 丁火에 대한 비견으로서 신약한 일간 丁火를 생조하고 있으니 길운이라 할 것이다.

하지만 대운천간 丁火가 사주원국에 월지 酉金 편재의 생조를 받아 월상에 투출되어 있는 癸水 편관을 丁-癸 상충으로 가격하여 편관을 일면 발동시키는 것이 된다.

그런 와중에 설상가상으로 대운지지 卯木은 비록 일간 丁火에 대한 편인의 운로이나 사주의 월지에 존재하는 강력한 酉金 편재의 기운을 卯-酉 상충을 하여 가격하므로 왕신(旺神)이 발동을 하는 것이 되니 대운천간지지 모두 쇠자왕신발(衰者旺神發)의 법칙에 준하여 이것은 일면 십중구사의 운명이 되는것을 피할 수가 없다.

***. 본 저자가 약 26년동안 경험상 터득한 비법(秘法),!**

이와 같은 부분은 대단히 중요하고 이해가 잘 가지 않는 성질이므로 학자들을 위해 더욱 더 자세하게 기술하면 우선 命理秘典 下권인 간명비법에 준하여 실례를 들어가면서 왕신(旺神)에 대해 세밀하게 설명되어 있는 부분을 인용하여 볼 때 보통 사주원국이 오행의 성질과 강약 원칙에 입각하여 일간의 왕(旺), 쇠(衰)을 비교 분석할 필요가 있다.

따라서 이것은 일간의 힘이 얼마나 강한지와 쇠약한지를 분석하여 놓고 命理秘典 上권인 일간의 강약도표에서 중화(中和)의 원칙에 부합하는 기준을 40%로 가정할 때 사주원국의 신약과 신강이 얼마나 중화(中和)의 기점에서 모자라는가 아니면 넘쳐흐르는가에 따라 사주 내 왕신(旺神)이라는 동일오행이 존재하여 있을 경우 운로에서 상충이나 삼형의 충격정도에 따라 그 흉의가 강약의 차이가 일어나게 된다.

그렇다면 위의 사주를 이와 같은 법칙에 준하여 비교 분석하여 보면 사주의 일간 丁火가 일지 巳火에 뿌리를 두고 있는 듯하나 사실상의 월지 酉金과 巳-酉合金으로 기신(忌神)으로 변화되고 있는 시점에서 일간 丁火를 생조하는 기운은 오로지 시상 丁火 비견이 홀로 있는 것을 알게 된다.

이것을 일간강약도표에 준하여 힘을 표시하면 9%밖에 되지 않으니 중화(中和)의 기점인 40%에 못 미치는 결과는 일간의 힘이 대단히 쇠약하고 있는 단면을 보여주고 있는 것이 될 것이다.

따라서 그 만큼 운로에서 사주 내 어느 한정된 왕신(旺神)을 형충을 하여 가격하게 된다면 그에 대한 반발로 인한 소용돌이는 대단히 강력하게 작용하는 것이 되어 사주의 운명소유자는 비록 용신의 운로이라도 십중구사를 면할 수가 없는 처지에 도달하게 되는 것이다.

이와같은 현상은 일간의 힘을 관찰하여 볼 때 만약 운로인 세운이나 대운에서 삼형이나 상충의 작용이 성립되어 사주의 강력한 오행을 가격하였을 경우 중화(中和)의 기점에 근접하는 사주는 비록 조금의 재화를 만날 수는 있더라도 크게 당하지 않는다고 판단하나 만약 중화(中和)의 기점에서 멀어지거나(신약) 넘쳐서(신강)가면 갈

수록 이러한 부분은 대단히 강력하게 작용하여 결국에는 극단적인 십중구사의 운명으로 치달리게 된다.

***. 본 장에 준하여 결론,!**

지금 설명한 부분은 대단히 중요한 부분으로 본 저자가 약 26년동안 실제인물인 이러한 사주의 격국(格局)을 가진 사람을 수십년간 운로를 계속하여 파악한 끝에 얻은 결과이라 감히 말할 수가 있겠다.

그렇다면 이 같은 부분을 완벽하게 파악하지 못한 역학자가 보통 운로에서 용신의 운이나 희신의 운로를 맞이하였는데도 죽음을 당한 것이 지금 설명한 일간의 강약에 대한 중화(中和)의 법칙을 알지 못한 상태에서 사주추명의 적중률이 약70%밖에 되지 않기 때문에 약간의 미스테리가 있을 수가 있다,라고 운운하는 것을 보고 있을 때 본 저자는 답답한 마음을 감출수가 없다.

결국 이상과 같이 대운의 운로를 파악하여 볼 때 고서(古書)에는 사주주인공인 원세개(袁世凱)장군의 죽음이 丁卯대운에서 맞이하였다는 하나만의 이유에서 위의 사주를 신강사주로 보고 식신생재격(食神生財格)으로 취용하였는것을 단편적으로 알 수가 있을 것이다.

또한 사주에 대한 발복여부가 용신과 대운의 흐름이 지지의 방향을 중요시하여 보아야 될 것인데 단순히 대운천간이 대부분 재성 金氣와 식상 土氣로 치달리고 있는 것에 대해 원 장군이 발복하는 성질을 감안하여 사주의 격국과 용신을 운로에 비추어 짜맞추기식으로 되어 있어 이 부분에 대한 고서(古書)는 명확한 설명과 해답을 회피하고 있으니 학자의 혼란과 번뇌만을 던져주었고 그 의문에 매달려 보낸 십수년의 세월들에 이제는 오히려 고맙다고 인사를 해야 될 것 같다.

(예2). 중화민국(中華民國)의 장군(將軍)서열에 기록되어 있는 정참모총장(程參謀總長)의 사주,!

(대 운)

帶	旺	病	祿	丁-壬合木!	65	55	45	35	25	15	5
辛	己	癸	壬		庚	己	戊	丁	丙	乙	甲
未	巳	卯	午		戌	酉	申	未	午	巳	辰

*."卯-未合木",!!

식신		편재	정재
金	(土)	水	水
土	火	木	火
비견	인수	편관	편인

●대운천간 丁火가 사주년간 壬水와 丁-壬合木을 하니 관성 木氣로 변화되고 다시 대운지지 未土가 사주월지 卯木 편관과 卯-未合木하여 역시 관성 木氣가 되므로 정히 용신의 기운이 왕성하여져서 대박이 터지고 있다.!

***. 일간의 왕쇠(旺衰).!**

중화민국(中華民國)의 장군(將軍)의 서열에 기록되어 있는 정참모총장(程參謀總長)의 사주이다. 己일간 卯월에 출생하여 비록 실령(失令)하였지만 사주원국의 일지 巳火인수를 중심으로 해서 득지(得地)하고 다시 시지 未土 비견인 양인에 득세(得勢)한 중에 년지 午火편인까지 일간 己土를 생조하고 있으므로 신왕하다.

이렇게 일간 己土가 신왕하면 사주의 격국(格局)이 종격(從格)이나 가종격(假從格)으로 돌아가지 않는 이상 내격(內格)의 기준인 억부법이나 조후법에 따라 일간의 힘을 적절히 억제할 수 있는 오행이 필요한데 마침 사주 내 월령의 편관 卯木이 자리잡고 년, 월상에 투출되어 있는 재성 水氣의 생조에 힘을 받아 강력하여 일간의 힘을 적절히 견제하며 억제할 수가 있다.

더하여 일간 己土에 근접하여 시상에 식신 辛金이 투출되니 역시 일간 己土의 힘을 자연스럽게 누출시키면서 년, 월상에 투출되어 있는 재성 水氣를 도와주고 있으므로 사주의 격국이 어느 하나 버릴 것이 없는 절묘한 배합을 갖추고 있다고 하여도 과언이 아니다.

***. 격국에 대한 한 학자의 의문,!**

한편으로 한 학자가 방금 설명한 부분에 대하여 의문을 가지면서 질문을 하고 있겠는데 그것은 "위의 사주원국이 사주의 일지 巳火인수를 중심으로 하여 년지 午火 편인과 시지 未土 비견이 모두 들어 있으므로 남방 巳-午-未 방합 火局이 성립될 수가 있지 않겠느냐",! 라고 반문을 하고 있다.

하지만 저자는 그것에 대한 견해를 조금 달리하고 있는데 보통 합이 결합하는 과정에서 오행의 힘이 얼마나 근접하여 합을 이루는 것인가에 따라서 그 결합이 완벽하게 이루어지느냐, 아니면 결합이 될 수가 없는 것이냐, 가 결정될 것이며 또한 결합을 하더라도 중심 오행이 사주의 어느 지지에 있느냐,에 따라 차등을 두어야 되는 것이다.

***. 命理秘典 上권에 준한 판단,!**

이와 같은 부분은 命理秘典 上권인 지지의 합(地支 合)편에서 자세하게 기술하고 있는데 그 중에서 방합의 부분을 인용하면 "방합은 삼자중에 한자가 반드시 월지에 있어야 성격(成格)되며 월지에 들어 있지 않고 3자가 있는 것은 합이 된다손 치더라도 그 힘은 월령에 자리잡은 것보다 약하고 더하여 2자만 있는 것은 방합으로 인정되지 않는다."!

라며 적고 있는데 그렇다면 위의 사주를 살펴보면 우선 사주의 일지에 巳火인수가 자리를 잡고 있겠으나 월령이 편관 卯木이 자리를 잡아 년지 午火 편인간의 거리가 원격(遠隔)하여 있는 것을 가운데 가로막아 완전히 방합의 결합을 방해하고 있는 것을 볼 수가 있다.

또한 이것은 비록 일지 巳火 인수와 시지 未土 비견이 근접하여 있겠지만 이렇게 모자라는 하나의 기운인 午火 편인이 년지에 있는 것은 방합의 결합이 완전할 수가 없다는 것을 의미할 수가 있다.

상황이 이럴진데 더구나 월령이 사왕지지(子, 午, 卯, 酉)가 자리를 잡지 않아 남방 火氣의 본 계절이 아닌 것은 그 만큼 火氣를 나타내는 합의 힘이 쇠약할 수밖에 없는 것으로 귀착되어야 되며 더욱더 중심오행 午火가 년지에 떨어져 있으니 방합의 의미를 상실하게 되는 이유가 여기에 있는 것이다.

따라서 본 저자는 이와 같은 부분을 생각하여 볼 때 완전한 방합이 이루어지 지 않는 것으로 귀착되는 것이 타당하며 비록 방합의 부분이 취용된다손 치더라도 이렇게 삼자의 기운이 서로 각각 떨어져 있고 더구나 중심오행인 午火가 년지에 멀리 떨어져 있으므로 그 힘은 대단히 쇠약한 것이 되니 미약한 火局이 성립하여도 그 영향력은 미미함에 따라 아예 무시를 하여도 좋을 것이다.

*. 격국(格局)과 용신.!

다시 위 사주의 격국(格局)을 살펴보니 사주원국의 월지에 편관 卯木이 자리잡아 일간 己土가 신왕하니 "신왕월지편관격(身旺月支偏官格)"이 성격(成格) 된다.

더하여 사주의 시지 未土가 양인이 자리잡고 일간 己土와 월상 癸水 편재간에 癸-己 상충이 성립되니 일간이 신왕하나 정신기(精神氣) 삼자 중에 신(神)의 기운인 편관과 재성이 강력하며 천간 상충과 일지 巳火를 중심으로 하여 월지 卯木이 수옥살(囚獄殺)이 되니 사주가 청(淸)한 가운데 일점 탁기(濁氣)를 남기므로 전형적인 군인(軍人)의 팔자이다.

고로 용신은 일간 己土가 원칙적으로 인성 火氣와 비견 土氣에 의해 신왕이 되고 있는 것이니 "인중용재격(印重用財格)"으로 재성 水氣를 용신하고 재성水氣를 생조하는 식상 金氣는 희신으로 삼는다.

관성 木氣의 경우에는 보통 사주원국이 인성이 강력하여 일간이 신왕이 되면 원칙적으로 관성은 용신이 될 수가 없는 것이나 위의 사주는 비록 인성 火氣가 일지와 년지에 존재하여 있겠지만 시상의 식신 金氣를 생조받은 년간 정재 壬水와 월상 편재 癸水가 투출되어 인성 火氣를 억제하고 있음을 알 수가 있다.

따라서 인성의 기운이 그다지 강력하게 작용하지 못하게 하는 것은 월령의 편관 卯木을 길신으로 그 역할을 다할 수가 있게 되니 위의 사주는 金, 水, 木의 삼자기운을 다 사용할 수 있는 장점이 여기에 있다하여도 과언이 아니다.

*. 격국(格局)에 대한 대운의 흐름.!

위의 사주 주인공인 정참모총장(程參謀總長)은 중화민국(中華民國)의 장군(將軍)의 서열에 기록되어 있는 사람인데 대운의 흐름을 살펴보면 초년이 남방 巳-午-未로 흐르고 있었으므로 신왕한 일간 己土를 더욱 더 운로에서 신왕하게 만들고 있으니 초년에는 대단히 신고가 많고 약간의 불운이라는 것을 알 수가 있다.

대운의 흐름을 살펴보면 초년 5세는 甲辰대운으로 대운천간 甲木을 일간 己土에 대한 정관의 운로이니 일면 길하게 되겠지만 사주원국의 일간 己土와 甲-己合土하여 정관이 합을 탐한 나머지 기반(羈絆)이 되어 기신(忌神)으로 둔갑하니 불리하다.

더하여 대운지지 辰土는 일간 己土에 대한 겁재로서 신왕한 일간을 더욱 더 생조하는 것이 되니 대단히 불리하게 작용하겠지만 辰土가 습토로서 水氣를 업고 들어오는 것이 되어 재성 水氣의 영향력을 일면 발휘하는 것이 되니 대흉을 소흉으로 줄일 수가 있게 된다.

이와 같은 성질을 감안하여 보면 정 장군은 초년이 대단히 불운 속에서 자라났다는 것을 알 수가 있을 것이며 부모님의 조업도 미미하였으니 고통과 번민이 많았음을 예상 할 수가 있을 것이다.

다시 15세는 乙巳대운인데 대운천간 乙木이 일간 己土에 대한 편관의 운로로서 신왕한 일간의 기운을 억제하니 길운이 되는 것을 알 수가 있는데 일면 사주원국의 일간 己土를 己-乙 상충과 다시 시상에 투출되어 있는 辛金 식신을 乙-辛 상충이 되므로 길 중에 약간의 변동 및 분주다사함을 면치 못하는 것이 된다.

설상가상으로 대운지지 巳火는 일간 己土에 대한 인수의 운로로서 신왕한 일간 己土를 생조하는 것이 되어 대단히 불리하게 작용하게 되고 더구나 사주원국에 이미 巳-午-未 방합이 오행의 거리간에 원격(遠隔)하여 완전히 이루어지지 않고 있는 것을 대운지지 巳火가 들어옴에 따라 완전히 巳-午-未 방합 火局이 성립되니 대단히 불운이라는 것을 알 수가 있다.

따라서 이 때에는 정참모총장은 일차 및 이차적인 학업부분과 건강상 대단히 어려움이 닥친 것을 예상할 수가 있는데 이것은 육친통변법에 준하여 판단하여 보면 지지의 방합으로 火局이 성립되어 신왕한 일간 己土를 생조하는 것이니 火氣는 일간 己土에 대한 인성을 나타내니 인성 火氣가 기신(忌神)이 되는 것은 학업적이나 문서상 및 건강상으로 대단히 불리하다는 법칙에 준하여 예상하면 더욱 더 확실한 것이 된다.

다시 25세는 丙午대운으로 대운천간 丙火가 일간 己土에 대한 역시 인수의 운로로서 신왕한 일간을 더욱 더 생조하는 것이 되니 불운이겠지만 다행히도 사주원국의 시상에 투출되어 있는 辛金 식신과 丙-辛合水로 재성 水氣로 변화되니 금상첨화로 승승장구하는 운로이다.

따라서 사주 주인공인 정 참모총장은 지금까지 고통 속에서 살아왔겠으나 이때의 대운에서 정히 발복되는 것을 알 수가 있는데 25세 나이를 보면 아마도 이 때에 군인(軍人)으로 직업을 잡고 따라서 25세부터 29까지가 그 직위가 승승장구하였다는 것을 예상할 수가 있다.

그러나 대운지지 午火가 지배되는 30세부터 34세까지는 대단히 불운이 뒷따른 것을 알 수가 있는데 이것은 대운지지 午火가 일간 己土에 대한 편인의 운로로서 기신(忌神)이 되고 더하여 午火가 사왕지지(四王支地)로서 사주원국의 년, 일, 시지와 합을 하여 巳-午-未 방합 火局이 되니 대단히 그 재화가 강하게 일어난다고 볼 수가 있다.

이 때를 육친통변법으로 판단하여 보면 신왕한 일간 己土에게 午火는 편인으로서 편인은 문서 직업 및 건강상 질병을 나타내므로 편인이 기신(忌神)이 되면 그에 해당하는 부분에서 대단히 타격이 예상하는 것이니 아마도 정 참모총장은 이 시점에서 직업의 부분에서 탄핵이 아니면 건강상으로 대단히 고통을 당하였을 것이라고 예측할 수가 있다.

다시 35세는 丁未대운으로 대운천간 丁火가 일간 己土에 대한 역시 편인의 운로로서 대단히 좋지 않게 작용하겠지만 천만다행으로 사주원국의 년간에 투출되어 있는 壬水 정재와 丁-壬合木을 하여 관성 木氣로 변화되어 일간의 기운을 줄여주게 되니 길운이다.

더하여 대운지지 未土는 일간에 대한 식신의 운로이나 조토라는 것을 감안하면 그다지 길함이 없겠지만 역시 천만다행으로 사주원국의 월지 卯木 편관과 卯-未合木하여 관성 木氣로 둔갑하여 나오니 대운천간지지 모두 길신으로 작용하므로 대발전이라는 것을 알게 된다.

따라서 이 때에 정 참모총장은 대운에서 관성 木氣가 일간 己土에 대한 길신으로 작용함에 따라 관성은 직업을 나타내고 또한 사회의 직위를 나타내니 이 丁未대운에서는 그 직급이 승승장구하였다는 것을 예상하고 있다.

그러나 일면 사주원국의 시상에 투출되어 있는 辛金 식신을 辛-丁 상충을 하게 되어 약간의 고통이 있을 것인데 이것은 육친통변법에 준하여 판단할 때 보통 사주원국의 시주를 상충이나 삼형을 하게 되면 자식의 일로 고통이 예상되는 것이며 시상에 식신을 상충하니 더욱 더 확실하게 된다.

이상과 같이 사주주인공인 정참모총장(程參謀總長)의 대운을 살펴보았는데 45세 戊申대운이나 55세 己酉대운 역시 대운천간이 지배하는 시점에서는 약간의 기복이 일어나겠지만 대운지지의 방향이 서방 申-酉-戌로 치달리고 있으므로 대운천간의 힘은 대운지지의 힘에 비교할 때 약 3배에서 4배정도 수준에서 영향력을 발휘하지 못하는 것을 감안하면 대단히 승승장구하게 된다는 것을 판단할 수가 있다.

결국 정참모총장(程參謀總長)의 대운의 흐름이 비록 초 중년인 34세까지 불운이었다가 35세 丁未대운부터 정히 발복이 되었다는 것을 예상할 수가 있을 것이며 이것은 비록 처음은 곤고하였으나 후반에 대부귀로 승승장구하니 "선빈후부격(先貧後富格)"이라 판단하는 것이다.

(예3).남자, 이 모씨(경기도 수원시) 1966년 음력 2월 20일 申시

丁-壬合木,! (대 운)

浴	旺	病	祿	辛-丁상충,!	68	58	48	38	28	18	8
壬	己	辛	丙		戊	丁	丙	乙	甲	癸	壬
申	巳	卯	午		戊	酉	申	未	午	巳	辰

巳-酉合金! 卯-酉상충,!

정재		식신	인수
水	(土)	金	火
金	火	木	火
상관	인수	편관	편인

● 대운천간 丁火가 사주월상과 辛-丁 상충 및 시상 壬水와 丁-壬合木하고 다시 대운지지 酉金이 사주월지 卯木을 卯-酉 상충과 巳-酉合金이 되어 신약한 일간에게는 그 흉함이 대단히 강력하게 발생하는 것을 알 수가 있다.!

따라서 이 때 사주주인공인 이씨는 일생 최대의 고비를 맞이하는 것을 알 수가 있는데 어느날 꿈속에서 장군이 되어 스타차를 탄 채 거리를 행보를 하고 있다.

＊. 일간의 왕쇠(旺衰).!

근일간 卯월에 출생하여 실령(失令)하고 사주원국의 월령 卯木 편관을 중심 으로 해서 시지 申金 상관 및 월상과 시상에 투출되어 있는 辛金 식신 그리고 壬水 정재가 일간 己土의 기운을 극루(剋漏)하고 있으나 일간 己土 역시 일지 巳火에 십이운성의 제왕지에 득지(得地)하고 다시 년지 午火 편인과 년간 丙火가 일간을 생조하고 있으니 단편적으로 보면 강약을 정하기 어려운 약간 신약이다.

하지만 일간 己土는 한편으로 보면 이렇게 월령의 卯木 편관 및 식상과 재성의 기운을 비교하여 볼 때 서로 중화(中和)가 되어 있다고도 볼 수가 있는데 그러나 사주의 일지 巳火 인수가 시지 申金 상관과 巳-申合水로 합을 하여 재성 水氣로 변화되어 있으니 일간 己土가 의지하는 하나의 중요한 인수의 기운이 없어진 점을 판단한다면 완벽한 신약으로 귀착하고 만다.

＊. 격국에 대한 학자들의 의문,!

학자들 중에는 한편으로 생각하면 위의 사주가 년간 丙火 인수와 월상에 투출되어 있는 辛金 식신과 丙-辛合水가 성립되어 일간 己土가 의지하는 년간 丙火 인수가 합을 하여 水氣로 변화되니 일간이 의지하는 기운이 년지 午火 인수밖에 없는 것이므로 아주 신약한 사주로 되지 않겠느냐, 라고 반문을 하고 있다.

그러나 본 저자는 그것에 대해 약간 생각을 달리하고 있는데 우선 단편적으로 보면 년간 丙火와 월상에 투출된 辛金이 서로 근접하여 완벽하게 합을 결성하고 있는 것이 될 수가 있을 것이지만 년간에 투출되어 있는 丙火 인수는 년지 午火 편인의 십이운성 제왕지에 앉아 완벽하게 지지에 뿌리를 튼튼하게 잡고 있는 것이 되어 합을 잘하지 않을려는 특성을 가지고 있다.

***. 命理秘典 上권에 준한 판단,!**

이와 같은 부분은 전편 命理秘典 上권인 천간합의 특성(天干合 特性)부분에서 자세하게 기술되어 있는 것을 인용하여 보면 "합을 하려고 하는 한쪽오행이 지지에 십이운성의 장생, 건록, 제왕지에 통근(通根)하고 있으면 잘 합을 하려고 하지 않는다."라고 기술되어 있다.

따라서 위의 사주원국에 이 같은 부분을 적용하여 보면 완전히 부합되고 있는데 더구나 비록 원격(遠隔)하지만 사주의 시상에 壬水 정재가 투출되어 년간 丙火 인수를 丙-壬 상충이 되고 있으니 이것은 상충을 하는 거리가 대단히 멀어 상충의 작용은 성립되지 않겠으나 상극하는 일면이 있으므로 더욱더 합을 방해하는 성질이 되니 이러한 양자의 성질을 비추어 판단하여 보면 丙-辛합은 성립되지 못한다.

***. 격국(格局)의 용신.!**

다시 위의 사주의 격국(格局)을 보면 사주월지에 卯木 편관이 자리잡고 있고 일간 己土가 신약하니 "신약월지편관격(身弱月支偏官格)"이 성격(成格)되므로 사주주인공인 이 모씨는 그 성격이 성급하고 조금의 고집스러운 일면이 있다고 보겠다.

고로 용신은 일간 己土가 편관과 식상 재성의 기운이 강력하여 신약하니 원칙적으로 일간을 생조하고 더하여 월령의 강력한 편관의 기운을 살인상생(殺印相生) 및 관인상생(官印相生)하는 인성 火氣와 비겁 土氣를 같이 용신한다.

＊. 격국에 대한 청탁(淸濁)판별,!

따라서 사주원국을 살펴보니 정신기(精神氣)삼자중에서 신(神)의 기운인 편관, 식상, 재성의 기운이 강한 반면 비록 일간 己土의 기운을 생조하는 인성 火氣인 정(精)은 있겠으나 일간 己土의 동기인 비겁의 기운으로 대변하는 기(氣)가 사주에 없으니 약간 사주의 격국(格局)이 불청(不淸)함을 면하지 못하고 있다.

더하여 사주원국의 일지에 巳火 인수와 시지 申金 정재간에 巳-申 삼형이 존재하여 있고 또한 편관이 월령에 강력하게 자리잡고 있으므로 전형적인 군인(軍人)의 팔자라 할 것인데 일주 巳火를 주동해서 월령 편관 卯木이 수옥살(囚獄殺)이 되며 년지 午火 편인과 월지 卯木 편관이 午-卯 파살(破殺)까지 있으니 이것은 사주에 형, 충, 파, 해가 있고 편관이 강력하면 군인(軍人)의 팔자라는 법칙에 따라 더욱 더 확실하게 작용한다.

***. 격국(格局)에 대한 대운의 흐름.!**

위 사주 주인공인 이 모씨는 현재 군인(軍人)으로서 그 직급이 소령인 것을 보고 있는데 사주원국이 비록 신약이나 격국(格局)이 편관과 삼형이 존재하여 있는 중에 대운의 흐름이 정히 일간을 생조하는 남방 巳-午-未로 치달리고 있으므로 그 직위가 승승장구할 것이라고 판단한다.

사주 주인공인 이 모씨의 대운을 살펴보면 초년 8세는 壬辰대운으로 대운천간 壬水가 일간 己土에 대한 정재의 운로로서 신약한 일간에 대해 기신(忌神)이 되니 불운이라고 보는데 설상가상으로 사주원국의 년간에 투출되어 있는 丙火 인수를 丙-壬 상충이 성립되므로 그 흉이 강하게 일어난다.

또한 대운지지 辰土는 비록 일간 己土에 대한 겁재로서 신약한 일간을 일면생조하는 일면이 있겠지만 辰土가 오행상 습토로서 水氣를 업고 들어오는 것을 가정할 때 위 사주가 인성 火氣를 주된 용신으로 취용 함에 따라 같은 일간의 기운인 겁재인 辰土라도 水氣로서 인성 火氣를 상극하는 것은 대단히 흉의가 강력하게 발동하는 것인데 설상가상으로 사주원국의 시지 申金 상관과 申-辰合水로 완벽하게 재성 水氣로 변화되는 것이니 더욱 더 확실하다.

따라서 이 때에 사주주인공인 이 모씨는 초년10세 때에 어머니를 암으로 잃고 홀아버지 밑에서 성장하였는데 그 슬픔이 지금까지도 생각되는지 눈시울을 적시면서 회고를 하고 있다.

이것은 육친통변법에 준하여 좀 더 자세하게 설명하여 보면 모친을 나타내는 인수의 기운이 비록 2개가 있지만 이미 사주원국에 일지 巳火 인수와 시지 申金 상관간에 巳-申 삼형 및 合水로 인수의 기운이 형과 합을 하여 水氣로 없어진 점을 볼 때 단편적으로 이미 사주원국은 모친의 운명이 불길함을 나타내고 있다.

그렇다면 하나 남은 인수의 오행인 년간 丙火가 투출되어 있는 것은 대운천간에서 壬水가 정재로서 丙-壬 상충이 성립되니 이미 사주원국에 丙-壬 상충이 되어 있고 더하여 왕성한 식상 金氣와 재성 水氣에 의해 파극이 되어있는 것을 대운에서 중첩하여 상극을 하니 모친이 가망이 없는 것이다.

다시 18세는 癸巳대운이며 대운천간 癸水가 일간 己土에 대한 편재의 운로로서 기신(忌神)에 해당하니 역시 불운인데 이 때에는 사주주인공인 이 모씨는 학업에 증진하여 인생의 진로에 대단히 중요한 갈림길에서 고통을 당하였는 것을 알 수가 있다.

따라서 대운의 흐름이 기신(忌神)이 되다보니 고등학교를 졸업하고 대학시험을 치루었지만 번번히 낙방을 하였고 또 재수를 하였지만 역시 낙방의 고배를 마시다가 진로를 바꾸어 겨우 육군사관학교에 간신히 들어갔던 것인데 이러한 것을 보면 대운천간의 지배가 흉의를 불러들여 강력하게 작용하였는 것을 알 수가 있다.

하지만 대운지지 巳火는 일간에 대한 인수의 운로로서 용신에 해당하니 원칙적으로 길운이 되겠지만 사주원국의 시지에 존재하는 상관 申金과 巳-申 삼형 및 巳-申合水로 변화하여 기신(忌神)으로 변화될 것이나 대운지지의 방향이 남방 巳-午-未로 치달리는 관계로 巳火가 비록 합을 하였으나 巳火의 잔여기운이 남아 있는 관계로 흉속에 길함이 있었다고 판단한다.

그렇다면 대운천간 癸水가 지배하는 18세부터 22세까지 5년간은 불운이었고 대운지지 巳火가 지배하는 23세부터 27세까지는 평길이라고 판단하는 점이 정석일 것이다.

따라서 이 때 이 모씨는 육군사관학교를 졸업하고 전방부대에 중대장시절이었다고 회고를 하고 있는데 별 탈이 없이 지나갔다고 말하고 있는 것을 볼때 대운지지가 비록 합을 하여 기신(忌神)으로 둔갑하였으나 대운의 방향이 남방 巳-午-未로 달리는 관계로 무언중에 대단히 영향력을 발휘하였다고 판단하는 것이 타당하다.

다시 28세는 현재의 대운인 甲午대운으로 대운천간 甲木이 일간 己土에 대한 정관의 운로여서 기신(忌神)이 되겠으나 천만다행으로 사주원국의 일간 己土 와 甲-己合土하여 비겁의 기운인 土氣로 변화되어 신약한 일간 己土를 생조 하니 대단히 발전하는 길운이다.

또한 대운지지 午火는 일간 己土에 대한 편인의 운로로서 사왕지지(子, 午, 卯, 酉)이니 태양과 같은 불길로 역시 신약한 일간을 강력하게 생조하는 용신의 운로이므로 그야말로 대운천간지지 모두 대길운이 된다는 것을 알 수가 있다.

따라서 사주 주인공인 이 모씨는 국방부에서 모의작전에 참가하여 대활약을 하니 최우수부대로 선정되어 국방부장관의 표창과 함께 일약 작전참모로 그 직위가 대위에서 소령으로 진급하여 승승장구하였는 것을 보고 있으며 이와 같은 진급은 나이에 비해 비약적인 발전을 하고 있는 것을 알 수가 있다.

앞으로 다가오는 38세는 乙未대운으로 대운천간 乙木이 일간 己土에 대한 편관의 운로여서 기신(忌神)이 되는데 설상가상으로 사주원국의 월상에 투출되어 있는 辛金 식신과 乙-辛 상충이 성립되니 약간의 기복이 있는 것을 알 수가 있다.

하지만 대운지지 未土가 일간 己土에 대한 비견으로서 일간을 생조하는 기운이 되고 금상첨화로 사주원국에 이미 년지 午火와 일지 巳火간에 巳-午가 되어 있는 것을 대운지지 未土가 들어옴에 따라 완전히 巳-午-未 방합 火局이 성립되어 기신(忌神)인 대운천간 乙木 편관의 기운을 대운지지가 합을 하여 변화되어 있는 火氣로서 木生火하여 그 힘을 빨아들이는 오행상 상생의 법칙이 성립되어 대운천간의 흉이 돌출되지 못하고 오히려 승승장구하는 운로로 돌아간다고 판단한다.

따라서 이 때에 사주주인공인 이 모씨는 대단히 발전하는 운로임을 알 수가 있는데 아마도 그 직위가 대단히 높은 고위직까지 넘볼 수가 있을 것이라고 본 저자는 예상하고 있다.

그렇지만 다음에 들어오는 48세 丙申대운부터 사주주인공인 이 모씨는 그 동안 승승장구하였던 길운이 내리막길이라는 것을 알 수가 있는데 그것은 대운 천간 丙火가 비록 일간 己土에 대한 인수의 운로이나 사주원국의 월상에 투출되어 있는 辛金 식신과 丙-辛合水

로 변화되니 길신이 합을 탐한 나머지 기반(羈絆)이 되어 길신으로 제대로 역할을 하지 못하고 오히려 기신(忌神)이 되어 흉을 불러들이게 된다.

또한 대운지지 申金은 일간 己土에 대한 정재의 운로로서 신약한 일간에 대한 역시 기신(忌神)이 되는데 설상가상으로 사주원국의 일지 巳火 인수와 巳-申 삼형 및 巳-申合水하여 재성 水氣로 변화되니 더욱 더 강력하게 되므로 아마도 이 때에 이 모씨는 일생최대의 고난과 번민이 예상된다.

이것을 육친통변법상으로 좀 더 자세하게 풀이하면 대운천간지지 모두 합을 하여 재성 水氣로 변화되는 것을 신약한 일간 己土에 대한 완전한 기신(忌神)으로 행사하는 것이 되니 재성 水氣는 육친별로 볼 때 금전이나 여자를 나타내므로 아마도 여자로 인한 구설 및 여자에게 보증관계로 인한 금전적 손실이 대단히 강력하게 일어난다는 것을 무언중에 사주는 암시하고 있는데 아마도 이 때에 이일로 인하여 직위가 탄핵을 받아 그 흉이 위기에 직면할수 있음도 판단할 수 있다.

더욱 더 앞으로 다가오는 58세 丁酉대운에는 생명이 위험할 정도로 대단히 흉운이라는 것을 알 수가 있는데 이것은 대운천간 丁火가 비록 일간 己土를 생조하는 편인의 운로이나 이것이 사주원국의 시상에 투출되어 있는 壬水 정재와 丁-壬合木으로 관성 木氣로 둔갑하고 설상가상으로 사주의 월상에 투출되어 있는 辛金 식신과 辛-丁 상충이 벌어지니 길신이 변화되어 흉신이 된다.

또한 대운지지 酉金은 일간 己土에 대한 식신의 운로이니 역시 기신(忌神)이 되는데 이것 또한 사주원국의 일지 巳火 인수와 巳-酉 合金하여 역시 식상 金氣로 둔갑하여 더욱 더 기신(忌神)이 왕성하여져서 대단히 흉을 좌초하는 것을 예상 할 수가 있다.

그렇다면 사주 주인공인 이 모씨는 어쩌면 68세 戊戌대운으로 가지 않는 한 58세 丁酉대운에서 생명의 어려움에 직면할 수도 있는 운이 된다는 것을 암시하고 있으며 이것은 신약한 사주의 격국(格局)에 따라 달리 판단할 수도 있을 것이다.

하지만 위의 사주는 재성 水氣가 일지 및 시지 巳-申合水 및 巳-申 삼형이 되고 더하여 월지에 卯木 편관을 卯-酉 상충을 하여 왕신(旺神)의 기운을 쇠자왕신발(衰者旺神發), 왕신충왕(王神　旺)하니 왕신(旺神)이 발동한 중에 이렇게 대운에서 식상 金氣로서 재성 水氣를 생조할 때와 왕신(旺神)이 발동을 할 때에 생명이 위험하다는 것을 저자는 많이 보고 있기 때문이다.

제5장

*.경 찰 관(警 察 官)

*. 경찰관(警察官)은 위로는 경찰청장(警察廳長)으로부터 말단으로는 순경(巡警)에 이르기까지 그 직급이 순차적으로 분류되어 있다.

(5). 경찰관(警察官)의 팔자

관록(官祿)의 팔자중에서 경찰관(警察官)의 팔자는 전자에 언급한 사법관(司法官)의 팔자속에 포함이 되겠지만 그러나 사법관(司法官)은 경찰관(警察官)보다 직급이 대단히 높은 서열에 종사하는 일면이 있기 때문에 보통 판사나 검사의 서열에 비해 경찰의 직급은 말단으로 분류되어 있다.

따라서 이와 같은 것은 사법관(司法官)인 판사나 검사등은 사법고시에 합격하고 법관으로서 행세하니 그 부서도 사법부(司法府)에 소속되어 있으며 경찰관(警察官)은 내무부(內務府)소속이니 행정부(行政府)에 속에 있으므로 그직위와 부서가 완전히 상반되는 것을 알 수가 있다.

그러므로 같은 사법계통에 종사하면서도 검사, 판사등의 등급과 경찰관과는 하늘과 땅의 차이라는 것을 생각하여 볼 때 같은 서열에 경찰관(警察官)을 사법관(司法官)에 포함시키는 것을 사회적 통념상 무리이고 더하여 사주의 격국(格局)에서도 많은 차이를 보이고 있다.

또한 경찰관(警察官)의 격국(格局)을 면밀히 검토하여 볼 때 사법관(司法官)의 격국(格局)과 비교하면 정신기(精神氣)삼자중에 하나의 기운이 부족하거나 형, 충, 파, 해가 많아 사주상의 일면 탁기(濁氣)를 남기고 있는 것이 눈에 많이 띄고 있으며 또한 사법관(司法官)의 사주가 대운의 흐름이 기신(忌神)의 운로로 흐름에 따라 사법고시에 합격을 하지 못하고 말단인 경찰관(警察官)으로 종사하는 것도 대다수가 포함된다.

※참고로 경찰관(警察官)의 팔자라도 격국(格局)이 청기(淸氣)를 가지고 용신의 기운이 강력하여 대운이 용신이나 희신의 운로로 치달리고 있으면 그 직위도 고위직인 경찰서장이나 치안계통의 고위직으로 나아갈 수가 있지만 이와 반대로 격국(格局)이 탁기(濁氣)를 가지고 대운의 흐름도 기신(忌神)의 운로로 치달리고 있으면 말단으로 종사할 수밖에 없다는 것을 판단하여야 된다.

(가). 경찰관(警察官)의 운명,!

●일간이 신강, 신약을 불문하고 "편관"이나 "정관"이 있고 사주에 "형", "충"이 있는 사주,!

●일간이 신왕하며 "수옥살"(囚獄殺)이 있고 대운의 흐름이 용신이나 희신으로 치달리는 사주,!(수옥살= 申子辰: 午, 寅午戌: 子, 巳酉丑: 卯, 亥卯未: 酉,)

●사주에 "寅-巳-申"이나 "丑-戌-未" 등의 삼형을 가지고 격국(格局)이 "탁기"(濁氣)를 남기고 있으나 대운의 흐름이 용신의 운로로 달리고 있는 사주,!

●사주원국의 일주의 지지가 "형"(寅-巳-申이나 丑-戌-未)이 되고 격국(格局)이 "청기"(淸氣)가 있는 사주,!

●사주원국에 "양인"이 있는 사주,!

●사주에 "천라지망살"(辰,戌)이 존재하고 "편관"이 있는 사주,!

●사법관(司法官)의 사주가 대운의 흐름이 "기신"(忌神)으로 치달리고 있는 사주,!

※참고로 이상 이외에도 사주에 "형","충","파","해"가 많거나 또한 "괴강살"(壬辰, 庚辰, 戊戌, 庚戌)있고 "수옥살"(囚獄殺)이 있는 사주도 경찰관(警察官)에 종사하는 것을 많이 보고 있는데 그러나 그 직위가 고위직인가 아니면 말단인가는 역시 대운이 용신이나 희신으로 치달리고 있어야 만이 고위직으로 갈 수가 있는 것은 두말할 것도 없을 것이다.

(예1). 남자, 정 모씨(부산시 남부민동) 1941년 음력 8월 25일 午시

(대 운)

旺	病	墓	祿	丙-壬상충!	62	52	42	32	22	12	2
甲	丙	戊	辛	土剋水!	辛	壬	癸	甲	丁	丙	丁
午	申	戌	巳		卯	辰	巳	午	未	申	酉

辰-戌상충!

편인 식신 정재

木 (火) 土 金

火 金 土 火

겁재 편재 식신 비견

●대운천간 壬水가 사주일간 丙火와 丙-壬상충을 하고 다시 대운지지 辰土가 사주월지 戌土를 辰-戌 상충으로 가격하니 그 흉함이 하늘을 찌르고도 남음이 있다.!

＊. 일간의 왕쇠(旺衰)

丙일간 戌월에 출생하여 실령하고 사주원국의 월지 戌土 식신을 중심으로 해서 일지 申金 편재의 기운에 십이운성 제왕지에 뿌리를 두고 년간 辛金 정재 및 월상 戊土가 투출되어 있는 가운데 일지 申金 편재와 년지 巳火 비견과 巳-申合水하여 일간 丙火의 기운을 누출시키는 오행이 많으므로 신약이다.

하지만 일간 丙火는 시지 午火 겁재인 양인에 득세(得勢)하고 월령 戌土 식신과 午-戌合火하니 일간 丙火가 의지하는 기운이 되고 있는데 더하여 시상에 투출되어 있는 甲木 편인이 일간 丙火를 생조하므로 왕성한 식상과 재성의 기운에 서로 중화(中和)가 되어 있다고 할 것이다.

＊. 일부 학자의 의견,!

한편으로 일부학자들 중에는 위의 사주원국이 월지 戌土 식신과 시지 午火 겁재인 양인간에 午-戌合火와 그리고 일지 申金 편재와 년지 巳火 비견간에 巳-申合水도 양자의 성질이 근접하여 합을 이루고 있지 않고 한단계 건너서 각각 합을 하고 있으니 합을 결합하는 의미가 대단히 쇠약하지 않겠느냐, 라고 반문을 하고 있다.

***. 학자의 의견에 대한 본 저자판단,!**

이와 같은 부분에 대하여 본 저자는 타당성이 있다고 볼 수가 있는데 보통 천간합(天干合)이나 지지합(地支合)은 서로의 오행이 근접하여 합을 결성하여야만 완벽하게 성립될 수가 있는 것이 정석이나 하지만 이렇게 한단계 원격(遠隔)하여 있더라도 합을 방해하는 형, 충이 없고 더하여 각각 午-戌合火와 巳-申合水를 성립하니 비록 합을 결합하는 힘은 약하더라도 오행상 잔여기운을 남기는 합의 성질이 될 수가 있다고 판단한다.

***. 격국(格局)과 용신,!**

격국(格局)을 살펴보니 사주원국에 월지 식신 戌土가 자리잡고 일간 丙火가 신약하니 "신약월지식신격(身弱月支食神格)"이 성격(成格)되고 일지 申金 편재를 중심으로 하여 시지가 수옥살(囚獄殺)이며 또한 양인이 되니 전형적인 경찰관(警察官)의 팔자라고 볼 수가 있다.

또한 이것은 일지 申金 편재와 년지 巳火 비견간에 巳-申 삼형을 가지고 있는 것이 더욱 더 확실하게 작용하고 있는데 비록 사주원국에 일면 탁기(濁氣)를 가지고 있는 것이 되나 다행으로 지지의 巳-

申合水와 午-戌合火가 되어 합으로 해극을 하고 있으니 다행이라 아니할 수 없다.

또한 정신기(精神氣)삼자가운데 일간 丙火를 생조하는 편인인 정(精)과 신(神)의 기운인 식신, 재성은 있으나 비록 관성이 없겠지만 다행히 巳-申合水로 합을 하여 관성 水氣가 만들어지고 있다 할 것이다.

더하여 일간의 동기인 겁재인 양인이 존재하여 있으므로 기(氣)의 기운까지 대단히 강하니 정신기(精神氣)삼자가 서로 균형을 갖추고 있으므로 사주가 절묘한 배합을 이루고 있다하여도 과언이 아니다.

고로 용신은 일간 丙火가 사주원국의 식신 土氣와 재성 金氣가 강력하여 신약이 되고 있으므로 일간 丙火를 생조하는 비겁 火氣를 용신하고 비겁 火氣를 생조하는 인성 木氣는 희신으로 선택한다.

따라서 사주원국을 살펴보니 일간 丙火의 기운을 대변하는 겁재인 시지 午火 양인이 자리잡아 있고 더하여 일간을 생조하는 편인 甲木이 시상에 투출되어 있으므로 이것은 사주에 진용신(眞用神)이 자리잡은 것이 되니 대단히 좋다고 볼 수가 있다.

***. 성격과 육친의 운명,!**

사주주인공인 정 모씨는 현재 모 처 경찰서장으로 정년을 맞이하고 있는데 사주의 격국(格局)이 비록 일간이 신약하여 초년 12세까지 서방 申-酉-戌로 흘렀으므로 기신(忌神)의 운로이니 대단히 기복과 고통이 많았으나 대운의 흐름이 중년부터 정히 용신의 기운인 남방 巳-午-未로 치달리고 있으므로 대부대귀한 운명이 된 것이다.

따라서 본인의 성격을 판단하여 보면 월지에 식신이 자리잡고 있으므로 성격이 호탕한 것을 알 수가 있고 더하여 일지에 편재가 있으니 경제호의하니 매사를 낙천적이며 근면 성실한 인품을 갖추고 있다고 판단해야 할 것이다.

또한 부모님의 은덕이 있을 것 같으나 일지 申金을 주동하여 년지 巳火가 공망이 되고 월지 戌土 식신과 년지 巳火 비견과 巳-戌 귀문관살과 원진살이 되므로 부친의 곁을 떠나 조업을 지키는 것이 되지 않고 타향으로 떠나가는 팔자라고 판단하는데 이것은 일지 申金 편재가 년지 巳火와 巳-申 삼형까지 성립되니 더욱 더 확실하다.

***. 격국(格局)에 대한 대운의 흐름,!**

사주주인공인 정 모씨의 대운의 흐름을 판단하여 보면 초년 2세는 丁酉대운으로 대운천간 丁火는 일간 丙火에 대한 겁재의 운로로서 신약한 일간을 생조하는 것이 되어 길신이 되겠지만 일면 사주원국의 년간에 투출되어 있는 辛金 정재를 辛-丁 상충이 성립되어 가격하니 길중에 흉을 불러내는 일면이 있다.

또한 대운지지 酉金은 일간 丙火에 대한 정재의 운로로서 역시 일간에 대한 기신(忌神)으로 행사하고 있는데 다시 사주원국의 이미 월지 戌土 식신과 일지 申金 편재가 申-戌이 되어 있는 것을 대운지지 酉金이 들어옴에 따라 완전한 申-酉-戌 방합 金局이 성립되니 재성 金氣가 태왕하여 대단히 불리하게 연출되는 것을 알 수가 있다.

따라서 이 때에 사주주인공인 정 모씨는 질병으로 인한 수술 후 유증으로 초년을 대단히 고생을 많이 하였다고 회고를 하고 있는데 이것을 육친통변법에 준하여 좀 더 자세하게 파악하여 보면 신약한 일간 丙火에 대한 대운천간 丁火는 비록 겁재로서 일간을 생조하는 듯하나 대운천간 丁火가 사주원국의 년간에 투출되어 있는 辛金 정재를 辛-丁 상충을 하는 것은 신약한 사주에는 길중에 흉을 불러들이는 의미가 깊게 작용하는 것을 알 수가 있다.

이것은 한편으로 일면 丁火가 길신으로 작용하는 것을 대운지지 酉金이 사주원국에 합을 하여 나오는 申-酉-戌 방합 金氣로 대운천간 丁火를 火剋金하여 개두(蓋頭)의 법칙에 전극(戰剋)을 형성하니 완전히 丁火의 기운을 일간에 대해 길신으로 작용을 하지 못하게 막는 현상이 되는 것이므로 丁火의 기운이 무용지물이 될 수밖에 없는 것이다.

더하여 대운지지 酉金이 사주원국의 월지와 일지 모두 申-酉-戌 방합 金氣로 되어 신약한 일간에게는 재성 金氣가 대단히 강력하게 극설(剋泄)하는 것으로 질병이나 역시 수술을 나타내는 고로 더욱 더 확실하게 작용하는 것이다.

다시 12세는 丙申대운인데 대운천간 丙火가 일간 丙火에 대한 비견으로서 길신으로 작용하겠지만 설상가상으로 사주원국의 년간에 투출되어 있는 辛金 정재와 丙-辛合水로 관성 水氣로 변화되니 길신이 기신(忌神)으로 둔갑되어 흉하게 작용한다.

또한 대운지지 申金은 일간 丙火에 대해 편재의 기운이 되니 역시 기신(忌神)이 되는데 이것 역시 사주원국의 년지 巳火 비견과 巳-申 삼형 및 巳-申 合水로 관성 水氣로 변화되니 대단히 흉운이라는 것을 알 수가 있을 것이며 들어오는 대운지지가 기신(忌神)을 업고 삼형의 작용을 하므로 설상가상이다.

따라서 이 때에 사주 주인공인 정 모씨는 그 당시 학업에 열중한 나이인데도 학업성적이 오르지 않아 대단히 고통을 당하였으며 또한 우연히 친구들과 어울려 다니다 술자리에서 시비가 벌어져 주먹다짐을 하여 쌍방이 입건되는 불운을 맞이하기도 하였다.

설상가상으로 이러한 불운은 여기에서만 끝날 일이 아니었는데 대학을 진학하는 과정에서 번번히 낙방하였고 결국 다시 재수를 하여 겨우 경찰대학에 입문을 하였던 것으로 아마도 이 때에 정 모씨는 정말 피를 말리는 고통의 연속이었다고 회고를 하고 있다.

이와 같은 현상은 관성 水氣가 신약한 사주에서는 대단히 강력하게 흉을 불러오는 하나의 요인으로 작용하는 것을 알 수가 있는 것이며 더하여 대운지지에서 巳-申 삼형이 성립되니 이것을 관재와 직결되는 점으로 판단하는 것이다.

다시 22세는 乙未대운으로 지금까지 고통을 당하였던 불운이 모두 물러가고 행운의 길운이 다가오는 것을 알 수가 있는데 이것은 대운천간 乙木이 신약한 일간 丙火에 대한 인수의 운로로서 일간을 생조하니 대단히 발전되는 운로이다.

한편으로 비록 대운천간 乙木 인수가 사주원국의 년간에 투출되어 있는 辛金 정재를 乙-辛 상충을 하여 기복이 예상될 수가 있겠으나 사주천간에 투출되어 있는 기신(忌神)을 상극하여 제거하는 일면을 노릴 수가 있는 것이니 오히려 길하다고 볼 수가 있다.

또한 대운지지 未土는 원칙적으로 건조한 조토로서 상관의 운로이니 불리하다 판단할 지 모르지만 일간 丙火의 기운에 동조하는 성질이 일면 되며 금상첨화로 사주원국의 이미 년지 巳火와 시지 午火가 존재하여 巳-午 방합이 성립되고 있지 않는 것을 대운지지 未土가 들어옴으로 인하여 완전히 巳-午-未 방합 火局이 성립되니 정히 용신의 기운이 강력하여 일약 대발전을 하는 운로이다.

따라서 이 때에 사주 주인공인 정 모씨는 경찰대학을 우수한 성적으로 졸업을하고 더하여 부산 모처 파출소 소장으로 근무를 하다가 강력 범죄를 수사하여 강력범을 검거한 공로로 일계급 특진을 하여 정히 경감으로 승진 발령을 받았던 것인데 이 때만 해도 약관의 나이로서 주위의 부러움을 한 몸에 받았던 것이다.

다시 32세는 甲午대운으로 역시 일간 丙火에 대한 용신의 운로가 되는데 이것은 대운천간 甲木이 신약한 일간 丙火를 생조하는 편인의 운로로서 승승장구하는 것이 되는데 일면 사주원국의 월상에 투출되어 있는 戊土 식신을 甲-戊 상충으로 상극을 하므로 자식의 운이 일면 좋지 못하는 것이 흠이 되겠다.

이와 같은 현상은 남자사주에서는 자식으로 정관이나 편관을 볼 수가 있겠지만 사주에 정오행인 관성 水氣가 존재하여 있지 않고 지장간에 오르지 일지 申金에 壬水가 있을 뿐이므로 식신은 육친통변법상 손아래 사람을 나타내고 또한 자식을 대신으로 취용하여 감평하는 이유가 여기에 있다.

다시 대운지지 午火는 일간 丙火에 대한 겁재로서 작용하고 그 성질이 사왕지지(子, 午, 卯, 酉)로서 태양과 같은 빛을 발휘하니 대단히 길한데 금상 첨화로 사주원국의 월지 戌土 식신과 시지 午火 겁재간에 이미 午-戌合火가 이루어지고 있는 것을 대운지지 午火가 중첩하여 午-戌合火가 성립되니 용신의 기운이 대단히 강력하게 작용하므로 승승장구하는 운로이다.

따라서 사주주인공인 정 모씨는 이 때가 일생의 최대의 행운이라는 것을 알수가 있는데 비록 자식이 교통사고로 약간의 수술을 하는 마음의 고통은 겪었지만 모 처 경찰서에서 수사과장을 지내다가 그 직급이 승승장구하여 일약 무궁화 3개인 경정으로 승진진급을 하였고 더하여 수사의 공로로 대통령의 표창까지 받게 되었는데 그 때의 정 모씨의 나이가 불혹의 41세 때이라며 말하고 있다.

다시 42세는 癸巳대운으로 대운천간 癸水가 일간 丙火에 대한 정관의 운로로서 비록 기신(忌神)이 되겠지만 다행히도 사주원국의 월상에 투출되어 있는 戊土 식신과 戊-癸合火하여 비겁 火氣로 변화되니 역시 승승장구할 운로이다.

또한 대운지지 巳火는 일간에 대한 비견이나 일면 사주원국의 일지 申金 편재와 巳-申合水하여 관성 水氣로 변화되니 흉이라고 판단하지만 대운의 지지의 방향이 남방 巳-午-未로 치달리는 것이 되고 더하여 巳火가 비록 합을 하여도 잔여기운이 남아 있는 관계로 흉함보다 길함이 많다고도 볼 수가 있겠다.

그러므로 이 때에 사주 주인공인 정 모씨는 도경에서 근무를 하다가 정히 모처 경찰서장인 총경으로 승진 발령을 받았고 더하여 그의 명성 역시 전국에 알려지게 되었다고 말하고 있는데 이 때의 나이가 46세 때라고 본인은 회고를 하고 있다.

그러나 현재대운인 52세 壬辰대운부터 사주주인공인 정 모씨는 인생의 불운이 예상되는 것을 알 수가 있는데 그것은 대운천간 壬水가 신약한 일간 丙火에 대한 편관의 운로로서 기신(忌神)이 되고 더구나 사주원국에 일간 丙火와丙-壬 상충 그리고 월상에 투출되어 있는 戊土 식신과 壬-戊 상충이 성립되어 대단한 재화와 기복이 예상된다.

하지만 일간 丙火가 신약하나 그리 쇠약하지 않고 사주원국의 시상에 투출되어 있는 甲木 편인이 水生木, 木生火하니 편관 水氣를 흡수하여 일간 丙火로 연결하고 있으며 또한 월상에 투출되어 있는 戊土 식신이 土剋水하여 水氣를 상극하여 일간 丙火를 한신(閑神)이 보호하고 있으므로 그다지 흉이 돌출되지 않는 것을 알 수가 있다.

그러나 대운지지 辰土가 지배되는 57세부터 대단히 흉을 불러오는 것은 피하지 못하는데 이것은 대운지지 辰土가 습토로서 水氣를 업고 일간 丙火를 상극하는 이유도 있겠지만 설상가상으로 사주원국의 일지 申金 편재와 申-辰合水하여 관성 水氣로 완전히 변화되어 그 흉이 절정에 도달하는데 그보다 더욱 더 사주의 월지 戌土 식신을 辰-戌 상충이 성립되어 왕신(旺神)이 발동을 하는 것이 두려운 일이 되었다.

따라서 이 때에 사주주인공인 정 모씨는 모 처 파출소등에 순찰을 다녀오다가 교통사고로 병원에서 8시간이라는 대수술을 받게되어 생명이 위험에 직면하는 순간까지 치달렸던 것인데 다행히 목숨은 부지할 수가 있었다.

앞으로 다가오는 62세 辛卯대운에는 대운천간 辛金이 일간 丙火에 대한 정재의 운로로서 기신(忌神)이 되는데 사주원국의 일간 丙火와 丙-辛合水로 관성 水氣로 변화되는 것은 역시 불운인 것을 알 수가 있다.

하지만 대운지지 卯木은 일간 丙火를 생조하는 인수의 운로이니 길운이 되는데 사주원국의 월지 戌土 식신과 卯-戌合火하여 火局으로 변화되어 나오는 火氣로 대운천간 辛金을 火剋金하여 그 흉을 잠재우는 것이 되니 현재는 고난 속에 삶을 영위하여도 辛卯대운에는 그러한 고난은 없을 것이라고 판단한다.

※참고로 사주 주인공인 정 모씨는 일간이 신약하여 사주에 삼형과 수옥살(囚獄殺)이 존재하고 격국(格局)이 중급정도로서 판단하나 대운의 흐름이 중년부터 용신의 기운인 남방 巳-午-未로 치달리고 있었으므로 그 직급이 경찰총경까지 승진하였던 것인데 만약

대운의 흐름이 기신(忌神)의 운으로 치달리고 있었더라면 아마도 말단의 직급이라도 만족할 수밖에 없는 것이라 예상할 수가 있다.

(예2). 남자, 강 모씨(전남 순천시 매곡동) 1956년 음력 9월 25일 寅시

生	帶	墓	病
甲	戊	戊	丙
寅	辰	戌	申
편관		비견	편인
木	(土)	土	火
木	土	土	金
편관	비견	비견	식신

(대 운)

63	53	43	33	23	13	3
乙	甲	癸	壬	辛	庚	己
巳	辰	卯	寅	丑	子	亥

***. 지장간의 변화,!**

	辰		戌
여기(餘氣) →	乙	⇄	辛
중기(中氣) →	癸	⇄	丁("인수")
정기(正氣) →	戊		戊

***. 일간의 왕쇠(旺衰),!**

戊 일간 戌 월에 출생하여 득령하고 사주원국의 월지 戌土 비견을 중심으로 해서 일지 辰土 비견에 득지(得地)하며 다시 월상과 년간에 투출되어 있는 戊土 비견과 편인 丙火가 일간 戊土를 생조하고 있으니 신왕하다.

이렇게 일간 戊土가 신왕하면 이것을 적절히 억제시킬 수 있는 오행이 필요한데 때 마침 사주원국의 년지 식신 申金이 자리잡아 왕성한 일간 戊土의 기운을 자연스럽게 누출시키고 있으면서 시지 편관 寅木이 십이운성의 건록지에 앉아 시상에 투출되어 있는 역시 편관 甲木이 일간 戊土를 적절히 억제시키고 있으므로 대단히 좋다고 볼 수가 있다.

***. 위 사주격국의 유정무정(有情無情)판단,!**

한편으로 볼 때 일간이 신왕하면 이것을 자연스럽게 누출시키는 기운이 필요할 것인데 만약 년지 申金 식신이 월지나 일지 및 시지에 일간과 근접하여 자리를 잡고 있었으면 유정무정(有情無情)의 법칙에 준하여 길신이 일간의 기운을 더욱 더 길함을 행사할 것이지만 년지에 존재하여 원격(遠隔)하여 있으므로 조금은 무정(無情)하다고 판단한다.

또한 사주원국의 시상에 투출되어 있는 편관 甲木이 시지 寅木의 십이운성의 건록지에 앉아 그 세력이 막강한데 이렇게 편관이 강력하게 존재하여 있으면 인성 火氣로 살인상생(殺印相生) 및 관인상생(官印相生)을 하던지 아니면 식상으로 제살(制殺)을 하여야 될 것이지만 사주 내 비록 편인 丙火나 식신 申金이 있더라도 사주의 년간과 년지에 있어 편관과 원격(遠隔)하여 편관의 기운을 적절히 견제하지 못하고 있는 것이 조금 아쉽기만 하다.

***. 격국(格局)과 용신,!**

격국(格局)을 살펴보면 원칙적으로 사주원국의 월지에 비견 戊土가 자리잡아 "월지건록격(月支建祿格)"이 될 수가 있겠지만 월지에 자리잡은 비견 戊土는 일간 戊土와 대조하여 볼 때 십이운성의 墓지에 앉아 있으므로 월지건록격(月支建祿格)이 성격(成格)되지 못한다.

이와 같은 현상은 같은 비견이나 겁재는 보통 십이운성의 건록이나 제왕지에 앉아 있는 것이 대부분이나 유독 戊일간이나 己일간의 월지 비견은 墓지(戊일간= 戌, 己일간= 丑,)나 관대지(戊일간= 辰, 己일간= 未,)에 자리잡고 있으므로 십이운성의 건록(建祿)에 해당되지 않아 격(格)을 잡을 수가 없는 것으로 귀착된다.

따라서 위의 사주를 다시 살펴보니 일간이 신왕하며 사주 내 타주에 거듭 편관이나 정관을 보고 있지 않고 시상에 편관 甲木이 시지 寅木 편관의 십이운성에 건록지에 앉아 대단히 강하게 투출되어 일간 戊土를 견제하고 있으므로 "시상편관일위격(時上偏官一位格)"이 성격(成格)된다.

***. 일부학자의 의견,!**

한편으로는 일부학자들 중에는 "편관이 일위(一位)가 사주에 있는 것을 성격(成格)한다고 했는데 위의 사주를 보면 사주원국의 시지에 편관 寅木이 자리잡고 있는 것이 다시 시상에 甲木 편관이 투출되어 있으므로 편관이 2개씩이 되니 원칙적으로 편관을 거듭 보고 있으니 "시상편관일위격(時上偏官一位格)"이 성립되지 못하지 않겠느냐, 라고 의문을 표시하고 있다.

***. 일부학자들의 견해에 대한 본 저자의 판단,!**

이 부분에 대해 본 저자는 학자들이 말한 이와 같은 부분은 약간 판단의 착오가 있다고 볼 수가 있는데 그것은 우선 사주원국에 길한 육신이 존재하여 있으면 육신의 강력함과 쇠약함을 비중을 두고 더하여 그 육신에 힘이 집중되는 것을 대단히 길하게 판단하고 있다.

따라서 동일주의적 원칙론에 부합하여 판단하여 보면 이와 같은 길한 육신이 사주원국에 하나의 육신이 존재하여 그것이 길신으로 작용하는 성질이 될 것 같으면 만약 타 주에 거듭 같은 육신이 자리잡아 있다고 가정할 때 길신으로 작용하는 육신에게 힘이 모아지지 않고 타 주에 같은 육신에게 힘이 분산되어 길함에 흩어지게 된다.

이것을 두고 좀 더 자세하게 설명하면 사주원국에 어느 한정된 정관이라는 육신이 존재하여 정관이 길신으로 채택되고 있을 때 사주 타 주에 거듭 같은 정관이나 편관이 존재하여 있는 것을 대단히 좋지 않게 보고 있으며 이것은 격국(格局)을 논할 때에도 파격(破格)이 되는 것은 하나의 정관에게 기운의 집중이 되지 않고 타 주에 있는 정관이나 편관에게 힘이 분산되는 결점을 가지기 때문에 길함을 나누어 먹는 결점이 있어 부귀가 형성되지 못한다는 원칙이다.

이상과 같은 법칙에 부합하여 위의 사주를 판단하여 보면 비록 시지에 寅木 편관이 있고 다시 시상에 편관 甲木이 있다고 하나 동주(同柱)해 있는 오행이나 육신은 동일주의적 원칙에 부합되니 하나의 기운으로 그 세력이 집중되어 영향력을 행사한다고 판단하여야 된다.

다시 말하면 비록 사주원국에 2개의 육신이 존재하여 있다고 해도 그 육신이 거리감을 가지면서 타주에 있지 않고 같은 주(년주, 월주, 일주, 시주등 어느 주라도 천간, 지지가 같은 육신이 자리잡은 것)에 있다면 이것은 동일세력으로 판단하여 그 힘이 분산되지 않고 집중되기 때문에 하나의 기운으로 판단하며 또한 격국(格局)도 파격(破格)이 되지 않고 성격(成格)되는 이유가 이와 같은 법칙에 준하기 때문이다.

고로 용신은 "비중용관격(比重用官格)"으로 일간 戊土가 월지 및 일지 비견 土氣와 년간 및 월상에 투출되어 있는 火, 土의 기운에 의해 일간이 신왕하게 되므로 이것을 바로 억제하는 관성 木을 용신하고 관성 木을 생조하는 재성 水氣는 희신으로 삼는다.

식상 金氣의 경우 원칙적으로 용신의 기운인 관성 木氣를 상극을 하여 불리하게 작용하겠지만 신왕한 일간 戊土가 그 기운을 자연스럽게 누출시키는 역할을 하게 되므로 길신으로 선택되는데 같은 사주의 일간이 신왕이라도 식상, 재성, 관성의 기운이 다 같이 이렇게 길신으로 사용하는 격국(格局)이 있는 반면 삼자의 기운 중에서 2가지나 때로는 1가지 밖에 길신이 될 수밖에 없는 격국(格局)이 있으므로 판단을 신중히 하지 않으면 안될 것이다.

*. 격국(格局)의 청탁(淸濁),!

위의 사주팔자를 판단하여 우선 정신기(精神氣)삼자를 논하여 볼 때 일간 戊土를 기준하여 정(精)의 기운인 편인이 사주년간에 투출되어 있고 또한 신왕한 일간 戊土를 적절히 견제하고 누출시키는 편관 木氣와 식신 金이 존재하여 있으니 신(神)역시 대단히 왕성하게 작용하고 있음을 엿볼 수가 있다.

더구나 일간의 기운을 같이 하는 비겁 土氣가 강력하게 작용하고 있으므로 기(氣)또한 갖추고 있으나 오행의 균등을 판단하여 볼 때에는 편중(偏重)으로 치우쳐 있음에 따라 사주상의 약간에 탁기(濁氣)를 남기고 있다.

또한 일주가 戊辰으로서 백호대살이 되고 사주천간에 일간 및 월간 戊土와 시상에 투출되어 있는 甲木 편관과 甲-戊 상충이 일어나며 다시 월지 戌土와 辰-戌 상충 및 년지와 시지 寅木 편관과 寅-申 상충이 성립되겠으나 사주가 묘하게도 일지 辰土와 년지 申金이 申-辰합이 되며 월지 戌土와 시지 寅木과 寅-戌합이 되니 상충의 작용을 해극을 시키고 있다고 하겠다.

그렇지만 사주상의 탁기(濁氣)는 완전히 제거할 수가 없는 것으로 판단하는데 편관이 강력하고 사주상의 상충과 천라지강살(天羅至剛殺)인 辰, 戌이 모두 존재하여 있으므로 전형적인 경찰관(警察官)의 팔자이다.

*. 성격과 육친의 운명,!

위의 사주 주인공인 강 모씨는 현재 경찰고위직에 있는 사람으로서 무궁화 3개인 경정의 직급을 가진 것으로 사주원국이 비록 약간의 탁기(濁氣)를 남기고 있으나 대운의 흐름이 금상첨화로 용신의 운로인 북방 亥-子-丑과 동방 寅-卯-辰으로 치달리고 있으니 대부대귀한 운명이 될 수가 있다는 것을 예상하고 있다.

사주 주인공인 강 모씨의 성품을 판단하여 보면 사주원국의 일간 戊土가 신왕하여 월지에 비견 戊土가 자리잡고 있으며 더구나 辰, 戌등의 천라지강살(天羅至剛殺)이 존재하여 있으니 대단히 고집스러운 면이 있을 것이고 자존심 또한 타의 추종을 불허할 것이다.

이와 같은 현상은 또한 사주에 辰, 戌이 있고 편관이 강력하게 작용하고 있으니 그의 성격도 대단히 성급하며 불굴 강직한 인품이라는 것을 알 수가 있는데 그러나 일면 잔정에 약한 점도 있을 것이다.

육친의 운명을 보면 월지에 비견이 십이운성의 墓지에 앉아 고(庫)에 있고 辰-戌 상충이 성립되어 있으니 형제 중에 일찍이 죽은 사람이 있을 것이며 또한 월지와 일지를 상충을 하는 관계로 부부궁이 불길하여 역시 일찍이 처와 이별하고 재혼을 하는 팔자로 감평한다.

또한 모친의 운명이 좋지 않아 모친이 일찍 세상을 하직하는 운명이라고 보는데 이것을 위의 사주의 도표에서 자세하게 설명하고 있듯이 모친은 육친통 변법상 인성이 되는데 그 중에서 편인은 유모 및 계모를 나타내고 인수는 모친을 표시하고 있다.

따라서 단편적으로 보아도 육친통변법상 편인+비견(년간과 월간 및 월지)은 타인의 양자가 되지 않으면 계모, 및 유모, 서모가 있다는 것을 사주원국은 암시를 하고 있으며 더하여 모친을 나타내는 인수가 사주의 정오행에 없고 월지 戊土 비견의 지장간에 丁火가 암장되어 있는 것을 일지 辰土 비견과 辰-戌 상충이 성립되므로 서로의 지장간끼리 파괴가 되니 인수가 죽는 것이 된다.

이상과 같이 사주주인공인 강 모씨의 육친에 대한 운명을 파악하여 볼 때 그다지 유년이 대단히 번민과 고통속에 모친을 여의고 성장한 것을 알 수가 있겠으며 더하여 부부궁조차 불길하였으니 대단히 고독한 운명의 소유자임을 단적으로 사주원국은 나타내고 있는 것이다

＊. 격국(格局)에 대한 대운의 흐름,!

다시 격국(格局)에 대한 대운의 흐름을 살펴보면 초년 3세는 己亥 대운으로 대운천간 己土가 일간 戊土에 대한 겁재로서 신왕한 일간을 더욱 더 신왕하게 만들고 있으므로 불운이다.

더하여 사주원국의 시상에 투출되어 있는 甲木 편관을 대운천간 己土와 甲-己合土로 변화되니 용신이 기신(忌神)으로 둔갑하게 되므로 더욱 더 확실하다.

또한 대운지지 亥水는 원칙적으로 일간 戊土에 대한 편재의 운으로 정히 길신이 되나 사주원국의 시지에 존재하는 편관 寅木과 寅-亥合木을 하여 용신의 기운이 되니 강 모씨의 본인에게는 유리하게 전개되지만 한편으로는 월지 戌土 비견이 모친을 나타내는 인수가 지장간의 중기(中氣)에 丁火가 있으므로 이렇게 합을 하여 木氣로 월지 비견 戌土를 木剋土하여 상극하니 모친의운명이 불길한 것을 사주원국이 무언중에 암시를 하고 있다.

따라서 사주주인공인 강 모씨는 己亥대운의 3세부터 7세까지 대단히 질병으로 고통을 당하였고 급기야는 7세때인 1961년 辛丑년에 모친을 신장암으로 별세까지 하게 되니 망연자실하여 인사불성으로 나날을 보냈다고 한다.

이것을 육친통변법상 좀 더 자세하게 판단하여 보면 이 때의 대운이 己亥대운의 천간 己土가 작용하는 것을 알 수가 있는 것이며 己土는 일간 戊土에 대한 겁재로서 신왕한 일간의 기운을 더욱 더 신왕하게 만들고 있으므로 대단히 불리하겠지만 설상가상으로 모친을 나타내는 인수 火氣는 대운에서 土氣가 들어옴에 따라 火生土하여 인수의 기운이 설기(泄氣)되어 모친인 인수의 기운이 빠져나가게 된다.

이와 같은 현상은 사주원국에 이미 많은 비견 土氣와 년지 식신 金氣가 가로막아 인성 火氣를 상극내지는 누출시키고 있는 중에 인성이 존재하는 월지 戌土를 일지 辰土가 辰-戌 상충으로 가격하므로 모친이 고통을 당하고 있는 것은 자명하다.

그런데도 불구하고 대운에서 다시 인성을 누출시키면서 더구나 대운지지가 역시 합을 하여 나오는 木氣로 인수가 자리잡은 월지 비견 戊土를 木剋土하니 가망이 없는데 세운인 辛丑년이 되고 보니 사주원국의 월지 戊土를 丑-戌 삼형으로 중첩 가격하므로 완전히 모친이 암으로 별세하는 것이다.

다시 13세는 庚子대운인데 대운천간 庚金은 일간 戊土에 대한 식신의 운로로서 정히 길신이 되니 길운이 되겠지만 사주원국의 년간 丙火 편인과 丙-庚 상충 그리고 시상에 투출되어 있는 甲木 편관과 甲-庚 상충이 성립되니 길중에 상충의 작용으로 약간의 소흉이 돌출이 된다.

그러나 대운지지 子水가 사왕지지(子, 午, 卯, 酉)로서 일간 戊土에 대한 정재의 운로이니 정히 길신이 되고 금상첨화로 사주원국의 년지 申金과 일지 辰土와 대운지지 子水가 함께 申-子-辰 삼합 水局으로 변화되어 대단히 승승장구하는 운로이다.

따라서 이 때에는 사주주인공인 강 모씨는 학업이 창성하였고 그 성적이 나날이 향상되어 고등학교에서 전교의 10위안에 들을 정도로 우수하였으며 나아가서는 경찰대학에 상위로 합격을 하였던 것이다.

다시 23세는 辛丑대운으로 대운천간 辛金은 일간 戊土에 대한 상관의 운로로서 역시 길신으로 작용하고 다시 사주원국의 년간에 투출되어 있는 丙火 편인과 丙-辛合水하여 재성 水氣로 됨에 따라 승승장구한다는 것을 알 수가 있다.

또한 대운지지 丑土는 비록 일간 戊土에 대한 겁재의 운로로서 기신(忌神)이 되겠지만 丑土가 오행상 습토로서 재성 水氣를 업고 들어오는 것이기에 그다지 흉을 돌출하지 않겠으나 사주원국의 월지 戌土 비견을 丑-戌 삼형을 하게 되므로 약간의 번민과 변동이 일어나는 것을 판단할 수가 있다.

이 때에 사주 주인공인 강 모씨는 경찰대학을 우수한 성적으로 졸업하고 광주모 처 경찰서에 교통계장으로 발령을 받았으며 더하여 명문집안의 규수와 결혼을 하였다고 말하고 있는데 그러나 29세 때에 약간의 불미스러운 일로 지방 모 처 경찰서로 좌천되는 기복이 있었다는 점을 상기할 때 이와 같이 丑-戌 삼형의 가격으로 약간의 재화가 일어나는 것을 알 수가 있다.

다시 33세는 壬寅대운으로 대운천간 壬水가 일간 戊土에 대한 편재의 운로로서 역시 길신으로 작용하는데 일면 사주원국의 년간 丙火 편인과 丙-壬 상충 그리고 월상과 일간 戊土와 壬-戊 상충이 일어나나 신왕한 일간이고 길신을 업고 들어오는 것이기 때문에 그다지 흉이 돌출되지 않는 것을 알 수가 있다.

그러나 대운지지 寅木이 일간 戊土에 대한 편관이 되나 사주원국의 월지 戌土 비견과 寅-戌合火하여 인성 火氣로 둔갑되므로 길신이 변화되어 기신(忌神)으로 둔갑되니 약간의 흉이 돌출될 것인데 일면 대운천간 壬水가 대운지지 寅木이 합을 하여 나오는 火氣를 水剋火하는 개두(蓋頭)법칙에 준하여 전극(戰剋)을 일으키므로 그 흉을 소 흉으로 상쇄시키고 있다할 것이다.

따라서 이 때에 강 모씨는 33세에 무궁화 2개인 경감으로 승진을 하여 광주 모 처 경찰서 정보과장으로 발령을 받았으나 대운지지 寅木이 지배하는 38세에 우연히 친한 친구에게 보증을 서준 것이 친구가 부도가 나자 본인의 월급에 압류를 당하는 망신을 겪었는데 그 후 친구의 부친이 변제를 하여 본인은 무사하게 지나갔다고 하였다.

다시 43세는 현재 운이 지배하는 癸卯대운으로 대운천간 癸水가 일간 戊土에 대한 정재의 운로이나 사주원국의 일간과 월상에 투출되어 있는 戊土와 戊-癸合火하여 인성 火氣로 둔갑되니 길신이 변하여 흉신이 된다.

또한 대운지지 卯木은 일간 戊土에 대한 정관의 운로로서 용신이 되겠지만 이것 역시 사주원국의 월지 戌土와 卯-戌合火하여 인성 火氣로 둔갑하니 흉이 돌출되는 것을 알 수가 있는데 이것은 정재가 변화되어 기신(忌神)이 되는 것은 여자나 금전으로 인한 손재가 예상될 수가 있다.

따라서 사주 주인공인 강 모씨는 지금 현재에 무궁화 3개인 경정으로서 도경모처의 요직에 고위급으로 종사하고 있으나 우연히 내연의 여자를 만나 그것으로 인해 금전적 손재를 당하고 있는 것을 저자는 보고 있는데 이와 같은 것은 비록 재성이 길신에 해당하나 재성이 합을 하여 기신(忌神)으로 둔갑되므로 흉을 불러들이는 것이 된다.

***. 일부학자들의 질문,!**

학자들 중에는 “대운지지 卯木이 사주원국에 월지 戌土와 卯-戌 合火도 이루어 지겠지만 역시 일지 辰土와 시지 寅木간에 寅-卯-辰 방합 木局이 성격(成格)되지 않겠느냐”,! 라고 의문을 표시하고 있다.

하지만 그 부분에 대해서도 저자는 약간의 인정을 하고 있지만 그러나 이것은 월지가 합을 성립하고 있다면 비록 타 주가 투합(鬪合)이 되더라도 약하게 될 것이고 더하여 월지는 사주원국에 대단히 힘이 강하게 작용하는 일면이 있으므로 월지가 합을 하게 되었을 경우 월지를 우선 순위로 하여 합의 원칙에 따라가야 할 것이다.

그러나 이와 같은 부분에도 비록 월지를 제외한 일지와 시지 간에 준방합이 성립되어 대운지지에 卯木이 들어와서 완전한 방합이 된다손 치더라도 월령이 합을 하여 나오는 火氣에 木生火하는 조건을 갖추고 있을 것이며 이것은 대운천간이 합을 하여 나오는 戊-癸 合火의 火氣에 역시 흡수를 당하는 일면이 있기 때문에 흉으로 돌변하나 일면 방합 木局은 일간에 대한 길신의 역할을 하고 있으므로 그 흉이 대흉이 되지 않는 것을 암시하고 있다.

이상과 같이 대운의 흐름을 판단하여 보았을 때 사주주인공인 강모씨는 앞으로 53세 甲辰대운과 63세 乙巳대운도 승승장구하다는 것을 예상하고 있는데 이와 같은 현상은 아마도 격국(格局)이 약간의 탁기(濁氣)를 남기고 있다고 해도 이렇게 대운의 흐름이 정히 용신이나 희신으로 치달리고 있는 이상 경찰총경급 이상의 고위직으로 출세할 것을 저자는 판단하고 있다

(예3).남자, 양 모씨(경남 산청군) 1957년 음력 2월 13일 酉시

(대 운)

絕	絕	祿	絕	丁-癸 상충!	63	53	43	33	23	13	3
丁	乙	癸	丁		丙	丁	戊	己	庚	辛	壬
酉	酉	卯	酉		申	酉	戌	亥	子	丑	寅

卯-酉 상충!

식신　　편인 식신
火 (木) 水 火
金 金 木 金
편관 편관 비견 편관

● 대운천간 丁火가 사주월간 癸水를 丁-癸상충으로 파극하고 다시 대운지지 酉金이 사주월지 卯木을 卯-酉 상충으로 대접하여 일간의 의지처를 모두 없애버리므로 생명이 바람앞에 등불인 격이 된다.!

*. 일간의 왕쇠(旺衰),!

乙 일간 卯 월에 출생하여 득령하고 사주원국의 월지 卯木을 중심으로 해서 십이운성 장생지에 앉은 월상 癸水 편인이 투출되어 일간 乙木을 생조하고 있으나 년지, 일지 시지 酉金 편관이 대단히 강력하게 일간의 기운을 극설(剋泄)하여 있고 더구나 식신 丁火까지

있으므로 일간이 약간 신약이다.

이렇게 일간 乙木이 신약하면 원칙적으로 일간를 생조하는 비겁 木氣 및 인성 水氣로서 일간 乙木의 기운을 도와주어야 대길하게 될 것인데 그러나 일면 사주원국에 월지에 卯木 비견이 자리잡고 또한 월상에 있는 편인 癸水가 투출되어 있으니 사주의 관성 金氣가 태왕하다고 해도 능히 편관 金氣를 상대할 수가 있는 힘을 지니고 있다.

***. 격국(格局)과 용신,!**

따라서 우선 격국(格局)을 살펴보니 일간이 신약하며 사주원국의 월지에 비견인 卯木이 자리잡고 십이운성 건록지(建祿地)에 앉아 있으니 "신약월지 건록격(身弱月支建祿格)"이 성격(成格)된다.

고로 용신은 원칙적으로 일간 乙木이 신약하여 이것을 생조하는 비겁 木氣와 인성 水氣를 용신을 하여야 하나 이렇게 편관 金氣가 사주의 지지에 월지를 제외한 모두 차지하여 대단히 강력하므로 일간이 신강, 신약을 불문하고 관성이 태과할 때는 원칙적으로 식상을 용신한다는 법칙에 따라 식상 火氣를 용신하고 더하여 비겁 木氣와 왕성한 편관 金氣를 살인상생(殺印相生) 및 관인상생(官印相生)하는 인성 水氣를 같이 길신으로 채택한다.

따라서 이렇게 용신을 선택하고 사주원국을 살펴보니 식신 丁火가 년간 및시상에 투출되어 있고 또한 월지 卯木 비견을 생조를 받아 그 힘이 왕성하여 강력한 편관을 제살(制殺)를 하게 되므로 진용신

(眞用神)이 자리를 잡은 것이 되어 대단히 길하다고 볼 수가 있겠다.

*. 격국(格局)의 청탁,!

격국(格局)의 청탁(淸濁)을 살펴보면 정신기(精神氣)삼자가운데 정(精)인 편인이 사주의 월상에 투출되어 있고 일간의 동기인 비겁 木氣는 월지에 卯木이 있으니 적절히 일간에게 힘을 주고 있음에 따라 기(氣)또한 강력하지만 신(神)의 기운인 편관 金氣가 상대적인 인성 水氣와 비겁 木氣에 비해 대단히 강력하게 존재하고 있으므로 약간 신기(神氣)가 불청(不淸)함을 면치 못하고 있다.

이와 같은 현상은 사주원국의 탁기(濁氣)를 남기는 현상과 일치를 하고 있는데 우선 사주의 월상에 투출되어 있는 癸水 편인과 년간 및 시상에 투출되어 있는 식신과 丁-癸 상충이 성립되어 있고 더하여 지지에 월지 卯木을 중심으로 하여 년지, 일지 및 시지 酉金 편관과 卯-酉 상충이 되어 있으므로 대단히 강력하게 상충의 작용이 일어나고 있다.

하지만 일간 乙木이 신약한데 이를 순화시킬 간합이나 지합이 이루어지지 않고 또한 편관 金氣와 비겁 木氣인 양자를 연결하는 오행이 존재하지 않아 사주가 탁기(濁氣)를 남기고 있는 것이 되니 대단히 좋지 못한 것이다.

더구나 한편으로 사주의 일지 酉金 편관을 중심으로 하여 년지 및 시지 酉金과 酉-酉 자형이 되고 일지 酉金을 주동하여 월지 卯木 비견이 수옥살(囚獄殺)이 되니 경찰관(警察官)으로 직업을 잡는 팔자인데 그러나 사주상의 탁기 濁氣)가 존재하고 대운의 흐름마저 중년부터 기신(忌神)의 운로로 치달리고 있으므로 대부대귀한 운명이 될 수가 없으며 소관말직의 직책으로 만족하는 운명임을 알 수가 있다.

＊. 성격과 육친의 운명,!

위의 사주 주인공 양 모씨는 현재 소관말직인 경남 마산시 모 처 파출소에서 경장 직책을 가진 사람으로서 이상과 같이 격국(格局)을 파악하여 보면 사주상의 탁기(濁氣)를 남기고 용신 또한 시상 및 년간에 투출되어 있는 식신 丁火가 있으나 사주천간에 丁-癸 상충으로 파극이 되며 또한 용신이 뿌리를 두는 월지 卯木 비견을 년지, 일지 및 시지 酉金 편관이 3개 씩나 존재하여 卯-酉 상충을 하여 파극이 되므로 용신이 대단히 쇠약하는 것을 엿볼 수가 있다.

따라서 사주 주인공인 양 모씨의 성격을 판단하여 보면 일지에 편관 酉金과 시지 酉金간에 酉-酉 자형으로 인하여 대단히 급한 성격이 있고 더하여 매사를 열의를 가지다가도 중도에 싫증내는 일면이 있을 것이며 월지에 비견을 편관 酉金이 卯-酉 상충을 하는 관계로 약간 금전적으로 이해타산을 하게 되니 그로 인해 친한 사람을 배신하는 일면이 있다고 본다.

더구나 일지와 시지가 자형을 하고 있으니 부부간 풍파가 많아 재혼 및 삼혼으로 거치는 팔자이며 일간 乙木과 지지 酉金의 지장간인 여기(餘氣)에 庚金과 乙-庚 암합이 많이 이루어지고 있으니 여자

관계로 가정을 등한시하여 주색으로 패가하는 일면이 있으므로 조심하여야 될 것이다.

육친의 운명을 보면 월주에 편인+비견이 있으니 부친이 재혼을 하던지 아니면 첩을 두어 이복형제가 있을 것이고 또한 본인에게는 유모 및 서모 계모가 있다는 것을 사주는 암시하고 있으며 편관+비견은 부친덕이 없다는 것을 나타내니 일찍이 부모님의 곁을 떠나 타향객지로 나가는 운명이 되는데 월지 卯木을 년지와 일지 酉金이 卯-酉 상충을 하고 있으므로 더욱 더 확실한 것이 된다.

더구나 일지 酉金과 시지 酉金간에 酉-酉 자형이 이루어지는 것은 시주는 자식을 의미하므로 자식을 생산하는 과정에서 처가 유산을 하여 임신중절이나 산액을 받았는 것을 알 수가 있겠으며 그것도 부족하여 출산한 자식은 병약 하다던지 성장하는 과정에서 자식의 일로 부모가 고통이 있는 것을 사주팔자는 무언중에 암시하고 있다.

***. 격국(格局)에 대한 대운의 흐름,!**

사주 주인공인 양 모씨의 대운의 흐름을 살펴보면 초년은 일간을 생조하는 인성 水氣인 북방 亥-子-丑으로 흘렀으나 중년이후 관성 金氣인 서방 申-酉-戌인 기신(忌神)으로 치달리고 있으니 "선부후빈격(先富後貧格)"이라 판단하며 비록 경찰관으로서 직업을 잡고는 있겠지만 고위직으로는 갈 수가 없을 것이다.

따라서 사주 주인공인 양 모씨의 대운을 파악하여 보면 초년 3세는 壬寅대운으로 대운천간 壬水는 일간 乙木에게 인수가 되니 정히 길하게 되겠지만 사주원국의 년간 및 시상에 투출되어 있는 식신 丁火를 丁-壬合木으로 木氣가 되어 둔갑하므로 약간의 흉이 뒤따르고 있다.

또한 대운지지 寅木은 신약한 일간 乙木에게는 겁재로서 길신이 되므로 길한 운로가 되는데 그렇다면 대운천간이 지배하는 3세부터 7세까지는 약간의 소흉이 돌출 될 것이고 8세부터 12세까지는 길하게 되는 것을 알 수가 있다.

***. 일부학자들의 의문,!**

여기서 학자들 중에는 "위의 사주가 일간이 신약하여 인성 및 비겁을 용신으로 삼는 것을 어찌하여 대운에서 들어오는 오행이 사주원국의 년간 및 시간의 丁火 식신하고 합을 하여 비겁 木氣로 변화되어 길신이 되는데 흉이 일어나느냐",!라고 반문을 하고 있다.

이 부분에 대하여 본 저자는 학자들이 의문시 하는 것이 당연한 것이라고 판단하는데 분명히 사주원국에 일간이 신약하면 원칙적으로 인성과 비겁으로 일간을 생조하는 것이 길하게 되는 점은 추명을 하는 학자라면 누구나 다 알고 있는 사실이다.

하지만 위의 사주는 이렇게 대운에서 사주원국과 합을 하여 일간을 생조하는 비겁이 나오는 것이 왜, 흉함이 되는 것인가는 우선 격국(格局)을 면밀히 파악할 필요가 있는데 그렇다면 위의 사주원국을 보면 월지 卯木을 제외한 년, 일, 시지 酉金 편관이 전부 차지하여 일간 乙木을 강력하게 상극을 하고 있다.

이와 같이 편관 酉金이 무리를 이루어 있고 더구나 편관 酉金이 순화될 지합이 되지 않으니 그렇다고 인성 水氣가 지지에 있어 살인상생(殺印相生) 및 관인상생(官印相生)이라도 이루어져 있을 경우 편관 金氣가 제화(制化)가 될 수가 있겠지만 이렇게 월상에 투출되어 있는 癸水 편인이 혼자 있으므로 지지에 무리를 이루고 있는 편관 酉金을 혼자서 감당하기가 역부족이 된다.

따라서 위의 사주원국은 인성 水氣도 미약하여 있는 것을 다행히도 년간과 시상에 투출되어 있는 식신 丁火가 편관 酉金을 강력하게 억제하여 제살(制殺)의 원칙을 도모하니 그 배합이 절묘하게 이루어지고 있는데 다시 대운에서 壬水가 들어와서 사주원국의 용신이 되어 있는 식신 丁火를 丁-壬合木으로 변화시켜 용신이 제대로 역할을 하지 못하고 합을 탐한 나머지 기반(羈絆)이 되고 있으므로 문제는 여기에 있는 것이다.

이러한 것은 원칙적으로 일간 乙木이 신약하면 인성水氣와 비겁木氣로 일간의 기운을 도와주는 것이 통례로 되겠으나 이렇게 편관에 제화되지 않고 더구나 월지 卯木 비견과 卯-酉 상충을 하여 더욱더 흉폭한 편관이 되어 있는것을 그나마 식신 丁火가 이것을 억제하고 있는데 설상가상으로 대운에서 합으로 인한 기반(羈絆)이 되어 편관 酉金을 적절히 제살(制殺)을 하지 못하니 그동안 편관은 식신에 의하여 기를 못펴고 있다가 다시 일간 乙木을 맹렬히 공격을 하게 된다.

일간이 신약하고 편관이 강하면 식상으로 제살(制殺)이나 인성으로 화살(化殺)를 하는 것이 제일 좋은 것이지만 비록 사주원국에 식상이 존재하여 편관을 억제하고 있다고 해도 이렇게 운로에서 합을 하여 식상이 타오행으로 변화되었을 때 강력한 편관을 적절히 억제할 수가 없게 되니 이렇게 되면 일간이 신강, 신약을 불문하고 편관 金氣가 나무뿌리에 쇠가 박힌 격이니 대단히 좋지 못하게 되는 것이다.

따라서 이와 같은 현상 때문에 사주추명을 연구하는 학자는 그동안 오르지 원칙적인 부분에만 의존하였던 것이 종종 위의 사주와 같은 격국(格局)이 운로에서 합을 하여 용신이 변화되는 성질에 대해 간명(看命)의 어려움을 호소하는 것은 그에 대한 변화되는 법칙의 원리를 제대로 파악하지 못하는 것이 되므로 추명의 혼란 속에 부딪치게 되는 함정이 여기에 있다해도 과언이 아니다.

결국 위의 사주는 일간이 신약한데 편관이 강력한 것을 식신 丁火가 제살(制殺)를 하고 있는 것을 식신이 합을 하여 일간의 힘을 도우는 비겁 木氣로 둔갑하였다해도 편관 金氣의 맹렬한 공격은 감당하기가 역부족이 될 것이며 그러나 이와 같은 식신이 합을 하여 만약 인성 水氣로 변화가 되고 있다면 그때에는 비록 식신으로 제살(制殺)을 하지 않더라도 인성 水氣로 살인상생(殺印相生) 및 관인상생(官印相生)이라도 하게 되므로 길하게 된다.

따라서 사주주인공인 양 모씨는 6세때 교통사고로 왼쪽다리를 수술하여 지금도 큰 흉터를 남기고 있는데 이것은 육친통변법으로 설명하면 비록 대운천간 壬水가 사주원국의 년간과 시상에 투출되어 있는 丁火 식신과 丁-壬合木을 하여 일간을 생조하는 비겁 木氣로 둔갑하였다고 하나 반대급부현상인 편관 金氣가 강력하게 일간 乙木을 공격하게 되므로 金氣는 철물 및 교통사고 등을 의미하게 되니 완전히 부합하게 된다.

다시 13세는 辛丑대운으로 대운천간 辛金은 일간 乙木에 대한 편관의 운로이니 대단히 큰 재화가 발생하는 것을 의미하는데 그러나 다행히도 사주원국의식신 丁火가 2개씩이나 존재하여 火剋金하므로 약간의 흉을 줄일 수가 있게 되는 것이나 하지만 일간 乙木과 乙-辛 상충과 용신인 식신 丁火를 辛-丁 상충이 이중으로 가격하니 그 흉을 완전히는 모면할 수가 없다.

더하여 대운지지 丑土는 일간 乙木에 대한 편재의 운로로서 기신(忌神)이 되는데 사주원국의 년지, 일지 및 시지의 酉金 편관과 酉-丑合金하여 관성 金氣로 둔갑을 하므로 설상가상이다.

이 때에 양 모씨는 학창시절로서 학업에서 성적이 오르지 않아 대단히 고통을 당하였고 또한 본인이 원하는 대학을 번번히 낙방하니 마음속의 번민과 고통이 대단하였는데 재수를 하였지만 역시 낙방의 고배를 마시고 그길로 군대에 입대를 하였던 것이다.

다시 23세는 庚子대운이니 대운천간 庚金이 일간에 대한 정관으로서 역시 기신(忌神)이 되는데 사주원국의 일간 乙木과 乙-庚合金으로 합을 하게 되는 것은 관성 金氣는 직업을 나타내고 따라서 이 때에 경찰공무원의 시험을 치루어 말단인 순경으로 취직을 하게 되었으며 하지만 정관 역시 기신(忌神)이므로 시골 및 업무가 많은 곳에서 육체적 고통이 이루말 할 수가 없었다.

그러나 대운지지가 지배하는 28세부터는 지금의 고통이 해소가 되는 것을 알수가 있는데 그것은 대운지지가 子水인 편인의 운로로서 비록 월지의 卯木을 子-卯 형으로 다스리고 있으나 일간을 생조하는 편인의 운로이니 그다지 걱정할 것은 못된다.

따라서 이 때에 사주 주인공인 양 모씨는 그동안 별다른 실적이 없었지만 지방 모 처 파출소에 근무를 하다가 도경의 인사과에 전출을 받았고 대운지지 말기인 32세에 말단 순경에서 경장으로 승진이 되었다.

다시 33세는 현재대운인 己亥대운으로 대운천간 己土가 일간 乙木에 대해 편재의 운로이니 기신(忌神)이 되고 더하여 사주원국의 월상 癸水 편인과 癸-己 상충과 일간 乙木과 己-乙 상충이 같이 성립되니 그 흉의가 대단히 강력하게 일어나는 것을 알 수가 있다.

그러므로 이 때에 사주주인공인 양 모씨는 여자로 인한 금전적인 문제로 말썽이 되어 그것이 급기야는 상부에 알려져 시골 모 처 지서로 좌천이 되는 곤욕을 치루었는데 이것은 己土가 편재이니 여자로 인한 흉의가 대단히 강하게 일어나는 것을 사주원국은 암시를 하고 있으며 더하여 己-乙 상충과 癸-己 상충이 같이 성립되니 더욱 더 확실하게 되는 것이다.

그러나 대운지지 亥水가 들어오는 38세부터는 길함을 엿볼 수가 있는데 이것은 대운지지 亥水가 인수의 운로로서 사주원국의 월지에 존재하는 卯木 비견과 亥-卯合木으로 변화되어 비견 木氣로 둔갑하므로 정히 길신의 영향력이 배가된다.

그렇지만 앞으로 들어오는 43세 戊戌대운이나 53세 丁酉대운도 대단히 흉운이라는 것을 알 수가 있는데 아마도 이 때에 사주주인공인 양 모씨는 지금까지 종사하였던 경찰관을 그만 두어야 하는 시기도 될 수가 있을 것이며 더구나 그것도 모자라 신체상 질병이나 교통사고 등도 조심하여야 될 것이다.

※참고로 이상과 같이 위의 사주주인공인 양 모씨의 격국(格局)을 파악하여 볼때 비록 사주상의 탁기(濁氣)를 남기고 있겠지만 일간이 그리 쇠약하지 않고 용신 또한 진용신(眞用神)이 자리를 잡고 있음에 따라 그나마 경찰관의 고위직까지 넘볼 수가 있겠으나 애석하게도 대운의 흐름이 초 중년이 기신(忌神)으로 치달리는 관계로 학업적인 성공이 없으니 말단이 될 수밖에 없다고 보겠다.

이와 같은 현상을 놓고 대운의 흐름이 학업의 전성기인 13세 辛丑대운이 기신(忌神)이 되는 시점을 중요하게 판단하여 직업적인 인생을 좌우하는 대학의 문턱을 넘지 못하고 좌절하였는 것을 볼 때 학업을 지배하는 초년대운이 정히 용신인가 아니면 기신(忌神)의 운인가에 따라 인생의 갈림길이 결정 나고 있는 점을 단적으로 보여주는 대목이라 할 것이다.

제6 · 7장

*. 예술가 (藝 術 家)

*. 예술가(藝術家)에는 음악 (音樂), 탈렌트, 문학(文學), 서예(書藝), 조각(彫刻)등 그 종류가 다양하게 있고 심지어는 체육종목인 피겨스케이팅 등도 포함되어 있다.

*. 예술가(藝術家)의 팔자

옛날에는 예술가를 광대나 악공(樂工) 및 소리꾼 등으로 풍류적인 이미지를 담고 있어 하류계 출신이라 하여 천민으로 분류되어 그 사람의 자식이나 직계비속 등은 절대로 관직이나 상류급으로 진출할 수가 없었던 것이 사실이다.

하지만 오늘날에는 이와 같은 예술가(藝術家)의 소질을 가진 사람이 상류급으로 진출하는 것은 시대적인 변천이 한몫을 하고 있고 더구나 자본주의적인 나라에서는 금전만능주의가 제일로 치는 현재에는 오히려 예술가(藝術家)가 일부 정치권에 입문해서 국회의원으로 당선되어 세상사람들의 존경과 인기를 한 몸에 받는 것이 작금의 실태이다.

따라서 오늘날의 예술에는 미술, 조각, 문학뿐만 아니라 음악, 무용, 영화배우, 탈랜트, 연극부분에서 심지어 체육종목인 피겨스케이팅과 같은 체육에도 음악을 가미하여 세계적인 종목으로 취용하고 있는 것을 살펴볼 때 예술의 범위는 무한정하게 진출되어 있겠고 더하여 종류 또한 대단히 많아 셀 수가 없을 정도로 다양하여 있는 것을 볼 수가 있다.

본 장의 예술가(藝術家)의 팔자에는 종류별로 하나하나 따지는 것은 불가능하나 모두다 사주추명학적으로 면밀히 검토하여 보면 예술가(藝術家)의 격국 (格局)에 대부분 일치하는 현상이 되고 있으며 또한 그와 같은 틀 속에서 추명의 원리를 파악하여 보면 사실상의 간명(看命)이 대체로 쉽게 판단될 수가 있다.

이상과 같이 예술가(藝術家)의 팔자를 간명(看命)할 때 이와 같은 운명의 소유자가 대체로 발복을 하는 운명인가 그렇지 않으면 중도에서 포기나 성공을 하지 못하는 부분에는 역시 격국(格局)에 대한 청탁(淸濁)과 용신 및 대운의 흐름을 중점적으로 판단하여 성공여부를 판단하여야 될 점은 두말할 것도 없다.

(6). 문학가, 미술가, 조각가, 서예가의 팔자

예술가(藝術家)의 팔자중에서 크게는 문학, 미술, 조각, 서예부분과 음악,무용, 탈랜트, 배우등으로 대체로 두가지 유형으로 분류되는데 이것은 같은 예술가(藝術家)이라도 그 범위가 직업적으로 조금 틀리게 작용하는 현상 때문에 사주의 격국(格局)을 구분 지워 판단할 필요가 있다.

이와 같은 부분은 고서(古書)에서도 그 범위를 두가지 유형으로 파악하여 기술하여 있는 것을 보고 있는데 따라서 옛날이나 지금이나 예술방면은 크게 차이를 보이지 않고 예술가(藝術家)에 해당하는 사주원국은 현재에도 그대로 적용되고 있는 것을 저자는 보고 있다.

***. 문학가, 미술가, 조각가, 서예가의 운명,!**

●사주원국에 "화개살"(華蓋殺)이 많을 때,!(2개 이상)

●사주에 "화개살"(華蓋殺)과 육친의 "인수"나 "편인"이 동주(同柱)하고 있을 때,!

●사주에 "정관"이나 "편관"이 왕성(2개 이상 있거나 재성이 생조)하고 "인수"나 "편인"이 "관성"(官星)을 유통시킬 때,!

●일간이 신강, 신약을 불문하고 "식신" 또는 "상관"이 왕성(월지에 있거나 2개 이상)한 사주,!

●사주에 "문창성"(文昌星)이 들어 있고 격국(格局)이 순수(木, 火, 土, 金, 水로 연결되고 용신이 강한 것)할 때,!

●사주원국의 일간이 "甲","乙木"으로 남방 "巳","午","未" 월에 출생한 사주,!

●사주원국의 일간이 "丙","丁火"로서 동방 "寅","卯","辰" 월에 출생한 사주,! (이상 2가지는 목화통명(木火通命)하다고 하여 예술적 소질이 다재다능하다.)

●사주원국의 일간이"庚","辛金"으로서 북방"亥","子","丑"월에 출생한 사주,! (금수쌍청(金水雙淸)이라고 하여 문학적으로 천부적인 소질이 있다.)

※참고로 지금까지 격국(格局)의 구성을 기술하는 과정에서 부분부분에 오행이 왕성(旺盛)하거나 육친이 왕성 운운이라는 구절이 나오고 있는데 이러한 말에 대하여 도대체 얼마나 강한 것을 나타내는 것인가 하고 학자들이 의문을 표시하고 있다.

따라서 왕성하다는 것은 아래의 몇 가지의 기준에 부합하여 그 왕성함을 판단한다.

＊. 오행이나 육신의 왕성(旺盛)판단법,!

(가). 사주원국에 바라는 오행이나 육신이 "월지"에 자리잡고 있을 때,!

(나). 비록 월지에 있지 않더라도 "일지"나 "시지"에 있어 사주의 타주에 바라는 오행을 생조하는 기운이 "2-3개" 있을 때,!

(다). 월지 및 일지를 제외한 타 주에 바라는 오행이 3개정도 있어도 왕성한데 이 때에는 "사주천간"에 "3개정도" 있는 기운이라면 반드시 지지의 "지장간"에 뿌리를 두어야 한다,!

(라). 이상과 같은 기운이 십이운성의 "장생","건록","제왕지"에 있는지를 살피는데 지지를 대조하여 "사주천간"에 바라는 육신이나 오행이 있어도 무방하다,!

(마). 가, 나, 의 경우 바라는 오행이 모두 "형","충","파","해" 가 되지

않아야 될 것이며 더하여 "4흉성"과 "4길성"이 상극되지 않을 것,!

***. 4길성= "식신","재성" "정관","인수",!**
***. 4흉성= "상관","겁재","편관","편인",!**

따라서 식신과 편인, 정재와 겁재, 편재와 비견, 정관과 상관, 인수와 정재 등은 사주원국에서 만남을 대단히 기피하는데 그 중에서 인수와 정재는 길성에 해당하나 상극이기 때문에 서로 만나든지 동주하면 대단히 재화가 발생한다.

좀 더 자세하게 예를 들면 정관이 왕성하다는 것은 사주원국의 "월지"에 존재 하여있거나 타주에 "정관"이"2개정도"있는 것을"재성"(편재나 정재)이 정관과 근접(서로有情)하여 정관을 "생조"를 하고 있다면 정관의 기운이 대단히 강력하게 되므로 이 때에는 정관이 왕성하다고 말하는 것이다.

***. 오행이나 육신의 쇠약(衰弱)판단법,!**

(가). 바라는 오행이나 육신이"형","충","파","해"로 파극을"이중", "삼중"으로 당하고 있을 때,!

(나). 바라는 오행이나 육신이 월지, 일지, 시지에 있지 않고 "년주"에 있던지 또한 "사주천간"에 투출되어 있는 것을 생조하는 기운이 없고 "형","충","파","해"로 "파극"을 당하고 있을때,!

(다). 바라는 오행이 비록 천간에 있어도 지지의 지장간에"통근"(通根)하는 기운이 미약하거나 아예 없을 때,!

(라). 반대의 육신(4흉성과 4길성)이 "동주"하던지 "근접"하여 상호간 "파극"을 당하고 있을 때,!

(마). 바라는 육신이나 오행이 월지, 일지, 시지에 있지 않으며 생조하는 오행이 없고 십이운성의 쇠약한 기운인 "衰","病","死","墓","絕"에 해당하여 있는 것,!

※이상의 왕성(旺盛)의 판단과 쇠약(衰弱)의 판단의 기준을 구분하여 주었는데 이와 같은 것은 모든 오행과 육신에 적용하여야 될 것이다. 실제로 본 저자는 약 26년동안 위의 법칙에 준하여 바라는 육신이나 오행 왕쇠(旺衰)의 판단을 파악하기 위해 실존의 인물의 용신과 기신(忌神)의 성질을 위의 판단에 준하여 감정 및 운로의 흐름을 조사하여 본 결과 한번도 틀림이 없었는데 위의 법칙을 숙지하는 학자는 저자의 감정에 대한 비법(秘法) 이므로 절대로 소홀히 취급하여서는 아니 된다.

*. 문학가(文學家)의 사주,!

(예1).여자, 박 모씨(서울시 돈암동)1953년 음력 9월 12일 未시

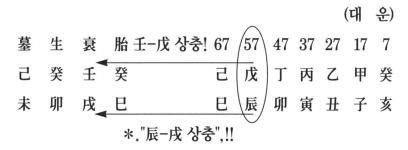

(대 운)

墓	生	衰	胎	壬-戊 상충!	67	57	47	37	27	17	7
己	癸	壬	癸		己	戊	丁	丙	乙	甲	癸
未	卯	戌	巳		巳	辰	卯	寅	丑	子	亥

*."辰-戌 상충",!!

편관		겁재	비견
土	(水)	水	水
土	木	土	火
편관	식신	정관	정재

● 대운천간 戊土가 사주월간 壬水를 壬-戊상충으로 파극하고 다시 대운지지 辰土가 사주월지 戌土를 辰-戌 상충이 되므로 그재화가 극도로 닥쳐온다.!

베스트셀러 작가(作家)인 여류문학가 박 모씨의 사주이다.!

*. 일간의 왕쇠(旺衰),!

癸일간 戌월에 출생하여 실령(失令)하고 사주원국의 월령 戌土 정관을 중심으로 해서 지지에 전부 일간 癸水를 극루(剋漏)하는 관성 土氣와 재성 火氣 그리고 식신 木氣로 구성되어 있으니 일간이 신약하다.

따라서 일간 癸水는 년지 巳火 정재에 지장간의 중기(中氣)인 庚金에 뿌리를 두고 년간 비견 癸水와 월상에 투출되어 있는 壬水 겁재에 일간이 의지를 하고 있는데 설상가상으로 월지 戌土 정관과 일지 卯木 식신간에 卯-戌合火 및 시지 未土 편관과 卯-未合木으로 둔갑하여 일간의 기운을 더욱 더 극설(剋泄)을 하고 있으므로 신약한 중에 더욱 더 신약이 되고 있다.

***. 격국(格局)과 용신,!**

위의 사주 격국(格局)을 살펴보면 월지에 정관 戌土가 자리를 잡고 있는 중에 일간 癸水가 신약하니 "신약월지정관격(身弱月支正官格)"이 성격(成格)되고 더하여 일간이 癸水를 주동하여 일지에 卯木은 천을귀인이 해당하므로 "일귀격(日貴格)"를 같이 구성하고 있다.

따라서 이렇게 일지에 천을귀인이 자리를 잡아 "일귀격(日貴格)"를 성격(成格)하는 중에 천을귀인이 있는 주(柱)에 십이운성의 장생지에 앉아 있고 더하여 월지 戌土 정관과 시지 未土 편관을 같이 卯-戌合火 및 卯-未合木으로 천을귀인이 합을 하고 있으니 대단히 금상첨화가 되겠으며 이와 같은 점은 세상사람들의 존경을 한 몸에 받는 것이라고 판단한다.

고로 용신은 원칙적으로 일간 癸水가 지지에 많은 관성 土氣와 관성 土氣를 생조하는 재성 火氣가 강력하여 신약하니 일간을 생조하는 인성 金氣와 비겁 水氣를 다같이 용신으로 선택할 수가 있겠지만 위의 사주는 우선 월지에 정관 戊土와 시지 未土 편관에 뿌리를 두고 시상에 己土 편관이 투출되어 관성 土氣가 대단히 강력하게 작용하므로 식상 木氣로 제살(制殺)을 하여야 길하게 된다.

따라서 식상 木氣로 왕성한 관성 土氣를 제살(制殺)하고 또한 일간이 신약하니 왕성한 관성 土氣를 살인상생(殺印相生) 및 관인상생(官印相生)을 하는인성 金氣를 다같이 주된 용신을 삼으며 아울러 비겁 水氣를 길신으로 채택한다.

위의 사주원국을 살펴보니 일지에 식신 卯木이 존재하여 시지 편관과 합을 하여 卯-未合木으로 둔갑하니 식신이 강력하여 능히 관성 土氣를 제살(制殺) 을 할 수가 있게 되니 이것은 진용신(眞用神)이 자리를 잡은 것이 되고 또한 식신자체가 천을귀인이 되므로 대단히 발전을 할 수가 있는 것이다.

***. 격국(格局)의 청탁(淸濁),!**

위 사주의 청탁(淸濁)을 살펴보면 우선 정신기(精神氣)삼자중에 일간 癸水를 생조하고 아울러 왕성한 관성 土氣를 살인상생(殺印相生) 및 관인상생(官印相生)을 도모하는 인성 金氣가 년지 巳火 지장간의 중기(中氣)에 있을 뿐 인성 金氣가 없으니 정(精)이 부족한 사주가 되고 있다.

또한 일간 癸水의 동기인 비겁 水氣는 년과 월상에 있으니 그나마 기(氣)는 존재하는 것이나 상대적인 신기(神氣)인 관성 土氣와 재성 火가 강력하므로 사주원국이 정신기(精神氣)삼자는 고루 갖추고 있다고 볼 수가 없을 것이다.

더구나 사주의 시상에 편관 己土가 투출되어 있는 중에 일간 癸水와 년간 癸水 비견을 癸-己 상충을 하게 되어 일간의 힘을 쇠약하게 만들고 있으므로 무언중에 사주에 탁기(濁氣)를 남기는 현상이 되어 있다고 본다.

다행히 일지에 천을귀인이 자리를 잡고 있는 중에 월지 戌土와 시지 未土간에 卯-戌합을 이루고 있으니 천간의 탁기(濁氣)를 천을귀인이 상쇠를 시키는 일면이 있겠으나 그러나 사주상 약간의 탁기(濁氣)는 남기는 현상은 모면할수가 없을 것이다.

＊. 성격과 육친의 운명,!

위의 사주 주인공인 박 모씨는 여자로서 사주원국이 일간이 신약하나 대운의 흐름이 다행으로 초년부터 용신 및 희신의 기운으로 치달리고 있으니 대발전을 기대할 수 있는 운명이 된 것인데 일주가 癸卯로서 천을귀인에 해당하고 천을귀인이 왕성한 십이운성인 장생지에 있는 중에 천을귀인이 지지에 합을하고 있는 것은 그만큼 많은 사람의 인덕을 받는 것이 된다.

더구나 일간 癸水를 주동하여 천을귀인인 卯木이 문창성(文昌星)

이 되고 또한 일주 癸卯를 주동하여 시지 未土가 화개살(華蓋殺)이 되니 전형적인 문학가(文學家)로서 천부적인 재질을 갖추게 되는 것이며 또한 일간 癸水와 일지卯木은 오행 상 목화통명(木火通命)이 성립되고 일지에 용신이 있는 것은 일간과 유정(有情)하므로 완전히 문학가(文學家)로서 더욱 부합하는 것이다.

따라서 위의 사주 주인공인 박 모씨는 이미 한국의 베스트셀러 작가로서 그명성은 문학을 하는 사람이면 모르는 사람이 없을 정도로 대단한 두각을 보이는 것으로 판단하는데 본인의 성격은 일지에 식신이 있고 더하여 천을귀인에 해당하는 일귀격(日貴格)이 성격(成格)되므로 대단히 성품이 인자롭고 세인에게 베풀어주는 자비심을 갖춘 인격자로 판단되며 더하여 도량이 넓고 매사를 낙천적인 성품이라 하겠다.

하지만 사주 주인공인 박 모씨는 이상과 같은 좋은 점이 있는 반면에 한편으로는 부부간에 풍파가 많아 결혼운이 나쁜 점을 알 수가 있을 것이며 이것은 곧 재혼하는 팔자로서 판단한다.

그에 대한 부분을 육친통변법으로 해석하면 여자사주에 이미 관성이 월지에 정관이 있으며 더구나 시지 未土 편관 및 시상에 투출되어 있는 己土 편관이 존재하여 이미 정오행이 3개가 있고 또한 년지 巳火 정재의 지장간인 여기(餘氣)에 戊土 정관이 또다시 있으니 여자사주에 관성이 많은 것은 그만큼 부부간에 풍파가 많은 것으로 사주원국은 암시를 하고 있다.

이와 같은 현상은 한편으로 볼 때 사주원국의 관성이 많은 중에 비록 월지 戊土와 일지 卯木간에 합을 하여 합관유살(合官有殺)을 하여 정관을 합하고 시상 편관을 남기는 것이 되어 귀격(貴格)이라 할 수가 있지만 시상에 투출되어 있는 편관이나 시지 편관 未土가 십이운성의 墓지에 앉아 있으므로 여자사주에 편관이 십이운성 墓지에 앉아 있으면 그 남편과 사별한다는 것에도 일치를 하고 있는 것이니 완전히 부합하게 된다.

따라서 사주 주인공인 박 모씨는 32세 丑대운에 본 남편을 암으로 사별하고 현재 재혼을 하여 슬하에 딸만 둘을 두고 있는 것을 보고 있는데 이와 같이 육친통변법에 준하여 판단하여 보면 한치라도 오차가 없는 것을 알 수가 있다.

***. 격국(格局)에 대한 대운의 흐름,!**

위의 사주 주인공인 박 모씨의 대운의 흐름을 파악하여 보면 초년 7세는 癸亥대운으로 대운천간 癸水가 일간 癸水에 대한 비견으로서 정히 길신이고 더하여 대운지지 亥水는 비록 일간 癸水에 대한 겁재로서 역시 길신으로 작용하겠으나 금상첨화로 사주원국의 일지 卯木 식신과 시지 未土 편관이 이미 卯-未合木하여 있는 것을 대운지지 亥水와 亥-卯-未 삼합 木局이 형성되어 정히 식상 木氣로 둔갑하니 용신의 기운이 왕성하게 되어 대길한 것을 알 수가 있다.

이와 같은 현상은 비록 대운천간 癸水가 비록 일간을 생조하는 비견이라도 한편으로 사주원국의 시상에 투출되어 있는 己土 편관을 癸-己 상충이 벌어지고 있으니 길신이라도 상충에 대한 염려가 될 수가 있겠지만 이렇게 대운지지가 합을 하여 완전히 용신이 되므로 흉에 대한 염려는 빙산의 일각이라 할 수가 있겠다.

따라서 이 때에 사주 주인공인 박 모씨는 부모님의 비호속에 별탈이 없이 행복한 가정환경을 누렸다는 점을 알 수가 있는데 이것은 초년대운이 정히 용신의 기운이 되니 가업이 승승장구하였다는 것을 엿볼 수가 있다.

다시 17세는 甲子대운으로 대운천간 甲木은 일간 癸水에 대한 상관의 기운이니 위 사주가 관성이 강력하여 식상 木氣를 용신으로 선택하고 있는 것을 볼때 대단한 길운이 되겠으나 사주원국의 시상에 투출되어 있는 己土 편관과 甲-己合土로 변화되어 합을 탐한 나머지 기반(羈絆)이 되어 관성 土氣로 되니 용신으로 제대로 역할을 하지 못하고 기신(忌神)으로 둔갑하게 되므로 불리하다.

그러나 대운지지 子水가 사왕지지(子, 午, 卯, 酉)로서 일간 癸水에 대한 비견이 되니 대단히 좋게 작용하는데 따라서 대운천간 甲木이 합을 하여 관성 土氣로 변화된 것을 土剋水하여 전극(戰剋)을 일으켜 관성의 기운을 상극을 함에 따라 그 흉을 평운으로 변화되게 만들고 있는 일면이 있다.

이것은 비록 대운천간 甲木이 사주원국의 편관 己土와 합을 하여 기신(忌神)으로 변화되고 있으나 역시 대운천간의 힘은 대운지지의 힘에 비교하여 볼때 약 3배정도 약한 것을 감안한다면 그 흉이 대단히 강하게 돌출되지 않고 소흉으로 지나간다는 것을 알 수가 있다.

따라서 이 때에 사주 주인공인 박 모씨는 학업에 전념하는 시기인데 학업에 열중을 한다하여도 그에 대한 성과가 미미하여 계속 성적이 향상되지 못하고 번민과 고통속에 지나갔다는 것으로 판단한다.

그러므로 이와 같은 현상을 육친통변법에 준하여 좀 더 세밀하게 판단하여 보면 대운천간 甲木이 비록 용신의 기운이 되나 甲木이 사주원국에 편관 己土와 합을 하여 다시 편관 土氣로 변화되고 있는 것은 여자사주에 편관 土氣는 남자를 의미하므로 남자관계가 일찍이 들어왔다는 것을 나타내고 있는 것이며 이는 곧 색정에 빠져 학업에 대한 성적이 향상되지 않았음을 사주원국은 무언중에 암시를 하고 있다.

또한 사주 주인공인 박 모씨는 편관이 사주상에 길신이나 용신이 되어 있다면 대단히 대운천간 甲木에서 발복을 할 수가 있겠지만 편관 土氣가 일간 癸水에 대한 기신(忌神)으로 행사하니 그 번민과 고통이 따라옴에 비추어 볼 때 어쩌면 학업의 실적이 미미한 점은 당연한 것인지도 모른다.

하지만 대운지지 子水가 비견으로서 일간에 대한 길신으로 행사를 하므로 대운천간이 지배하는 17세부터 21세까지는 약간의 번민이 있었다고 보나 대운지지 子水가 지배하는 22세부터는 승승장구하는 점을 판단할 수가 있을 것이다.

따라서 박 모씨는 이 때에 대학에서 문학적 천부소질을 발휘하여 이미 소설및 수필부분으로 국전에서 장원을 해서 그 명성이 세상에 널리 알려져 두각을 발휘하였다고 본인은 회고를 하고 있다.

다시 27세는 乙丑대운으로 대운천간 乙木이 일간 癸水에 대한 식신의 운로로서 정히 용신의 기운이 되므로 승승장구할 운로이다.

따라서 이 때에 박 모씨의 직업적 성적인 문학가(文學家)로서 전성기를 맞이하는 것을 알 수가 있는데 그 당시 국전에서 장원한 결과로 새로운 소설과 수필부분에 베스트셀러를 기록하여 일약 전국의 서점에서 날개 돋친 듯 판매가 되었던 것이다.

하지만 32세는 乙丑대운인 지지 丑대운이 지배되고 있는데 일면 丑土가 비록 편관의 기운이 되겠지만 丑土가 오행별 성질로 볼 때 水氣를 업고 들어오는 것이 되어 일간을 대단히 상극을 하지는 못하겠지만 월지에 존재하는 정관 戌土를 辰-戌 상충을 하는 관계로 여자사주에서 정관은 남편을 뜻하는 것이니 정관이 운로에서 상극을 당하므로 이 때에 박 모씨의 첫 남편이 암으로 사망을 하였다고 말하였다.

다시 37세는 현재대운인 丙寅대운으로 대운지지 寅木에 지배되고 있는데 따라서 대운천간 丙火가 지배되는 시기는 일간 癸水에 대한 정재의 기운으로서 대단히 신약한 일간에 대해 기신(忌神)으로 행사하나 다행이 사주원국의 월상에 투출되어 있는 壬水 겁재가 丙-壬상충으로 막아내고 더하여 년간에 癸水 비견까지 합세를 하여 水剋火하니 그 흉의를 조금은 모면할 수가 있다.

***. 命理秘典 上권에 준한 판단,!**

그러나 일면 한편으로 볼 때 이미 命理秘典 上권인 상모(相侮)의 법칙에 준하여 보면 사주가 신약한 일간이 되어 있으므로 비록 한신(閑神)이나 길신이 사주천간에 투출되어 이와 같은 기신(忌神) 정재의 기운을 상극하고 있으니 일간을 보호할 수가 있겠으나 역시 신약의 기운이 13%정도 쇠약한 것을 감안 한다면 상충의 소용돌이는 무사할 수가 없다.

여기서 학자들에게 중요한 부분이 있는데 보통 한신(閑神)이 사주천간에 투출되어 있으면 운로인 대운이나 세운에서 기신(忌神)이 들어온다면 한신(閑神)의 작용으로 일간을 보호할 수가 있는 점을 보통 정석으로 알고 있는 것이 대부분이다.

***. 본 저자가 약 26년동안 경험상 터득한 비법(秘法),!**

하지만 이와 같은 현상은 보통 일간이 신강하면 별 문제가 되지 않지만 일간이 신약하다면 얼마나 중화(中和)의 기점에서 신약으로 치달리느냐,에 따라 그 방어하는 과정이 달리 나타나게 된다.

그렇다면 그동안 본 저자가 약 26년동안 실제인물을 통하여 경험상 터득한 비법(秘法)을 기술하는데 중화(中和)의 기점은 전장에 설명하였듯이 命理秘典 上권인 일간의 강약도표에 기준한 40%를 중화(中和)의 기점으로 하여 40%에 멀어질수록 한신(閑神)이 기신(忌神)을 방어하는 능력이 떨어질 것이고 이와 같은 현상은 일간이 한신(閑神)의 보호함이 있다해도 그것으로 인한 충격을 완전히 모면할 수가 없다.

따라서 사주원국에 일간이 신약하여 비록 한신(閑神)이 보호하는 격국(格局)이 된다손 치더라도 일간의 기운이 얼마나 중화(中和)의 기점에서 멀어지는 신약이 되느냐,에 따라 기신(忌神)의 상극은 반대급부현상으로 나타나게 되는 성질을 면밀히 파악하여야 됨을 본 저자는 대단히 강조하고 있다해도 과언이 아니다.

***. 고서(古書)나 원서에 대한 본 저자의 비판적인 견해,!**

이와 같은 부분은 대단히 중요한 것으로 보통 추명을 하는 학자는 고서(古書)나 원서에 기준하여 판단하여 볼 때 막연히 사주상의 한신(閑神)이 투출되어 있던지 지지에 있다하면 기신(忌神)을 막아내어 일간을 보호하거나 용신을 보호한다는 법칙의 부분에 완전히 뒤집는 논리가 될 것이다.

그렇다면 이런 현상을 두고 비록 사주에 한신(閑神)이 존재하여 있는데도 흉함을 맞이하는 것을 생각한다면 사주의 용신이나 일간의 강약을 논하지도 않는 채 무조건 그에 대한 법칙에 부합하다고 말하고 있는 점은 추명학을 연구하는 학자들의 혼란만 가중시키는 처사이므로 고서(古書)나 원서를 기술한 저자는 비판을 받아도 마땅하다 할 것이다.

다시 사주 주인공인 박 모씨는 이 때의 丙寅대운이 지배하는 38세에 금전으로 인한 관재를 겪었는데 이것은 신약한 일간에 대한 재성이 기신(忌神)이 되어 있는 점을 설상가상으로 사주의 관성 土氣가 강력한 것을 재성 火氣가 관성 土氣를 생조함에 따라 금전으로 인한 관재가 들어왔다는 것을 단적으로 보여 주는 한 실례가 되겠다.

더하여 비록 사주원국의 년간과 월상에 투출되어 있는 비겁이 한신(閑神)의 작용으로 약간의 흉을 막아내었다고 보지만 역시 일간 癸水가 신약하고 년간과 월상에 투출되어 있는 비겁 역시 희신이나 용신이 되었는 것을 상극함에 따라 그 흉의는 무사할 수가 없는 점으로 보이지만 다행히 대운지지 寅木이 용신의 기운이므로 대흉함은 면할 수가 있게된다.

앞으로 사주 주인공인 박 모씨는 47세 丁卯대운은 丁火가 기신(忌神)이나 사주상의 월상에 투출되어 있는 壬水 겁재와 丁-壬合木하였고 대운지지 卯木은 식신이 되니 승승장구할 것이며 그러나 57세 戊辰대운에는 대단한 기복이 있을 것이다.

이것은 대운천간 戊土가 정관의 운로이고 또한 월상에 투출되어 있는 壬水 겁재를 壬-戊 상충이 일어나며 더구나 일간 癸水와 戊-癸合火하니 그렇지 않아도 왕성한 관성 土氣가 강한 것을 재성 火氣로 관성을 생조하니 설상가상이다.

결국 대운지지 辰土는 역시 정관의 운로로서 사주원국의 강력한 월지 정관 戊土를 辰-戌 상충을 함에 따라 왕신(旺神)이 반발을 하게 되니 그에 대한 흉의는 대운 천간지지 모두 강력한 것은 불의의 재화가 극에 도달한다는 점을 암시하고 있는데 아마도 사주 주인공인 박 모씨는 이 때에 십중구사의 운명이 아니면 그에 대한 상응하는 대가를 지불하여야 될 것이다.

*. 미술가(美術家)의 사주,!

(예1).남자, 김 모씨(대구시 달서)1947년 음력 윤 2월 20일 辰시

(대 운)

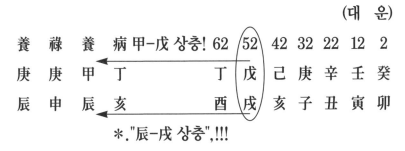

養	祿	養	病	甲-戊 상충!	62	52	42	32	22	12	2
庚	庚	甲	丁		丁	戊	己	庚	辛	壬	癸
辰	申	辰	亥		酉	戌	亥	子	丑	寅	卯

*."辰-戌 상충",!!!

비견		편재	정관
金	(金)	木	火
土	金	土	水
편인	비견	편인	식신

● 대운천간 戊土가 사주월상에 甲木을 甲-戊 상충으로 파극하고 다시 대운지지 戊土가 사주월지 辰土를 辰-戌 상충으로 파극하므로 그 재화가 대단히 강력하게 발생한다.!

대한민국의 국전인 동양화부분에서 장원과 일본 등지에 4번이나 대상과 금상을 휩쓸은 미술가(美術家)의 대가인 동양화 화백인 김모씨의 사주이다.!

***. 일간의 왕쇠(旺衰),!**

庚일간 辰월에 출생하여 득령하고 사주원국의 월지 辰土 편인을 중심으로 해서 일지 申金 비견에 득지(得地)와 시지 辰土 편인까지 득세(得勢)한 중에 시상에 庚金 비견이 투출되어 일간 庚金을 생조하고 있으므로 대단히 신왕하다.

이렇게 일간 庚金이 신왕하면 일간의 기운을 적절히 억제할 수가 있는 오행이 필요한데 때마침 사주원국의 년지 亥水 식신이 자리잡아 일간 庚金의 기운을 누출시키면서 월상에 투출되어 있는 甲木 편재가 년지 亥水에 십이운성의 장생지에 앉아 일간의 기운을 적절히 견제 및 억제하고 있으므로 대단히 좋다고 볼 수가 있겠다.

하지만 사주의 기운이 대부분 일간 庚金의 기운을 생조하는 편인과 비겁으로 거의 차지하고 신왕하는 정도가 중화(中和)의 기점인 40%를 훨씬 넘고 있으니 이렇게 오행의 기운이 태과하여 있으면 왕신(旺神)의 성질로 인하여 운로에서 왕신(旺神)을 상극하는 기운이 된다면 대단히 발동하는 계기가 되므로 그 재화는 상당히 강력하게 일어난다.

***. 격국(格局)과 용신,!**

따라서 사주원국의 격국(格局)을 판단하여 보면 일간이 편인과 비겁에 의하여 신왕하고 월지에 편인 辰土가 자리를 잡고 있으므로 "신왕월지편인격(身旺月支偏印格)"이 성격(成格)되며 더하여 용신으로 격을 잡으면 편재 甲木이 월상에 투출되어 길신으로 그 역할을 다하고 있으니 원칙적으로 "식상생재격(食傷生財格)"을 함께 취용하여도 무방하다.

고로 용신은 "인중용재격(印重用財格)"으로 일간 庚金을 강력한 편인이 생조하여 일간을 신왕하게 만들고 있으니 편인의 기운을 적절히 억제하는 재성 木氣를 용신하나 일면 사주가 金과 습토가 많아 한습하므로 관성 火氣를 같이 사용하고 재성 木氣를 생조하는 식상 水氣는 조후법에 상반이 되니 그 길함이 적을 것이다.

일면 사주에 관성 火氣가 년간에 투출되어 있어 일간 庚金과 무정(無情)하게 있으니 관성은 길함이 적을 수도 있겠지만 사주의 월상에 편재 甲木이 투출되어 있는 점은 편재의 기운을 왕성한 비겁 金氣로부터 편재 甲木을 적절히 보호할 수가 있음에 따라 관성 火氣는 조후법에도 충족하고 있으므로 대단히 좋게되어 있다.

한편으로 볼 때 사주원국에 월상에 甲木 편재가 년지 亥水 식신의 십이운성 장생지에 자리잡아 용신으로 제대로 그 역할을 다할 수가 있다고 볼 수가 있지만 사주천간에 투출되어 있는 편재의 기운을 일간 庚金과 시상에 투출되어 있는 庚金 비견이 甲-庚 상충이 성립되어 일간의 중요한 용신의 기운을 파극을 하고 있으니 대단히 좋지 못하게 작용하고 있다.

따라서 이 때에는 천간에 투출되어 있는 편재 甲木을 왕성한 비겁 金氣로부터 비호할 수 있는 관성 火氣가 편재의 기운을 보호하면 좋을 것이나 마침 사주년간에 丁火 정관이 있지만 庚金 비견과 재성

木氣의 기운가운데 있지 못하고있다.

더하여 이와 같은 현상은 년간에 정관이 원격하여 편재의 기운을 적절히 보호하지 못하는 점은 직 간접적으로 비겁 金氣가 편재 木氣를 파극하는 것이되어 이것은 곧 생식불식에 조금 막힘이 많아 약간 사주상에 탁기(濁氣)를 남기는 것이 되었다.

***. 격국의 청탁(淸濁),!**

그러므로 격국(格局)에 대한 청탁(淸濁)을 판별하여 볼 때 용신의 기운을 비겁 金氣가 파극을 하고 있으므로 사주상 탁기(濁氣)를 남기는 것이 되고 있으나 다행히 완전할 수가 없지만 년간에 丁火 정관이 투출되어 편재의 기운을 보호하고 있으니 그나마 다행이라 할 수가 있겠다.

일면 사주의 년지 亥水 식신과 월지 및 시지의 辰土 편인간에 辰-亥 원진과 귀문관살이 존재하고 또 월지와 시지 辰土가 辰-辰 자형이 있으나 일지의 申金 비견이 월지 및 시지 辰土를 申-辰합으로 해극을 하고 있으므로 살로 인한 탁기는 제거가 된 셈이다.

또한 더하여 정신기 삼자중에 비겁 金氣와 인성 土氣가 강하니 기(氣)와 정(精)이 강한 중에 일간의 기운을 억제하고 적절히 단련시키는 신기(神氣)는 월상 甲木 편재가 존재하여 있는데 甲木 편재를 생조하는 亥水 식신이 년지에 있어 용신의 기운과 원격하나 월지 및 시지 辰土 편인과 일지 申金간에 申-辰合水로 암합리 용신의 기운을 생조하는 것이 되어 금상첨화이다.

이와 같은 현상은 년간에 정관 丁火가 용신의 기운을 부족하나마 월상 편재를 보호하는 것이 되므로 정신기(精神氣) 삼박자가 고루 갖추어진 길격(吉格)이 되어 있다고 보겠다.

***. 일부학자의 의문,!**

여기서 위의 사주를 놓고 일부학자가 방금 저자가 설명한 합이 성립되는 일부분에 대해 반론을 제기하는 것을 보고 있는데 "위 사주가 신왕하다고 말한것은 원칙적으로 월지에 득령하고 일지에 득지하였으며 시지까지 득세하니 대단히 신왕하다고 기술하였다".!

"하지만 방금 설명한 일지 申金과 월지 및 시지 辰土 편인간에 申-辰合水로 성립되어 있다고 말한다면 완벽한 일간이 신약으로 귀착하는 것인데 어찌하여 운정선생은 申-辰合水가 성립이 되더라도 신강하다고 말하는 것인지 이해가 되지 않는다",!라고 의문을 표시하고 있다.

***. 일부학자들의 의문에 대한 본 저자판단,!**

이 부분에 대해 본 저자는 방금 학자가 말한 부분대로 가정한다면 신약한 사주로 될 것이지만 전편 命理秘典 上권인 지지의 삼합편에 인용하여 설명한다면 준삼합의 경우 사왕지지로 구성되어 중심

오행이 주도를 하여 합을 구성하고 있을 경우에는 완벽하게 합의 성질로 따라가야 하는 것이 원칙이 될 것이다.

그러나 위 사주의 경우 申-辰合水가 성립되는 원칙이 우선 월지의 기운인 사왕지지인 子水가 빠져있는 준삼합이며 그렇다면 물의 계절인 子월이 아니기때문에 합을 구성한다 하여도 완벽하게 합을 구성하는 결과가 되지 못하는 것으로 보아야 된다.

그렇다면 사왕지지(子, 午, 卯, 酉)가 빠진 상태에서 합을 성립하는 점은 미약한 것이 되고 더구나 사왕지지인 子水가 월지에 존재하지 않는 것이 더욱더 그 세력이 미약할 수밖에 없는 성질인데 이렇게 되면 비록 합을 성립하더라도 그 기운은 대단히 쇠약하다고 하겠다.

따라서 방금 저자가 합의 의미를 설명한 것은 약간의 水氣로서 재성의 기운을 년지 亥水와 근접하게 만드는 결과로서 해석함이 타당한데 이렇게 되면 비록 합의 기운이 미약하다하더라도 본래의 기운은 간직하는 것이 되고 또한 약간의 水氣를 형성하는 결과도 성립하는 것이니 년지 亥水와 월상 편재의 기운을 생조하는 거리를 단축하는 의미가 되는 고로 여기에 합의 결합과정에 대한 이중성이 여기에 있다해도 과언이 아니다.

그렇다면 위 사주지지에 申-辰合水가 성립되는 의미는 년지 亥水와 월상의 편재의 기운을 서로 근접하게 하여 재성의 기운을 유정하게 만드는 결과로 보는 것이 타당하겠으며 따라서 약간의 水氣를 보충시키는 역할을 할뿐이다.

결국 이상의 부분을 모두 종합 판단하여 볼 때 완전히 삼합으로 인한 水局으로 변화되어 일간의 강약이 신약으로 귀착하는 것은 되지 못하는데 그럼에도 불구하고 일간 庚金이 일지 申金 비견에 십이운성 건록지에 앉아있으므로 천간이 지지에 십이운성의 건록, 제왕지에 힘을 주고 있으면 완벽한 합을 하지 않을려는 법칙에도 위 사주는 적용되고 있으니 더욱 더 부합하게 된다.

***. 성격과 육친의 운명,!**

위 사주 주인공인 김 모 화백은 대한민국의 국전에서 벌써 여러번 장원을 하였고 동양화부분의 대가로 알려져 있는 미술가(美術家)인데 사주원국을 살펴보면 일간 庚金을 주동하여 년지 亥水 식신이 문창성이며 또한 월지 및 시지 辰土가 편인이 되므로 미술가의 팔자에 해당된다.

더하여 일주 庚申을 주동하여 월지 및 시지 辰土가 각각 화개살(華蓋殺)에 해당하고 있으니 년지에 亥水가 문창성과 화개를 동시에 쥐고 있는 것은 위의 미술가 사주에 완전히 부합하고 있겠다.

이렇게 일간이 신왕하고 일간 庚金을 생조하는 편인 辰土가 土生金이 되고 있는 것은 대단히 지혜가 총명하다는 것을 나타내며 금상첨화로 대운의 흐름이 사주의 용신이나 희신의 운로로 치달리고 있으므로 대부대귀한 운명이라는 것을 알 수가 있다.

김 모 화백의 성격을 살펴보면 일간이 신왕하고 일지에 비견이 존재하니 대단히 고집스러운 면이 돋보이고 있으며 이것은 자존심으로 인한 남에게 불화 쟁론 및 비방불리를 초래하는 현상이 종종 나타나서 일면 타인의 덕이 없는 것이니 조금은 남에게 베풀어주는 도량이 있어야 할 것이다.

또한 월지에 편인이 존재하여 있으면 의사, 운명가 , 이, 미용사, 예술가 등의 편업에 적합한 것이 되는데 월지나 시지 편인이 존재하여 일간이 신왕하게 되면 결혼운이 나쁘기 때문에 부부궁이 불길하여 재혼 및 삼혼으로 거치는 운명이 된다.

육친의 운명을 보면 년지는 조부궁인데 년지에 식신 亥水가 자리하고 문창성이 동주하니 조부님이 글솜씨가 대단히 뛰어난 명필의 문장가임을 나타내고 있으며 그렇다면 벌써 조부때부터 김 모 화백의 집안의 내력이 예술가로서 명문집안임을 알 수가 있다.

한편으로 사주원국의 일지와 월지 및 시지에 편인+비견이 존재하여 있으니 본인이 타인의 양자가 되지 않을 것 같으며 부친이 바람을 피우다가 가정불화가 일어나는 것을 암시하고 있으므로 계모나 유모가 있을 운이다.

***. 격국에 대한 대운의 흐름,!**

다시 위 사주 주인공인 김 모 화백의 사주원국에 대한 대운의 흐름을 파악하여 보니 초년부터 정히 용신이나 희신의 운로인 동방 寅-卯-辰과 북방 亥-子-丑으로 치달리고 있으므로 그야말로 일찍이 본인의 명성과 부귀를 한 몸에 받을 수가 있는 것을 알 수가 있다.

대운의 흐름을 살펴보면 초년 2세는 癸卯대운으로 대운천간 癸水는 일간 庚金에 대한 상관의 운로이니 신왕한 일간 庚金을 자연스럽게 누출시키고 있으므로 길운이 될 것인데 한편으로 년간에 투출되어 있는 정관 丁火를 丁-癸 상충이 벌어지나 이것은 그다지 별문제가 되지 않는다.

또한 대운지지 卯木은 일간에 대한 정재의 운로이니 정히 용신이 되는데 위의 사주가 용신을 월상에 투출되어 있는 甲木 편재를 용신을 삼고 있는 것을 대운지지 卯木이 십이운성에 대조하니 제왕지에 해당하므로(용신 甲木과 대운지지 卯木을 대조)정히 용신의 기운이 최대의 기운이 되는 것을 알 수가 있다.

이러한 길함을 두고 더하여 금상첨화로 사주원국의 년지 亥水 식신과 대운지지 卯木간에 亥-卯合木으로 용신의 기운이 합을 하여 더욱 더 용신의 기운이 나오게 되니 이것은 대단한 길운이라는 것을 예상하는 것이다.

따라서 만약 사주 주인공인 김 모씨가 이러한 대운을 중년에 맞이하였다면 일약 하늘이 놀라는 현상이 일어날 것인데 유년시절이므로 부모님의 비호만 두터워 호강하였다는 것만 있을 뿐 별다른 성장을 할 수가 없다는 것이 아쉽기만 하다.

다시 12세는 壬寅대운인데 대운천간 壬水가 역시 일간에 대한 식신으로서 정히 길신이고 더하여 사주원국의 년간에 투출되어 있는

丁火 정관과 丁-壬合木으로 용신의 기운인 재성이 되니 대길운이다.

또한 대운지지 寅木은 역시 일간 庚金에 대한 식신의 운로이며 금상첨화로 사주의 년지에 존재하는 亥水 식신과 寅-亥合木으로 변화되어 용신의 기운이 대단히 왕성하여져서 승승장구하게 된다.

하지만 일면 대운지지 寅木이 사주의 일지 申金 비견을 寅-申 상충을 하게 되므로 약간의 변동이 있을 것이라는 것을 예측하고 있는데 이와 같은 점은 흉신이 들어와서 상충을 하게 되면 대단한 재화가 있겠지만 용신이나 희신이 상충을 하면서 들어오는 것은 그다지 큰 문제가 발생되니 않는 점을 파악하여야 한다.

이 때에 사주 주인공인 김 모 화백은 학창시절인데 학업성적이 뛰어나 우수한 명문대학에 진학하였고 더하여 대학시절에 이미 동양화 부분에서 국전에 3차례나 장원을 하는 등 두각을 나타내어 벌써 세인들의 눈총을 한 몸에 받았던 것으로 그 때가 약관의 나이인 21세라며 본인은 기억을 하고 있다.

다시 22세는 辛丑대운으로 대운천간 申金이 일간 庚金에 대한 겁재이니 신왕한 일간을 더욱 더 신왕하게 만들고 있으므로 불운인데 설상가상으로 사주원국의 년간에 투출되어 있는 丁火 정관을 辛-丁 상충으로 상극을 하니 24세때 약간의 불미스러운 일로 동료간에 보증관계로 법원에 출두하는 등 금전으로 약간의 손해를 입었다고 김 모씨는 말하고 있다.

또한 대운지지 丑土가 지배하는 26세부터는 신왕한 일간 庚金을 습토로서 생조하는 인수의 운로이니 매우 불리하게 연출되고 있는데 인수는 문서, 학술, 및 명예를 나타내는 고로 우연히 고위직의 간부에게 그림 한점을 판매를 하였는데 "모씨의 동양화를 모방한 위작이다",!하여 법정 소송까지 이어져 그것으로 상당한 손해배상을 지불하는 등 대단히 많은 고초를 겪었다.

다시 32세는 庚子대운으로 대운천간 庚金이 일간에 대한 비견으로서 역시 불운이 예상되고 있는데 사주원국의 월상에 투출되어 있는 조후용신 甲木 편재를 甲-庚 상충으로 상극을 하니 대단히 흉함이 따르겠지만 천만다행으로 년간에 투출되어 있는 丁火 정관이 火剋金하여 용신 편관 甲木을 보호하므로 약간의 기복만 있을 뿐 별탈이 없을 것이다.

또한 대운지지 子水는 일간 庚金에 대한 상관의 운로이니 월상에 투출되어 있는 甲木편재를 생조하는 일면이 있겠으나 사주상의 金, 水氣가 많아 일면 조후법상 木, 火를 필요로 하는 사주를 습하게 만들고 있으므로 길함이 적을 것이다.

다시 42세는 己亥대운으로 역시 일간 庚金에 대한 약간의 변동만 있을 뿐 큰 흉함이 없을 것이고 앞으로 52세 戊戌대운에는 사주원국의 戊土 편재를 辰-戌 상충을 하니 문서상 큰 손해 및 건강을 주의하여야 될 것이다.

※참고로 사주 주인공인 김 모 화백은 초 중년이 길신으로서 그나마 대단히 발복을 하였는 것을 알 수가 있는데 만약 초년이나 학업을

성취하는 시기에 기신(忌神)의 운로로 치달리고 있었다면 아마도 이와 같은 화백으로서 정상을 달리지는 못하였을 것이다.

더하여 아쉬운 점이 있었다면 중년이후 말년까지 용신이나 희신의 운로로 가지 못하고 기신(忌神)의 운을 중첩으로 받고 있기 때문에 중년이후 발전이 쇠퇴해지는 것을 알 수가 있다.

(7). 음악가, 무용가, 탈랜트, 배우의 팔자

음악가, 무용가, 탈랜트, 배우등은 전자에 설명한 문학가등의 사주와 비슷하게 격국이 형성되어 있지만 세밀하게 판단하여 보면 그 양상이 조금 다른면을 볼 수가 있다.

이와 같은 현상은 문학가등은 같은 예술의 부분이라도 인성이 강하거나 문창성이 동주하는 등 대부분이 이런 유형으로 짜여지고 있지만 음악가, 배우등은 약간의 풍류적이나 음란성을 가지고 있으므로 도화살이 있던지 화개살등이 동주하여 있는 격국이 많음을 저자는 보고 있다.

따라서 같은 예술가의 팔자를 다루더라도 격국을 면밀히 관찰을 하게 되면 약간씩 그 양상이 틀리게 작용하는 관계로 그에 대한 직업을 완전히 파악할수가 있다.

***. 음악가, 무용가, 탈랜트, 배우등의 운명,!**

●사주원국에 "화개살"(華蓋殺)이 "2개이상" 있을 때,!

●사주에 "식신"이나 "상관"이 "왕성"(월지에 있거나 타 주에 2개 이상 있는 것)하여 있는 것,!

●사주에 "도화살"(桃花殺)이 있을 때,!(참고로 녹방도화는 아름다운 미모와 수려한 몸매를 가진다 녹방도화는 도화살이 있는 주(柱)에 십이운성의 건록이 함께 하는 것이다.)

●여자사주에 "관성"(정관이나 편관)이 많고 일주가 "신약" 할 때,!

●"壬子","癸亥","癸丑"일생이 사주원국에 "水氣"가 왕성하면 음악가나 배우가 된다,!.

●사주원국에 "편인"이 "일주"나 "월주"에 있고 "화개살"(華蓋殺)이 있을 때,!

(예1). 영화배우 김 희라씨의 부친 故 김 승호(金 勝鎬) 씨 사주,! (서기 1918년 음력 7월 13일 寅시)

(대 운)

生	墓	病	旺	丙-庚 상충,!	66	56	46	36	26	16	6
甲	戊	庚	戊		丁	丙	乙	甲	癸	壬	辛
寅	戌	申	午		卯	寅	丑	子	亥	戌	酉

寅-申 상충,! 寅-午-戌 삼합 火局,!

편관		식신	비견
木	(土)	金	土
木	土	金	火
편관	비견	식신	인수

● 대운천간 丙火가 일간 戊土를 생조하는 편인으로서 사주 원국 월상 식신 庚金을 丙-庚 상충을 하여 파극하니 길신으로서 그 역할을 제대로 하지 못하게 만들고 있다.!

더하여 대운지지 寅木이 일간 戊土에 대한편관인데 설상가상으로 월지 申金 식신을 파극하면서 사주년지 午火와 일지 戌土 및시지 寅木을 같이 寅-午-戌 火局이 되어 대운 천간지지 모두 신왕한 일간을 생조하니 생명이 대단히 위험하다.!

영화배우 및 탈랜트 김 희라씨의 부친이며 1960년대 명배우로 아시아 영화제에서 남우주연상(男優主演賞) 및 그 당시 한국영화계의 거물로 잘 알려진 故 김 승호(金 勝鎬)씨의 사주이다.

＊. 일간의 왕쇠(旺衰),!

戊 일간 申 월에 출생하여 비록 실령하였으나 사주원국의 일지 戊土 비견에 득지(得地)하고 년지 午火 인수에 생조를 받는 중에 시지 寅木 편관과 일지 戊土 및 년지 午火간에 寅-午-戌이 모두 들어 있으며 더하여 년간 戊土 비견까지 있으므로 신왕이다.

일부 학자들 중에는 위의 사주가 월지 申金 식신이 일지와 년지를 가로막아 자리잡고 있어 시지 寅木 편관을 寅-申 상충이 되어 상극을 하므로 완벽하게 합의 성질이 될 수가 없지 않겠느냐, 따라서 합의 성질이 되지 못하면 위의 사주는 신약으로 돌아갈 수도 있을 것이다,라고 반문을 하고 있다.

하지만 비록 월지에 申金 식신이 자리잡아 사주시지 寅木을 상극하는 것은 사실이나 이렇게 일지 戊土 비견이 가로막아 있는 중에 월지와 시지간에 원격하여 있으니 상충의 작용이 퇴색되는 것으로 보아야 마땅하다.

더구나 寅-戌 준삼합이 있는 것도 아니고 寅-午-戌 삼합 火局이 결성되어 있는 것은 완벽하게 근접하여 있는 것이 아니라 하더라도 3개의 기운이 모두 존재하는 것이 월령인 사왕지지(子, 午, 卯, 酉)가 들어 있는 것이 되니 합의 결합하는 힘 자체가 비록 상충의 작용으로 인하여 쇠약하여 있으면 있었지 합이 분산되거나 파괴되지 못하는 것을 알아야 한다.

따라서 사주팔자가 일간이 신왕하면 이것이 외격(外格)의 종격(從格)이나 가종격(假從格)으로 돌아가지 않는 이상 내격(內格)의 억부법이나 조후법에 준하여 일간의 힘을 적절히 억제하고 견제하여야 길할 것인데 사주를 보면 월주에 庚申 등의 식신과 시주에 편관 木氣가 존재하여 신왕한 일간의 기운을 적절히 억제하고 있으니 결코 종격(從格)이나 가종격(假從格)으로 돌아가지 못한다.

*. 격국(格局)과 용신,!

사주팔자의 격국을 살펴보니 일간이 신왕하고 월지 식신 申金이 존재하여 있는 중에 그 세력의 십이운성의 건록지에 앉은 월상 庚金이 투출되어 있으므로 "신왕식신격(身旺食神格)"이 성격(成格)된다.

더하여 시상에 신왕한 일간의 기운을 적절히 억제할 수 있는 편관 甲木이 시상에 투출되어 있는 중에 일위(一位)에 자리매김을 하고 있으므로 "시상편관 일위귀격(時上偏官一位貴格)"을 같이 보아야 할 것이다.

고로 용신은 "비중용관격(比重用官格)"으로 일간 戊土의 기운을 절적히 억제 하는 관성 木氣를 용신하고 관성 木氣를 생조하는 재성 水氣는 희신으로 삼는다.

또한 식상 金氣의 경우에는 사주원국의 지지에 조금 쇠약하나

寅-午-戌 삼합 火局이 결성되어 인성 火氣의 기운이 일간을 생조하는 기운으로 자리잡고 있기 때문에 인성 火氣를 억제하면서 아울러 재성 水氣를 생조하므로 길신으로 채택된다.

따라서 사주원국을 살펴보니 때마침 일간 戊土가 신왕한 중에 일간의 기운을 적절히 견제하고 정히 용신으로 작용을 하는 시상 편관 甲木이 시지에 寅木의 십이운성 건록지에 앉아 투출되어 있어 그 세력이 왕성하니 정히 진신(眞神)이 자리를 잡은 것이 되어 대단히 길하게 되고 있다.

아울러 편관의 기운이 강력하면 그 성정차제가 흉폭함이 대단히 강력하게 나타나고 있으므로 이것 또한 적절히 억제하고 편관을 제살(制殺)하는 식신 庚金이 월지 申金 식신의 건록지에 앉아 역시 투출되어 편관을 제살을 도모하고 있으니 정말 절묘한 배합이 이루어지고 있다하여도 과언이 아니다.

더구나 위의 사주팔자는 일간이 신왕하는데 3가지 기운인 식상, 재성, 관성의 기운을 모두 길신으로 채택하고 있으니 대단히 좋은 격국이 되고 있음을 알 수가 있다.

***. 학자들의 질문,!**

여기서 학자들 중에는 고 김 승호씨의 사주를 보면서 한가지 궁금증을 가지고 본 저자에게 질의를 표시하고 있다.

그것은 사주의 용신이 시상편관일위귀격(時上偏官一位貴格)은 시상에 일위(一位)에 존재하는 것이 성격(成格)되는 것으로 알고 있는데 위의 사주는 시지에 다시 寅木 편관이 중첩되어 있으니 시상편관격(時上偏官格)이 될 수가 없지 않겠느냐, 라고 말하고 있다.

***. 학자들의 의견에 대한 본 저자판단,!**

그 부분에 대해 본 저자는 전장 命理秘典 下권에 실제인물을 적용한 사주간명을 하면서 대단히 자세하게 기술하였던 것으로 알고 있는데 오행이 일위(一位)로 성립하는 것은 동일주의적 원칙에 입각하여 사주팔자에 년주나 월주, 시주에 같은 오행으로 구성되어 있을 경우 하나의 기운이 되는 것으로 판단하여야 된다.

따라서 이와 같은 현상 때문에 학자들마다 다소 논란이 일어나는 것은 사실이지만 동주(同柱)하고 있는 기운이 사주에 천간지지 모두 동일오행으로 존재하여 있으면 하나의 기운으로 판단하여야 될 것이며 만약 이렇게 동주(同柱)하고 있는 기운이 동일오행이라도 음양이 틀릴 경우에는 파격(破格)이라고 판단하여야 된다.

좀 더 자세하게 기술하면 위의 사주를 예를 들면 우선 시주에 천간지지 모두 편관으로 되어 있는 것은 동일주의적 원칙에 입각하여 하나의 기운으로 보는것이 타당하며 그러나 만약 이것이 시상에 비록 편관 甲木이 있으나 시지에 만약 정관의 기운인 卯木을 보고 있다면 음양이 틀리기 때문에 그 기운이 하나의 기운으로 되지 못하는 것으로 판단하는 일례를 들 수가 있는 것이다.

***. 격국의 청탁(淸濁),!**

위 사주팔자의 격국의 청탁을 비교 분석하여 보면 우선 일간이 신왕하고 편관을 용신으로 삼고 있는 중에 인성 火氣와 비겁 土氣 및 이것을 적절히 견제할 수 있는 식신과 편관이 균등하게 고루 이뤄져 있기 때문에 정신기(精神氣)삼자가 모두 왕성하다.

더하여 사주천간에 일간과 시상에 甲-戊 상충과 시상의 甲木 편관과 월상의 庚金 식신간에 甲-庚 상충이 되어 일면 사주상의 탁기를 형성하고 있는 듯하나 일간이 신왕하여 편관 甲木을 용신을 하고 있는 중에 식신으로 적절히 제살(制殺)을 도모하는 것이 큰 문제가 되지 않는다.

또한 지지에 월지 申金 식신이 존재하여 시지 寅木 편관간에 寅-申 상충이되어 있는 것을 寅-午-戌 삼합 火局으로 곧 해극을 성립하니 사주팔자가 어느 하나 버릴 것이 없는 절묘한 배합을 갖추고 있다고 해도 과언이 아니다.

하지만 사주원국이 약간의 생식불식(生息不息)에 오행상 막힘이 되어 오행의 중화는 도모하고 있으나 유통됨이 되지 않고 있으므로 약간의 탁기를 조성하고 있다고는 보아야 될 것이다.

***. 성격과 육친의 운명,!**

위의 사주 주인공인 고 김 승호씨는 이상과 같이 격국의 판단을 비교 분석하여 볼 때 일간이 신왕하고 격국이 순수한 편에 속해 있는 것을 알 수가 있는데 본인의 성격과 육친의 운명을 판단하여 본다.

따라서 사주팔자의 월지에 식신 申金이 존재하여 식신격(食神格)을 구성하니 성격과 도량이 넓으며 타인에게 베풀어주는 자비로움이 강하고 또한 매사를 낙천적으로 생각하며 신체가 풍만하고 근면성실하다 하겠는데 그러나 시주에 편관이 있으니 약간의 급한 성질과 함께 불굴 강직한 성품도 있을 것이다.

더하여 土-金 식신격은 문학적, 예술적 천부적인 소질을 암시하고 있으며 월지 申金이 문창성이 되고 년주 午火를 주동하여 일지 戌土가 화개살이 되고 있으므로 더욱 더 완전히 부합하게 되는데 그러고 보면 고 김 승호씨가 영화배우로서 세상사람들의 총애와 인기를 한몸에 받았던 것이 그냥 되었다는 것은 아니라는 것을 알 수가 있다.

여기서 한편으로 만약 일간이 신왕하여 편관을 용신으로 삼는데 식신이 제살을 하고 있지 않을 것 같으면 편관의 흉폭성을 견제할 수가 없을 것이며 아울러 사람됨이 성난호랑이와 같아서 오늘날의 대부대귀한 운명으로 되지 않았을 것이다.

편관이 있는데 식신이 제살을 하고 있으면 대부대귀한 운명이 될 수가 있는 것은 이미 고서(古書)나 원서에 적고 있으며 더하여 일간이 신왕한 중에 편관을 용신으로 삼는 것은 대발복을 이미 사주원국은 예상하고 있는 것이다.

***. 조부님의 운명과 선산묘지,!**

육친의 운명을 살펴보면 년지에 午火 인수가 십이운성의 제왕지에 앉아 있으니 조부나 증조부는 학자의 집안이었음을 암시하고 있으며 더하여 년간에 비견 戊土가 역시 午火의 십이운성에 제왕하니 명문집안이었다는 것을 더욱 더 뒷받침하고 있다.

하지만 일간 戊土를 주동하여 년지 午火 인수가 양인에 해당하고 있는 중에 년간과 월상에 식신과 비견이 나란히 있으므로 아버지 형제나 할아버지 때양자로 갔던지 들어왔던 분이 있는 것으로 판단하며 선산묘지는 남향좌인데 명당자리로 잡혀 있는 것을 알 수가 있다.

***. 부친의 운명과 본인 처궁판단,!**

또한 부친의 운명을 살펴보면 일간의 길신인 식신이 자리를 잡고 있으나 십이운성의 병지에 앉아 있으니 부모궁이 박한 면이 있는 고로 따라서 부친이나 모친이 병약 단명을 하였다고 판단할 수가 있다.

부부궁을 보는데 사주상의 정재는 처를 나타내고 편재는 첩을 나타내는 것이며 또한 일지는 처궁으로 판단할 수가 있다.

따라서 처를 나타내는 정재를 찾아보니 정재는 없고 편재인 월지 申金의 지장간속에 壬水가 존재하여 있으나 일지를 보고 바로 판단하는 것이 좋을 것인데 일주가 戊戌일주로서 괴강에 속에 있고 더하여 십이운성의 묘지에 앉아 있으므로 단편적으로 보아도 처궁이 대단히 불리하게 되어 있음을 알 수가 있다.

따라서 고 김 승호씨는 한번의 결혼에 실패하여 재혼하는 팔자가 아니면 부부궁이 불길하다는 것을 알 수가 있을 것이고 더하여 일간이 신왕하고 일지에 비견이 존재하여 있는 중에 辰, 戌, 丑, 未의 고(庫)에 들어 있는 경우에는 더욱 더 확실하게 된다.

***. 본인의 자식판단,!**

자식궁을 보면 시주를 보고 판단하고 육친별로는 아들은 편관이며 딸은 정관이 된다.

이것을 육친통변법에 준하여 판단하여 볼 때 시상에 투출되어 있는 편관이 있으면 늦게 아들을 둔다는 것에 일치를 하고 있겠으며 그러나 시주에 용신인 편관 木이 있으므로 사주상 길신이 시주에 있으면 자식덕이 있는 사주라고 판단한다.

하지만 사주원국이 용신으로 木, 水, 金을 채택하고 있는데 대운의 흐름이 46세까지 亥-子-丑으로 흐르고 있을 뿐 56세부터는 丙寅으로 시작하여 신왕한 일간을 생조하는 동남 木, 火운으로 치달리고 있으니 본인의 수명이 단명이라는 것을 사주원국은 무언중에 암시를 하고 있다.

***. 격국(格局)에 대한 대운의 흐름,!**

故 김 승호씨의 대운을 판단하여 보면 초년 6세 辛酉대운과 16세 壬戌대운은 용신 甲木을 생조하는 재성 水氣와 식상 金氣로서 부모님의 가업이 좋았을 것이고 더하여 학업 또한 대단히 승승장구하였다는 것을 알 수가 있다.

하지만 16세 壬戌대운이 지배하는 21세부터 약 5년간은 戌土대운이니 대단히 기복과 재화가 크게 들어왔는 것을 알 수가 있는데 그것은 戌土가 일간 戊土에 대한 비견으로서 조토이니 신왕한 일간을 더욱 더 신왕하게 만들고 있으므로 대흉이라고 판단한다.

상황이 이럴진데 설상가상으로 사주원국에 이미 寅-午-戌 삼합 火局이 되어 있는 것을 戌土가 다시 중첩하여 寅-午-戌 삼합 火局을 성립하니 더욱 더 불길을 지피우게 되므로 그 흉은 대단히 강력하게 발생한다는 것을 알 수가 있다.

따라서 이 때 합을 하여 나오는 火氣는 일간에 대한 인성이 되니 문서상 재물적인 타격과 인성 火氣는 반대의 기운인 재성 水氣를 상극하므로 일차적인 여자문제와 금전으로 대단히 곤욕을 치루지 않으면 안되는 것을 알 수가 있다.

다시 26세는 癸亥대운으로 대운천간 癸水가 일간 戊土에 대한 정재의 운로이니 다시 사주원국의 일간과 년간에 투출되어 있는 戊土와 戊-癸合火가 되고있는 것은 결혼을 암시하고 있으며 하지만 합을 하여 나오는 火氣가 인성이 되므로 신왕한 일간에게는 그다지 길함이 되지 못하는 것으로 판단한다.

따라서 이 때 고 김 승호씨는 이미 영화배우로서 첫발을 디딘 상태였는데 그 고난이 대단히 많았음을 암시하고 있을 것이며 또한 금전에도 약간의 구애를 받았음을 알 수가 있다.

그러나 대운지지 亥水운인 31세부터 서광이 비치는 것으로 판단하는데 비록 사주원국의 시지 寅木과 寅-亥合木을 한다손 치더라도 대운의 방향이 북방 亥-子-丑으로 치달리는 관계로 재성 水氣의 기운이 직 간접적으로 영향력을 행사하게 된다.

다시 36세는 甲子대운인데 대운천간 甲木이 일간에 대한 용신의 기운이 되고 더하여 대운지지 子水가 대운천간 甲木을 水生木하여 생조하면서 사주월지 申金 식신과 申-子合水로 정히 용신을 생조하는 재성 水氣가 되므로 일약 하늘이 놀라는 현상이 일어나고 있다.

그렇다면 이 때에 故 김 승호씨는 영화배우로서 대단히 승승장구하였다는 것을 알 수가 있을 것이며 더하여 대종상등 수많은 상들을 휩쓸었던 것도 이때였음을 간파할 수 있는데 이것은 정말 고 김 승호씨의 일생에 최대의 영광과 발전이 되었는 것으로 판단한다.

46세는 乙丑대운인데 대운천간 乙木이 사주상 일간에 대한 정관의 운로라서 길운이다.

한편으로 볼 때 사주월상에 투출되어 있는 庚金 식신과 乙-庚合金을 하여 기반(羈絆)이 되고 있지만 역시 합을 하여 나오는 오행이 길신이 되므로 승승장구하는 운이 된다.

그러나 대운지지 丑土가 지배하는 51세부터 약 5년간은 상당히 고난이 있었다는 것을 암시하고 있는데 그것은 대운지지 丑土가 습토로서 일간에 대한 겁재가 되어 불리하게 되고 있다.

설상가상으로 사주원국의 일지 戌土를 丑-戌 삼형으로 가격하고 있는 것은 일지는 처궁과 자기 자신을 나타내므로 丑土나 戌土는 고(庫)를 나타내니 고증끼리 충돌하는 것은 건강상 수술을 의미하고 또한 신체상 사고를 나타내기 도 한다.

따라서 이 때 故 김 승호씨는 대단히 건강상 무리를 하여 건강이 악화되어 병원을 사흘이 멀다하고 찾아다니는 현상이 되는데 더하여 이 때부터 김씨는 생명이 여삼추 일각에 달려 있음을 알 수가 있다.

결국 다가오는 56세가 丙寅대운으로 신왕한 일간을 더욱 더 신왕하게 만들며 아울러 월상에 투출되어 있는 庚金 식신을 丙-庚 상충을 하고 또한 대운지지 寅木이 사주 년지, 일지, 시지 모두 寅-午-戌 火局이 되므로 이것은 정말 가망이 없는 것이다.

(예2).아시아 영화제 남우주연상 및 청룡상에 빛나는 명 영화배우 신 성일(申 星日)씨 사주,! (서기 1937년 음력 3월 28일 未시)

(대 운)

養	養	浴	衰	戊-癸合火,!	61	51	41	31	21	11	1
癸	乙	乙	丁		戊	己	庚	辛	壬	癸	甲
未	未	巳	丑		戌	亥	子	丑	寅	卯	辰

*."丑-戌-未 삼형",!

편인		비견	식신
水	(木)	木	火
土	土	火	土
편재	편재	상관	편재

● 대운천간 戊土가 시상 癸水를 戊-癸合火로 변화되고 다시 대운지지 戌土가 사주에 丑-戌-未 삼형으로 가격하므로 신약사주에서 삼형을 동반하는 것은 생명에 일각을 재촉하는 시기임을 사주원국은 무언중에 암시를 하고 있다.!

*. 일간의 왕쇠(旺衰),!

乙일간 巳월에 출생하여 실령하였으며 사주원국의 월지 巳火 상관을 중심으로 하여 지지 년, 일, 시지 丑, 未 편재가 월령의 巳火 십이운성의 제왕지에 앉은 년간 丁火 식신이 투출되어 일간 乙木을 강력하게 극루하니 신약이다.

이렇게 일간이 신약하면 마땅히 종격(從格)이나 가종격(假從格)으로 돌아가지 않는 이상 일간의 힘을 생조하는 기운이 필요한데 일간 乙木은 그래도 년지 丑중의 癸水와 일, 시지 未土의 乙木이 각각 지장간에 존재하여 그 세력에 뿌리를 두고 월상 乙木 비견과 시상 癸水 편인이 투출되어 일간 乙木을 생조하고 있으므로 일간이 의지처가 있다고 볼 것이다.

하지만 사주원국이 일간이 신약한데다가 중화의 기점인 40%를 미달하고 있으니 운로에서 재성 火운이 들어오게 된다면 극루교가(剋漏交加)라 하여 대단히 위험할 것이며 더구나 일간이 음(乙, 丁, 己, 辛, 癸)이므로 재화를 견디는 힘이 대단히 쇠약한 부분을 감지할 수가 있다.

*. 격국(格局)과 용신,!

위 사주팔자의 격국을 판단하여 보면 사주원국의 일간 乙木이 신약하고 월지에 상관 巳火가 자리잡아 년간 丁火 식신이 투출되어 있는 중에 편재 土氣를 강력하게 생조하고 있으므로 "진상관격(眞傷官格)"이 성격(成格)된다.

고로 용신은 "진상관용인격(眞傷官用印格)"으로 강력한 식상 火氣와 재성 土氣를 상극하고 아울러 신약한 일간 乙木을 생조하는 인성

水氣를 용신하며 더하여 일간의 기운을 부조하는 비겁 木氣를 같이 길신으로 선택하는 것이 마땅하다.

따라서 사주팔자를 살펴보니 시상에 癸水 편인이 투출되어 월지 巳중의 지장간 庚金과 년지 丑중의 지장간 辛金이 모두 중기(中氣)에 자리잡고 그 세력에 뿌리를 두고 있으니 과히 진용신(眞用神)으로서 그 역할을 다하고 있으므로 신약한 일간이 완전히 의지를 하고 있다.

무엇보다도 다행스러운 것은 년간에 丁火 식신이 투출되어 있으니 시상에 투출되어 있는 癸水 편인간에 丁-癸 상충으로 파극을 하려고 하였으나 시간과 년간의 거리가 대단히 원격하여 있어 편인 癸水가 파극을 당하지 않고 있는 중에 금상첨화로 월상과 일간이 乙木이 가로막아 상충의 역할을 도모하지 못하고 있으므로 무엇보다 용신이 건전하다 할 수가 있겠다.

***. 격국의 청탁(淸濁),!**

위 사주원국의 격국의 청탁을 살펴보면 일간 乙木을 생조하는 인성 水氣와 비겁 木이 있겠으나 일간이 신약한 중에 식상 火氣와 재성 土氣가 대단히 강력하게 자리를 잡고 있으므로 정신기(精神氣)삼자 중에 정(精)과 기(氣)의 기운이 신기(神氣)에 비해 쇠약하니 그것으로 인하여 일간에 대한 흉물이 강하게 작용한다고 볼 수가 있다.

더하여 木, 火, 土, 金, 水중에서 관성 金氣가 사주 년지 및 월지에 지장간에 암장되어 있어 오행의 조화를 도모할 수가 없는 일면이 되겠으나 일간이 신약한 중에 관성 金氣는 오히려 없는 것이 좋게 될 수가 있다.

더구나 사주천간에 년간 丁火 식신과 시상 癸水 편인 사이에 丁-癸 상충이 되고 있겠으나 역시 서로간 거리가 원격하여 상충의 작용이 퇴색되고 있는데 절묘하게 일간과 월상에 투출되어 있는 비견 木氣가 가로막아 양자의 충돌을 막고 있음을 길하다고 하겠다.

또한 사주의 지지에 년지 丑土 편재와 일지 및 시지 未土 편재간에 丑-未 상충이 벌어지고 있겠는데 이것 역시 巳-丑합으로 곧 해극을 도모하고 있으니 상충 및 상극으로 인한 사주상의 탁기는 해소가 되고도 남음이 있다.

그러나 역시 사주상의 오행의 균등이 도모되지 않고 있는 중에 일간 乙木이 신약함이 아쉽기만 한데 하지만 오행의 유통이 시간 癸水 편인을 중심으로 하여 일간에 水生木, 다시 일간과 월간은 월지와 년간 식상에게 木生火, 더하여 년지 丑土 및 일지에 火生土로 이어져 있으니 생화불식(生化不息)을 이루고 있는 점은 대단히 높이 사고도 남음이 있으므로 대귀부를 누릴 수가 있다할 것이다.

***. 본인성격과 육친의 운명,!**

다시 본인성격과 육친의 운명을 관찰하여 보면 우선 사주원국의 일지 및 시지에 편재 未土가 들어 있으니 호탕한 남아의 기질이 돗

보이며 월지에 상관 巳火가 자리잡고 일간과 목화통명(木火通明)이 되고 있으므로 대단히 천재적인 예술적 소질과 두뇌명민함으로 인하여 세인의 총애를 한몸에 받는다고 볼 수가 있다.

또한 일지 乙未를 중심으로 하여 시지 未土가 화개살(華蓋殺)이 되고 월지 巳火가 금여(金輿)가 되니 얼굴이 대단히 미모로서 빼어난 용모와 자태를 가지고 있는 것이 되므로 아마도 이것은 위의 사주 주인공인 신 성일씨가 영화배우로서 그 진가를 유감없이 발휘하는 것도 무리가 아닐 것이다.

실제로 본 저자를 비롯하여 그 당시 60년대 후반에서 70년대 사이에 청춘스타로서 자리매김을 하였고 정말 신 성일씨를 한번 만나보는 것이 소원일 정도로 치솟는 인기는 세인을 웃고 울리고 가슴앓이를 하게 하였던 것은 지나친 과장은 아니다.

***. 조부님의 운명,!**

육친의 운명을 보면 조부님의 운명은 그다지 좋지 않는 것으로 판단하는데 그것은 비록 년주에 식신과 편재가 동주하여 재물적인 부분은 부귀를 가졌다고 볼 수가 있겠지만 년주가 丁丑으로서 백호대살이 되고 있으므로 조부님이 아니면 조부님 직계비속 중에 청춘죽음이 있었을 것이다.

더하여 년주가 십이운성의 쇠약한 기운인 쇠지에 자리를 잡고 있으니 더욱더 확실하게 되고 있는데 이것은 년주가 조상을 나타내고 또한 조부를 표시하고 있으므로 완전히 일치한다.

한편으로는 비록 년지 丑土가 월지 巳火간에 巳-丑合金이 되니 합을 하여 백호대살의 기운을 조금 완화시켰다고 볼 수가 있지만 다시 일지 및 시지 未土 편재가 년지 丑土를 丑-未 상충으로 합을 파괴시키는 결론이 나고 있으므로 더욱 더 부합하게 되는 것이다.

***. 부모님의 운명,!**

다시 부모님을 관찰하는데 부모궁은 월주이며 편재는 부친을 나타내고 인수는 모친을 나타내고 있다.

따라서 년지 및 일지 시지 丑, 未土가 각각 3개의 기운이 있는 것은 부친이 많은 것을 나타내므로 부친이 많는 것은 반대로 부친의 덕이 부족하다는 것을 암시하는 것이며 더구나 일지 및 시지와 년지간에 丑-未 상충이 되고 있으니 더욱 더 확실하게 된다.

더하여 월간 비견 乙木과 년간 丁火 식신이 있으니 식신+비견, 그리고 월간 乙木과 시간 癸水 편인이 나란히 존재하여 편인+비견이 있을 때 고서(古書)나 원서에 적기를 타인의 양자가 있지 않을 것 같으면 유모 및 서모가 있다는 것을 감안할 때 부모 때에 형제 중에서 이런 운명이 있지 않을 것 같으면 아마도 부친이나 모친의 운명이 좋지 못한 것을 반증하고 있다.

***. 본인의 처궁판단,!**

처궁을 살펴보면 일지는 처궁이요, 육친별로는 편재는 첩이며 정재는 본처가 되는데 사주원국에 정재를 표시하는 월지 巳중의 지장간에 戊土 정재가 있으나 일지 未土 편재는 처궁이 되므로 일지를 보고 판단하는 것이 타당할 것이다.

따라서 지금의 엄 앵란여사가 되고 있음을 알 수가 있는데 일지를 주동하여 화개살이 시주에 있고 시주는 자식궁을 의미하니 엄여사는 신불이나 교회신자 등으로 대단히 신심을 가지는 것이 되며 현모양처로서 가정을 원만하게 이끌어나가는 리더십이 돋보이는 것을 알 수 있다.

그러나 일면 신 성일씨의 일지 편재 未土가 사주년지 丑土간에 丑-未 상충이 일어나는 것은 엄 앵란여사가 신체상 남모를 질병이나 결혼후 유산 및 산액을 겪는 것으로 판단하고 있다.

실제로 이상과 같은 처궁을 판단하여 볼 때 이와 같은 것은 숨김이 없고 곧바로 판단 될 수가 있는데 현재에도 KBS, MBC등 방송국에서 아침마당등에 출연하여 집안형편 등을 이야기하는 것을 보았을 때 과연 사주추명과 일치하는 양상도 보이고 있음을 저자는 간파하고 있겠다.

***. 격국에 대한 대운흐름,!**

위 사주 주인공인 신 성일씨는 영화배우로서 대부귀운명을 가지는 것을 이상과 같은 매락에 비추어 사주격국을 관찰하여 보았는데 비록 일간이 신약사주이나 대운의 흐름이 정히 용신 및 희신의 운로인 동방 寅-卯-辰 木局과 북방 亥-子-丑 水局으로 일간을 생조하는 현상이 되고 있었으니 그야말로 호랑이에게 날개를 달아주는 격이 된 것이다.

따라서 대운의 흐름을 관찰하여 보면,!

초년 1세는 甲辰대운으로 대운천간 甲木이 신약한 일간 乙木을 생조하는 겁재로서 정히 길운이 되는데 대운지지 辰土가 신약한 일간 乙木을 상극하는 정재의 운로로서 비록 흉함이 되겠으나 辰土가 습토로서 水氣를 업고 들어와 일간 乙木을 강력하게 상극하지 못하고 오히려 水氣를 보충시키는 것이 되므로 평길이 될 것이다.

그렇다면 유년은 부모님의 재복이 넉넉하였으며 그러나 일면 辰土가 재성의 기운을 약간 가지고 있는 것이 되니 약간의 금전으로 인한 부친이나 모친이 형제나 친구로 인한 금전적 손실이 신씨의 유년에 있다는 것을 배제할 수 없다고 판단한다.

다시 11세 癸卯대운과 21세 壬寅대운이 각각 일간을 생조하는 인성 水氣와 비겁 木氣의 기운이 되므로 대발전이 예상되고 있다.

하지만 그 중에 21세 壬寅대운의 지지 寅木이 지배하는 26세에 사주 월지 巳火 상관을 寅-巳 삼형으로 가격하니 신체상 사고나 그렇지 않으면 상관을 삼형하는 관계로 관재의 부분에서 약간 불미스러운 일이 일어난다는 것을 암시하고 있는데 그러나 寅木 자체가 일간을 생조하는 겁재로서 그 흉이 크지 않다는 것을 알 수가 있다.

따라서 이 때 사주 주인공은 영화배우로서 대단히 승승장구하는 운명을 가지는 것이 되는데 청춘스타로서 벌써 대종상과 청룡상의 남우주연상을 휩쓸었으며 나아가서는 세인의 인기를 한몸에 받았던 것이 되니 아마도 이러한 것은 대운의 뒷받침이 필수조건이 되었음을 간파할 수 있을 것이다.

다시 31세는 辛丑대운으로 대운천간 辛金이 편관의 운로이니 일간 乙木에 대한 기신(忌神)으로 행사하는 것이 되고 설상가상으로 사주원국의 년간 丁火 식신과 辛－丁 상충 그리고 일간 및 월상에 투출되어 있는 乙木 비견과 乙－辛 상충으로 가격하니 그 흉이 대단히 강력하게 일어난다.

더구나 대운지지 丑土가 일간 乙木에 대한 정재의 운로로서 역시 기신(忌神)으로 행사하고 있는데 이것이 사주원국에 이미 년지와 丑－未 상충을 巳－丑합으로 해극을 하고 있는 중에 대운지지 丑土가 중첩하여 들어와서 丑－未 상충으로 가격하게 되는 것은 그 흉의가 불을 보듯 강력하게 들어 올 것이다.

하지만 일면 사주원국의 시상에 투출되어 있는 癸水 편인이 대운천간 辛金 편관의 기운을 金生水, 水生木하여 연결하는 현상을 볼 수가 있으니 비록 상충의 작용으로 인한 흉의는 완전히는 모면할 수가 없겠지만 그래도 그 흉의를 다소나마 줄일 수가 있는 것을 감지하고 있다.

또한 대운지지 丑土가 역시 비록 상충의 작용이 강하게 작용하지만 丑土 역시 습토로서 水氣를 업고 들어오는 것이므로 조토인 未, 戌 土氣보다 일간 乙木을 강력하게 상극하지 못하는 일면을 안고 있다할 것이다.

그렇다면 이 때가 사주 주인공인 신 성일씨는 가장 기복이 다단하였는 것을 알 수가 있는데 영화배우로서 인기는 가지고 있었으나 사실상 내면적인 가정적인 분란과 타인의 금전 및 신체상 건강상 이유로 대단히 번민하였음을 판단할 수가 있다.

다시 41세는 庚子대운으로 대운천간 庚金이 일간 乙木에 대한 정관의 운로로서 역시 기신(忌神)이 되겠으나 사주원국의 월상 乙木과 일간이 乙-庚合金하여 합을 하여 순화되게 만들고 있으며 더하여 시상에 투출되어 있는 癸水 편인이 정관 金氣를 金生水, 水生木으로 연결하고 있다.

또한 대운지지 子水가 사왕지지(子, 午, 卯, 酉)로서 일간 乙木이 목이 말라 대단히 고통을 당하고 있는 것을 가뭄에 단비를 내려 나무를 살려주고 더하여 대운천간 庚金이 사주원국과 합을 하여 나오는 金氣를 金生水로 힘을 쭉 빨아들이고 있으므로 그 흉함보다 대길함이 앞선다고 판단하여야 될 것이다.

따라서 이 때 사주 주인공인 신 성일씨는 그동안 31세 辛丑대운에서 힘들었던 고통은 씻은 듯이 사라지고 다시 승승장구하는 운명이 되었는데 대운천간 庚金이 일간과 乙-庚合金을 하는 것은 관청이나 위 사람의 도움으로 대 발복을 할 수 있는 것을 알 수가 있다.

다시 51세는 己亥대운이니 대운천간 己土가 일간 乙木에 대한 편재의 기운으로서 사주팔자가 편재 土氣의 기운으로 일간을 강력하게 상극하고 있는 중에 대운에서 중첩하여 상극하니 이것은 건강상 대단히 큰 고통이 들어오는 것을 알 수가 있다.

하지만 대운천간은 비록 대흉이라 할 지라도 대운지지 亥水가 水氣를 업고 들어오는데 사주월지 巳火 상관을 巳-亥 상충은 하고 있지만 일지 및 시지 未土 편재간에 亥-未合木으로 그 흉을 길로 전환시키고 있음을 볼 수가 있다.

더구나 대운천간 己土가 비록 사주원국의 일간 및 월상 乙木과 己-乙 상충으로 다시 시상에 투출되어 있는 癸水 편인을 역시 癸-己 상충으로 일간에 대한 용신의 기운을 완전히 파극하고 있는 것은 생명의 위험이 일각에 도달하겠으나 천만다행으로 대운지지가 합을 하여 나오는 木氣로 木剋土하여 그 흉을 소흉으로 돌리고 있다.

그렇다면 대운천간 己土가 지배되는 51세부터 55세까지 건강상 대단히 타격을 받아야 되겠으며 더하여 본인의 영화활동이 저조한 점 및 몇 번의 국회의원에 출마하여 낙선의 고배를 마신 것도 이상과 같은 맥락에서 본다면 대단히 적중률이 높게 될 것이다.

본 命理大要를 편찬하는 현재는 1998년 戊寅년으로서 이 때에는 사주 주인공인 신 성일씨는 지금의 51세 己亥대운의 말기인 亥水의 운로 마지막을 받고 있는데 가정적인 안정 및 건강과 금전등이 대단히 길운임을 알 수가 있다.

본 저자가 우연히 KBS 아침마당을 보고 있는 중에 엄 앵란여사가 부군인 신씨의 안부를 언급하면서 대화도중에 정치문제를 약간씩 거론하고 있는 것을 판단하여 볼 때 아마도 2000년 국회의원 선거에 엄여사가 출마하던지 아니면 사주 주인공인 신 성일씨가 다시 한번 더 도전을 하지 않을까하는 생각이 문득 들고 있다.

따라서 그 때 대운은 61세 戊戌대운인 대운천간 戊土가 지배되겠는데 대운천간 戊土가 사주 시상에 투출되어 있는 癸水 편인과 戊-癸合火로 변동되고 있으므로 그다지 길운은 아니라고 판단할 수가 있겠으며 대운지지 戌土 역시 정재의 운로로서 기신(忌神)이 되겠으나 그러나 국회의원 선거가 2000년 庚辰년을 미루어 짐작한다면 일년군주는 역시 세운이 지배하는 것이 된다.

그렇다면 세운천간 庚金이 일간 乙木을 乙-庚合金하고 있는 것은 관청이나 위 사람이 나에게 합을 하고 있는 것이 되고 아울러 협조가 잘된다는 것을 의미하는데 더하여 시상에 투출되어 있는 癸水 편인이 金生水, 水生木하여 관성 金氣를 일간으로 살인상생(殺印相生)의 덕을 실현하는 것이 된다.

또한 대운지지 戌土가 간접적으로 영향을 행사하여 흉을 대단히 동반하겠으나 절묘하게 세운지지 辰土가 水氣를 업고 조토인 戌土를 辰-戌 상충으로 대운지지와 세운지지간에 전극을 발휘하여 일간에 대한 기신으로서 행사를 하지 못하게 방해하는 점을 알 수가 있다.

따라서 이와 같은 맥락에 비추어 판단하여 볼 경우 비록 분주 다사함은 면치 못하겠지만 만약 선거에 출마한다면 그 동안 쌓아놓았던 신씨의 인기와 명성을 판단하여 볼 때 무난하게 선거에 당선될 것을 조심스럽게 예상한다.

하지만 앞으로 들어오는 戊土 대운이 그다지 반갑지 않는 손님이 찾아오는것을 사주원국은 무언중에 암시를 하고 있는데 그것은 대운지지 戊土가 정재의 기운인데다가 사주의 월지 巳火를 제외한 전부를 丑-戌-未 삼형으로 대접을 하고 있는 것을 파악하여야 된다.

이것은 그렇지 않아도 신약한 일간이 삼형의 작용으로 인하여 맞이하는 소용돌이에 대한 그 흉은 대단히 강력하게 들어오는 것이 되니 상당히 두려운 일이 아닐 수가 없을 것이다.

결국 사주 주인공인 신 성일씨는 아마도 이 때가 일생의 가장 어려운 시기가 될 수가 있음을 미루어 짐작하고 있는데 뒤 따라 들어오는 71세 대운이 그나마 용신이나 희신의 기운이 되고 있으면 지금의 대운의 흉함을 줄여줄 수가 있는 계기가 되겠지만 뒤 따라 들어오는 丁酉대운이 역시 기신(忌神)이 되므로 그 흉은 불을 보듯 뻔하게 된 것은 자명한 일이다.

※참고로 위의 사주 주인공인 신 성일씨는 사주격국이 비록 신약사주이긴 하나 사주상의 탁기를 생화불식(生化不息)과 합등으로 모자람을 보충하고 있었음을 알 수가 있다.
또한 절묘하게도 대운의 흐름이 초년 1세부터 甲辰대운 등으로 동방 寅-卯-辰 木局과 북방 亥-子-丑 水局으로서 정히 용신의 기운과 희신의 기운으로 치달렸으니 지금의 대부대귀한 운명이 되고 있음을 판단하고 있다.

그러나 61세 戊戌대운부터 신약한 일간에 대한 기신(忌神)이 되어 첩첩산중으로 치달리고 있으니 본 저자의 생각으로는 생명의 위험도가 일각으로 다가오는 것을 미루어 짐작하고도 남음이 있다.

제8장

*. 종교가 (宗 教 家)

*. 종교가(宗教家)는 승려(僧侶), 목사(牧師), 신부(神父),등을 말하나 이 외에도 종교를 신봉하는 독실한 신자 등도 포함되어 있다.

(8). 종교가(宗教家)의 팔자

종교가의 팔자는 우리가 보통 생각하는 승려(僧侶), 신부(神父), 목사(牧師)등의 성직에 종사하는 것을 생각하는 것이 지배적이다.

하지만 그 외 다수 독실한 신자(信者)들도 포함시켜야 함이 타당하며 이것을 자세하게 세별하면 점을 치는 보살이나 법사, 및 교회의 장로 그리고 수녀등 그 직업면에 다양하게 분포되어 있다.

일부는 역학자나 기학(氣學), 도학(道學), 철학(哲學)을 하는 사람들도 종교가(宗教家)에 포함시켜야 하는 이유도 상당히 일치하는 경향이 많음을 저자는 보고 있으며 더하여 이러한 사주팔자는 공히 공통된 점이 많이 발견되고있다.

따라서 이상의 종교가(宗教家)의 팔자로서 사주격국에 해당 될 때 그 직위가 고위직으로 진출하여 명성을 날리느냐, 아니면 말단으로 종사하여 그 명성을 얻지 못하는냐,는 역시 사주원국의 청탁(淸濁)의 유무와 命理秘典 下권의 간명비법 상 조건에 부합하면 대 발복을 하는 것이고 부합하지 못하면 하격(下格)이라고 판단한다.

더구나 종교가(宗教家)의 팔자가 비록 간명비법상 조건을 일치하고 용신이 강령하다 하더라도 역시 대운이 용신이나 희신으로 치달려주어야 대 부귀운 명이 되는 것은 필수조건이 되겠으며 만약 후천성인 대운이 용신을 상극하는 기신(忌神)의 운으로 맞이하고 있으면 선천성인 사주팔자가 아무리 좋더라도 무용지물일 수밖에 없는 것으로 귀착하여야 된다.

(가). 종교가(宗敎家)의 운명,!

●사주팔자에 일간의 오행을 불문하고 "토기'(土氣)가 왕성하면 신심이 대단히 강하고 성직에 있게 되는데 특히 사주가 "생화불식"(生化不息)이 되고 "용신" 및 "희신"이 "약"하면 종신 속세를 떠나 종교에 전심하게 된다.!

※참고로 토기(土氣)가 "왕성"하다는 것은 사주원국의 월지에 土가 있고 타 주에 거듭 土氣가 있거나 일지에 土氣가 있는 중에 시지나 시상과 월상에 중첩 土氣가 있을 경우 그리고 지지에 육합, 삼합, 방합하여 土氣가 형성된 중에 사주천간에 土가 투출되어 있는 것 모두 土氣가 왕성하다고 판단한다.!

●사주일간이 "신왕"하고 "상관"이 왕성하면 대단한 명성을 날리는 종교가가 된다.!

●왕성하다는 것은 방금 설명한 부분에 준함,!

●사주일간이 "甲","丙","丁","戊"일생으로 지지에 "戌""亥"가 있고 "형","충","파","해","공망"이 있으면 종교가가 된다.

※참고로 이 부분에도 일간이 신왕하고 청기(淸氣)가 있으면 고위직

으로 명성을 떨치고 만약 일간이 신약하거나 탁기(濁氣)를 가지고 있을 경우에는 하급직(下級職)이 된다.!

●사주팔자에 "土氣"가 왕성한 중에 "화개살"(華蓋殺)이 있던지 또한 "화개살"(華蓋殺)이 "공망"이 될 때에도 종교인의 사주이다.!

●사주일간이 "木"일간으로서 출생월이 "寅","卯","辰"이고 다시 사주에 "水氣"가 많으면 종교가가 된다.!

●사주일주가 "乙卯"일생으로서 다시 사주원국에 "辛酉"가 들어 있으면 종교가가 된다.! 그러나 만약 거꾸로 "辛酉"일생으로 사주에 "乙卯"가 있으면 처음에는 종교가로서 행사하나 뒤에 사회생활로 돌아온다.!

●사주일간이 "甲","乙","戊","己" 일간에 "인수"가 많거나 "식신","상관"이 많은 사주,!
(많다는 것은 월지에 있고 타 주에 1-2개 있거나 월지에 없더라도 3개정도 되면 많은 것이 된다.)

●일간이 "金","水"일간에 사주월지가 "辛","酉"월에 출생한 사주,!

이상과 같이 종교가의 운명을 나열하여 보았는데 대체로 사주에 土氣가 많은 것은 土의 오행은 믿음을 나타내고 중후한 인격을 표시하므로 土氣가 많으면 성직에 종사하는 경우가 많은데 비록 종교가로서 몸을 담지는 않더라도 독실한 신자도 본 부분에 포함시켜 간명함이 타당하다.

더하여 일부는 예술가의 팔자들이 적게나마 종교가에 몸을 담은 자를 저자는 약간씩 보고 있었으며 이것은 비록 예술가의 팔자들이 팔자의 운명이 틀리게 작용을 하였으나 대운의 흐름이 기신(忌神)으로 치달리고 있었을 경우 속세를 등지고 종교에 전심하는 이유도 한 몫을 차지하는 현상이 있다고 보인다.

***. 승도(僧徒)의 운명,!**

(예1).대한 불교계 큰 스님으로 알려진 박 모씨(강원도 영월),! (서기 1948년 음력 6월 27일 申시)

(대 운)

浴	帶	帶	絕	壬-戊 상충,!	62	52	42	32	22	12	2
壬	己	己	戊		丙	乙	甲	癸	壬	辛	庚
申	未	未	子		寅	丑	子	亥	戌	酉	申

戊-未 삼형,!

정재		비견	겁재
水	(土)	土	土
金	土	土	水
상관	비견	비견	편재

● **대운천간 壬水가 비록 일간에 대한 희신이지만 사주년간에 투출되어 있는 戊土 겁재를 壬-戊 상충으로 가격하니 왕신이 대단히 반발한다. 또한 대운지지 戌土가 일지 월지를 같이 戌-未 삼형으로 대접하고 있으므로 일지는 처궁이라 처와 관련된 불길함을 엿볼수 가 있다.**

***. 일간의 왕쇠(旺衰),!**

己일간 未월에 출생하여 득령하고 사주원국의 월지 未土 비견을 중심으로 해서 일지 未土에 역시 득지한 중에 다시 그 세력에 뿌리를 두고 년간 戊土 겁재와 월상 己土 비견이 투출되어 일간 己土를 생조하고 있으므로 대단히 신왕하다.

이렇게 일간 己土가 신왕하면 이것이 외격(外格)의 종격(從格)이나 가종격(假從格)으로 돌아가지 않는 이상 일간의 기운을 적절히 억제할 수 있는 오행이 필요할 것이다.

사주팔자를 살펴보니 년지 子水 편재가 자리잡고 있는 중에 시지 申金 상관과 申-子合水하여 다시 시상에 壬水가 투출되어 일간의 기운을 억제하고 있으므로 이것은 곧 결코 종격(從格)이나 가종격(假從格)이 되지 못하고 내격(內格)의 용신법이 채택되어야 할 것이다.

***. 일부학자들의 의문,!**

일부학자들 중에는 "위의 사주팔자가 방금 저자가 말한 申-子合水를 성립한다는 부분에 대하여 사주년지 子水와 시지 申金간에는 멀리 원격하여 있으므로 申-子合水가 잘 될 수가 없지 않겠느냐",! 라고 의문을 표시하고 있다.

***. 일부학자들의 의문에 대한 본 저자판단,!**

그러나 이 부분에 대하여 본 저자는 학자들이 말한 申-子合水가 멀리 떨어져 원격하여 합의 의미가 완벽하게 성립되지 못한 것은 사실이다.

하지만 합의 결합하는 의미는 쇠약할 지 모르지만 사주의 지지에 형, 충이 성립되지 않고 또한 합을 방해하는 성질이 없으니 비록 원격하다 할 지라도 합의 성립을 도우는 시상 壬水 정재가 투출되어 있으므로 합의 결합을 미약 하나마 이끄는 것이 되어 합의 잔여기운이 남는 것이라고 볼 수가 있겠다.

***.격국(格局)과 용신,!**

위의 사주팔자의 격국을 판단하여 보면 사주원국에 일간 己土가 신왕하며 월지에 비견 未土가 자리잡고 년간 및 월상에 戊, 己土가 투출되어 있으니 건록격(健祿格)이 될 듯 싶으나 일간을 대조하여 월지에 십이운성이 건록지가 되지 않아 건록격(健祿格)은 성격(成格)하지 못한다.

따라서 용신의 격국을 설정하면 "비중용관격(比重用官格)"이며 비겁 土氣가 많아서 일간 己土가 신왕이 되고 있으므로 비겁 土氣를 바로 상극하는 관성 木氣를 용신하고 관성 木氣를 생조하는 재성 水氣는 희신으로 삼는데 일간이 신왕하니 일간의 기운을 자연스럽게 누출시키는 식상 金氣도 길신으로 같이 채택한다.

이와 같이 격국과 용신을 선정하고 사주팔자를 살펴보니 일간의 기운을 생조하는 土氣가 대단히 강력하게 자리잡고 있는데 때 마침 시지에 申金 상관이 일간의 기운을 자연스럽게 누출시키면서 다시 년지 子水 편재와 申-子合水로 되고 또한 시상에 壬水 정재가 일간의 기운을 억제하면서 일간과 근접하여 유정(有情)하니 사주원국이 대길하여졌다.

***. 격국의 청탁(淸濁),!**

위 사주원국에 대해 격국의 청탁판별을 관찰하여보면 오행의 분포도가 土氣로 편중되어 일간이 신왕함이 중화(中和)의 기점인 40%를 훨씬 넘어 거의 63%까지 육박하고 있는 것을 볼 수가 있겠다.

더하여 오행간 서로 연결하는 상생의 법칙인 생화불식(生化不息)을 이루고 있지 않아 약간의 아쉬운 점이 있다고 볼 수가 있겠는데 그러나 비록 사주천간에 년간 戊土 겁재와 시상 壬水 정재간에 壬-戊 상충이 되고 있겠으나 이것 역시 거리가 원격하여 상충의 작용이 퇴색되어 있다 할 것이다.

또한 지지에 상충의 작용이 없고 용신이나 희신의 기운이 쇠약할지 모르지만 시지에 상관 申金이 자리를 잡고 申-子合水를 도모하며 더하여 시상에 壬水 정재가 투출되어 있는 중에 천간과 지지간에 천복지재(天覆地載)가 되어 정히 신왕한 일간의 기운을 억제하고 있으므로 이것은 대단히 길하게 작용하고 있다.

한편으로는 일간 己土가 비겁 土氣에 의하여 아주 신왕하고 있는데 土氣를 상극하는 관성 木氣가 사주원국에 보이지 않고 오로지 일지와 월지 未土 비견의 지장간 중기(中氣)에 乙木이 있겠으나 지장간에 암장된 용신은 그 역할을 적절히 할 수가 없게 되어 있다.

따라서 운로에서 보는 관성 木氣를 시급히 보아야 되는 가용신(假用神)을 선택하고 있지만 정재 壬水가 시상에 투출되어 있으므로 이것은 용신의 기운을 대신하고 있으니 대발복은 기대하여도 좋을 것이다.

고로 사주원국의 청탁부분에는 중간정도로 판단하는 것이 타당하겠으며 그러나 이렇게 용신의 기운이 지장간에 암장되어 있겠지만 그 대타로 희신인 재성 水氣가 강력하니 사주의 부족함을 충족시키고 있다고 볼 수가 있다.

***. 본인성격의 판단,!**

사주 주인공인 박 모씨는 대한불교계 큰 스님으로서 세인들의 존경과 추앙을 받는 종교가이며 그 명성이 나날이 높이 나고 있는 것을 보고 있는데 사주격국이 일간이 신왕하고 土氣가 많으면 정통 승도팔자라는 것을 알 수가 있겠다.

더구나 일주가 己未로서 월주가 다시 己未가 되니 화개살(華蓋殺)이 성립하며 더하여 일주를 주동하여 년주가 공망이 되고 또한 년주 戊子를 기준하여 역시 일주 己未가 공망이 되어 있으므로 더욱 더 종교가로서 부합하게 되는 것이다.

사주팔자가 일주가 신왕하고 시지 申金 상관이 왕성하여 신왕한 일간의 기운을 자연스럽게 누출시키는 현상이 돋보이는 점은 일면 土-金 상관은 문학, 예술, 지혜총명의 특성을 가지는 것으로 판단할 수가 있겠으며 그러나 사주원국에 인수가 있었으면 더욱 더 좋을 것인데 인수가 없으므로 조금은 아쉬운 감이 노출되고 있다.

본인의 성격을 판단하여 보면 일지 월지가 일간을 주동하여 양인이 들어 있는 중에 일간이 신왕하니 자존심, 고집이 대단히 강한 것을 알 수가 있는데 그러나 土氣가 왕한 것은 믿음으로서 세인을 보살피는 자비심도 있다고 볼수가 있다.

더하여 사주원국의 일지 未土와 월지 未土가 같이 일간 己土를 중심으로 하여 암록(暗祿)에 해당하고 있기 때문에 어려운 일이 있으면 내일같이 도와주는 사람이 나타나는 것을 알 수가 있으며 그러나 양인이 같이 동주하고 있으므로 너무 사람을 믿다가 도끼에 발등 찍히는 결과를 초래하기 쉬우므로 평생은 사람조심은 하여야 될 것이다.

위 사주주인공인 박씨는 초년 결혼을 하여 정상적인 사회생활을 하였으나 배우자인 처가 내연의 관계로 인하여 불륜이 들통이나 사회적 환멸을 느껴 그길로 삭발을 하고 승도의 길로 접어들었던 것인데 이 부분은 본인의 처궁을 판단하면서 자세하게 간명하기로 하겠다.

***. 조부님의 운명,!**

조부님의 운명을 관찰하여 보면,!

조부궁은 년주를 보고 판단하는데 육친별로 편인은 조부님을 나타내고 만약 편인이 없을 경우 년주나 월주에 관살(정관이나 편관)로도 볼 수가 있다.

따라서 사주원국을 살펴보니 조부를 나타내는 편인이 없고 일지와 월지에 未土 비견의 지장간 중기(中氣)에 乙木이 편관이 있으므로 이것이 조부를 표시함이 타당한데 조부님이 화개살에 동주하고 있으니 대단히 윗전부터 불심이 강한 분으로 판단하고 있다.

더구나 화개살은 문학, 예술등을 나타내는 별이므로 붓글씨 및 문장력이 출중한 분이며 비록 재산은 많이 모았으나 년지에 子水 편재의 기운을 년간 겁재가 군비쟁재(群比爭財)하여 土剋水하니 재산이 흩어지는 결과는 조부님이 풍류호객적인 면으로 인해서 가산을 탕진하였다는 것으로 판단하는 것이 타당하다.

이와 같은 현상을 좀 더 면밀히 기술하여 보면 우선 지장간에 존재하는 乙木 편관이 시상에 투출되어 있는 壬水 정재와 丁-壬암합과 또 시지 申金의 지장간에 역시 壬水와 丁-壬암합을 이루고 있는 것은 조부님이 합방을 하는 결과이니 여자로서 주색적인 면을 들 수가 있으므로 더욱 더 부합하게 되는 것이다.

***. 조부님의 선산묘지 판단,!**

선산묘지는 북방을 보고 있겠으며 묘지에서 보면 戊土는 양토이기 때문에 길로 표시하면 큰길이 옆으로 지나가는 것이 보이고 있는데 더하여 子水는 작은물을 의미하니 묘지 앞으로 개울물이나 작은 강물이 보이는 곳에 산수는 십이운성에 절지에 앉아 있으니 그다지 좋은 것은 아니라고 판단한다.

***. 부모궁의 판단,!**

부모궁을 판단하면 월주를 보는데 육친으로는 편재는 부친이며 인수는 모친의 기운이다. 따라서 편재의 기운이 년지 子水가 되겠으며 편재의 기운을 생조하는 金氣가 시지 申金이 비록 있다하지만 원격하여 생조를 받을 수가 없고 또한 강력한 비겁 土氣에 의하여 편재의 기운을 土剋水하여 군비쟁재(群比爭財)가 되므로 부친이 일찍이 타향에서 객사하였다.

이와 같은 것은 편재 子水가 비록 일간에 대한 천을귀인에 앉아 있으나 편재를 생조하는 기운이 이상과 같이 비겁에 의하여 파극이 심하고 더구나 일지 및 월지 未土가 비견과 편재 子水간에 子-未 원진이 되고 있는 것에 더하여 십이운성 절지에 앉아 있음을 대단히 두렵게 본다.

***. 命理秘典 上권인 육친의 편재편에 인용하여,!**

이와 같은 현상은 본 저자가 집필한 命理秘典 上권인 육친의 편재편에 적기를 년주에 편재와 비견이 동주하면 부친이 일찍이 타향에서 사망한다는 법칙에도 일치하므로 더욱 더 부합하게 되는 것이다.

***. 본인의 처궁판단,!**

본인의 처궁을 판단하여 보면 사실상 지금은 스님임에 따라 이와 같은 처궁의 판단은 별 의미가 없겠지만 세상의 역학자를 위하여 본인에 조금의 자존심까지 들춰내는 무리를 하여가면서 박 큰스님의 부부궁을 파헤치고 있는데 큰 스님의 인격과 개인의 플라이버시를 위하여 위의 성명을 익명으로서 표기 하였는 것을 학자는 이해하기 바란다.

다시 처궁을 간명하여 보면 일지는 자신이요, 처궁을 나타내며 육친별로는 정재는 본처고 편재는 첩이나 스쳐가는 여자를 의미한다. 따라서 본인의 처를 나타내는 정재가 시상에 壬水가 투출되어 있어 길신으로 작용하고 있는데 그렇다면 처의 내조가 대단히 있었다는 현상을 단편적으로 판단할 수가 있겠다.

그런데 사주팔자를 면밀히 관찰하여 보면 시지에 申金 상관의 지장간 중기(中氣)에 또다시 壬水가 들어 있는 것을 알 수가 있는데 동일주의적 원칙에 입각하여 하나의 기운으로 볼 수가 있을 것도 될 법하다.

그러나 사주년지에 편재 子水가 자리잡고 있는데 이렇게 정재의 기운이 비록 지장간에라도 나타나고 있으면 이것은 동일주의적인 원칙이 아니라 별도의 기운으로 판단하는 것이 타당하며 이와 같은 부분은 대단히 중요하기 때문에 전편인 命理大要 上, 中권에서도 중첩하여 실제인물을 간명하면서 계속 설명을 하고 있다.

그렇다면 정재의 기운이 편재의 기운과 맞물려 있는 것은 처궁이 많다는 것을 의미하기도 하며 이렇게 많다는 점은 이와 반대로 오히려 처복이 없다는 것에도 일치하는 결과로 볼 수가 있다.

따라서 정재 壬水가 일지 未土와 월지 未土의 지장간에 각각 丁火와 丁-壬 암합이 중첩되고 다시 시지 암장된 壬水와 역시 丁-壬 암합이 똑같이 중첩하여 합을 구성하는 것은 본인의 처가 색정을 탐한 나머지 간부와 짝이 맺어지는 것을 의미한다.

실제로 박 모 큰 스님은 저자가 오래전 속세에 환속하기 전 청년 시절에 사형, 사제지간으로서 친분이 두터운 분인데 그 때의 본인의 가정생활을 회고 하면서 삶에 대한 힘들었던 시절을 가슴아프게 의논하였던 것을 기억하고 있다.

***. 격국에 대한 대운흐름,!**

다시 위의 사주 주인공인 박 모씨의 대운을 판별하여 보니 정히 초년부터 용신이나 희신의 운로인 서방 申-酉-戌 金局과 북방 亥-子-丑 水局으로 치달리고 있으므로 지금의 대귀한 운명을 벌써부터 사주원국은 암시를 하고 있다 하여도 과언이 아니다.

초년 2세는 庚申대운이고 12세는 辛酉대운이다.

따라서 다같이 신왕한 일간 乙木의 기운을 자연스럽게 누출시키는 대 길운인데 비록 부친이 일찍 유고하였으나 홀어머니 밑에서 성장하며 홀어머니가 시장에 포목장사가 대단히 번창하여 사업이 나날이 발전하였고 더하여 본인 역시 학업에 전념하여 그 성적이 상위권에 진입하였다.

또한 나아가서는 명문대학을 무난하게 합격하였고 군대 또한 좋은 보직으로서 승승장구하였던 것인데 이와 같은 것은 정히 대운이 길신으로서 박 모씨의 앞길에 서광을 비추어주는 하나의 등불이 되었던 것을 알 수가 있다.

그러나 22세 壬戌대운에 가서 대운천간 壬水가 비록 일간 乙木에 대한 희신의 운로인 정재의 기운이나 사주원국의 년간에 투출되어 있는 戊土 겁재를 壬-戊 상충으로 파극하니 왕신인 土氣가 대단히 반발을 하는 것이 된다.

또한 대운천간이 비록 왕신 土氣를 상극하여 반발하는 일면은 있겠으나 그러나 역시 壬水는 일간에 대한 희신으로 그다지 흉함이 돌출되지 않을 것인데 문제는 대운지지 戌土가 그 흉함을 대단히 강력하게 발생시킨다고 볼 수가 있다.

이것은 대운지지 戌土가 일간 乙木에 대한 겁재로서 신왕한 일간을 더욱더 신왕하게 만들고 설상가상으로 월지와 일지 未土 비견을 같이 戌-未 삼형으로 가격하는 것은 일지는 처궁이요 본인이기 때문에 처와 이별을 예상하는 것이 된다.

따라서 이 때에 사주 주인공인 박 모씨는 처와 불륜으로 인한 간통죄와 이혼소송을 하였던 것인데 아마도 이 시점이 일생의 가장 힘들었던 시기였다는 것은 두말할 필요가 없을 것이며 그 길로 머리를 삭발하고 승도의 길로 접어 들었던 것이다.

다시 32세는 癸亥대운으로 대운천간 癸水가 일간에 대한 편재의 운로이니 길운이 되겠지만 사주원국의 년간에 투출되어 있는 戊土 겁재와 戊-癸合火하여 인성 火氣로 둔갑하니 신왕한 일간을 더욱더 생조하므로 대단히 흉함이 나타난다.

그렇다면 32세부터 36세까지가 사주 주인공인 박 모씨는 정신적 타격과 신체상 부상등으로 수많은 어려움을 겪고 있었는데 그 당시만 하더라도 어려운 대한민국 경제적 사정을 감안한다면 더욱 더 고통의 연속이 아닐 수가 없을 것이다.

그러나 정히 37세부터 41세는 대운지지 亥水의 운로로서 일간에 대한 정재의 운로이나 금상첨화로 사주원국의 일지와 월지 未土 비견간에 亥-未合木하여 木剋土하니 정히 가뭄에 단비를 만나는 용신의 기운이 된다.

따라서 이 때 박 모씨는 그동안 실의를 극복하고 정히 윗분의 추천을 받아 모처의 주지로서 정히 발령을 받았던 것인데 이것은 앞으로 박 모씨의 앞날에 승승장구하는 밑거름이 되었다는 것은 누구도 부인을 하지 못한다.

1998년 戊寅년 현재에는 42세 甲子대운말기에 지배되고 있는데 그동안 승승장구하여 큰 스님으로서 세인의 추앙을 받았고 저서의 편찬과 열심히 법문을 강의하는 등 그야말로 일생최대의 영광을 누리고 있다하여도 과언이 아니다.

앞으로 들어오는 52세 乙丑대운은 조금 곤고하다는 것을 암시하고 있는데 그것은 대운천간 乙木이 지배하는 동안은 용신의 기운이기 때문에 발전은 있겠지만 대운지지 丑土가 습토로서 일지 및 월지 未土 비견을 丑-未 상충으로 가격하는 것은 교통사고나 건강상 악화로 수술등 대단한 재화가 들어온다는 것을 암시하고 있다.

더하여 곧 뒤따라 들어오는 62세 丙寅대운이 위험하기 짝이 없는데 그것은 대운천간 丙火가 일간을 생조하는 기운이고 사주시상에 투출되어 있는 壬水 정재를 丙-壬 상충으로 일간의 길신을 완전히 파극하고 있음에 대단히 불안하다.

설상가상으로 다시 대운지지 寅木이 역시 일간 乙木이 의지하는 시지 申金 정재를 寅-申 상충으로 파극하니 이 때에는 그 생명이 바람앞에 등불격으로 대단히 큰 근심스러움을 금할 길이 없는 것이다.

※참고로 종교가의 팔자에서 이상과 같이 승도의 운명은 土氣가 사주에 중심이 되어 있는 것을 알 수가 있을 것이며 더하여 화개살(華蓋殺)이나 상관이 왕성하고 년주가 공망까지 있으므로 이러한 부분을 더욱 더 뒷받침하고 있는 것을 판단할 수 있다.

결국 위의 사주를 간명할 때에도 사주격국이 용신이 그리 쇠약하지 않음을 엿볼 수가 있으며 더욱이나 대운이 용신이나 희신으로 치달리고 있어야 만이 대부귀를 누릴 수가 있을 진데 다행이 대운의 흐름이 길신으로 가고 있음에 따라 승승장구한 운명이 된 것이다.

***. 목사(牧師)의 운명,!**

(예2). 한국 기독교 목사로서 세인의 추앙을 받고 있는 김 모씨(서울시 청량리),! (서기 1949년 음력 8월 5일 辰시)

(대 운)

衰	墓	養	墓	甲-庚 상충,!	66	56	46	36	26	16	6
戊	己	甲	己		丁	戊	己	庚	辛	壬	癸
辰	丑	戌	丑		卯	辰	巳	午	未	申	酉
				午-戌合火,!							

겁재		정관	비견
土	(土)	木	土
土	土	土	土
겁재	비견	겁재	비견

● 대운천간 庚金이 상관으로서 사주원국이 비록 甲-己合土로 변화되어 있지만 甲木의 잔여기운이 남아 있는 것을 완전히 甲-庚 상충으로 제거한 뒤 왕신의 土氣를 자연스럽게 누출시키고 있다. 또한 대운지지 午火가 태양과 같은 불길로서 午-戌合火하여 더욱 더 세력을 강력하니 일약 하늘이 놀라는 현상이 벌어지고 있으므로 돈벼락을 맞아 정신이 아늑하다.

＊. 일간의 왕쇠(旺衰),!

己일간 戌월에 출생하여 득령하며 사주원국의 월지 戌土 겁재를 중심으로 해서 시지 土氣로 일색(一色)이 되어 있고 더구나 년, 시상에 투출되어 있는 己, 戊土 비겁이 일간 己土를 생조하고 있으므로 대단히 신왕하다.

이렇게 일간 己土가 신왕이 극도로 치우쳐 있으면 이것을 반드시 억제할 수 있는 오행이 있어야 외격(外格)의 종격(從格)이나 가종격(假從格)으로 돌아가지 않을 것인데 사주팔자를 살펴보니 월상에 甲木 정관이 투출되어 시지 辰土의 지장간 중기(中氣)인 癸水에 뿌리를 두는 것 같아 한편으로는 일간 己土의 기운을 억제할 수도 있을 것이다.

그러나 사주원국의 지지에 丑-戌 삼형과 辰-戌 상충작용이 전부 성립되어 있어 삼형과 상충의 작용이 모두 되고 있을 것 같으면 지장간의 여기(餘氣), 중기(中氣)의 기운을 전부 파괴하기 때문에 그 소용돌이 속에 정관 甲木이 의지를 하지 못하게 된다.

따라서 사주상의 지지에 뿌리를 두지 못하는 기운은 그 의지처가 없기 때문에 일간을 적절히 억제할 수 있는 기능을 상실하고 더하여 자기자신까지도 왕성한 비겁 土氣에 의해서 木剋土하니 완전히 파극이 되고 있음을 알 수가 있다.

그렇다면 일간 己土는 왕성한 비겁 土氣의 기운에 의하여 대단히 강력하게 생조되고 있는 것은 더 이상 일간의 기운을 억제할 수 있는 기운이 없음으로 인하여 역부족이 될 것이고 설상가상으로 일간과 년간에 누출되어 있는 己土 비견과 甲己合土로 변화되니 왕성한 土氣의 기운을 따르는 외격(外格)의 종격(從格)인 가색격(稼穡格)으로 돌아가는 것을 볼 수가 있다.

***. 격국(格局)과 용신,!**

사주원국의 격국을 살펴보니 일간이 많은 비겁 土氣에 의하여 신왕이 도가 넘쳐 있으므로 종격(從格)인 것을 알 수가 있는데 己 일간이 지지에 辰, 戌丑, 未를 가지고 있으면 "가색격(稼穡格)"이 된다.

또한 일간 己土와 월상 甲木 정관과 甲-己合土가 성립되어 지지에 전부 土氣가 되고 있는 중에 월령이 戌월이 되고 있으니 이상과 같은 맥락에 비추어보면 갑기합토화격(甲己合土化格)을 볼 수 있으나 시상 戊土가 甲木을 甲-戊 상충으로 파극하고 있기 때문에 화격(化格)은 성립되지 못한다.

고로 용신은 왕신 土氣를 따르는 인성 火氣와 비겁 土氣, 그리고 왕성한 일간의 기운을 자연스럽게 누출시키는 식상 金氣를 다 같이 길신으로 채택하는데 그 중에서 강력한 土氣를 설기시키는 식상 金氣가 가장 주된 용신으로 작용한다.

여기서 일부학자들 중에는 "관성 甲木이 사주월상에 투출되어 있으므로 단편적으로 판단하면 시지 辰土와 丑중의 지장간에 각각 癸水와 乙木이 존재하여 있으니 그곳에 뿌리를 둔다",라고 판단하여 내격(內格)의 억부법이나 조후법의 용신을 선정하면 대단히 낭패를 보게 될 것이므로 사주격국을 단편적으로 생각하면 큰 오류를 불러들이기 쉬운 사주팔자이다.

＊. 격국의 청탁(淸濁),!

위 사주팔자의 격국에 대한 청탁부분을 판별하여 볼 때 종격(從

格)의 특성상 상극되는 오행이 존재하여 있을 경우 사주상 왕신의 기운을 거슬리는 현상이 되어 탁기를 남기는 성질이 되는 점을 비추어 본다면 위 사주는 사주월상에 甲木 정관이 투출되어 있어 일점 탁기를 남기는 점이 된다고 할 것이다.

이와 같은 것은 사주월상에 투출되어 있는 甲木 정관은 지지에 비록 丑土나 辰土의 지장간에 의지하는 기운이 있다고 볼 수가 있지만 이렇게 상충이나 삼형의 작용으로 의지하는 기운이 파극이 되어 쓸모가 없으니 무용지물일 수 밖에 없는데 이렇게 되면 아무리 무용지물이라 할 지라도 거슬리는 오행으로 인하여 사주의 탁기를 남기는 현상이 된다고 판단하여야 된다.

그러나 천만다행으로 월상 甲木 정관이 지지에 의지를 하지 못하는 데다가 비록 시상 戊土가 甲木을 甲-戊 상충으로 합의 기운을 방해하고 있지만 일간 己土와 년간 己土가 동시에 甲木을 붙들고 있으면서 甲-己合土를 하자고 하는 현상은 비록 甲-己합은 성립이 되지 않더라도 甲木의 기운이 土氣에 흡수되니 완전히 왕신의 성질에 부합하여 금상첨화가 된다.

더구나 사주팔자의 지지에 "가색격(稼穡格)"에 거슬리는 관성 木氣가 없으므로 완전히 土氣 일색(一色)을 따르고 있으니 격국이 대단히 순수하여 청기 (淸氣)를 가지는 것이 되고 있다.

***. 학자들의 의견,!**

학자들 중에는 일면 "위 사주가 지지에 丑-戌 삼형과 辰-戌 상충이 되고 있으니 사주상의 탁기를 남기는 성질이 되고 있지 않겠느냐",! 라고 의문을 표시하고 있다.

그 부분에 대하여 본 저자는 약간의 생각을 달리하고 있는데 보통 내격(內格)에 기준하여 억부법이나 조후법상 용신을 선정하게 되면 이와 같은 삼형이나 상충의 작용은 탁기를 형성한다고 하여 대단히 나쁘게 판단하고 있는것이 정석이다.

그러나 종격(從格)이나 가종격(假從格)중에서 갑기합토화격(甲己合土化格)이나 土氣를 따르는 가색격(稼穡格)은 甲-己合土를 구성하거나 戊, 己일간에 辰, 戌, 丑, 未를 가지는 것 자체가 삼형이나 상충의 작용을 가지고 들어오는 점을 중시 볼 필요가 있다.

또한 이와 같은 격국은 삼형과 상충의 작용을 가지면서 대부귀를 누리는 결정적인 역할로 인하여 타 격국들은 삼형이나 상충의 작용이 있게 되면 대발복을 하지 못하는 것에 반하여 유독 2개의 격국은 예외로 인정하고 있다.

이 부분에 대하여 고서(古書)나 원서에 이상의 가색격(稼穡格)이나 갑기합토 화격(甲己合土化格)을 그대로 삼형과 상충을 인정하여 대 부귀운명으로 기술하고 있다.

실제로 본 저자는 그 부분에 대하여 고서(古書)의 판단부분에 약간의 의심을 하지 않을 수가 없었으므로 많은 실제인물에 준하여 운로추적 및 간명을 하여본 결과 그대로 고서(古書)나 원서에 부합하여 부귀가 일치되는 것으로 판단하였다.

결국 같은 종격(從格)이나 가종격(假從格)이라도 본 가색격(稼穡格)이나 갑기합토화격(甲己合土化格)은 상충이나 삼형의 작용은 예외가 되겠으며 그러나 따라서 위의 격국에 대한 사주상의 탁기는 관성 木氣와 재성 水氣를 가장 꺼리는 점을 상기시켜 간명하여야 된다.

***. 본인의 성격,!**

이상과 같이 격국의 청탁과 용신의 부분을 파악하여 보았는데 사주 주인공인 김 모씨는 사주팔자가 土氣로 이루어진 "가색격(稼穡格)"을 구성하고 있으니 대단히 좋은 격국으로 대부귀 운명이라 판단한다.

따라서 김 모씨의 현재 직업은 모 시의 한국기독교 목사로서 세인들의 추앙을 받는 훌륭한 인격자로 군림을 하고 있는데 전장에 약간 언급을 하였지만 종격(從格)에도 곡직인수격(曲直印綬格)이나 가색격(稼穡格) 및 갑기합토화격(甲己合土化格)의 인물들은 대체로 상류사회에 대부귀를 누리는 것을 저자는 많이 보고 있다.

이와 같은 현상은 위의 사주를 비교 판단하여 볼 때에도 사주원국의 지지에 辰, 戌, 丑, 未의 지장간의 오행이 각각 온기(溫氣)와 습기(濕氣)를 골고루 갖추는 현상은 조후(調候)를 충족시키는 하나의 결과가 되고 있으니 비록 대운이나 세운에서 살운(殺運)이 들어온다고 해도 지장간의 조후를 충족시키는 기운이 그 흉의를 상쇠하여 재화를 완화시키는 이점이 여기에 있는 것이다.

본인의 성격을 판단하여 보면 사주원국의 오행이 土氣로 구성되어 土氣를 따르는 종격(從格)이 성립되므로 대단히 믿음으로서 세인들을 대하는 현상이 돋보이겠으며 그러나 일면 자존심과 고집스러운 성질이 있어 그것으로 인하여 타인에게 적을 사는 경우가 종종 발생될 것이다.

또한 일간 己土를 기준하여 일지 丑이나 년지 丑은 비인살(飛刃殺)이 되고 있으므로 일을 시작할 때에는 투기와 모험을 좋아하여 대단히 급속적으로 밀어붙이는 힘은 강하나 결실이 유시무종(有始無終)으로 끝나기 쉬우니 한가지 뜻을 가지고 있으면 끝까지 뒷마무리를 지워주어야 결실이 있을 것이다.

따라서 사주팔자가 土氣로 따르는 기운이 대부분이 되어 있으면 믿음은 강하나 고집스런 일면이 나타나겠으며 더하여 절대로 자기주장을 굽히는 일이 없으므로 남이 나를 따라주기를 좋아하는 것은 土氣의 성정자체가 믿음이요 중후한 성질이니 이것이 강하게 되고 있을 때는 오히려 자존심과 고집스런 면으로 돌출되는 것이다.

더구나 일주를 주동하여 년지 丑土가 화개살(華蓋殺)이 되고 또한 년지 丑土를 기준하여 일지가 역시 화개살(華蓋殺)이 중첩 성립되므로 대단히 종교가로서 그 진가를 십분 발휘하는데 년지 丑土를 기점하여 월주 戌이 과숙살(寡宿殺)이 되니 본 저자가 이미 집필한 命理秘典 上권인 살성편에는 화개와 과숙이 동주하던지 나란히 있게 되면 독신의 팔자로서 승려나 목사가 된다는 원칙에도 완전히 부합하게 된다.

***. 조부님의 운명에 대한 본 저자의 경험상 비법(秘法),!**

위 사주 주인공인 김 모씨의 조부님의 운명을 판단하여 보면,!

조부님은 년주를 보고 판단하는데 편인은 조부를 나타내고 또한 년, 월주의 관살(정관이나 편관)로도 표시하기도 한다.

따라서 사주팔자를 관찰하여 보니 사주 년주에는 조부를 나타내는 기운이 없고 월지의 戌土의 지장간인 중기(中氣)에 丁火가 있으니 편인이 암장되어 있음을 알 수가 있는데 일지 및 년지 丑土와 丑-戌 삼형으로 가격하므로 조부님이 흉사의 운명이다.

이와 같은 부분을 지장간의 성질로서 좀 더 자세하게 판별하여 보면,!

삼형,!

丑 ⇄ 戌

(지 장 간) ⟶ 癸　　　　辛 (여 기)

"辛" ⇄ "丁" (중 기)

己　　　　戊 (정 기)

도표에서 보듯이 丑중에 지장간인 중기(中氣)의 辛金과 戌중에 지장간인 중기(中氣)의 丁火가 각각 辛-丁 상충으로 파극되어 丁火 편인이 절명이 되었는 것을 알 수가 있는데 이것은 비록 지장간의 성질에도 그대로 나타나고 있으나 년주 자체가 화개로서 십이운성의 묘지에 앉아 있으니 더욱 더 부합하게 되는 것이다.

실제로 사주 주인공인 김 모씨의 조부님은 일찍이 타향에서 객사 죽음을 맞이 하였다는 것을 어른들에게 전해 들었다며 회고를 하고 있다.

***. 조부님의 선산묘지,!**

더하여 산소묘지도 그리 좋지 못한 곳에 있다는 것을 알 수가 있는데 년주가 화개살로서 삼형이 되고 십이운성의 묘지에 앉아 있으면 산수도 좋지 않고 더하여 그 기운도 미미하다는 것으로 판단하게 된다.

따라서 김 모씨의 조부님의 산소는 경기도 모처 공동묘지에 안장되어 있었으나 후일 본인을 비롯하여 친척들이 함께 묘지를 산수가 좋은 것으로 이장을 하였다고 했지만 사주원국의 육친 운명상 이장을 해본들 그에 대한 발복의 여부는 대체로 의문이 가지 않을 수가 없다.

***. 부모님의 운명,!**

다시 부모궁을 살펴보는데 월주는 부모궁을 나타내고 육친별로는 편재는 부친이며 인수는 모친을 의미한다.

그렇다면 사주팔자의 월주를 같이 보면서 편재의 기운이나 인수의 성정을 관찰함이 타당하며 따라서 년지 및 일지 丑중의 지장간인 여기(餘氣)에 癸水 편재가 있으므로 癸水의 동태를 면밀히 파악함이 좋을 것이다.

그런데 편재 癸水가 이미 조부의 운명을 방금 설명하였듯이 편재 癸水 역시 지장간끼리 암장되어 있는 것을 丑-戌 삼형으로 가격하여 같은 여기(餘氣)에 있는 기운까지 삼형작용으로 파극하고 있었으니 부친 역시 일찍이 지병인 고혈압으로 유명을 달리하였다.

이와 같은 현상은 사주 주인공인 김 모씨의 유년이 대단히 어려웠던 점을 감안할 수가 있겠는데 보통 승도의 팔자나 목사의 팔자는 사주의 격국은 순수하다 하여도 일상생활의 사회적인 뼈아픈 범위를 넘어서야 한다는 것은 그만큼 고통과 시련이 있다는 일면이 있으니 그 직업에 종사하는 본인들의 육친의 운명은 대체로 대단히 좋지 못하다는 것을 본 저자는 많이 파악하고 있다.

***. 격국에 대한 대운흐름,!**

위 사주 주인공인 김 모씨는 사주격국이 가색격(稼穡格)을 구성하는데 비록 육친의 운명은 좋지 않아서 본인이 교회의 목사로 직업을 잡았지만 그래도 격국이 순수하고 대운의 흐름이 정히 용신이나 희신의 운로인 서방 申-酉-戌 金局과 남방 巳-午-未 火局으로 치달리고 있었기 때문에 세인의 추앙과 만인이 앙시하는 대부대귀한 운명이 되고 있음을 알 수가 있다.

따라서 김 모씨의 대운을 파악하여 보면 우선 초년 6세는 癸酉대운으로 대운천간 癸水가 편재의 운로로서 일간과 년간 己土 비견을 癸-己 상충으로 종격 (從格)인 土氣에 완전히 상극하는 결과가 되니 대단히 불리하겠으나 다행히 사주원국의 시상에 투출되어 있는 戊土 겁재와 戊-癸合火로 인성 火氣로 변화되므로 그 흉함을 잠재우게 된다.

더하여 대운지지 酉金이 사왕지지(子, 午, 卯, 酉)로서 왕신의 土氣를 자연스럽게 누출시키는 식신이고 사주원국의 일지 및 년지 丑土와 酉-丑合金, 그리고 시지 辰土 겁재와 辰-酉合金하여 그 기운이 더욱 더 왕성하니 대길운이 된다.

이 때에 사주 주인공인 김 모씨는 부모님의 비호속에 대단히 호강하여 별탈이 없이 삶은 살아가는 것을 알 수가 있겠으며 또한 부모님의 가업도 좋았다고 판단된다.

다시 16세는 壬申대운으로 대운천간 壬水가 일간 己土에 대한 정재의 운로로서 왕신의 土氣를 상극하니 불리한데 사주시상에 투출되어 있는 戊土 겁재를 壬-戊 상충하니 왕신 土氣를 대표하여 투출되어 있는 기운을 가격하는 것은 매우 두려운 일이 되었다.

더구나 대운지지 申金이 비록 일간에 대한 상관이 되나 이것 역시 사주원국의 시지 辰土 겁재와 申-辰合水로 대운 천간지지 모두 완전히 재성 水氣로 변화되는 점은 금전적인 타격과 그만큼 부친이 많다는 것을 의미하므로 부친의 운명이 좋지 못하는 현상이 된다.

따라서 이 때 김 모씨의 부친이 지병인 동맥경화증이 악화되어 고혈압으로 쓰러져 그 길로 유명을 달리하였는데 이 때가 김 모씨의 나이 고작 고등학교 시절이었으니 부친의 유고로 인하여 얼마나 금전적으로 인한 타격를 많이 받았음을 감히 예상할 수가 있겠다.

26세는 辛未대운으로 대운천간 辛金이 일간에 대한 식신의 운로로서 왕성한 土氣를 자연스럽게 누출시키는 현상이 되니 길운이다. 그러나 대운지지 未土가 비록 왕신을 따르는 비견이 되겠으나 사주원국의 지지에 丑-戌-未 삼형으로 성립하여 가격하니 아무리 土氣의 기운이라 하더라도 그 삼형으로 인한 재화는 무사하지 못하게 된다.

이 때에 김 모씨는 26세부터 30세까지는 신학대학을 우수한 성적으로 졸업하고 다시 그 발복여부가 승승장구하여 젊은 나이에 모처 조그만한 교회 목사로서 일약 앞길을 개척하는 열의와 성의를 다하였던 것인데 그러나 33세때에 우연히 길을 가다 교통사고로 다리가 부러지는 중상을 입었던 것이다.

다시 36세는 庚午대운인데 대운천간 庚金이 사주일간에 대한 상관의 운로이니 왕성한 土氣를 자연스럽게 누출시키는 정히 용신의 기운이 되어 대 발복이 되며 이것은 같은 식신이나 상관이라도 상관의 기운이 왕성한 土氣를 누출시키는 힘이 강력하게 작용하므로 식신의 기운보다 더욱 더 길하게 되는면을 알 수가 있다.

또한 대운지지 午火가 태양과 같은 불길이니 사주일간에 대한 편인의 운로로서 대단히 발전의 일로에 있는데 금상첨화로 사주원국의 월지 戌土 겁재와 午-戌合火하여 태양의 기운이 충천하므로 일약 세상이 놀라는 현상이 되고 있는 것이다.

이 때에 사주 주인공인 김 모씨는 모 처의 교회의 목사로서 대단히 승승장구를 거듭하여 일약 그 신도가 수십만을 헤아리는 정도로 군중이 인산인해를 거듭하였고 개인적인 재산만 이루 말할 수 없을 정도가 된 것이다.

다시 46세는 己巳대운으로 현재의 대운이 지배되고 있는 시점인데 대운천간 己土가 역시 일간 己土에 대한 비견이 되며 더하여 대운지지 巳火가 사주원국의 일지 및 년지 丑土와 巳-丑合金하여 그야말로 승승장구하는 것을 보고 있다.

앞으로 56세 戊辰대운과 66세 丁卯대운에도 대발전이 예상되고 있는데 그 중에서 66세 丁卯대운인 지지 卯운은 좋지 않게 될 수가 있으나 다행히 사주원국의 월지 戌土와 卯-戌合火로 왕신 土氣에 부합하게 하므로 승승장구하는 운명이 될 것이다.

※참고로 사주 주인공인 김 모씨는 사주격국이 가색격(稼穡格)을 구성하는 격국이 되고 있는데 초년 조금 곤고하였으나 점차 발전되어 대 발복을 하고 있는 것을 본 저자는 보고 있다.

이러한 것은 물론 사주원국의 격국이 순수한 것도 한몫을 차지하고 있겠지만 그보다 중요한 것은 대운의 흐름이 정히 사주의 용신이나 희신의 운로로 치달리고 있으므로 그야말로 승승장구하는 운명이 되었음을 알 수가 있는데 김모씨의 사주팔자를 해설하는 본 저자도 부러움을 감출 수 없는 현상이 되고 있다.

더하여 종교가의 팔자 중에서 이상과 같은 맥락에 비추어보면 그 발복여부가 대운의 흐름이 얼마나 중요하게 작용하고 있는가를 직접 판단할 수가 있겠으며 참고로 가색격(稼穡格)이나 곡직인수격(曲直印綬格)등의 격국을 가진 사주팔자가 사회의 상류급을 차지하고 있는 것을 저자는 많이 보고 있다.

제9장

*. 의사(醫師) 및 약사(藥師)

*. 의사(醫師) 및 약사(藥師)에는 크게는 종합병원에서부터 한의원(韓醫院)과 약국(藥局)까지 분류할 수 있다.

(9). 의사(醫師) 및 약사(藥師)의 팔자

사람의 직업분류 중에서 다양하고 수많은 직업을 통해 각자 삶의 영위를 종속하고 있는데 이 중에 의사(醫師)나 약사(藥師)의 직업은 관록을 가진 등급이상으로 사회적인 대우와 품위를 가지고 있다.

어쩔 때는 오히려 관록을 가진 사람보다 본 장 의사(醫師)나 약사(藥師)의 직업을 더욱 더 선호하고 있는 현상은 아마도 관록은 정치적인 입김이나 자기의 과오로 인하여 탄핵 및 좌천, 그리고 더 나아가서는 실직 등의 비운을 맞이하게 되면 비천한 삶을 면하기 어려운 위험적인 부담이 많으며 더하여 이 때에는 직계비속이 함께 고통을 각오해야 하기 때문인 것으로 보인다.

따라서 이와 같은 맥락에서 비추어 본다면 오히려 관록인 정치가나 사법관들은 일시적인 인기직종임에 반해 의사나 약사는 평생의 직종이니 그 품위가 사회적인 측면에서 대단히 선호하는 직업으로 나아가고 있는 추세라고 하겠다.

또한 대학을 졸업하는 인턴의사나 약사들에게 결혼을 하는 경우 열쇠를 3-4개정도 가지고 신부가 구애를 할 정도로 인기가 있는 것이라면 더이상 그 가치를 평가할 필요도 없을 것이다.

본 장 의사(醫師)나 약사(藥師)의 팔자에서는 사주격국이 이와 같은 맥락에 부합하는 소유자들이 일면 동일하게 사주원국이 짜여져 있으므로 의사의 운명과 약사의 운명이 제각기 틀리게 있지 않고 같이 통틀어 명조가 구성되어 정히 그 직종에 종사하는 것에 일치되고 있다.

결국 이러한 사주팔자가 격국을 타고났다 하여도 그 발복 여부가 전부 동일하게 되는 것이 아니라 전편인 命理秘典 下권인 간명비법의 조건에 부합하여 격국이 순수하며 용신이 강령한 중에 대운의 흐름이 정히 용신이나 희신의 운로로 치달리고 있어야 만이 대부귀 운명으로 부합되고 또한 필수조건이 되는 것을 알아야한다.

(가). 의사(醫師), 약사(藥師)의 운명,!

●일간이 신강, 신약을 불문하고 지지에 "寅-巳-申"이나 "丑-戌-未" 혹은 "子-卯"등의 형이 있는 사주,!

●"甲","乙,"丙","丁","戊","己"일간에"월주"(月柱)나"시주"(時柱)에 "戌","亥"등의 천문성(天門星)이 있을 때,!

●사주지지에 "卯","酉","戌"이 "2자"나 "3자"가 있게 되면 철쇠살이라 하여 의사(醫師), 약사(藥師)의 운명이 된다.!

●"庚","辛" 일간에 지지에 "木","火"가 많게(지합을 하여 나오는 오행도 포함)되면서 "시지"(時支)에 "辰"이나 "戌"이 있을 때,!

●"戌","亥","未","申"일주가 사주에 "寅-巳-申"이나 "丑-

戌-未" 혹은 "子-卯" 형이 있을 때,!

●사주월주에 "편인"이 있고 일주가 "酉"나 "戌"일생이 될 때,!

●사주에 "인수"가 왕성하고 "戌","亥" 천문성(天門星)이 들어 있을 때,!

●."甲","乙" 일간이 "寅","卯","辰"월에 출생하였거나 혹은 "巳","午","未"월에 출생하였는 사주,!

●"亥","子","丑"월에 출생하고 일간이 "壬","辛"일간이 되는 사주,!

***. 의사(醫師)의 운명,!**

(예1).서울 모 처 종합병원장을 지내고 있는 김 모씨 (경기도 안양시) (서기 1961년 음력 3월 17일 丑 시)

(대 운)

帶	死	衰	胎	金生水,!	69	59	49	39	29	19	9
乙	甲	壬	辛		乙	丙	丁	戊	己	庚	辛
丑	午	辰	丑		酉	戌	亥	子	丑	寅	卯

寅-午合火,!

겁재		편인	정관
木	(木)	水	金
土	火	土	土
정재	상관	편재	정재

● 대운천간 庚金이 일간과 甲-庚 상충이 되나 시상 乙木과 乙-庚合金으로 되고 더하여 월상 壬水가 金生水로 빨아들이고 있는 중에 대운지지 寅木이 일지 午火와 寅-午合火하는 것은 결혼을 의미하므로 갑부의 딸을 아내로 맞이하였다.!

***. 일간의 왕쇠(旺衰),!**

甲일간 辰월에 출생하여 실령하였으며 사주원국의 월지 辰土 편재를 중심으로 해서 지지전부 재성 土氣와 상관 火氣로 일간을 극루하는 중에 년간에 辛金 정관이 투출되어 있으므로 일간이 신약이다.

따라서 일간 甲木이 이렇게 신약이 되면 마땅히 일간 甲木을 생조하는 기운이 있어야 대길하게 될 것인데 사주팔자를 살펴보니 때마침 시상에 乙木 겁재가 지지에 丑, 辰土의 지장간에 각각 癸水와 乙木에 통근하면서 투출되어 일간을 생조하고 또한 월상에 壬水 편인이 있으므로 일간이 완벽히 의지를 하고있다 하겠다.

한편으로는 사주팔자가 지지에 丑土나 辰土 및 金, 水가 많아 일면 조후법에 부족하는 木, 火를 필요로 하는 것이 되겠으나 사주일지에 午火 상관이 자리 잡고 있으니 조후를 충족시키면서 일간과 유정(有情)하므로 대단히 길하게 되고 있음을 엿볼 수가 있다.

***. 격국(格局)과 용신,!**

위 사주원국 격국을 관찰하여 보면 일간 甲木이 신약하고 사주월지 辰土 편재를 중심으로 하여 일지 상관 午火를 빼고 전부 재성 土氣로 이루어져 있으니 "재다신약격(財多身弱格)"이며 혹은 "신약편재격(身弱偏財格)"이 성격(成格)된다.

고로 용신은 "재중용비격(財重用比格)"이니 상관 火氣와 재성 土氣가 중중하여 일간 甲木이 신약하므로 일간 甲木의 기운을 부조하고 아울러 재성 土氣를 바로 억제하는 비겁 木을 용신하고 비겁 木

을 생조하는 인성 水氣는 희신 으로 삼는다.

사주팔자를 살펴보니 비록 지지에 재성 土氣가 대단히 강력하게 자리를 잡고 있으나 辰, 丑 土氣는 습토라서 일간 甲木을 극심하게 상극하지 못하는데 때마침 시상에 乙木 겁재가 월상에 壬水 편인에게 생조를 받으면서 투출되어 있으므로 정히 진용신(眞用神)이 자리를 잡은 것이 되어 대단히 길하게 되고있다.

또한 이렇게 진신(眞神)이 들어 있는 중에 희신인 편인 壬水가 월상에 투출되어 있고 용신 및 희신이 일간과 근접하는 즉, 시상과 월상에 같이 있으므로 유정무정(有情無情)의 법칙에 준하여 대단히 유정(有情)한 결과를 낳았다고 볼 것이다.

***. 격국의 청탁(淸濁),!**

위 사주팔자의 격국의 청탁을 판별하여 본다면 우선 사주천간 지지의 형, 충이 있는지, 그리고 오행이 편중되는지를 제일 먼저 면밀히 파악하여야 될것이다.

따라서 사주천간을 보니 비록 년간 辛金 정관과 시상에 투출되어 있는 乙木 겁재간에 乙-辛 상충이 되고 있으나 년간과 시간의 거리가 원격하고 있는 중에 월상 壬水가 가로막아 년간 辛金의 기운을 金生水하여 흡수하니 상충의 작용이 퇴색되고 있다하겠다.

더하여 이렇게 辛金 정관의 기운을 흡수받은 월상 壬水 편인은 일간 甲木과 시상에 투출되어 있는 乙木 겁재를 水生木으로 연결하고 있으므로 상생의 법칙에 준하여 사주가 절묘하게 배치가 되고 있음을 알 수가 있다.

또한 지지 역시 별 다른 형, 충이 보이지 않고 있는데 용신의 기운인 乙木 겁재가 월지 辰土 및 년지 丑土 그리고 시지 丑土 재성의 기운에 각각 통근을 허용하고 있으므로 용신의 기운이 천복지재(天覆地載)가 되어 이것 역시 어느 하나 버릴 것이 없는 배합을 이루고 있다.

***. 본 저자가 발견한 중요한 성질,!**

여기서 학자들에게 본 저자는 위 사주의 절묘한 부분을 또 발견하게 되는데 보통 사주팔자의 용신이 사주천간에 투출되어 있으면 용신을 보호할 수 있는 한신(閑神)이 투출되어 있어야 용신이 운로인 대운이나 세운에서 용신을 파극하는 기운을 만났을 때 용신이 한신(閑神)으로부터 보호를 받을 수 있는 것이 된다.

따라서 위의 사주는 일간 甲木이 신약한 중에 관성 金氣는 기신(忌神)으로되고 있는데 년간에 辛金 정관이 투출되어 있음에 따라 별로 좋지 못하다는 점으로 판단하는 것이 학자들의 지배적인 견해가 될 것이다.

그러나 본 저자는 그와 같은 부분에 대하여 생각을 달리하고 있는데 그것은 비록 년간에 辛金 정관이 투출되어 있어 일간에게 기신

(忌神)으로 역할을 하고 있겠지만 월상에 투출되어 있는 壬水 편인이 절묘하게 앉아 정관 辛金의 기운을 일간에게 살인상생(殺印相生) 및 관인상생(官印相生)의 법칙을 실현하고 있다.

그렇다면 관성 辛金은 일간을 상극하지 못하고 오히려 일간 甲木의 기운을 생조하는 역할을 하고 있을 것이며 더욱 더 절묘한 것은 만약 운로인 대운이나 세운에서 일간 甲木에 대한 기신(忌神)인 관성 金氣가 들어온다고 할 때 이상과 같은 맥락에서 월상 편인 壬水가 살인상생(殺印相生)의 법칙을 도모 할 것이다.

또한 만약 일간의 기신(忌神)인 재성 土氣의 기운이 들어온다고 가정할 때 역시 년간에 辛金 정관이 이것을 土生金하여 흡수하면서 다시 월상 壬水에게 水生木의 이치와 함께 일간 甲木과 용신인 乙木이 같이 木剋土하므로 그 흉의를 잠재울 수가 있다.

더구나 식상 火氣의 경우에도 丁火가 들어오면 월상 壬水 편인이 丁-壬合木을 할 것이고 만약 丙火가 들어오면 년간에 투출되어 있는 정관 辛金이 丙-辛合水로 인성 水氣의 기운으로 변화되게 만들고 있으니 이상과 같은 취지를 판단하여 볼 때 정말 사주년간의 辛金 정관은 비록 기신(忌神)이나 용신을 보호하는 한신(閑神)의 역할을 하게 되므로 사주팔자 어느 하나라도 버릴 것이 없는 정말 절묘한 배합을 이루고 있다.

더욱 더 감탄이 연발이 되는 것은 이상 한신(閑神)의 역할을 제쳐두고라도 사주 년지 월지 丑, 辰 土가 년간에 투출되어 있는 辛金 정관에게 土生金, 다시 월상 壬水 편인에 金生水, 그리고 일간과 시상에 水生木하고 있다.

더하여 일간과 시상에 甲, 乙木은 일지 午火에게 木生火, 마지막 시지와 월지 및 년지 丑, 辰 土氣에게 火生土로 오행이 한바퀴 돌아 주게 되니 이것은 사주상의 탁기고 뭐고 필요없이 정말 생화불식(生化不息)의 최으뜸이 되므로 대단히 청기(淸氣)를 가지는 이유가 여기에 있다.

***. 본인의 성격,!**

위 사주 주인공인 김 모씨는 현재 서울 모 처 종합병원장으로서 이상과 같은 맥락에 비추어 사주팔자를 간명하여 본 결과 비록 사주원국 일간이 신약하나 이렇게 격국이 순수하여 청기(淸氣)를 가지는 현상이 되고 있음을 알 수가 있다.

더하여 정신기(精神氣)삼자가 고루 분배되어 있으며 내격(內格)의 용신이 선정되어 진신(眞神)이 자리를 잡고 있는 중에 대운의 흐름이 정히 초년부터 동방 寅-卯-辰 木局과 북방 亥-子-丑 水局으로 치달리고 있으므로 정말 호랑이에게 날개를 달아주는 격이 되니 대단히 승승장구할 운명이다.

사주 주인공인 김 모씨의 성격을 판단하여 보면 사주월지에 편재가 차지하고 더구나 일간 甲木에 일지 午火 상관이 자리를 잡아 있어 목화통명(木火通明)이 성립되니 대단히 지혜가 총명하고 문학, 예술적 발달이 뛰어나는 것을 알 수가 있겠으며 그러나 주색적인 면에 약간의 호색다음한 기질이 내포되어 있다 하겠다.

이와 같은 현상은 사주년주를 주동하여 일지 午火가 도화가 되고 있는 중에 신약사주에 정재 편재가 혼잡되어 그 세력이 강하니 더욱 더 확실한데 도화살이 있는 일주가 십이운성의 死지에 앉아 있으므로 조금의 사람됨이 교활하고 눈에 보이는 것만 찾으니 배은망득한 일면이 노출되고 있다할 것이다.

그렇다면 사주팔자가 비록 식상생재격(食傷生財格)이 되고 있으나 일간이 신약하니 금전으로 인한 다툼과 시비가 분분한 것을 알 수가 있겠으며 오늘날 이렇게 어지간한 나이에 벌써 큰 건물의 종합병원장을 지내는 것은 재물을 쓰지는 못하고 모을줄만 알았다는 것을 의미하기도 한다.

본 장 의사(醫師), 약사(藥師)의 운명에 준하여 위 사주를 판별하여 보면 일간 甲木을 기준하여 일지 午火 상관간에 목화통명(木火通明)이 되고 일지 午火가 시지 丑土 및 년지 丑土가 다같이 탕화살이 되고 있음을 알 수가 있다.

따라서 탕화살은 화상, 총상, 절상등을 의미하니 사주원국에 탕화살이 중첩되어 있으면 아픔을 신음하는 것이 되므로 의사, 및 약사의 운명이 된다.

더하여 사주월주가 壬辰으로서 괴강살이 있는데 辰자체가 천라지강살이 되니 辰, 戌이 있으면 공업계나 의사, 및 약사의 직업에 부합하는 것이며 또한 월상에 편인 壬水가 사주상의 길신이 되고 있으므로 더욱 더 부합하게 된다.

*. 조부의 운명과 선산묘지,!

육친의 운명을 관찰하여 보면 김 모씨의 조부님은 년주를 보고 판단하는데 육친별로는 편인이며 또한 년, 월주의 관살(정관이나 편관)로도 볼 수가 있다.

따라서 사주월상에 壬水 편인이 투출되어 있으므로 조부님이 사주상에 나타나는 것이 되며 그러나 비록 년간에 辛金이 편인 壬水를 金生水하여 생조를 하고 있지만 십이운성의 쇠약한 쇠지에 앉아 있으니 조부님의 운명이 일생의 삶에 기복이 많은 것이 된다.

하지만 년간에 辛金 정관이 壬水 편인을 끊임없이 생조하고 있는 것은 조부님의 재산은 부자였음을 나타내는데 이와 같은 것은 재성 土氣가 편인의 자에 동주하고 있는 중에 월지 辰土는 일간 甲木을 대조하여 금여살(金輿殺)이 되는 것을 알 수가 있다.

아울러 년지 丑土는 천을귀인이 되고 있으므로 이상과 같은 맥락에서 본다면 조부님은 부귀함을 누렸다고 볼 수가 있으나 십이운성의 쇠지에 있는 것은 질병이나 사람으로 인한 손재등에 더욱 더 부합하게 된다.

김 모씨 조부님의 선산묘지를 판별하여 보면 년주가 辛丑으로 일간 甲木을 대조하여 볼 때 천을귀인에 앉아 십이운성의 관대지에 있으니 산수는 수려한 곳에 안장되어 있겠으며 丑중의 癸水가 있는 것은 서북간방에 자리를 잡고 그 쪽에서 보면 서쪽방향으로 오솔길정도의 하나의 길이 돌아가면서 있다.

또한 辛金이나 丑土는 습토이므로 물을 의미하는데 묘지에서 보면 앞으로 바다나 강이 보이고 있으며 이는 풍수지리학적으로 배산임수(背山臨水)의 형상이 되어 좌청룡 우백호가 있는 입수 용혈이 뚜렸한 자리를 잡은 명당좌가 되고 있으니 대단히 길함을 엿볼 수가 있다.

***. 육친의 운명,!**

다시 김 모씨 육친의 운명을 관찰하여 보면 부모궁은 월주를 보고 판단하는데 육친 성질별로는 편재는 부친이며 인수는 모친이 된다.

사주팔자의 월지에 辰土 편재가 자리를 잡고 있으니 정히 부친을 나타내고 있으며 역시 월상에 壬水 편인이 있으므로 모친도 같이 사주에 나타나고 있음을 알 수가 있다.

따라서 부친인 편재 辰土가 일간 甲木을 대조하여 월득귀인과 천득귀인이 되고 있으니 부친이 현명하고 사회적지위도 높았던 것으로 판단하며 그러나 편재의 기운이 일간 甲木에 대한 기신(忌神)으로 변화되어 있으므로 부친과 본인사이가 그다지 좋지 않았던 점을 미루어 짐작할 수가 있겠다.

이와 같은 것은 사주상에 일간에 대해 용신이나 희신이 년주나 월주에 자리를 잡고 있으면 부친이나 모친덕을 볼 수가 있고 더하여 재산상속도 받을 수 있는 점으로 판단하는 것이 정석이다.

그러나 위 사주와 같이 편재의 기운이 일간에 대한 기신(忌神)으로 행사하고 있을 것 같으면 비록 부친의 유복은 있었다 하더라도 부친과 불협화음이 많은 식으로 판단하면 될 것이다.

더하여 부친의 성정을 판단하여 본다면 월주가 壬辰으로서 괴강살에 해당하고 있고 십이운성의 쇠지에 앉아 있으니 부친의 성질이 대단히 엄격하고 약간의 횡폭한 일면을 지니고 있다고 판단하여야 된다.

이와 같은 점은 본 저자가 이미 집필한 命理秘典 上권인 육친의 통변법에서도 월주에 육친의 편관이 있다던지, 괴강이나 형, 충이 존재하여 있으면 부친의 성격이 대단히 엄격하다고 명시하고 있는 것을 볼 때 더욱 더 부합하게 된다.

***. 본인의 처궁,!**

사주 주인공인 김 모씨의 처궁의 동태를 관찰하여 보면 사주일지는 자신의 몸이고 처의 자리를 나타내는데 육친별로는 정재는 본처이며 편재는 첩을 가르키고 있다.

따라서 사주원국의 지지에 정재, 편재가 혼잡되어 있으므로 첫

눈에 여자로 인하여 복잡한 관계를 예상할 수가 있겠는데 년주를 주동하여 일지가 도화살에 해당하고 있는 중에 십이운성의 死지에 앉아 있으니 도화가사, 절에 해당하면 그 성질이 교활하고 배은망덕하며 유탕하다는 命理秘典上권인 도화편의 법칙에 인용하여 볼 때 과히 그 성정을 판별하고도 남음이 있다하겠다.

그렇다면 사주 주인공인 김 모씨는 재가팔자가 되겠으며 호색다음으로 인하여 일평생 동안 여자로 인해서 근심을 가지는 팔자로 보면 타당할 것이며 대운의 흐름을 판별하여 볼 때 중년에 한번 여자로 인한 망신이 있다는 점을 사주원국은 무언중에 암시를 하고 있다.

김 모씨의 처를 판별하여 보면 사주년지 丑土 및 시지 丑土가 일간에 대한 천을귀인에 해당하고 있으니 처의 용모가 고상하고 그 자태가 아름다운 미모로서 대단히 자색이 곱다는 것을 알 수가 있겠으며 더하여 그 성정 역시 차분하여 말이 없다는 것을 알게 된다.

그러나 첩을 나타내는 편재 역시 월지 辰土가 금여살(金輿殺)에 해당하고 있으니 편재인 첩 역시 성품이 인자하며 수려한 자태를 나타내고 있는 것을 알수가 있는데 비록 김 모씨는 사주가 신약사주이나 이렇게 여복이 많은 것은 또 하나의 자랑이라 아니 할 수가 없다.

***. 격국에 대한 대운흐름,!**

위 사주 주인공인 김 모씨는 이상과 같은 맥락에 비추어 사주간명을 하여보았는데 일간이 신약한 것이 결점이 되겠지만 오히려 이렇게 일간이 신약하므로 인하여 대운의 흐름이 정히 용신이나 희신으로 치달리고 있었기 때문에 오늘날의 대부귀한 운명이 되었을 것이다.

하지만 만약 사주 주인공인 김 모씨가 만약 일간이 신왕하였다면 용신의 기운이 거꾸로 되기 때문에 대운의 흐름이 이상과 같이 정히 기신(忌神)으로 치달리고 있는 것은 대 부귀운명이 되지 못했을 것이다.

따라서 김 모씨의 대운의 흐름을 판별하여 보면 초년 9세는 辛卯대운으로 대운천간 辛金이 일간 甲木에 대한 정관운이라 기신(忌神)의 운로이다.

그러나 한편으로는 비록 사주시상에 투출되어 있는 용신인 겁재 乙木을 乙-辛상충으로 가격하고 있지만 월상에 투출되어 있는 壬水편인이 辛金을 金生水하여 흡수를 도모하니 약간의 소흉으로서 지나간다는 것을 알 수가 있다.

더하여 대운지지 卯木이 일간 甲木에 대한 겁재로서 정히 용신의 기운이 되고 있는 중에 대운지지 卯木이 대운천간 辛金을 金剋木하여 서로간 개두전극의 법칙이 성립되고 있으므로 대운천간 辛金이 그다지 흉을 돌출하지 못한다.

이것은 대운천간의 힘이 대운지지의 힘과 비교 분석하여 볼 때 지지의 기운이 천간에 비해서 약 3배정도 강력하게 작용하기 때문에 따라서 대운천간의 기운이 무력한 점은 당연한 것이 될 것이다.

이 때 사주 주인공인 김 모씨는 부모님의 비호속에 별탈이 없이 성장하였다는 것을 알 수가 있겠으며 또한 부모님의 가업도 좋았다고 판단을 내릴 수가 있다.

다시 19세는 庚寅대운인데 대운천간 庚金이 일간 甲木에 대한 편관의 운로로서 역시 흉신이나 사주원국의 일간 甲木과 甲-庚 상충, 그리고 시상에 투출되어 있는 乙木 겁재와 乙-庚合金으로 변화되니 편관의 기운을 순화시키는 현상이 되어 상충의 작용이 완화된다.

더구나 대운지지 寅木이 일간에 대한 비견으로서 용신의 기운이 되고 있는데 사주일지 午火와 寅-午合火하여 식상 火氣로 둔갑하는 것은 흉을 돌출하는 일면이 있다고 보겠다.

그러나 대운천간 庚金이 일간에 대한 편관으로서 흉물이 되고 있는데 역시 대운지지 寅木이 합을 하여 식상 火氣로 火剋金하니 서로간 흉한 기운을 상쇠시키고 있으므로 이것은 절묘하게 일간에 대해 반사이익을 가지는 점이 되므로 흉함을 소흉 내지는 평길운으로 돌릴 수가 있는 것이 된다.

이 때에 사주 주인공인 김 모씨는 학업에 전념하는 나이인 것을 알 수가 있는데 약간의 번민과 고통속에서 대학진학과정에 과를 잘못 선택하여 한해를 재수하였고 이듬해 다시 본인이 원하는 의대에 합격하여 무난하게 학업의 성취를 도모하였던 것이다.

이와 같은 점은 대운천간 지지가 서로간 전극이 행사되는 관계로 사주운명의 소유자는 극도로 번민과 정신적인 고통이 일어난다는 것을 암시할 수가 있겠으며 그러나 신체적인 부상이나 고통은 없었다는 것은 이상의 법칙에 부합하는 것을 증명하고 있는 셈이다.

따라서 무난히 학업의 성취를 마치고 인턴생활도중에 같이 근무를 하는 인턴 여대생을 알아 결혼에 골인하였는데 장인이 사회적으로 대단히 거부로서 일약 병원을 차려주었다는 것을 생각하여 볼 때 이것은 아마도 편관이나 정관인 金氣가 비록 대운지지와 개두전극을 하였다는 일면도 있으나 그보다 중요한 점은 사주원국이 생화불식(生化不息)으로 인한 오행의 상생의 법칙이 대단히 중요하게 작용하였다는 것을 알아야 한다.

다시 29세는 己丑대운이다.

따라서 대운천간 己土가 일간 甲木에 대한 정재의 운로로서 기신(忌神)이 되겠으나 사주원국의 일간 甲木과 甲-己合土로 맺어지는 점은 처의 내조가 대단하다는 것을 알 수가 있는데 하지만 역시 기신(忌神)으로서 그 영향력을 행사하는 점은 두말할 이유가 없다.

더구나 대운지지 丑土가 역시 정재의 운로이니 흉함을 돌출하겠지만 丑土가 오행별 성질로 판별하여 볼 때 水氣를 머금은 성질이 되므로 일간 甲木을 완벽하게 상극하지 못하고 오히려 水氣를 보충하게 되는 것이니 때로는 서로간에 유정하게 된다.

이 때에 사주 주인공인 김 모씨는 천간 己土의 운로에서는 약간의 병원의 재정문제로 타격을 받았으나 대운지지 丑土가 들어올 때에는 그래도 약간의 기복과 함께 금전적인 문제가 해결이 되어 지금의 종합병원을 차리게 된 것인데 이것 역시 장인의 도움이 없었다면 해결이 되지 않았을 것이다.

39세는 현재운을 지배하는 戊子대운이다.

따라서 대운천간 戊土가 일간 甲木에 대한 편재의 운로로서 흉이 되겠는데 사주일간과 甲-戊 상충 및 월상에 희신인 壬水 편인을 또 壬-戊 상충이 일어나므로 일간과 희신의 기운을 중첩하여 가격하는 것은 대단히 흉물스럽게 된다.

*. 본 저자가 약 26년동안 실제인물에 준하여 경험상 터득한 비법(秘法),!

이와 같은 점은 본 저자가 약 26년동안 경험상 비법(秘法)을 통하여 기술하겠는데 비록 년간에 투출되어 있는 辛金 정관이 편재 土氣를 土生金하여 흡수를 도모한다지만 그래도 상충의 작용이 성립되는 것은 그만큼 흉의를 줄일수가 있을 것이나 완벽하게 피할 수가 없다.

하지만 이것 역시 천만다행으로 대운지지 子水가 일간 甲木에 대한 인수의 운로로서 사왕지지(子, 午, 卯, 酉)가 되어 대운천간 戊土를 상극하겠지만 일면 지장간끼리 암합이 되므로 완벽하게 戊土의 기운을 상극을 할 수가 없게 된다.

이 부분을 좀 더 지장간 변화를 파악하기 위해 도표로 설명한다면,!

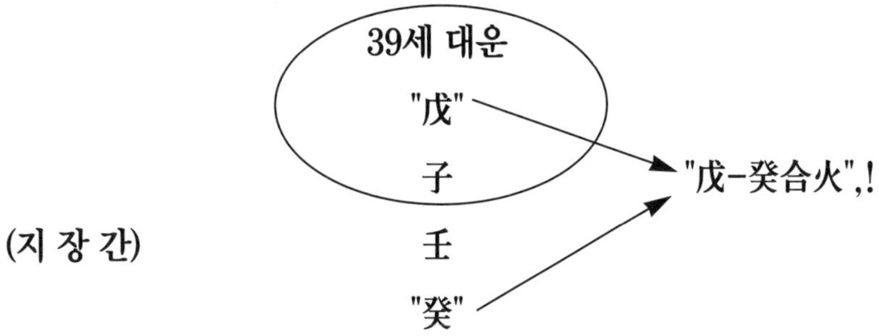

이상과 같이 도표에서 판별하여 볼 때 대운천간 戊土와 대운지지 子水의 지장간의 정기(正氣)인 癸水와 戊-癸암합을 도모하니 대운지지 子水가 대운천간 戊土를 직접 土剋水하지 못하고 오히려 보이지 않는 火氣를 조성하므로 인하여 사주운명의 소유자에게 간접적인 火氣로 그 영향력을 행사하고 있음을 알 수가 있다.

이렇게 될 때 사주 주인공은 본래의 土氣가 기신(忌神)이 되고 있는데 子水가 길신으로서 土氣의 기운을 土剋水하여 그 흉물을 제거하려는 소정의 목적이 어긋나는 성질이 되고 있는 것을 판단할 필요가 있다.

그렇다면 사주 주인공인 김 모씨는 지금 현재에 약간의 경영 악화로 고통을 당하고 있는 것을 엿볼 수가 있는데 그것은 대운지지 子水가 그 영향력을 행사하여 천간 戊土가 흉신으로서 자리를 잡지 못한다면 길함마져 나타날 수가 있을 것이다.

하지만 이렇게 대운 천간지지 간에 암합을 도모하여 火氣를 작화

(作火)하니 火氣 역시 위의 사주원국에서는 신약한 일간에게는 나쁘게 작용하는 것이 된다.

앞으로 사주 주인공인 김 모씨는 대운지지 子水의 영향력이 들어오는 43세까지는 지금의 고통을 감수한다는 것을 생각하여야 되겠으며 그러나 44세부터는 대단한 영광과 재복이 들어온다는 것을 예상할 수가 있다.

앞으로 49세 丁亥대운에도 승승장구하는데 비록 丁火가 기신(忌神)이 되지만 사주월상 壬水와 丁-壬合木하므로 용신의 기운에 부합하고 그러나 59세 丙戌 대운에서는 대단한 기복과 어쩌면 생명에 위험이 갈 정도로 대흉운이 닥칠것이다.

그것은 대운천간 丙火가 비록 년간 辛金과 丙-辛合水를 하나 대운지지 戌土가 午-戌合火하면서 丑-戌 삼형으로 맞이하는 것이 위험하며 무엇보다도 위 사주원국의 용신이 시상에 투출되어 있는 乙木 겁재가 용신이 되고 있는데 대운지지 戌土를 대조하면 용신이 묘지에 있는 것이 되므로 용신이 죽음을 맞이하는 것이 본 저자는 대단히 두려운 점으로 생각한다.

※참고로 이상과 같이 사주 주인공인 김 모씨의 대운을 파악하여 보았는데 의사및 약사의 운명에서 사주격국을 부합하여 보면 일면 보통 평범한 사주원국인 같아도 세밀하게 비교 분석하여 볼 때 사주가 대단히 청기를 가지는 것을 엿볼 수가 있다.

또한 무엇보다도 木, 火, 土, 金, 水를 전부 가지고 있는 중에 土

生金, 金生水 등으로 생화불식(生化不息)이 되어 오행을 한바퀴 돌아 주게 되니 비록 살운(殺運)이 들어온다고 해도 그 흉의가 작을 것이며 용신이나 희신의 운로를 맞이하게 된다면 대단히 대 발복을 예상하는 것이다.

결국 이상과 같은 맥락에서 위의 사주격국을 판별하여 본다면 타 사주격국은 흉운을 맞이하게 될 때 대단히 큰 재화가 들어오게 되겠지만 이와 같은 청기를 가지는 사주는 그 흉합이 빙산의 일각이 되므로 그 흉의와 복록의 판단에서 사주팔자를 단편적으로 평가한다면 오류를 불러들일 수가 있는 김 모씨의 사주이다.

***. 약사(藥師)의 운명,!**

(예2).부산 모처에 약사로서 거부의 운명이 된 박 모씨(부산초량)(서기 1935년 음력 7월 20일 子시)

(대 운)

胎	生	病	絕	甲-己合土,!	63	53	43	33	23	13	3
戊	丙	甲	乙		丁	戊	己	庚	辛	壬	癸
子	寅	申	亥		丑	寅	卯	辰	巳	午	未

亥-卯合木,!

식신		편인	인수
土	(火)	木	木
水	木	金	水
정관	편인	편재	편관

● **대운천간 己土가 사주월상 甲木과 甲-己 合土하여 일간에 대해서는 약간의 기복과 번민이 있을 것이나 대운지지 卯木이 사주년지 亥水와 亥-卯合木하여 정히 신약한 일간을 생조하는 것이 되니 대박이 터지고 있다.**

***. 일간의 왕쇠(旺衰),!**

丙일간 申월에 출생하여 실령하고 사주원국의 월지 申金 편재를 중심으로 해서 지지에 관성 水氣와 재성 金氣가 전부 차지하여 일간 丙火를 극루하고 있으므로 신약이다.

하지만 일간 丙火는 일지 寅木 편인에 득지(得地)하였고 더하여 일지 편인寅木의 십이운성의 각각 제왕지와 건록지에 앉아 년간 및 월상에 투출되어 있는 乙, 甲木 인성 木氣에 생조를 받고 있으므로 그리 쇠약하지 않다.

따라서 신강, 신약을 정하기 어려운 약간 신약으로 치우쳐져 있는데 이렇게 일간 丙火가 강력한 관성 水氣와 재성 金氣가 강하면 마땅히 관성과 재성의 기운을 억제하고 아울러 신약한 일간 丙火를 생조 및 부조하는 것이 타당할것이다.

그러나 한편으로는 사주팔자가 비록 인성 木氣는 많아서 일간 丙火를 생조는 한다고 해도 이것을 적절히 일간 丙火에게 흡수시킬 수 있는 비겁 火氣가 없으므로 오히려 많은 인성 木氣에게 일간이 수다목부(水多木浮) 및 모자멸자(母子滅子)의 법칙에 준하여 일간이 쇠약해지기까지 하고 있다.

***. 격국(格局)과 용신,!**

위 사주격국을 살펴보면 일간 丙火가 신약하고 사주원국 월지에 편재 申金이 자리를 잡고 있으므로 "신약편재격(身弱偏財格)"이 성격(成格)한다.

고로 용신은 "재중용비격(財重用比格)"으로 사주팔자에 재성 金氣와 관성 水氣가 많아 신약하므로 재성 金氣와 관성 水氣를 억제하는 비겁 火氣를 용신 하고 비겁 火氣를 생조하는 인성 木氣는 희신으로 삼는다.

따라서 사주원국을 살펴보니 용신으로 선택되는 비겁 火氣는 일간 丙火를 제쳐놓고 일지 寅木 편인의 지장간인 중기(中氣)에 丙火가 있겠으나 암장된 용신의 기운은 용신으로서 적절히 그 역할을 할 수가 없고 오로지 운로에서 보아야 되는 단점을 지니고 있겠다.

***. 학자들의 의견,!**

학자들 중에는 여기서 한가지 의문을 가지고 본 저자에게 문의를 하고 있는데 그것은 "방금 설명한 용신의 부분에 대해 비겁 火氣가 없으면 인성 木氣가 3개의 기운이 존재하여 있는데 왜, 구태여 인성 木氣를 용신으로 선택하지 않고 사주에 보이지 않는 가신(假神)인 비겁을 꼭 용신으로 써야 하는지",! 하고 말하고 있다.

*. 일부학자들의 의문에 대한 본 저자판단,!

이 부분에 대해 본 저자는 우선 위 사주팔자를 면밀히 검토할 필요가 있다. 따라서 위 사주팔자를 간명하여 볼 때 일간 丙火가 생조되는 기운인 인성 木氣가 3개가 되어 이것을 흡수시킬 비겁인 火氣가 사주원국에 없고 오로지 일지 寅木 편인인 지장간 중기(中氣)에 丙火가 있을 뿐 일간 혼자 이것을 전부생조를 다 받는다는 것이 대단히 무리가 되고 있는 것을 알 수가 있다.

그렇다면 이와 같은 현상은 운로에서도 그대로 나타나고 있는데 일간 丙火가 신약하여 다시 운로인 세운이나 대운에서 인성 木氣를 중첩하여 받고 있을 경우에 비록 조금의 복록이 들어오는 길운이 될 수 있지만 그렇지 않아도 인성 木氣가 사주에 많아 이것을 흡수할 수 있는 비겁 火氣가 없는 중에 다시 인성의 기운을 받게 된다면 더욱 더 일간이 부담을 안게된다.

그에 반하여 비록 가신(假神)인 비겁 火氣를 운로인 세운이나 대운에서 받고 있을 때 이것은 이미 사주에 많은 인성 木氣를 흡수하고 다시 일간 丙火에게 연결하는 것이 되며 더하여 일간이 신약하니 비겁 火의 기운은 일간이 부담을 느끼지 않고 자연스럽게 힘을 가지게 될 것이다.

결국 이와 같은 현상 때문에 일간 丙火가 신약하더라도 인성 木氣의 기운보다 비겁 火氣가 길함이 앞선다는 결론에 도달하는 것이며 학자는 이상의 판단부분에서 본 저자가 기술한 것을 생각한다면 아마도 쉽게 수긍이 갈 것이라고 판단한다.

＊. 격국의 청탁(淸濁),!

위 사주원국을 격국에 대한 청탁부분을 판별하여 보면 일간 丙火를 중심으로 하여 사주월상에 甲木 편인과 시상에 투출되어 있는 戊土 식신간에 甲-戊 상충이 성립되어 서로간에 전극이 형성되고 있겠지만 일간 丙火가 이것을 가로막아 월상 甲木의 기운을 흡수하고 다시 시상 戊土에게 연결하고 있는 현상이 되므로 상충의 작용은 퇴색되고 있다할 것이다.

또한 사주의 월지 申金 편재와 일지 寅木 편인간에 寅-申 상충이 성립되어 일면 사주상의 탁기를 남기고 있는 듯하나 이것 역시 월지 申金은 시지 子水와 申-子합 및 일지 寅木은 년지 亥水와 寅-亥합으로 곧 해극을 도모하므로 사주팔자가 절묘하게 배합이 되고 있다.

더구나 비록 사주원국에 일간 丙火의 왕쇠(旺衰)가 인성 木氣가 많아 일간이 적절히 흡수를 하지 못하여 생식불식(生息不息)에는 막힘이 다소 있는 것은 되겠으나 그래도 일간이 의지할 수 있는 기운이 있기에 그나마 다행으로 판단하여야 되겠다.

하지만 정신기(精神氣)삼자중에 정(精)의 기운인 인성 木氣와 신

(神)의 기운은 서로 존재하여 그 균형을 도모하고 있지만 사주원국에 일간의 동기인 비겁이 일간 홀로 있고 비겁이라고 있는 것이 지장간에 암장된 기운밖에 없는것을 알 수 있다.

이것은 일면 사주상의 조금의 탁기를 구성하고 있다할 것이지만 월지 申金을 주동하여 년지 亥水에 金生水, 년지 亥水는 년간 및 월상 인성에게 水生木 그리고 일간에게 木生火, 다시 일간은 시상 식신에게 火生土로 연결하고 있으니 생화불식에 근접하는 현상이 되어 대부한 팔자는 될 수가 있을 것이다.

＊. 본인의 성격,!

사주 주인공인 박 모씨의 성격을 판단하여 보면 일간 丙火가 신약하고 일지에 편인 寅木이 자리를 잡아 그 세력에 뿌리를 둔 월상 甲木 편인이 투출되어 있으니 매사를 시작은 잘하나 끝마무리가 시원치 않는 현상이 두드러지게 나타나고 있겠으며 더하여 일지에 편인이 있으면 자존심과 고집스런 일면으로 타인과 불화가 자주 발생할 것이다.

이와 같은 현상은 일간 丙火를 기점으로 하여 시지 子水 정관이 비인살(飛刃殺)이 되고 있으니 더욱 더 확실하게 적용되고 있는데 더구나 월지에 편재 申金이 있고 일지 寅木과 寅-申 상충이 성립되어 있어 사람간에 정으로 인한손재가 종종 발생할 수도 있으므로 조심하여야 된다.

또한 일주 寅木을 주동하여 년지 亥水 편관이 공망이 되고 있으니 년주를 공망하면 초년에 사업적인 실패가 있을 것을 암시하며 더하여 그것으로 인한 이사, 이동수가 많았을 것임을 판단할 수가 있는데 월지가 편재가 자리를 잡고 있으니 타향살이이고 객지에서 자수 성공하는 팔자이다.

＊. 본 장 약사(藥師)에 준한 판단,!

위 사주 주인공인 박 모씨는 직업이 약사(藥師)로서 현재 부산 모처에 거부로 성공한 사람이며 사주팔자가 일간 丙火를 기점하여 일지 寅木 편인이 목화통명(木火通明)이 되어 있는 중에 편인까지 들어 있어 길신이 되고 있으니 편인은 의사, 배우, 운명가,등으로 성공하는 기운이 되므로 약사의 직업을 잡는 것이 된다.

더구나 사주일지와 월지간에 寅-申상충이 되어 있는데 본 장 의사(醫師)나 약사(藥師)의 팔자에서 이러한 상충이나 삼형을 가지고 있는 것에 또한 부합하고 있겠으며 이와 같은 현상에다 육친의 편인이나 인수가 많은 것은 인술을 베푸는 직업이니 학자나 의사 및 약사에 더욱 더 완전히 일치하게 되는 것을 알 수가 있다.

한편으로 사주 주인공인 박 모씨는 불전에도 대단히 많은 신심을 보이고 있는데 이것은 사주일간이 甲, 丙, 丁, 戊일생으로 사주지지에 戌, 亥가 있고 극, 해, 공망이 있으면 정통 승도의 팔자의 운명을 가진다는 命理大要 下권 인 승도의 팔자에 기록되어 있는 것에 판별하여 볼 경우 아마도 박 모씨는 이러한 약사(藥師)의 직업을 가지지 않았을 경우 불전에 귀의하는 운명이 되었을는지도 모른다.

***. 조부님의 운명,!**

위 사주 주인공인 박 모씨의 조부님의 운명을 판단하여 보면 사주년주를 보고 간명하는데 육친으로는 편인이고 또한 년, 월주의 관살(정관이나 편관)로도 표시할 수가 있다.

따라서 사주원국을 살펴보니 사주월상에 甲木 편인이 있으므로 완전히 조부님을 표시하고 있는데 월상 편인 甲木이 일간 丙火를 주동하여 문창성과 암록이 자리잡고 있으므로 조부님은 문필이 대단한 어른으로서 학자의 품위를 가진분이라고 판단한다.

***. 본 저자가 약 26년동 실제인물에 준해 터득한 비법(秘法),!**

그러나 편인 甲木이 앉아 있는 주에 십이운성의 병지에 앉아있고 더하여 년주마져 쇠약한 십이운성인 절지에 있으니 조부님의 건강이 좋지 못하여 수명을 오래 누리지는 못했을 것이며 또한 조부님의 형제중이나 부친의 형제 중에 일찍이 단명 객사한 어른이 두 사람 이상 있을 것이다.

방금 설명한 부분에서 왜, 조부님의 형제나 부친의 형제 중에서 두 사람 이상 단명 객사한 어른이 있느냐,의 판단은 우선 월상에 투출되어 있는 편인甲木이 시상 戊土 식신간에 甲-戊 상충으로 한편

파극이 되어 있고 또한 월지에 申金 편재가 寅-申 상충이 되고 있는 중에 월상 甲木 편인을 金剋木하는 회두극의 성질이 되므로 완전히 부합하는 것이 된다.

이와 같은 현상은 비록 사주천간의 甲-戊 상충은 일간 丙火가 가로막아 甲-戊 상충의 부분을 완화시켰다고 볼 수가 있지만 그것은 박 모씨 본인의 상충의 작용이 퇴색되어 본인의 운명이 길하게 되는 것에 불과할 뿐이며 육친의 운명상은 완전히 상극당하는 것으로 보아야 되는 것이 타당하다.

또한 월지에 申金 편재의 기운을 寅-申 상충으로 파극하고 있는 것을 역시 寅-亥합으로 곧 해극을 하고 있겠지만 이것 역시 亥水가 원격하여 申金 편재의 기운을 가로막지 못하고 寅木과 申金이 마주보면서 상극의 작용이 성립되는 중에 월상에 투출되어 있는 甲木 편인을 월지 申金이 金剋木하여 파괴하니 더욱 더 완전히 부합하게 된다.

결국 이상의 성질은 고서(古書)나 원서에 불투명하게 기록한 성질을 놓고 실제인물을 찾아 그동안 약 26년동안 경험에 준하여 그 실체를 추적하면서 하나의 간명상 비법(秘法)으로 자리매김하고 있는 것이니 상당히 중요한 성질임을 본 저자는 감히 첨언하는 바이다.

***. 조부님의 선산묘지,!**

이상의 판단에서 조부님의 운명을 간명하여 보았는데 조부님의 선산묘지는 어떻게 자리를 잡고 있는가,는 우선 사주년주를 보면서 년주의 십이운성과 년주의 육친의 부분을 각종 살성과 귀인(貴人)를 종합적으로 접목시켜 파악해 보면 된다.

따라서 년주의 기운이 년지 편관 亥水가 년간에 투출되어 있는 인수 乙木을 水生木으로 상생을 하고 있고 더하여 년간 및 월상 甲, 乙木은 일간 丙火에게 木生火로 연결시키고 있음을 판단할 수가 있다.

이와 같은 현상은 비록 년주가 십이운성의 쇠약한 기운인 절지에 앉아 있을지라도 상생의 작용으로 쇠약한 십이운성의 기운을 보충시키고 있으므로 절대로 조부님의 묘지가 나쁘다고 판단하여서는 아니 된다.

*. 고서(古書)나 원서에 인용하여,!

고서(古書)나 원서에 적기를 "년주에 관살(官殺)과 인수가 상생하고 이것이 일간에게 연결이 되고 있으면 조상의 묘지가 수려한 곳에 위치하고 더하여 부모의 조업을 승계받는다"라고 기술하고 있는 것을 볼 때 막연히 십이운성이 쇠약한 절지에 있다고 하여 판단의 오류를 불러일으키면 절대로 안되는 것을 알 수가 있다.

고로 조부님의 선산묘지는 水-木이 상생하니 동북간방으로 자리를 잡고 있겠으며 년지 亥중의 甲木과 년간에 乙木 인수가 투출되어 있는 것은 甲木은 불을 지피는 오행이므로 양지바른 곳에 亥水는 대단히 큰물을 의미하니 바다가 보이는 곳에 좌청룡, 우백호가 둘러

쌓여 있다.

또한 묘지에서 보면 한갈래 옆으로 길이 나있으며 입수와 용혈이 뚜렸한 곳에 안장되어 있는 것을 판단하고 풍수지리학적으로 배산임수(背山臨水)의 형상이니 대단히 자리가 좋은 곳이라는 것을 알 수가 있는데 일간 丙火를 주동하여 년지 亥水가 천을귀인에 해당하고 있으므로 더욱 더 부합하게 된다.

***. 일부학자들의 의문,!**

일면 학자들 중에는 "사주원국의 년지 亥水가 일지 寅木을 주동하여 공망이 되고 더하여 년주가 십이운성의 절지인 쇠약한 기운에 존재하여 있는데 命理大要의 저자인 운정선생은 왜, 그렇게 말하는 것인지",!의문을 표시하고 있다.

***. 일부학자들의 의문에 대한 본 저자판단,!**

이 부분에 대해 본 저자는 비록 학자들이 말하는 것에 대해서는 타당성이 있겠으나 사주의 격국을 면밀히 파악하여 보면 년지 亥水가 공망이 되었다고 하나 일지 寅木과 寅-亥합을 도모하고 있으므로 공망이 합이 되면 공망으로서 그 작용을 하지 못한다.

따라서 년주가 공망이 되었다는 것에 대해 사주 주인공인 박 모씨의 초년 및 중년까지 이사, 이동수가 많을 점을 암시하는 것은 타당하겠으나 년주에 조상의 부분에서 천을귀인은 공망으로 깨어지지 않았으며 더하여 비록 쇠약한 십이운성인 절지에 있다고 해도 천을귀인의 기운이 쇠약한 부분이지, 귀인의 특성은 살아있는 것으로 판단하여야 타당하다.

***. 부모의 운명,!**

부모의 운명에서는 사주팔자의 월주를 보고 판단하고 있으며 육친별로는 인수는 모친을 나타내고 편재는 부친을 의미하고 있다.

그러므로 사주원국을 간명하여 볼 때 월지에 편재가 자리를 잡고 있으므로 부친을 나타내고 있으며 더하여 년간에 인수 乙木이 투출되어 있으니 모친까지 있는 것을 알 수가 있다.

따라서 월지 편재의 그 양상을 판별하여 볼 때 부친의 운명이 불길한 것을 알 수가 있는데 비록 월지는 命理秘典 上권인 사주강약도표에 준하여 그 힘을 판단하여보면 약30%의 기운을 표시하고 있다.

그렇다면 편재의 기운은 대단히 왕성하다고 판단할 수가 있겠으나 편재 申金의 기운을 생조하는 식상 土氣가 시상에 투출되어 있어 월지와 원격하고 더구나 왕성한 인성 木氣에 둘러 쌓여 편재 金氣를 金剋木하여 상극을 도모하고 있다.

상황이 이럴진데 년지 亥水와 시지 子水 정관이 편재 金氣를 끊임없이 그 힘을 빼고 있으니 편재의 기운이 대단히 쇠약함이 되는 것을 설상가상으로 申-子合水로 편재의 기운을 없애버리고 말았다.

결국 사주 주인공인 박 모씨의 부친은 23세 대운 辛巳년에서 부친이 타향객사 죽음을 맞이하였는데 이것은 일지 寅木과 월지 申金 편재가 寅-申상충까지 성립이 되고 있으므로 부친의 운명이 횡사의 운명이라는 것을 사주원국은 무언중에 암시를 하고 있으니 완전히 부합하게 되는 것이다.

＊. 본인의 처궁판단,!

사주 주인공인 박 모씨의 처궁을 판단하여 보면 일지의 동태를 보고 알 수가 있는데 육친별로는 정재는 본처이며 편재는 첩을 나타낸다.

그러나 사주원국에 처를 나타내는 정재의 기운이 없고 월지 申金 편재의 기운만 있으니 편재를 처 대용으로 보고 판단할 수가 있겠지만 일지의 동태를 같이 종합적으로 접목하여 판단하여야 된다.

따라서 사주일지 寅木 편인이 자리를 잡고 있는 중에 편인의 세력에 뿌리를 둔 월상 甲木 편인이 투출되어 있으므로 편인의 성질이 대단히 강력한 것이 된다.

그렇다면 일지에 편인이 강하게 되어 있는 것은 결혼운이 나쁘다는 것을 암시하고 있을 것이며 또한 일지와 월지간에 寅-申 상충이 되고 있으므로 더욱더 완전히 부합하게 되는 것을 알 수가 있다.

사주 주인공인 박 모씨는 이상의 처궁을 간명하여 볼 때 처복이 없다는 점을 암시하고 있는 것이며 이것은 곧 재혼팔자로 연결되는 결론에 도달하니 이와같은 현상은 결혼 정년시절부터 중년까지 처로 인한 고통과 근심이 대단히 많을 것으로 판단한다.

***. 격국에 대한 대운흐름,!**

위 사주 주인공인 박 모씨는 이상과 같은 맥락에서 육친의 운명을 모두 간명하여 보았는데 오늘날 본인이 약사(藥師)의 운명으로서 대부귀한 운명을 누릴 수가 있었던 것은 사주상의 격국이 그다지 나쁘지 않았고 무엇보다도 대운의 흐름이 초년부터 용신과 희신의 운로인 남방 巳-午-未 火局과 동방 寅-卯-辰 木局으로 치달리고 있었음을 알 수가 있었다.

박 모씨의 대운의 흐름을 간파하여 보면 우선 초년 3세는 癸未대운이다. 따라서 대운천간 癸水가 일간 丙火에 대한 정관의 운로로서 기신(忌神)이 되겠으나 사주원국의 시상에 투출되어 있는 戊土 식신과 戊-癸合火로 변화되니 정히 용신의 기운에 부합하게 된다.

또한 대운지지 未土는 일간 丙火에 대한 상관의 운로라서 일간에 대하여 불리하게 연출될 것이나 未土의 성질상 조토이며 천만다행으로 사주원국의 년지 亥水 편관과 亥-未合木하여 신약한 일간 丙火를 생조하는 인성의 기운으로 둔갑되므로 대단히 길운이라 하겠다.

이 때에 사주 주인공인 박 모씨는 유년 부모님의 비호속에 별 탈이 없이 성장을 하였다는 것을 알 수가 있고 또한 부모님의 가업도 좋았다고 볼 수가 있을 것이다.

다시 13세는 壬午대운으로서 대운천간 壬水가 사주원국의 일간 丙火에 대한 편관의 운로라서 기신(忌神)의 역할을 하게 되는데 설상가상으로 사주일간 丙火를 丙-壬 상충으로 맞이하여 불리하게 될 듯하나 시상에 투출되어 있는 戊土가 土剋水하여 이를 막아내고 있다.

또한 년간 및 월상에 투출되어 있는 乙, 甲木 인성이 왕성한 壬水 편관의 기운을 水生木하고 다시 인성 木氣가 일간에게 연결하고 있으므로 그 흉이 돌출하지 못하게 되고 있음을 알 수가 있다.

더하여 대운지지 午火가 사왕지지(子, 午, 卯, 酉)로서 태양과 같은 불길이라 정히 용신의 기운이 되고 있는데 사주원국의 일지 寅木과 寅-午合火하여 더욱 더 용신의 기운이 강력하게 되니 대단히 승승장구하는 것으로 판단한다.

따라서 이 때에 사주 주인공인 박 모씨는 학업에 전념할 시기인데 그 성적이 나날이 향상되어 오늘날 약사(藥師)의 운명이 되는 정히 약대에 우등의 성적으로 합격을 하였고 대학을 다니면서 군의 ROTC장교로 군에 입대하여 좋은보직으로 자대에 배치를 받았던 것이다.

그러나 23세는 辛巳대운으로 대운천간 辛金이 일간 丙火에 대한 정재의 운로 여서 기신(忌神)이 되고 있는 중에 사주팔자의 일간 丙火와 丙-辛合水하여 관성 水氣로 더욱 둔갑하고 다시 사주년간에 투출되어 있는 乙木 인수를 乙-辛 상충으로 맞이하고 있으니 대단히 불길하게 되고 있다.

더하여 대운지지 巳火가 비록 일간 丙火에 대한 비견으로서 용신의 기운이 되겠으나 사주일지 寅木 편인과 월지 申金 편재를 같이 寅-巳-申 삼형으로 맞이하는 것은 신약한 일간에 걷잡을 수 없이 흉이 돌출되고 있는데 설상가상으로 년지 亥水 편관까지 巳-亥 상충이 중첩하여 가격하므로 그 흉이 하늘을 찌르고도 남음이 있다하겠다.

이 때에 사주 주인공인 박 모씨는 부친을 타향객지에서 사별하는 비운을 맞이 하였고 본인 역시 교통사고로 팔과 다리를 수술하는 대흉을 맞이하였던 것인데 이와 같은 것은 편재의 기운이 사주원국에 그렇지 않아도 왕성한 木氣와水氣에 의하여 극루함이 심하게 되고 있는 것을 다시 대운에서 중첩으로 寅-巳-申 삼형까지 성립하여 부친의 운명이 횡사함은 불을 보듯 뻔하게 되고 있다.

이상과 같은 상황을 좀 더 심도 있게 파악하여 보면 본인의 사주원국에서 일지 및 월지를 같이 寅-巳-申 삼형을 맞이하여 강력하게 가격하는 것은 그 흉의 강도가 매우 극심하게 발생되고 있는데 설상가상으로 강력한 水, 木의 기운에 의하여 편재 金氣가 극루되고 있는 것을 년지 亥水 편관까지 巳-亥 상충으로 가격하는 것이 되니 이중의 흉이 들어오는 것은 피할 수가 없다.

따라서 결국 부친의 비운은 고사하고 자신의 운명마저 대단히 어렵게 되는것은 아마도 본인 역시 신약사주에서는 십중구사의 운명을 맞이할 수도 있을텐데 부친의 사망이 그나마 대흉함을 상쇠시키는 결론에 도달하므로 본인으로선 다행이라 할 수가 있을 것이다.

다시 33세는 庚辰대운으로 역시 일간 丙火에 대한 편재의 운로이니 기신(忌神)이 되고 있는데 사주원국의 일간 丙火와 丙-庚 상충 그리고 월상에 투출되어 있는 甲木 편인과 甲-庚 상충으로 가격하고 있으므로 그 흉함이 또다시 발생하고 있다.

더하여 대운지지 辰土가 습토로서 불리한데 사주원국의 월지 申金 편재 및 시지 정관 子水와 申-子-辰 삼합 水局으로서 사주전체를 물바다로 만들어 버리고 말았으니 그 흉함이 세상전체를 다 휩쓸어버리고도 남음이 있다.

따라서 사주 주인공인 박 모씨는 이 때가 가장 일생동안 최대의 고비이라 할수가 있겠으며 벌써 23세 辛巳대운에 본인이 교통사고 및 부친의 횡사 등으로 어려운 시기를 맞이하였는 중에 이번에는 신규사업인 부산 모 처에 약국을 개설하여 개업을 하였으나 금전으로 인한 사기에 휘말려 동전한푼 건지지 못하고 사기를 당해 법정구속까지 되어 정말 눈을 뜨고 차마 말할 수가 없을정도로 비참한 생활을 하였던 것이다.

이와 같은 부분을 육친통변법상 좀 더 자세하게 설명하여 보면 대운천간 庚金은 일간에 대한 편재로서 이는 곧 투기성인 재물을 의미하고 투기성인 재물은 또한 사기나 손재를 의미하는데 신약사주에서는 재성 金氣가 기신(忌神)이 되므로 더욱 더 확실하게 된다.

더하여 일간 丙火가 丙-庚 상충이 되니 월상에 甲木 편인을 甲-庚 상충을 하는 것은 용신, 희신의 기운을 전부 파극하는 것이 되므로 그 흉이 대단히 강력하게 발생하고 다시 대운지지 辰土는 申-子-辰 삼합 水局이 되고 있는 것은 水氣는 관귀를 의미하므로 교통사고나 관재를 만드는데 그것이 대운천간庚金은 재성이 되어 금전으로 인한 사기로 구속이 되는 것이다.

다시 43세는 己卯대운으로 대운천간 己土가 일간 丙火에 대한 상관의 운로여서 그다지 좋지 않은데 사주월상에 투출되어 있는 甲木 편인과 甲-己合土로 변화되므로 길흉이 상반되는 결과를 불러올 수가 있다.

그러나 대운지지 卯木은 일간 丙火에 대한 인수의 운로이며 또한 사주원국의 년지 亥水 편관과 亥-卯合木하여 정히 신약한 일간을 생조하는 것이 되니 대발을 기대하는 것이 될 수가 있다.

따라서 이 때에 사주 주인공인 박 모씨는 비록 대운천간 己土가 지배하는 43세부터 47세까지는 그동안 금전으로 손해 및 사기수에 관한 부채를 정리하느라고 대단히 힘들었던 것이 되었다고 볼 수가 있겠다.

하지만 48세부터 52세까지는 대운지지 卯운이 지배하는 것이 되니 사주주인 공인 박 모씨의 약국에 손님이 물밀 듯이 들어오는데 이것은 그야말로 일을하는 과정에 피곤함이 없을 정도로 대단히 바쁜 나날이 계속되어 일확천금을 손에 쥐게 되었던 것이다.

이것은 여기에서만 끝날 일이 아니었는데 박 모씨가 우연히 절친한 친구가 사업에 부도를 맞아 부산시 모 처 대지와 산을 법원경매로 채권자들에게 넘어가게 된 것을 친구의 부탁을 받아 박 모씨가 사들이게 되었으며 다시 2년후에 그 대지와 산이 부동산투기 붐이 일어 일약 수백억대로 치솟아 하루아침에 벼락부자가 되었던 것이다.

53세 戊寅대운 역시 대단히 승승장구하였고 다시 63세 丁丑대운에는 현재대운이 지배되는 시기인데 대운천간 丁火가 일간 丙火에 대한 겁재로서 역시 대단한 길운이 되겠으며 그러나 대운지지 丑土는 습토라서 사주시지 子水 정관과 子-丑合土로 변화되니 조금은 길흉이 상반되어 기복이 있을 것이다.

앞으로 73세 丙子대운에서 대운천간 丙火가 지배되는 시점에서는 길함이 오겠지만 대운지지 子水가 지배되는 78세부터는 박 모씨의 생명의 갈림길에 해당하는 시기가 오고 있는 것을 사주원국은 무언중에 암시하고 있다.

※참고로 박 모씨는 본 장 약사(藥師)의 운명으로서 사주원국의 청탁 기준에는 중간정도 해당하고 있겠지만 그래도 대운의 흐름이 초, 중년이 기복이 많은 시기였지만 중년 후반부터 정히 길신으로 맞이하는 것이 되니 대 발복을 기대할 수가 있었음을 알 수 있다.

하지만 만약 이와 같은 약사(藥師)운명의 발복 여부가 역시 대운이 용신이나 희신의 운로로 치달리고 있어 주어야 만이 대발을 기대할 수가 있겠지만 대운의 흐름이 초, 중년을 아무리 잘 받더라도 만년대운이 용신이나 희신을 상극하는 기신(忌神)의 운로가 되고 있을 경우 아무리 좋은 격국이라도 빛좋은 개살구요, 그림의 떡이라는 것을 판단할 수가 있을 것이다.

제10장

*. 무 역 가(貿 易 家)

*. 무역가(貿易家)는 멀리 해외를 다니면서 사업을 하는 직업이니 그 특성이 항공(航空), 수산(水産), 철도(鐵道) 등의 운송수단으로서 국내외를 오가면서 사업을 하는 직업이다.

(10). 무역가(貿易家) 팔자.

옛날에는 사업이나 무역을 하는 사람은 말이나 배를 타고 교역하여 치부를 하였는 것을 연상할 수가 있겠는데 이와 같은 현상은 오늘날 문명이 발달한 시대에도 무역가(貿易家)팔자 역시 똑같이 취급을 하고 있는 것이 사실이다.

따라서 이상의 사업을 하는 사주격국을 면밀히 검토하여 보면 고서(古書)나 원서에 기재되어 있는 격국과 별다른 차이를 보이지 않고 있겠으며 더하여 대상(大商)이나 소상(小商)을 불문하고 장사하는 사람도 이와 같은 무역가(貿易家)운명 속에 같이 포함하여 간명을 하는 것이 타당하다.

본 장 무역가(貿易家)팔자 중에도 사업이나 장사를 하여 부(富)를 누리는 격국과 말단 하류급의 장사를 하는 등 그 종류도 대단히 광범위하게 분포되어 있음을 알 수가 있는데 옛날은 몇 가지 종류로 하나의 틀속에 구분되어 있는 것이니 그 분류가 소수에 그치는 것이 되지만 오늘날에는 대단히 복잡한 종류로 인하여 광범위한 것이 사실이다.

또한 직업의 발전여부도 격국의 청탁(淸濁) 및 전편 命理秘典 上, 下권의 간명비법 상 조건에 부합하고 대운의 흐름이 정히 용신이나 희신으로 치달리고 있으면 대부할 팔자이고 그렇지 않으면 조금의 복록으로 일생을 살아간다고 판단하는 것이 원칙이다.

하지만 본 장 무역가(貿易家)팔자 중에서 일부 행정 및 그리고 예술가의 팔자들도 자기 직업에 종사를 하다가 대운의 흐름이 용신이나 희신을 상극하는 기신(忌神)의 운로로 맞이하고 있을 때 사업가나 무역가로서 변신을 하고 있는 것을 본 저자는 많이 보고 있다.

결국 무역가(貿易家)팔자를 간명함에 앞서 이상의 여러 가지 복수적인 직업의 분류에서도 자기의 역량에 맞지 않아 부득히 사업가로 변신하고 있는 것에 대해 격국에 대한 육친의 성정과 대운의 흐름이 필수조건이 되므로 선천 성인 사주와 후천성인 대운의 흐름을 면밀히 파악하여 보면 그 실마리가 쉽게 찾을 수가 있을 것이다.

(가). 무역가(貿易家)의 운명,!

- **일간이 "신왕"하고 "재성"(정재나 편재)이 "역마살"(驛馬殺)에 해당하며 격국이 순수 할 때,!**

- **"壬","癸"일간으로서 사주가 "신왕"하고 "식신""상관"이 왕성할 때,!**

- **일간이 "신왕"하고 사주격국이 "식상생재격"(食傷生財格)이 되고 "수기"(秀氣)가 유행된 것,!**

- **일간이 신약하나 격국이 순수하고 "역마살"(驛馬殺)이 있는 중에 대운의 흐름이 정히 용신이나 희신으로 치달리고 있을때,!**

※참고로 이상 무역가(貿易家)의 운명을 기술을 하였는데 무역을 하는 사람의 사주는 사주팔자가 "역마"를 가지고 일간이 "신왕"하여" 재성"이 "용신"이 되는 격국이 대부대귀한 운명이 되는 것을 알 수가 있다.

그러나 만약 일간이 신약하더라도 이상의 조건을 갖추고 대운의 흐름이 정히 용신이나 희신으로 치달리고 있을 때에도 무역가(貿易家)의 팔자로서 대부를 누리는 현상도 종종 발견되고 있는데 하지만 이것 역시 일간이 신왕하고 재성을 용신을 잡는 격국보다는" 한단계"낮은"복록"이 이루어진다는 것은 두말할 것도 없다.

(예1).무역가(貿易家)팔자로서 거부(巨富)의 운명이 된 최 모씨,! 남자,(부산시 충무동) 서기 1948년 음력 10월 13일 巳시

(대 운)

絕	病	祿	旺	丁-壬合木,!	68	58	48	38	28	18	8
乙	壬	癸	戊		庚	己	戊	丁	丙	乙	甲
巳	寅	亥	子		午	巳	辰	卯	寅	丑	子

*."亥-卯合木",!!!

상관		겁재	편관
木	(水)	水	土
火	木	水	水
편재	식신	비견	겁재

● 대운천간 丁火가 사주일간 壬水와 丁-壬합木하여 정히 용신을 생조하는 희신이 되고 다시 대운지지 卯木이 사주 월지 亥水와 亥-卯合木하여 역시 용신을 생조하는 희신이 되니 일약 하늘에서 돈벼락이 떨어지게 되는 일생 최대의 복록을 가지는 것을 알 수가 있다.

＊. 일간의 왕쇠(旺衰),!

壬일간 亥월에 출생하여 득령하고 사주원국의 월지 亥水 비견을 중심으로 하여 년지 子水 겁재에 생조된 중에 그 세력을 업고 십이운성의 각각 제왕지와 건록지에 앉은 월상 癸水 겁재 양인이 투출되어 일간 壬水를 생조하고 있으므로 신왕하다.

이렇게 일간 壬水가 신왕하면 이것이 외격(外格)의 종격(從格)이나 가종격(假從格)으로 가지 않는 이상 내격(內格)의 억부법이나 조후법의 용신을 선정하는 것이 타당한데 사주원국을 살펴보니 일간의 기운을 억제할 수 있는 오행이 일지 寅木과 시주 乙巳가 자리잡고 있으므로 내격(內格)의 억부법이나 조후법의 용신이 선정되어야 마땅하다.

＊. 학자의 의견,!

여기서 일부학자들 중에서 한가지 의문을 가지고 질문을 하고 있는데 그것은 "위 사주원국의 일간의 신강, 신약을 결정하는 과정에서 월령의 亥水 비견이 일지 寅木 식신과 寅-亥合木을 구성하고 있으므로 이렇게 합을 하여 일간의 기운을 누출시키는 기운이 된다면 일간의 의지처가 쇠약하여 있으니 신약으로 돌아가지 않겠느냐",!라고 의문을 표시하고 있다.

***. 命理秘典 上권에 인용하여,!**

하지만 본 저자의 견해는 다르게 생각하고 있는데 우선 학자들이 생각하는 합의 부분에 대한 설명이 이미 命理秘典 上권에 준한 합의 결합에 대하여 대단히 자세하게 기술하고 있으며 보통 합의 결속이 사왕지지(子, 午, 卯, 酉)로 구성되어 합을 하고 있으면 완벽하게 합의 의미가 성립될 수가 있다고 명시를 하고 있다.

그러나 위의 사주팔자를 판단하여 볼 때 일지 寅木 식신을 시지 巳火가 寅-巳 삼형으로 상극하고 있는 중에 또한 사주월지 亥水를 巳-亥 상충이 거듭하고 있으니 합을 하는 성질이 방해로 말미암아 제대로 합을 구성하기가 어렵게 된다.

이와 같은 현상은 다시 命理秘典 上권에 합의 부분을 인용하여 자세하게 설명한다면 "사주지지에 십이운성의 장생, 건록, 제왕지에 뿌리를 두고 사주천간에 그 세력에 중심의 기운이 존재하여 있으면 합을 잘하지 않을려는 성질이 있다",!라며 기술하고 있다.

더하여 같은 지지의 합이라도 월령에 사왕지지(子, 午, 卯, 酉)로서 합을 구성하는 성질이 아닐 것 같으면 합의 결합력이 약하기 때문에 주위에 조금의 상충이나 삼형의 작용이 있을 경우 합의 결합이 쉽게 분산되는 성질을 눈 여겨 볼 필요가 있다.

그렇다면 위의 사주원국을 방금 설명한 부분에 적용 비교 분석하여 볼 때 비록 월령의 亥水 비견이 일지 寅木 식신과 寅-亥합을 구성함에 앞서 시지 巳火 편재가 寅-巳 삼형, 및 巳-亥 상충을 도모하고 있는 중에 월상에 癸水 겁재 양인이 월지 亥水 십이운성의 제왕지에 앉아 있으므로 더욱 더 합의 결합이 퇴색되고 있음을 알 수가 있을 것이다.

***. 격국(格局)과 용신,!**

위 사주격국을 판단하여 보면 우선 일간 壬水가 신왕하고 월지에 비견 亥水가 자리를 잡아 십이운성의 건록지에 앉아 있으므로 "신왕월지건록격(身旺月支健祿格)"이 성격(成格)된다.

따라서 용신으로 격국을 설정하니 "비중용관격(比重用官格)"으로 일간 壬水가 많은 비겁 水氣에 의하여 신왕하게 되어 있으니 비겁 水氣를 바로 억제하는 관성 土氣를 용신으로 삼아야 하겠으나 제일로 亥월에 출생하여 추운겨울에 태어났으니 시급히 조후법을 먼저 따라야 할 것이다.

고로 용신은 "식상생재격(食傷生財格)"으로 내격(內格)의 억부법보다 조후법을 먼저 따라서 재성 火氣를 용신하고 재성 火氣를 생조하는 식상 木氣는 희신으로 삼는데 일간 壬水가 신왕한 것은 비겁

水氣에 의해서 생조됨이니 비겁 水氣를 억제하는 관성 土氣도 길신으로 작용한다.

그렇다면 세 가지의 기운인 식상, 재성, 관성 등 삼자가 다 길신으로 선택하는 것을 알 수가 있는데 그 중에서 관성 土氣는 조토인 未, 戌 土氣는 길하게 작용하나 습토인 辰, 丑 土氣는 왕성한 水氣에 동조하는 성질인데다가 더하여 조후법에 상반되는 결론을 불러올 수가 있는 것이므로 오히려 불리하게 될 것이다.

이상과 같이 용신을 선정하고 사주팔자를 살펴보니 일간 壬水가 신왕한데 그 기운을 적절히 자연스럽게 누출시키는 식상 木氣가 일지 寅木 및 시상에 투출되어 있는 乙木이 각각 자리를 잡고 있는 중에 시지 巳火 편재에게 끊임없이 생조를 하고 있으므로 진신(眞神)이 있는 것이 되며 더하여 억부법과 조후법에 일치하는 용신이 되고 있으니 대단히 길하게 작용하고 있다.

＊. 격국의 청탁(淸濁),!

다시 위 사주팔자를 격국에 대한 청탁 판별에 준하여 간명을 하여 보면 사주 상의 탁기를 구성하는 형, 충, 파, 해가 있는 것을 면밀히 관찰하여야 되는데 사주천간 년간 戊土 편관과 일간 壬水와 壬-戊 상충이 되고 있으나 월상에 투출되어 있는 癸水 겁재간에 戊-癸 간합으로 곧 상충의 작용을 해극시키고 있다.

더하여 사주의 월지 亥水 비견과 시지 巳火 편재간에 巳-亥 상충 그리고 일지 寅木 식신과 시지 巳火간에 寅-巳 삼형이 되고 있겠으나 일지 寅木과 시지 巳火의 寅-巳 삼형은 오행상 木生火조건을 갖추고 있기 때문에 그다지 별문제가 아니라고 판단한다.

또한 이러한 성질이 되고 있는 중에 일지 寅木과 월지 亥水와 寅-亥합으로 상충과 삼형의 작용을 전부 해극시키고 있으므로 정말 절묘하게 그 배합이 적절히 구성되고 있다 할 것이다.

위 사주원국은 일간 壬水가 신왕하고 있는데 월주 癸亥를 중심으로 하여 일간이 힘을 부조하며 다시 일간 壬水는 왕성한 기운을 일지 寅木과 시상에 투출되어 있는 식상 木氣에게 水生木하고 다시 시지 巳火 편재에 木生火현상으로 생화불식(生化不息)이 되고 있으니 식상생재격(食傷生財格)으로 청기(淸氣)를 갖춘 격국은 틀림이 없다.

또한 사주구성이 정신기(精神氣)삼자중에 비록 정기(精氣)인 인성 金氣가 없다고 하나 일간 壬水가 신왕하고 있는 것은 더 이상 일간의 기운을 생조하는 인성 金氣는 무용지물이 될 수가 있으니 오히려 없는 것이 났다고 볼 수가 있다.

더하여 일간의 기운을 적절히 억제하고 용신의 기운이 되는 식상 木氣와 재성 火氣가 강력하니 기(氣)가 왕성하고 아울러 일간을 부조하는 비겁 水氣가 강력하여 일간이 힘을 가지고 있는 중에 재성 火氣와 식상 木氣의 기운을 적절히 감당하고 있는 것은 오히려 호랑이를 두둘겨 개와 같이 써먹고 있으므로 정말 어느하나 버릴 것이 없는 절묘한 배합을 갖추고 있다하여도 과언이 아니다.

＊. 용신의 천복지재(天覆地載)판단,!

여기서 한가지 중요한 부분을 발견할 수가 있는데 전편인 命理秘典 下권의 간명비법에 언급하였던 용신이 강령함의 기준이 사주원국의 용신은 천간과 지지에 천복지재가 되어 있어야 만이 용신이 강하여 그 복록이 대단히 앞선다는 것을 기술하고 있다.

따라서 위의 사주원국을 살펴보면 용신의 기운인 시지 편재 巳火가 자리를 잡고 있는 중에 편재의 기운을 생조할 수 있는 식상 木氣가 일지 寅木 및 시상에 투출되어 있는 乙木 상관이 끊임없이 편재 巳火를 생조하고 있으므로 이것은 용신과 희신이 천복지재(天覆地載)가 되어 대단히 길하게 되어 있음을 알 수가 있다.

＊. 학자들의 의견,!

여기서 일부학자들 가운데 격국에 대한 질문이 있는데 "시지에 편재 巳火가 자리를 잡고 용신의 기운이 되고 있으면 사주팔자 내 비겁 水氣가 왕성하면 강력한 비겁 水氣에 의하여 용신인 편재가 상극을 당해 군비쟁재(群比爭財)의 법칙에 준하여 많은 재화가 닥칠 수가 있지 않겠느냐",!라고 의문을 표시하고 있다.

하지만 본 저자는 이와 같은 학자들의 문의에 대하여 별문제가 아니라고 보는데 그것은 비록 편재 巳火가 왕성한 水氣에 의해 존재하여 있는 것은 사실이다.

그런데 사주년지 및 월지 子, 亥水의 기운이 시지 巳火 편재의 기운을 상극하기 앞서 일지 寅木 식신이 강력한 비겁 水氣의 기운을 水生木하여 쭉 빨아 들임으로서 다시 시지 편재 巳火에게 木生火하고 있으니 왕성한 비겁의 기운이 편재의 기운을 곧 바로 쟁탈하지 못하므로 오히려 편재 火氣에 힘을 실어 주고 있다고 판단하여야 타당하다.

더하여 년간에 편관 戊土가 왕성한 비겁 水氣를 土剋水하여 그 세력을 견제하고 있는 중에 월상 癸水 겁재 양인이 투출되어 있는 것을 戊-癸간합으로 오히려 보이지 않게 火氣를 작화(作火)하는 성질이 되고 있는 것은 쉽사리 편재 火氣의 기운이 비겁 水氣에 의하여 파극을 당하지 않고 있음을 세밀히 보아야 될 것이다.

***. 命理秘典 上권인 육친의 편재편에 인용해서,!**

命理秘典 上권인 육친의 편재편에 적기를 사주원국의 시상에 일위(一位)에 있으면 "시상편재일위귀격(時上偏財一位貴格)"이라 적고 만약 사주 시지에 편재가 일위(一位)있을 경우 "시지편재일위귀격(時支偏財一位貴格)"이라 하여 거부(巨富)의 운명이라 기술하고 있다.

하지만 이와 같은 편재의 격국이 성립되려면 시상편재격(時上偏財格)은 사주 월상에 비견이나 겁재가 있을 경우 파격(破格)이 되고 또한 거듭 정재나 편재의 기운을 보지 않아야 된다고 命理秘典 上권인 육친의 편재편에 기록하고 있다.

따라서 위의 사주격국을 이상의 성질에 비추어 면밀히 관찰하여 보면 비록 사주원국에 비견이나 겁재가 월지 및 년지에 존재하여 있으나 타 주에 거듭 정재나 편재가 없는 중에 일지 寅木 식신이 가로막아 왕성한 비겁 水氣의 기운을 흡수하여 생조하고 있으니 시지 편재의 기운을 쟁탈하지 못하고 있다할 것이다.

이와 같은 현상은 완전한 식상생재격(食傷生財格)에 부합하는 조건이 충분히 되고도 남음이 있음에 따라 "시지편재일위귀격(時支偏財一位貴格)"이 성립되므로 거부(巨富)의 운명에 완전히 부합하는 것을 알 수가 있다.

***. 본인의 성격,!**

위 사주 주인공인 최 모씨는 이상과 같은 원칙에 입각하여 판단하여 볼 때 이렇게 사주원국의 격국이 순수하게 되어 있음을 알 수가 있고 또한 용신이 강령하게 되어 있는 중에 사주오행이 생화불식(生化不息)에 의존하여 대단히 좋은 것을 판단 할 수가 있었다.

최 모씨의 성격을 판별하여 보면 월지 亥水 비견이 십이운성의 건록지에 앉아 다시 월상에 癸水 겁재인 양인이 투출되어 있으므로 그 성격이 자존심과 고집이 대단히 강한 것을 알 수가 있고 절대로 자기주장을 굽힐 줄을 모르는 성격이라 하겠다.

또한 사주년간과 월상이 戊-癸간합이 있으므로 화려한 것을 좋아하고 일면 잔정이 없는 성격이 되겠으며 비겁 水氣가 강하여 일간이 신왕한 중에 상관+겁재가 나란히 있는 중에 일간이 신왕하니 성질이 나면 무서운 성격을 구비 하였는 것을 알 수가 있다.

***. 命理秘典 上권인 육친의 겁재편에 인용해서,!**

이와 같은 성질을 命理秘典 上권인 육친의 겁재편에 적기를 "사주에 상관,겁재가 동주하거나 나란히 있게 되면 만심만정하여 무뢰한이 되며 또 이것이 시주에 있게 되면 자손에게 해로운 일이 있다",! 라며 적고 있는 것을 보고 있을 때 더욱 더 부합하는 결론을 내린다고 하겠다.

하지만 사주원국이 생식불식(生息不息)에 의존하여 오행의 균등을 유지하고 있으며 더하여 왕성한 비겁 水氣를 견제하고 억제할 수 있는 관성 戊土와 재성 火氣 및 식상 木氣가 흉폭스런 비겁 水氣의 기운을 중화(中和)를 시키고 있으므로 매사를 성실원만하고 순리를 존중하는 인격은 구비하였다고 판단할수가 있다.

***. 본 장 무역가(貿易家)에 대한 판단,!**

위 사주 주인공인 최 모씨는 초년부터 무역가(貿易家)로서 대 발복을 하여 치부를 하였던 인물로서 이미 부산시내에서 그의 명성이 널리 나있어 세인들이 모르는 사람이 없을 정도로 몇 백억대 갑부로 알려져 있다.

따라서 최 모씨의 사주격국을 판단하여 보면 사주팔자 일간이 壬水로서 水氣가 왕성하여 일간이 신왕하고 있는 중에 년지 子水를 중심으로 하여 일지 寅木 식신이 역마가 되므로 전형적인 무역가(貿易家)팔자에 부합하게 된다.

더하여 사주원국이 생화불식(生化不息)에 의존하여 용신이 편재 巳火가 되고 있는 중에 식상생재(食傷生財)의 법칙에 준해서 일약 대 발복을 하는 격국이 되고 있는데 금상첨화로 대운의 흐름이 정히 초년부터 동방 寅-卯-辰 木局과 남방 巳-午-未 火局으로 치달리고 있으니 그야말로 호랑이에게 날개를 달아주는 격이 되므로 대단히 승승장구한 운명이라는 것을 알 수 있다.

＊. 조부님의 운명,!

사주 주인공인 최 모씨의 조부님을 간명하여 보면 사주년주를 보고 파악하며 육친별로는 편인이나 육친의 편인성이 없을 때는 년, 월주의 관살(정관이나 편관)로도 파악 할 수가 있다.

따라서 사주팔자를 살펴보니 편인인 정오행이 없고 사주원국의 시지 巳火 편재의 지장간 중기(中氣)에 庚金이 존재하여 있으나 시지에 있는 육신은 조부님으로 볼 수가 없으니 사주년간의 戊土 편관이 있으므로 완전히 조부님이 자리를 잡아 있는 것이 된다.

그러므로 조부님인 戊土 편관이 십이운성의 제왕지에 앉아 있는 것은 조부님이 관록을 쥐었던 어른으로 판단하나 그러나 그 관직은 오래 지니지 못하였을 것이며 여자로 인한 첩을 두었는데 수명 역시 단명으로 조상이 미미하였다는 것을 알 수가 있다.

이와 같은 부분을 그동안 본 저자가 약 26년동안 경험상 터득한 비법(秘法)과 육친통변법에 준하여 좀 더 자세하게 파악하여 보면,!

우선 년간에 戊土 편관이 사주년지 및 월지 子, 亥水 비겁의 기운과 다시 십이운성의 제왕지 및 건록지에 앉은 월상 癸水 겁재가 투출되어 있으므로 왕성한 水氣의 기운에 의하여 戊土 편관이 파극됨이 심하니 이것은 조부님의 운명이 水氣에 의한 상극을 받는 것이 되어 병약 및 단명을 나타낸다.

***. 命理大要 中권인 조상(祖上)편에 준한 판단,!**

이상의 성질에 대해 命理大要 中권인 조상(祖上)편에 적기를 "사주원국의 년주에 십이운성의 제왕이 있으면 명문집안을 나타내고 있지만 년주에 육친의 편관, 겁재, 편인, 양인이 있으면 조상이 미미하였으며 년주에 형, 충이 있으면 조상덕이 없다",!라고 기술하고 있는 것을 볼 때 위의 법칙에 완전히 부합하는 것이 된다.

또한 조부님을 나타내는 戊土 편관이 월상에 투출되어 있는 癸水 겁재와 戊-癸간합, 또한 월지 亥중과 일지 寅木 그리고 시지 巳중의 전부 지장간에 戊土와 戊-癸간합이 여러번 맺어지고 있는 것은 조부님이나 부친이 풍류호객적인 기질로 다첩(多妾)을 거느렸다는 것을 암시하고 있는 성질이니 이것은 곧 재혼을 하였음을 나타낸다.

*. 조부님의 선산묘지,!

사주 주인공인 최 모씨의 조부님의 선산묘지를 간명을 하여 보면 년주의 십이운성과 육친의 성정 및 각종귀인과 살성을 보고 복수적으로 판단하여야 될 것이다.

그렇다면 사주년지의 子水 겁재인 양인은 북방 水氣를 나타내고 있으니 북방을 의미하고 있겠으며 년간의 戊土와 년지의 子水의 지장간이 서로간 戊-癸 암합하여 보이지 않는 火氣를 생성하고 있기 때문에 양지바른 묘지임을 알수가 있다.

또한 그 묘지에서 보면 옆으로 양 갈레 길이 나있는 것을 알 수가 있겠으며 산수의 흐름은 조금 높은 곳에 위치를 하고 있는 것은 戊土가 양토이니 높은산을 의미하고 있는 까닭이다.

그러나 비록 년주가 십이운성의 제왕지에 앉아 있어 산수는 배산임수(背山臨水)형상으로 앞으로 바다가 보이는 수려한 곳에 있다고 볼 수가 있겠지만 년지에 子水가 양인에 해당하고 육친의 편관+겁재가 모여있는 것은 산수의 정기(正氣)가 미미하다는 것을 의미하니 자손들이 산수의 힘을 받을 수가 없을 것이다.

또한 년주에 양인과 편관+겁재가 있는 것은 조부님을 제외한 나머지 조부님의 형제나 부친의 형제가 비명횡사 및 단명객사를 의미하는 고로 일찍이 흉사한 분이 중첩있는 것을 판단할 수가 있겠는데 실제로 사주 주인공인 최 모씨는 6,25사변 때 아버지 형제 2분과 어머니형제중에 나이가 많은 오빠가 총살 및 포탄상으로 사망을 하였다고 부친을 통해 들었음을 사주 주인공인 최모씨가 회고하고 있다.

***. 위 사주에 대한 부모의 운명,!**

사주 주인공인 최 모씨의 부모궁을 판단하여 보면 사주팔자의 월주를 보고 간명할 수 있겠으며 육친별로는 부친은 편재이고 모친은 인수로 표시하는데 그러므로 편재나 인수의 그 양상을 보고 월주와 육친의 성정을 복합적으로 판단하여 감평을 해야할 것이다.

하지만 월주에 부친을 표시하는 편재는 없으나 시지 巳火가 편재가 되니 부친을 나타내는 것이 되나 시주는 자식궁이 되므로 완전한 부친을 볼 수가 없겠지만 그 정상을 참작해서 월주와 시지 편재 巳火의 성정을 같이 보면서 부친의 운명을 간명을 하는 것이 타당한데 부친인 편재 巳火가 사주상의 용신이 되고 일간 壬水를 기준하여 시지 巳火가 천을귀인이 되므로 부친이 현명하고 사회적 지위도 가지는 것을 의미한다.

일부학자들 중에는 "편재 巳火가 자리잡은 곳에 십이운성의 절지에 앉아 있으므로 부친의 기운이 미미하여 별 볼일이 없을 것 아니냐",!라고 반문을 표시하고 있는데 그것은 잘못된 생각이다.

왜냐하면 비록 쇠약한 십이운성인 절지에 앉아 있다고 해도 부친을 표시하는 편재의 기운을 생조하는 식상 木氣가 벌써 일지 寅木 그리고 시상에 투출되어 있는 乙木 상관이 편재 巳火를 끊임없이 생조를 하고 있음을 눈 여겨 볼 필요가 있겠다.

상황이 이럴진데 그 중에서 일지 寅木은 월지 亥水 비견과 寅-亥 合木하여 그 세력이 대단히 왕성하므로 절대로 편재의 기운이 십이 운성만 보고 쇠약하다고 판단해서는 안될 것이다.

그러나 사주 주인공인 최 모씨는 유년에 대단히 부친의 사업이 실패를 하는 관계로 경제적인 타격과 빈곤함을 면치 못했음을 알 수가 있는데 그것은 사주상의 월주가 일간에 대한 기신(忌神)이 자리를 잡고 있는 중에 초년대운이 용신이나 희신을 상극하는 기신(忌神)의 운로가 되고 있으면 무조건 부친의 조업이 파산 내지는 실패하여 경제적인 타격이 있었다고 판단하여도 무방하다.

하지만 사주일주를 주동하여 시지 편재 巳火가 공망이 되고 있는 중에 월주가 비록 십이운성의 건록지에 있으나 일간에 대한 기신(忌神)이 되므로 최 모씨 본인은 부친의 덕이 없을 것이며 타향살이로 객지에서 자수 성공하는 팔자임을 알 수가 있다.

***. 命理秘典 上권인 육친의 편관편에 인용하여,!**

命理秘典 上권인 육친의 편관편에 적고있는 것을 인용하여 볼 때 "년주에 편관이 있을 경우 장남으로 태어나면 부모에게 불리한 일이 있다",라고 기술하고 있는데 이것은 사주상 편관의 통변법에 준하여 命理秘典 上권에 그대로 인용하여 보아도 대단히 적중률이 높게 되고 있는 점을 유념해 볼 일이다.

이 부분에 대하여 본 저자는 命理秘典 上권에 기록한 것을 검증을 거치기 위해 수많은 실제인물을 방금 설명한 부분에 접목시켜 간명을 하여 보아도 대체로 부합하고 있었음을 확인하였다.

더하여 이와 같은 것은 사주 주인공의 용신을 선정한 뒤 초년대운의 흐름이 용신을 상극하는 기신(忌神)의 운로로 치달리는가를 접목하면 완전히 그 실체가 드러나게 되는 것이다.

따라서 위 사주 주인공인 최 모씨의 격국이 년주에 편관이 있는 중에 대운의 흐름이 초년 18세까지가 북방 亥-子-丑 水局으로 치달리고 있었으므로 완전히 사주의 용신인 재성 火氣를 상극하는 기운이 되니 모두 부합하고도 남음이 있다고 하겠다.

실제로 최 모씨의 부친은 유년 최 모씨를 낳고 가업이 기울어져 대단히 경제적인 타격과 함께 정신적 번민속에 나날을 보냈다고 말하고 있으며 더하여 본인이 장남이기 때문에 이상의 命理秘典 上권에 적고 있는 육친인 편관편의 법칙에 모두 일치하는 현상이 된다할 것이다.

***. 비법(秘法)에 적용하여 위 사주에 대한 형제판단,!**

또한 여기서 학자들을 위해서 사주 간명비법상 격국이 남자일 경우 본인이 장남인가, 아니면 차남 및 삼남인가를 판별하여야 될 때 사주원국에 형제의 육신인 비견이나 겁재의 동태를 보고 판단한다.

따라서 사주팔자의 월주에 비견이 자리를 잡고 있을 때 십이운성의 건록지에 앉아 있으면 본인이 장남이며 월지에 비견이 없고 년지나 시주에 비견이 자리를 잡고 있을 때는 본인이 차남 및 삼남이 되는 것이다.

더하여 사주에 형제의 육친인 비견이나 겁재가 무리를 이루고 있을 경우에는 형제가 많은 것이 되는데 그렇다면 부친이 바람을 피우다가 재혼을 하던지 하여 이복형제가 있는 것이라고 판단하면 대단히 적중률이 높게 된다.

이상의 판단에 비추어 보면 사주 주인공인 최 모씨는 형제의 기운이 년지 및 월주에 각각 水氣인 비견이나 겁재가 모여 중첩되어 있으니 이복형제가 있는것을 알 수가 있는데 그것은 년지 子水가 겁재, 그리고 월상에 투출되어 있는 癸水가 역시 겁재로서 이복성이 되므로 완전히 부합하게 된다.

실제로 사주주인공인 최 모씨의 부친이 최 모씨를 낳고 나서 사업에 실패를 하여 별거생활에 들어갔는데 이 때 부친이 다른 여자를 알아서 배다른 동생이 2명이 있다고 얼굴을 붉히며 회고를 하고 있다.

***. 위 사주에 대한 본인의 처궁판단,!**

다시 사주 주인공인 최 모씨의 처궁을 판별하여 보면 사주의 일지는 자신의 몸이고 처궁을 나타내며 육친별로는 편재는 첩이며 정재는 본처를 의미하는데 일지 동태와 재성의 성정을 같이 복수적으로 간명하여 판단한다.

따라서 최 모씨의 사주일지에 寅木 식신이 있으니 정히 사주 상길신이 자리를 잡은 것이 되어 처의 신체는 풍만하고 도량이 넓은 사람이며 매사를 낙천적으로 생각하는 근면 성실함이 돋보이고 있다할 것이다.

하지만 최 모씨의 처궁을 자세하게 간평하여 보면 사주 주인공인 최 모씨가 재혼하였는 것을 알 수가 있는데 그것은 사주년주 戊子를 기점으로 하여 일지 寅木 식신이 고신살(孤神殺)에 해당하고 있는 것을 면밀히 관찰해 볼 필요가 있다.

또한 이와 같은 현상이 되고 있는 중에 일지 寅중의 지장간 중기(中氣)에 丙火 및 시지 巳중의 지장간 정기(正氣)인 丙火 편재가 그리고 사주년간과 월상에 戊-癸合火하여 다시 재성이 투출되어 있는 것은 여자가 셋이나 있는 것을 의미하고 더하여 일주 寅木을 주동하니 시지 巳火 편재가 공망이 되므로 공망이 되는 것은 여자의 기운이 사라지는 점이 되니 더욱 더 부합하게 된다.

***. 위 사주에 대한 자식궁의 판단,!**

최 모씨의 처궁을 판단하여 볼 때 이상의 같은 원칙에 입각하여 초년 및 중년에 처궁이 불리하여 주색으로 가정상 대단히 번민과 고통을 당하였는 것을 알 수가 있는데 다시 자식궁을 살펴보면 시주를 보고 간명해야 할 것이다.

또한 육친별로는 남자사주에는 정관은 딸을 의미하고 편관은 아들을 의미하고 있는데 만약 사주상에 관살(정관이나 편관)이 나타나지 않으면 시주의 기신(忌神) 및 희신을 보고 판단하기도 한다.

따라서 자식을 의미하는 년간에 戊土 편관이 하나 있고 다시 월지 亥중의 지장간 여기(餘氣)에 戊土 편관, 재차 일지 寅중의 지장간 戊土, 마지막으로 시지 巳중의 지장간에 戊土 편관이 각각 존재하여 있으니 아들이 많은 것이 된다.

그러나 사주상에 자식이 많은 것은 사실상 자식덕이 없는 것이고 또한 이와 반대로 자식이 없는 것도 생각할 수가 있는 점이므로 자식이 많지 않음을 알수가 있다.

더구나 년간 戊土 편관은 월상 癸水 겁재와 戊-癸간합하여 土氣가 火氣로 사라진 상태이고 또한 일지 寅木과 월지 亥水와 寅-亥合木하여 역시 자식의 오행인 土가 木으로 변화되어 있으니 이렇게 자식을 나타내는 오행이 합을 하여 타 오행으로 사라지는 것은 자식을 생산하다가 죽거나 처의 임신중절을 나타내므로 더욱 더 확실하게 된다.

실제로 사주 주인공인 최 모씨는 본처와 이별하고 지금의 처가 3번째인데 그동안 임신중절을 하여 몇번을 낙태를 하였으며 또한 아들이 하나가 있었으나 대학을 다니면서 운동권에 몸을 담다가 전국수배를 하던 중에 행방불명이 되어 지금까지 생사를 모르고 있다고 사주 주인공인 최 모씨는 회고를 하고 있다.

이러한 부분을 종합적으로 판단하여 볼 때 지금의 최 모씨는 비록 거부의 운명이 되어 있다고 하나 사실상 마음 한 곳에는 늘 어두운 그림자와 수심에 가득찬 점을 보고 있는데 이와 같은 것은 방금 설명한 부분이외에도 사주일지 寅木과 시지 巳火가 寅-巳 삼형 및 巳-亥 상충을 하고 있으므로 처가 임신중절 및 자식을 생산하는 과정에서 대단히 힘들었고 고통과 번민이 따랐다는 것을 알 수가 있다.

***. 격국에 대한 대운흐름,!**

이상에 사주 주인공인 최 모씨의 육친운명과 본인의 자식 및 처궁을 판별하여 보았는데 비록 무역가(貿易家)의 사주로서 일확천금을 모아본들 말년이 쓸쓸하고 고독한 운명이 될 수가 있음을 판단할 수밖에 없다.

그러나 근심 중 다행스런 것은 사주 주인공인 최 모씨의 사주명조를 세밀히 판단하여 볼 때 자식부분에서 늦게나마 손자같은 자식이 하나가 있음을 알 수가 있다.

지금 방금 설명한 자식의 부분에서 왜, 말년에 자식이 하나가 있겠는가는 전국 역학자의 실력을 판단하는 계기에서 본 저자가 문제를 내고 있는 것이니 命理大要를 열심히 독파하여 학자의 생각을 본 저자 인터넷 홈페이지나 아니면 전화상으로 학자의 의견을 말해주면 학자들의 실력을 평가하는 하나의 테스터가 될 것이다.

다시 본 장 무역가(貿易家)의 팔자에서 최 모씨가 이렇게 거부의 운명이 되었는가는 이상의 격국이 청수함과 용신의 강령함 및 사주의 水氣가 왕성하고 있는 중에 일지 寅木이 역마살(驛馬殺)에 해당하고 있으므로 더욱 더 확실한데 일간이 신왕하고 편재를 용신으로 삼는 것은 그야말로 무역가(貿易家)의 사주에 완전히 부합하여 대부귀함을 누릴 수가 있는 것이다.

그렇다면 사주 주인공인 최 모씨의 대운의 흐름을 판별하여 보면,!

초년 18세까지는 북방 亥-子-丑 水局으로 치달리고 있으니 정히 편재 巳火의 기운을 상극하는 것이 되어 대단히 경제적인 어려움과 부친의 조업이 좋지 못하는 점을 암시하고 있겠으며 학업 역시 중단 내지는 전학, 이사이동수가 많았던 것을 알 수가 있겠다.

다시 28세는 丙寅대운인데 대운천간 丙火가 사주일간 壬水에 대한 편재의 기운으로서 용신의 기운이 되나 일간 壬水와 丙-壬 상충이 성립되니 약간의 변동과 여자문제로 구설이 있다는 것을 암시하고 있다.

더하여 대운지지 寅木은 사주일간 壬水에 대한 식신의 운로이니 희신이 되므로 대단히 길하게 작용하고 있는데 금상첨화로 월지 亥水 비견과 寅-亥合木하여 더욱 더 식상의 기운이 왕성하여져서 승승장구하는 운로이다.

이 때 사주 주인공인 최 모씨는 대학을 졸업하고 18세 乙丑대운 말기인 27세에 처음으로 시작하였던 사업이 실패하고 난 뒤 29세에 다시 지금의 전자핵심부품 및 통신의 물류쪽으로 사업진로로 바꾸어서 개업하는 하나의 시발점이 되었던 것이다.

38세는 丁卯대운으로서 대운천간 丁火가 일간 壬水에 대한 정재의 운로라서 용신의 기운이 되어 대단히 승승장구하는데 금상첨화로 사주일간과 丁-壬合木하여 정히 길신의 기운이 왕성해지는 대길운임을 알 수가 있다.

또한 대운지지 卯木은 일간 壬水에 대한 상관이 되어 희신이 되는 중에 卯木이 사왕지지(子, 午, 卯, 酉)로서 사주월지 亥水 비견과 亥-卯合木하니 이것 역시 용신을 생조하는 희신의 기운이 왕성하여져서 정히 하늘이 놀라는 현상이 일어나고 있다해도 과언이 아니다.

따라서 이 때에 사주 주인공인 최 모씨는 그동안 사업기반을 착실히 쌓아 해외 바이어들을 초청하여 핵심부품의 성능을 알리느라고 분주 다사함을 면치했으며 해외공장 및 제품의 개발등으로 국내외를 제집 드나들듯이 마냥 바빴던 것이 사실이다.

그러나 지금의 이 대운에서 동남아 시장 및 유럽의 중소기업과 수출계약을 달성하여 세계의 돈벼락을 맞아 일약 하늘이 놀라는 현상이 되고 있었으니 아마도 이 때가 사주 주인공인 최 모씨는 가장 전성시대인 것을 알 수가 있다.

***. 일부학자의 의견,!**

일부학자는 "지금 위의 대운에서 대운지지 卯木이 최 모씨의 사주원국의 년지 子水 겁재를 子-卯 형을 하는 관계로 년지는 사회궁이고 직업궁이므로 약간의 번민과 소흉이 발생되지 않겠느냐",!라고 의문을 표시하고 있다.

이 부분에 대해 본 저자는 방금 학자들이 말한 것에 대하여 대운지지 卯木이 사주년지 子水를 子-卯 형을 하는 것은 형으로 인한 흉함은 돌출되지 않는다고 판단하는 것이 타당하다.

그 이유는 전장에 사주를 해설하는 과정에서도 일부 언급을 하였지만 이렇게 대운지지 卯木이 희신의 성질을 업고 들어오는 것은 흉이 발생되더라도 약간의 변동이 있을 뿐 대단한 고통은 없을 것이다.

그러나 더욱 더 중요한 것은 이러한 형이 사주일간이나 일지를 상충이나 삼형을 하지 않는 이상 사주 타 주를 삼형이나 상충을 하는 것은 별탈이 없이 그저 약간의 변동사항이 일어난다고 보면 타당한데 하지만 만약 해당하는 육친의 오행을 가격할 경우 해당하는 육친은 피해를 당한다고 보는 것이 정석이다.

그런데 이와 같은 현상이 만약 외격(外格)의 종격(從格)이나 가종격(假從格)의 성질로서 일정한 하나의 기운으로 뭉쳐져 있는 동일오행으로 구성되고 있을 경우는 좀 사정이 달라질 수도 있다.

그것은 동일오행인 왕신(旺神)이 자리를 잡고 그 세력을 대단히 강력하게 확장하고 있을 때 운로인 세운이나 대운에서 왕신(旺神)을 상충이나 삼형으로 가격할 경우는 비록 일간, 일지를 불문하고 왕신(旺神)이 반발을 하여 쇠자왕신발(衰者旺神發)의 법칙에 준하여 그 소용돌이로 인한 사주운명의 소유자는 십중구사의 운명을 면하기 어렵게 될 것이다.

이상에 판단의 부분에 비추어 볼 때 위 사주는 이렇게 대운지지 卯木이 사주년지 子水를 子-卯 형을 하는 것은 길신을 업고 들어오는 것이기 때문에 흉함은 커녕 오히려 년지는 사회궁이고 직업궁이기 때문에 해외에 전자부품공장을 설립하는 등 대단히 분주 다사함이 있었다고 사주 주인공인 최 모씨는 회고를 하고 있다.

다시 48세는 현재대운인 戊辰대운이다.

따라서 대운천간 戊土가 일간 壬水에 대한 편관의 운로로서 사주의 용신인 재성 火氣를 보호하는 길신의 역할을 하게 되어 길운이라고 보는데 금상첨화로 사주원국의 월상에 투출되어 있는 癸水 겁재와 戊-癸合火하여 정히 용신의 오행으로 둔갑하므로 용신의 기운이 왕성하여 대길한 운로이다.

그러나 일면 사주일간 壬水와 대운천간 戊土가 壬-戊 상충이 벌어지고 있으니 길 중에 약간의 관재나 시비, 구설이 발생될 수도 있는 것을 암시하고 있다.

현재 사주 주인공인 최 모씨는 그동안 승승장구하여 일확천금을 모아서 대단히 갑부로 세상사람들의 부러움을 받아왔는데 1998년 戊寅년 지금 우연히 친한 친구의 금전으로 인한 시비에 말려 그 일이 검찰청까지 왔다갔다하는 것을 본 저자는 보고 있다.

이와 같은 것은 모두 일간 壬水와 대운천간 戊土가 壬-戊 상충으로 인한 상극이 벌어지기 때문인데 육친통변법에 준하여 판단하여 보면 대운천간 戊土는 편관으로서 편관이 일간을 상충을 하는 것은 관재나 교통사고을 의미하니 더욱 더 부합하게 되는 것이다.

하지만 그와 같은 고통과 번민은 별탈이 없다는 것을 알 수가 있는데 그것은 방금 설명하였다시피 대운천간 戊土가 사주월상 癸水와 戊-癸合火하여 용신 의 기운으로 둔갑하고 있으니 지금은 비록 남의 일에 말려들어 고통과 번민이 있겠지만 나중은 대단히 길하게 될 점을 암시하고 있는 것이다.

그러나 앞으로 대운지지 辰土의 운로인 53세부터 57세까지 사주 주인공인 최모씨는 지금의 길운이 대단히 어려움에 봉착할 수도 있는데 그것은 대운지지 辰土가 습토로서 사주일간 壬水의 역시 편관이 되겠으나 이것이 사주년지 子水 겁재와 子-辰合水로 둔갑하여 정히 조후용신인 재성 火氣를 완전히 상극하는 것은 대단한 재화가 따르는 것을 의미하므로 불운이 될 것임을 알 수가 있다.

그렇다면 육친통변법에 준하여 판단하면 이 때에 사주 주인공인 최 모씨는 대운지지가 사주년지와 합을 하여 水氣로 돌변하는 것은 비겁이 되니 형제, 친구로 인한 금전적인 손재와 관재, 그리고 교통사고 및 질병을 대단히 주의 하여야 될 점이라는 것을 사주원국은 무언중에 암시를 하고 있는 것이다.

앞으로 들어오고 있는 58세가 己巳대운으로 그동안 어려움이 깨끗이 해소되는 길운임을 알 수가 있는데 그것은 대운천간 己土가 비록 사주월상에 투출되어 있는 癸水 겁재와 癸-己상충, 그리고 시상에 있는 乙木 상관과 己-乙상충이 되고 있겠으나 본래 己土가 신왕한 일간 壬水에게는 용신인 재성 火氣를 보호하는 길신이 되고 있으므로 약간의 번민이 따를 것이나 길운이 될 수가 있다.

그렇다면 아마도 이 때에 최 모씨는 자식의 문제로 약간의 고통과 형제, 친구로 인한 금전적인 문제에 신경 쓸 일은 있겠지만 별다른 흉의가 돌출되지 않음을 알 수가 있겠으며 대운지지 巳火가 편재의 기운으로서 정히 용신의 기운이 되니 역시 대단히 승승장구할 운명이 될 것이다.

앞으로 다가오는 68세 庚午대운에도 대단히 길함이 오고 있음을 알 수가 있는데 이와 같은 것은 대운 천간지지 모두 사주원국의 오행과 합, 충의 변화에 따른 길흉을 판단할 수가 있겠지만 무엇보다도 중요한 것은 대운의 방향이 정히 용신 火氣를 생조하는 남방 巳-午-未 火局으로 치달리고 있음을 눈여겨보아야 될 것이다.

결국 이와 같은 현상은 위 사주 주인공인 최 모씨는 본 장 무역가(貿易家)의 팔자에 호랑이에게 날개를 달아주는 격이 되므로 따라서 복록은 두말할 것도 없고 말년 수명 또한 갖추는 형상이 되니 인간의 오복과 수명을 두루 갖춘 인물임에는 틀림이 없다.

※참고로 이상의 본 장 무역가(貿易家)팔자에 위 사주 주인공인 최 모씨의 격국을 모두 간명하여 보았는데 격국의 청수함과 역마살(驛馬殺) 및 용신이 재성火氣를 선택하여 그 복록이 승승장구하였는 것을 알 수가 있었다.

그러나 무엇보다도 격국이 용신에 대한 대운의 흐름이 필수조건인 점을 파악하여야 될 것이며 만약 대운의 흐름이 중년이나 말년이 용신이나 희신을 상극하는 기신(忌神)의 운로로 치달리고 있을 경우 그 복록은 미미하기 그지없을 것이고 또한 본 장 무역가(貿易家)운명에 직업을 잡아 승승장구하지는 못하였을 것이다.

※참고로 본 장 무역가(貿易家)의 팔자에 소개되는 사주 주인공인 최 모씨의 직업적인 특성은 전자부품 및 통신물류로 인한 부분으로서 해외진출을 하였는것을 눈 여겨 볼 필요가 있는데 역마살(驛馬살)이 있고 용신인 재성 火氣를 채택하고 있으므로 불火에 관한 직업을 잡은 것을 참고하기 바란다.

제11장

*. 사 업 가(事 業 家)

*. 사업가(事業家)는 크게는 대기업을 운영하는 것으로부터 작게는 영세한 상인(商人)까지 직업의 분류가 되고 있는데 그 특성도 유통(流通), 수산(水産), 농공(農工)등으로 다양하게 분포되어 있다.

(11). 사업가(事業家)의 팔자

사업가(事業家)팔자에는 전장에 설명한 무역가(貿易家)의 팔자에 일부 부합하고 있겠지만 그러나 그 직업적 특성이 엄밀히 따져보면 무역가(貿易家)팔자는 주로 국내를 기점으로 하여 외국을 드나들면서 사업을 하는 것이다.

그에 반하여 본 장 사업가(事業家)의 팔자는 외국에도 기업을 하여 국내외를 드나드는 경우도 있겠지만 대다수가 국내에 중소기업이나 소기업을 하거나 자영업으로 국내에 한정되어 있는 것이 특징이라 할 수 있겠다.

더하여 사업가(事業家)팔자에는 그 직업적 분류가 대단히 광범위하여 크게는 중소기업을 운영하는 자부터 작게는 영세상인에 이르기까지 분포되어 있고 종류별로도 유통, 물류, 및 농공, 자영업, 그리고 보험, 세일즈까지 천태만상이다.

따라서 본 장에 기술하는 사업가(事業家)팔자는 직업의 분류가 많기 때문에 일일이 기술할 수가 없고 그 중에서 사업가(事業家)부분에 부합하는 격국을 중점으로 하여 간명을 하고 있다.

또한 사업가(事業家)에는 자유분방한 자영업이나 남에게 속박 받는 공무원 등의 공직과 같이 절도와 규율을 중시하는 점이 없고 자기 나름데로의 경영의 철칙과 사고방식으로 운영하는 것이기에 일부 예술가(藝術家)나 공직자들이 퇴직 및 실직으로 인하여 사업가

(事業家)로 변신하는 것을 본 저자는 많이 보고 있다.

결국 사업가(事業家)의 팔자는 전장에 기술하였던 무역가(貿易家)의 팔자의 부분에 대다수 일치하는 양상을 엿보이고 있겠으나 엄밀히 따져보면 격국의 구성이 조금씩 다르게 판별되고 있음을 알 수가 있을 것이다.

더하여 본 장 사업가(事業家)의 팔자에 격국이 일치되면 사주 주인공의 발복여부가 역시 격국의 청탁(淸濁) 및 용신의 강령함과 아울러 대운의 흐름이 정히 용신이나 희신의 운로로 치달리고 있어야만이 대 부귀를 누릴 수가 있음을 두말할 것도 없다.

(가). 사업가(事業家)의 운명,!

●일간이 신강, 신약을 불문하고 "재성"이 왕성한 사주,!

●일간이 "신왕"하고 "식상"이 "왕성"한 사주,!

●사주에 "편인"이나 "인수"가 왕성하고 "수기(秀氣)"가 유행된 사주,!

●"식상"이 왕성하여 일간이 신약하나 대운이 "용신"이나 "희신"으로 치달리고 있을 때,!

●사주격국이 "식상생재격"(食傷生財格)을 이루고 "역마살

"(驛馬殺)이 있을 때,!

이상의 사업가(事業家)의 운명을 기술하여 보았는데 실제로 이부분 이외에도 사주에 각종 살성(殺星)이 많다던지 관살이 왕성하여 격국이 순수하지 못할때도 일시 공직에 몸을 담다가 사업가로 진출하는 사주를 본 저자는 많이 보고 있다.

그러나 실상 이상의 사업가(事業家)의 운명을 나열하였지만 사업의 부분은 너무나 광범위하게 분포되어 있으므로 위에 나열하였는 것은 사업가(事業家)로서 대부함을 누리는 격국에 한정하여 기술한 것이니 학자는 판단의 부분을 면밀히 하여야 될 것은 기정사실이다.

더하여 사업을 하는 것은 자기의 본래 직분에 종사를 하다가 대운의 흐름이 기신(忌神)으로 맞이하게 되어 파산 내지는 실직으로 인하여 부득히 사업을 하는 사주도 종종 발견되고 있는데 그러나 이 역시 대운의 흐름이 정히 용신이나 희신으로 치달리고 있어야 만이 대부함을 이룰수가 있을 것이며 하지만 본래의 사업가(事業家)의 운명이 존재하고 대운의 흐름이 용신이나 희신으로 치달리는 격국하고는 분명히 차이가 나타나는 점은 두말할 것도 없다.

(예1).경북 대구에서 출판 및 인쇄업을 하여 거부의 운명이 된 한 모씨,! 남자,(서기 1949년 음력 4월 19일 寅시)

					(대					운)	
生	旺	祿	養	乙-庚合金,!	63	53	43	33	23	13	3
庚	丙	己	己		壬	癸	甲	乙	丙	丁	戊
寅	午	巳	丑		戌	亥	子	丑	寅	卯	辰

*."巳-丑合金",!!!

편재		상관	상관
金	(火)	土	土
木	火	火	土
편인	겁재	비견	상관

● 대운천간 乙木이 비록 일간 丙火에 대한 기신(忌神)이 되고 있으나 사주시상에 있는 庚金 편재와 乙-庚合金하여 재성 金氣로 둔갑하게 된다.또한 대운지지 丑土가 습토로서 사주월지 및 년지와 巳-丑合金으로 둔갑하니 완전히 대박이 터지게 되는 것을 알 수가 있다.

***. 일간의 왕쇠(旺衰),!**

丙일간 巳월에 출생해서 득령하고 사주원국 월지 巳火 비견을 중심으로 하여 일지 午火 겁재 양인에 득지(得地)한 중에 시지 寅木 편인까지 득세(得勢)하므로 火氣가 대단히 강력한데 다시 일지 午火 양인과 시지 寅木 편인간에 寅-午合火하니 火局이 결성되어 일간 丙火를 생조하고 있으므로 대단히 신왕하다.

이렇게 일간 丙火를 생조하는 火氣가 강력하면 이것이 외격(外格)의 종격(從格)이나 가종격(假從格)으로 돌아가지 않는 이상 내격(內格)의 억부법이나 조후법상 용신이 선정되어야 마땅하다.

따라서 사주원국을 살펴보니 신왕한 일간 丙火의 기운을 사주년지 丑土 상관이 자리를 잡고 다시 그 세력에 뿌리를 둔 년, 월상 己土 상관이 투출되어 그 힘을 자연스럽게 누출시키고 있는 중에 시상에 투출되어 있는 庚金 편재가 일간의 기운을 적절히 억제하고 있으니 결코 외격(外格)의 종격(從格)이나 가종격(假從格)으로 돌아가지 못한다.

그렇다면 내격(內格)의 억부법이나 조후법에 준하여 용신이 선정되어야 할것인데 사주팔자가 이렇게 비겁인 火氣가 태왕하여 있으므로 시급히 조후법상 관성 水氣를 보아야 대길함을 맛볼 수가 있을 것이다.

＊. 격국(格局)과 용신,!

위 사주원국의 격국을 판별하여 보면 일간 丙火가 왕성한 비겁 火氣에 의하여 신왕이 되고 있는 중에 월지에 비견 巳火가 십이운성의 건록지 앉아 있으니 "신왕월지건록격(身旺月支健祿格)"이 성격(成格)된다.

또한 용신의 격국을 선정하면 사주시상에 庚金 편재가 투출되어 있는 중에 년지 및 년, 월상에 투출되어 있는 상관 土氣가 시상 庚金

편재를 생조하고 있으니 "식상생재격(食傷生財格)"을 구성하고 신왕한 일간 丙火의 기운을 생조하는 비겁 火氣가 강력하니 비겁 火氣를 바로 억제하는 관성 水氣를 용신함에 따라 원칙적으로 "비중용관격(比重用官格)"을 같이 성격(成格)한다.

고로 용신은 왕성한 비겁 火氣를 억제하는 관성 水氣를 용신하고 관성 水氣를 생조하는 재성 金氣는 희신으로 삼는데 일간 丙火가 신왕하니 신왕한 일간의 기운을 자연스럽게 누출시키는 식상 土氣는 길신으로 채택한다.

하지만 이 경우 식상 土氣중에는 조토인 未, 戌 土氣는 원칙적으로 신왕한 일간 丙火의 기운에 동조하는 성질이 강하게 되고 있으니 불리하게 될 것이며 그렇다면 습토인 辰, 丑 土氣는 水氣가 왕성한 불길을 잡아주면서 아울러 일간의 기운을 자연스럽게 누출시키는 양자의 길함을 기대할 수가 있으므로 水氣를 가지는 습토는 대단히 길하게 작용한다.

***. 격국의 구성 및 판단,!**

사주원국을 살펴보니 일간 丙火가 신왕함이 태과하니 이것을 적절히 억제하고 누출시키는 년지 丑土 상관이 자리를 잡고 있으나 일간과 너무 원격(遠隔)하므로 적절히 일간과 정을 통할 수가 없게 되어 있다.

그런데 절묘하게도 월지 巳火 비견이 년지 丑土 상관과 巳-丑合

金하니 일간丙火와 근접하여 왕성한 火氣를 자연스럽게 누출시키고 있으므로 전편 命理秘典 下권인 간명비법에 나오는 유정무정(有情無情)의 법칙에 준하여 유정(有情)하게 되어 있다고 하겠다.

또한 금상첨화로 시상에 투출되어 있는 庚金 편재가 년, 월간 己土와 이렇게 월지와 년지간에 합을 하여 金氣로서 재성의 기운에 합세하므로 사주가 어느하나라도 버릴 것이 없는 절묘한 배합을 이루고 있다.

***. 일부학자의 질문,!**

여기서 일부학자들 중에서 의문을 가지고 본 저자에게 질문을 하고 있다. 그것은 방금 "이상의 월지와 년지간에 巳-丑合金의 부분에 命理秘典 上권인 합의 구성편에 준하여 보면 사주팔자가 동일오행이 합을 구성함에 있어 십이운성의 장생, 건록, 제왕지에 뿌리를 두고 사주천간에 그 세력을 대표하는 오행이 투출되어 있을 경우 합을 잘하지 않을려는 성질이 있는데 어찌하여 命理大要의 저자인 운정선생은 합의 의미를 성격(成格)한다고 명시하고 있는지",!의문을 표시하고 있다.

***. 命理秘典 上권에 인용하여,!**

이 부분에 대하여 본 저자는 약간 생각을 달리하고 있는데 분명히 본 저자가 편찬한 命理秘典 上권인 (3).천간합의 특성편에 준하여 볼 때 "합을 하려고 하는 한쪽오행이 지지에 십이운성의 장생, 건록, 제왕지에 통근하고 있으면 잘 합을 하려고 하지 않는다"라며 분명히 명시하고 있다.

그러나 이와 같은 성질에 대하여 비록 위 사주원국의 년지 丑土가 월지 巳火간에 巳-丑合金을 구성하고 있는 것은 비록 년, 월상에 투출되어 있는 己土 상관이 월지 巳火에 십이운성의 제왕지에 앉아 있으므로 완전히 합을 할 수가 없게 된다.

하지만 본 저자는 비록 합을 하려는 성질이 미약한 점은 되겠으나 년지 丑土가 일간에 대한 영향력을 행사하는 과정에서 무정(無情)하게 되고 있으니 이것을 월지 巳火 비견이 매파역할을 하여 일간 丙火에 대하여 길신으로 그 역할을 하겠금 월지가 다리를 놓아주는 현상을 생각하면 쉽게 이해가 될 것이라고 본다.

그렇다면 십이운성의 장생, 건록, 제왕지에 앉아 합의 부분을 잘 하지 않을려는 성질은 되겠으나 이렇게 년지 丑土가 월지 巳火의 다리를 건너서 일간 丙火에 대한 길신의 작용은 성립되는 것이 타당한 것으로 받아들여야 할 것이다.

이와 같은 현상은 비록 잘 합을 하지 않을려는 성질이라도 끊임없이 년지 丑土 상관이 월지 巳火 비견에 구애(求愛)를 하는 정성이 되니 하늘이 감동하여 미약하나마 합의 기운으로 인한 金氣를 표출하고 있다고 판단하는 점이 타당할 것이다.

결국 동일성인 합의 기운을 나타내는 성질에 대하여 판단의 견해를 달리 표시하는 방법으로서 이렇게 위 사주격국이 되고 있으면 학자들 간에 "합이 된다", 그렇지 않으면 "합이 될 수가 없다", 라는 논리를 가질 수가 있지만 방금 저자가 설명한 부분에 인용하여 생각한다면 일간 丙火에 대한 영향력을 년지 丑土 상관이 월지 巳火를 다리를 놓아 유정(有情)하게 하여 길신의 영향력을 최대로 발휘하는 것을 유념할 필요가 여기에 있는 것이다.

***. 격국의 청탁(淸濁),!**

다시 위 사주팔자에 대한 격국의 청탁부분을 판별하여 보면 일간 丙火가 신왕하고 식상 土氣와 재성 金氣를 길신으로 삼는데 사주팔자의 시상에 庚金편재가 일위(一位)에 존재하여 있음을 알 수가 있다.

아울러 년, 월상에 투출되어 있는 己土 상관이 년지 丑土 상관에 뿌리를 두면서 사주 타주에 거듭 정재나 편재의 기운이 없는 중에 사주천간에 비겁 火氣가 투출되어 있지 않으므로 "시상편재일위귀격(時上偏財一位貴格)"이라 대부의 팔자에 완전히 부합하고 있다.

하지만 시상에 편재 庚金이 일위(一位)에 있는 중에 시지 寅木 편인이 합을 하지 않고 그냥 있으면 좋을 텐데 일지 午火가 양인이며 사왕지지(子, 午,卯, 酉)로서 이것이 시지와 寅-午合火하여 비겁 火氣로 둔갑하니 시상 편재 庚金을 火剋金하는 점은 대단히 좋지 않게 되고 있음을 판단 할 수가 있을것이다.

상황이 이럴진데 설상가상으로 일간 丙火와 시상에 있는 편재 庚金간에 丙-庚 상충이 되고 있는 것을 이와 같은 양자의 전극을 해소할 수 있는 천간합이 존재하지 않아 사주원국이 일면 탁기를 남기는 것이라 하겠다.

더구나 비록 년지 丑土 상관이 월지 巳火를 미약하나마 합을 구성하는 점은 태왕한 火氣를 수습하고 있음을 대단히 좋게 판단하여야 될 것인데 그러나 일간 丙火를 중심으로 하여 일지 午火 양인 그리고 시지 寅木간에 寅-午合火가 모두 성립되고 있으니 완전히 시상 庚金 편재가 비겁 火氣에 둘러쌓여 직,간접적으로 火氣의 기운에 庚金 편재가 火剋金하여 파극이 되고 있으므로 이것은 대단히 좋지 못하게 되고 있는 것이다.

만약 이러한 현상을 반대로 년주나 월주에 비겁 火氣로 구성되어 있고 일지 및 월상에 식상 土氣가 자리를 잡아 있을 경우 이것은 방금 전자에 설명한 부분과 비교도 되지 않을 만큼 대단한 복록이 갖추어진 청기(淸氣)를 가지는 사주명조라고 판단하여야 될 것이다.

결국 하나의 오행이 뒤바뀌어짐에 따라 얼마나 사주격국이 달라지는지를 한눈에 알 수가 있는 것이며 이것은 곧 청탁(淸濁)의 판별과 생화불식(生化不息)에 준하는 성질이 되고 있으니 복록을 따지면 전자의 격국과 가상인 후자의 격국을 비교 판단하면 일천분의 일의 수준이라 할 것이다.

***. 용신에 대한 천복지재(天覆地載)의 판단,!**

다시 용신의 천복지재(天覆地財)를 판별하여 보면 사주원국의 시상에 투출되어 있는 庚金 편재가 사주지지에 뿌리를 두어야 대길하게 될 것인데 가장 가깝게 있는 일지 午火 양인의 지장간 중기(中氣)에 己土가 존재하여 그 속에 길신이 의지를 할 듯싶으나 이미 사주시지 寅木 편인과 寅-午合火하여 비겁 火氣로 돌아가서 오히려 길신의 기운을 상극하고 있다.

그렇다면 월지 巳중의 지장간 중기(中氣)에 庚金이 존재하여 있으니 힘이 강한 월령에 길신이 통근한 중에 다시 년지 丑土 상관과 巳-丑합이 되어 그 세력에 뿌리를 둔 년, 월간 己土 상관이 투출되어 끊임없이 庚金 편재를 생조하고 있으므로 희신의 기운은 천복지재(天覆地載)가 되고 있음을 알 수가 있다.

***. 진신(眞神)의 판단,!**

더하여 용신의 기운은 비록 사주년지 丑중의 지장간 중기(中氣)에 癸水가 있으나 암장된 용신은 적절히 사용할 수가 없고 시상에 투출되어 있는 庚金 편재가 일간 丙火와 서로 유정(有情)하게 되고 있으므로 정히 진신(眞神)의 역할을 하고 있는 것이 된다.

이와 같은 현상은 대단히 좋다고 볼 수가 있는데 금상첨화로 용신을 생조하는 희신인 상관이 사주천간에 투출되어 있으므로 길신과 희신이 같이 천간에 있는 것은 매우 길한 것이다.

또한 사실상 위 사주원국은 용신의 기운으로 선정되고 있는 것이 만약 내격(內格)의 억부법이나 조후법의 용신이 상반된다면 그 복록이 서로간 용신의 기운이 쟁탈하는 것이 되어 복록이 상쇠되겠지만 이렇게 사주격국이 억부법의 용신과 조후법의 용신이 일치하는 식상, 재성, 관성의 기운을 전부 쓸 수가 있으므로 타 어느 격국보다 나은 것이 여기에 있다고 볼 수가 있다.

한편으로는 사주의 조후를 담당하고 있는 관성 水氣가 사주에 없고 오르지 년지 丑土의 지장간 여기(餘氣)에 癸水가 있는 것은 그 세력이 미약하여 완전히 충족을 할 수가 없다고 생각 할 수 있을 것이다.

그러나 년지 丑土 상관인 월령의 巳火와 巳-丑합하고 있는 중에 다시 시상에 투출되어 있는 편재 庚金이 강력하게 있으니 어느 정도 조후를 충족할 수가 있다고 판단하는 것이 타당할 것이고 다시 운로인 세운이나 대운에서 관성 水氣를 만나게 되면 자연스럽게 대길할 수가 있다.

***. 정신기(精神氣)삼자 판단,!**

위 사주팔자의 정신기(精神氣)삼자를 살펴보면 사주시지 편인 寅木이 있으니 정(精)이 존재하여 있는 중에 일지 午火 양인과 寅-午合火하여 기(氣)또한 왕성하고 다시 일간 丙火가 신왕하므로 더하여 신왕한 일간 丙火의 기운을 적절히 억제할 수 있는 상관 土氣와 편재 庚金이 모두 왕성하니 신(神) 또한 강력하다.

한가지 욕심을 부려본다면 방금도 설명하였지만 시상에 투출되어 있는 편재 庚金을 식상 土氣가 왕성한 비겁 火氣의 기운을 가로막아 비겁의 기운을 빼면서 편재의 기운을 생조하고 더하여 조후법을 충족할 수 있는 관성 水氣가 편재 庚金과 근접하여 길신을 보호할 수가 있으면 더욱 더 금상첨화일 것인데 이상과 같은 취지에 비추어 볼 때 조금은 아쉬운 점이 있다고 하겠다.

***. 본인의 운명 및 성격,!**

위 사주 주인공인 한 모씨는 현재 대구시 모 처에서 인쇄업과 출판계통을 같이 하는 사업가로서 재산정도가 백억을 넘는 거부의 사람으로 이상 격국의 부분을 판별하여 볼 때 "시상편재일위귀격(時上偏財一位貴格)"을 가지고 있음을 눈여겨 볼 수가 있을 것이다.

더구나 이상의 격국에 금상첨화로 대운의 흐름이 초년 23세 丙寅대운까지는 대단히 어려웠지만 정히 33세 乙丑대운부터 용신의 운로인 북방 亥-子-丑 水 局으로 치달리고 있었으니 대부한 운명이 되었다고 하겠다.

따라서 위 사주 주인공인 한 모씨 본인의 성격을 판단하여 보면 사주팔자 일간 丙火가 왕성한 비겁 火氣에 의하여 신왕하고 더구나 일지 양인살(羊刃殺)이 있으니 자존심과 고집이 대단하다는 것을 알 수가 있다.

*. 命理秘典 上권인 육친통변법에 인용하여,!

命理秘典 上권인 육친통변법에 적기를 "사주에 겁재와 양인이 동주하고 있으면 선조(先祖)의 집에 있지 아니하며 또 외면은 겸양유화(謙讓柔和)한 듯 하더라도 내심은 무자비한 성질을 가질 수가 많으며 가정 또한 적막하다"라며 적고 있는데 이와 같은 것은 사주 주인공인 한 모씨 일지에 午火 양인과 겁재가 같이 되고 있으니 이상에 양인의 흉폭성이 적나라하게 드러나게 된다.

하지만 이와 같은 점은 사주일지 양인살이 있어 더욱 더 흉폭성을 나타내고 있지만 그래도 그나마 다행스러운 것은 양인인 일지 午火가 시지 寅木과 寅-午合火하여 양인이 합이 되고 있으므로 그 성질이 순화되고 있는 점을 엿볼수가 있다.

그러나 양인이 비록 합을 하였더라도 양인의 특성은 완전히는 없어지지 않으니 그로인한 타인과 불화쟁론이 수시로 일어나는 현상을 면할 수 없고 이것은 관재구설과 재물손재 등이 종종 발생할 수 있는 점이 되니 삼가 조심을 생명으로 하여야 만이 불의 재화를 당하지 않을 것임을 알 수가 있다.

하지만 시상에 편재가 투출되어 있어 일간 丙火의 기운을 적절히 억제하고 있는 중에 사주년지 및 월지 巳-丑合金하여 년간과 월상에 己土 상관이 투출되니 신왕한 일간 丙火를 자연스럽게 누출시키는 것은 수기(秀氣)유행이 되므로 매사를 성실 원만하며 인정이 많아서 비록 고집스러운 면이 있겠으나 일면 사람들에게 베푸는 일은 많다고 보는 것이 타당하다.

***. 고서(古書)나 원서에 인용하여,!**

그러나 걱정스러운 것은 사주 주인공인 한 모씨는 중년에 두 번 정도 가산을 탕진하고 사업에 실패하는 현상이 나타나고 있는데 이와 같은 부분을 고서(古書)나 원서에 인용하여 보면 "사주원국의 시상에 편재가 투출되어 있고 다시 사주 내 비겁이 강하면 가산을 탕진하고 상처한다".라며 적고 있는 점을 볼 때 더욱 더 부합하는 것이 된다.

따라서 한 모씨의 사주를 보면 일간 丙火가 비겁 火氣인 양인과 시지와 일지寅-午合火하여 다시 비겁 火氣가 강력하고 있는데 이것을 연결시킬 수 있는 식상 土氣의 기운이 시상 편재의 기운에 근접하지 못하고 오히려 비겁 火氣가 직접 편재의 庚金을 둘러싸고 있으므로 더욱 더 고서(古書)의 내용에 부합하여 사업에 실패를 맛보는 현상이 되고 있음을 알 수가 있다.

***. 본 저자의 고서(古書)의 내용에 대한 검증,!**

그렇다면 이상의 경우를 판단하여 볼 때 사주팔자가 무조건 일간이 신강, 신약을 불문하고 시상에 편재가 투출되어 있는 중에 비겁 火氣가 강력하면 고 서(古書)의 말대로 가산을 탕진하며 상처하는 경우가 생기는지 한번쯤 의문을 가지고 실제인물의 사주에 비추어 검증을 거쳐야 그에 대한 해답이 나올 것은 기정사실이다.

따라서 위 사주원국을 고서(古書)의 판단부분에 부합시켜 검증하고 다시 본 저자는 실제인물의 위 사주 주인공인 한 모씨의 격국에 대한 용신을 선정한 뒤 대운의 흐름을 추적 조사한 바에 의하면 대운의 흐름이 초년 23세는 丙寅 대운과 그리고 33세부터 37세까지는 乙丑대운인 대운천간 乙木이 지배하는 것이 된다.

그런데 위 사주에 대한 용신이 관성 水氣와 재성 金氣를 삼고 있는데 이상의 대운흐름이 37세까지 동남 木, 火운으로 신왕한 사주를 더욱 더 신왕하게 만들고 있는 것은 일간에게 대단히 불리하게 되고 있으며 더하여 편재 庚金을 대운이 火剋金하여 완전히 파극시키고 있으니 고서(古書)의 부분에 완전히 부합하는 것으로 결론이 나고 있다.

하지만 이와 같은 것은 사주의 격국에 따라 판단의 부분을 신중히 하여야 될 것이며 무턱대고 시상에 편재가 있는데 비겁이 강하다고 하여 이상의 결론을 내리지 말아야 될 것이고 결론적으로 본 저자는 꼭 사주 주인공의 대운의 흐름을 면밀히 판단하고 나서야 비로소 결정을 내려야 된다는 점을 제삼 당부드리고싶다.

***. 조부님의 운명,!**

다시 사주 주인공인 한 모씨의 조부님의 운명을 판단하여 보면 사주원국의 년주를 보고 간명하며 육친별로는 편인이 되고 편인이 없을 때는 년, 월주 관살(정관이나 편관)로도 판단할 수가 있다.

하지만 년주에 관살이 보이지 않고 시지 寅木 편인이 있으나 시주는 자식궁이니 그대로 취용하여서는 아니 되며 년지 丑중의 지장간 여기(餘氣)에 癸水가 정관이 되니 또한 년주는 조부궁이므로 癸水의 오행을 조부를 판단하여야 되는 것이 타당하다.

따라서 년주의 오행의 동태와 지장간에 존재하는 정관 癸水의 육친을 상호같이 복수적으로 간명을 하는 것이 바람직한데 년주가 십이운성의 양지에 앉아 있고 상관이 천간지지 전부 있는 것은 조상이 미미하다는 것을 의미하고 있다.

그렇다면 사주 주인공인 한 모씨의 조부님은 크게 발복을 하지 못하였다는 것을 암시하고 있는데 더하여 재산의 정도도 빈천을 면치 못하였다는 점을 판단할 수가 있을 것이며 더욱 더 조부님의 형제나 증조부 때에 양자나 객사죽음이 있다는 것을 알 수가 있다.

***. 命理大要 中권인 조상의 성질에 인용하여,!**

이와 같은 부분을 命理大要 中권인 조상의 성질에 인용하여 간명하면,!"년주에 상관이 동주하여 있거나 십이운성의 쇠약한 기운인 衰, 病, 死, 墓, 絕에 해당하고 있으면 조부 때에 가산이 몰락하여 비천한 생활을 하고 있는 것을 암시하고 더하여 조상덕이 없다",! 라며 기술하고 있는 것을 볼 때 더욱 더 부합하게 된다.

또한 조부님의 형제나 증조부 때 객사죽음이 있다는 것은 년주가 己丑으로서 십이운성의 묘지(년간 己土와 년지 丑土를 대조하면 십이운성의 묘지가 됨)에 해당하고 더하여 丑土는 辰, 戌, 丑, 未와 같이 고장(庫藏)에 들어 있는 것은 갇힌다, 무덤에 들어간다,라는 의미를 부여하니 완전히 부합하게 되는 것이다.

이상과 같은 맥락에 비추어 판단하면 사주 주인공인 한 모씨는 조부님의 영향력이 미미하였음을 판단할 수가 있겠으며 더하여 타향살이로 일찍이 부친이나 모친이 그 영향력을 받지 못하였다는 것을 알 수가 있으니 결국 조상의 음덕을 받지 못하였다는 점으로 결론이 나게 되는 것이다.

***. 조부님의 선산묘지,!**

다시 사주 주인공인 한 모씨의 조부님의 선산묘지를 판단하여 보면 년간 己土와 년지 丑土의 기운이 서로 십이운성의 묘지에 앉아 있으므로 선산묘지가 그다지 좋지 못하다는 것을 판단할 수가 있겠는데 더하여 사주일지 午火 양인과 년지 丑土 상관인 丑-午 탕화살이 되고 있으니 더욱 더 확실하게 된다.

또한 년주에 육신의 성정이 상관이 천간지지 모두 있는 것은 비록 사주 주인공인 한 모씨의 운명에는 火氣가 강하여 괴로운데 상관이라는 길신이 존재하여 길하게 될 지는 모르지만 육친의 성정에 흉성인 상관이 동주하고 있는 것은 조부님의 운명과 선산묘지가 미미하며 산수의 정기를 자손이 받을 수가 없게 된다고 판단을 내리는 것이 정석이다.

아울러 사주 주인공인 한 모씨 조부님의 선산묘지 좌향을 판별하여 볼 때 년 간에 己土는 낮은 땅을 나타내며 산수가 낮은 곳을 의미하고 방향은 사주년지 丑중의 여기(餘氣)에 癸水와 중기(中氣)에 辛金이 존재하여 있으니 서북간 방향으로 자리를 잡고 있다.

더하여 조부님의 묘지에서 바라보면 양 옆으로 조그만한 오솔길이 한갈레 길이 나 있으며 년지 丑土의 지장간인 여기(餘氣)와 중기(中氣)에 각각 癸水와 辛金은 물을 나타내는 오행이고 또한 물을 생조하는 오행이니 년간인 己土나 년지 丑土는 오행성질로 보면 각각 음토로서 분류되므로 낮은 개울물이나 계곡이 보이는 곳에 묘지가 안장되어 있다고 판단할 수가 있다.

***. 부모님의 운명,!**

다시 사주 주인공인 한 모씨의 부모님의 운명을 간명하여 보면 사주원국 월주의 동태를 보고 판단하고 있는데 육친별로는 편재는 부친을 나타내고 인수는 모친을 의미하며 따라서 월주의 기운과 육친의 성정을 같이 보고 간명하는 것이 타당하다.

따라서 사주팔자를 판단하여 보니 시상에 庚金 편재가 존재하여 있으나 또 월주에 巳火 비견의 지장간 중기(中氣)에 庚金이 있으므로 시상 庚金은 취용하지 말고 월지 巳중의 지장간에 있는 庚金을 월주의 동태와 같이 판별하는 것이 좋을 것이다.

그렇다면 월주의 기운이 십이운성의 건록지에 앉아 있겠으나 하지만 일간 丙火에 대한 비견 巳火는 기신(忌神)이 되고 있으니 부모의 은덕을 받을 수가 없게 되며 또한 부친의 운명이 파란굴곡이 많을 것이다.

***. 命理秘典 上권인 육친의 성정에 인용해서,!**

이와 같은 부분은 命理秘典 上권인 육친의 성정에 기술한 것을 인용하여 본다면 "월주에 상관이 있거나 더하여 일간에 대한 기신(忌神)이 월주에 자리를 잡고 있으면 부모의 유업을 본인이 지키지 못하고 아울러 부친의 조업이 파산이나 실패를 연속하여 유년에 대단히 신고가 많음을 암시한다"라고 기술하고 있다.

따라서 이 부분에 대하여 사주 주인공인 한 모씨 부모의 가업이 기울어짐에 따라 한 모씨 본인이 대단히 유년이 어려웠는 것을 알 수가 있는데 그렇다면 무조건 命理秘典 上권인 육친의 성정에 적고 있는 대로 막연히 월주에 상관이 있거나 일간에 대한 기신(忌神)이 월주에 있을 경우 사주 주인공이 부모의 덕을 받지 못한다고 곧 바로 단정짓지 말고 사주 주인공의 초년대운을 판별하여 보고 결정을 내려야 착오가 없을 것이다.

이와 같은 맥락에 비추어 사주 주인공인 한 모씨의 초년대운을 면밀히 관찰하여 보면 우선 13세는 丁卯대운과 23세는 丙寅대운으로서 신왕한 일간 丙火에 대한 동남 木, 火운로이니 완전히 일간에 대한 기신(忌神)이 되므로 방금 命理秘典 上권인 육친의 성정에 인용한 성질에 전부 일치되는 것으로 판단한다.

실제로 이와 같은 부분에 대하여 사주 주인공인 한 모씨는 부친의 유업을 지키지 못하였고 더하여 한 모씨가 유년시절 부친이 사업적으로 가산을 탕진하는 등으로 말미암아 대단히 불우한 유년을 겪고 왔다며 한 모씨는 회고를 하고 있다.

***. 본인의 처궁의 판단,!**

사주 주인공인 한 모씨 처궁을 판단하여 보면 사주팔자에 일지의 동태를 보고 판단하는데 육친별로는 정재는 본처이고 편재는 첩의 기운이 된다.

그런데 사주원국에 본처를 나타내는 정재의 기운이 없고 오르지 년지 丑중의 지장간 중기(中氣)에 辛金이 존재하여 있는 중에 거듭 중첩하여 편재인 庚金이 시상에 투출되어 있으며 또한 월지 巳중의 지장간 중기(中氣)에 역시 庚金 편재가 나타나고 있으니 여자의 육신이 많은 것이 된다.

그렇다면 사주 주인공인 한 모씨는 처궁이 불리하여 재혼하는 팔자인 것을 알 수가 있는데 이와 같은 재성의 기운이 중첩되어 있고 더하여 사주년주 己丑을 중심으로 하여 일지 午火가 양인살(羊刃殺)이 되고 있는 중에 도화살(桃花殺)까지 해당하고 있으니 더욱 더 확실하게 된다.

따라서 이와 같은 맥락에 비추어 볼 때 사주 주인공인 한 모씨는 가정적으로 대단한 풍파를 겪어왔다는 것을 알 수가 있는 것이며 더하여 색정관계로 고민과 번민의 나날이 있었다는 것을 사주원국은 무언중에 암시를 하고 있다.

그렇지만 한 모씨가 재혼을 하였는 처는 대단히 미모이고 또한 가정적으로 내조를 잘하는 사람으로 판단하고 있는데 그것은 한 모씨의 사주상 용신이 관성 水氣와 재성 金氣를 선택하고 있는 점은 처의 내조가 대단히 뒷받침된다는 것을 알 수가 있다.

실제로 한 모씨는 이상의 부분을 본 저자가 검증을 하여 본인에게 물어보았을 때 지금의 처가 재혼을 하여 있다는 것을 말하고 있으며 따라서 본인의 처 역시 사업가로서 의류업계에 종사하여 그 사업정도가 오히려 한 모씨를 앞질러가고 있음을 본인을 통하여 알 수가 있었다.

***. 본인의 자식궁의 판단,!**

다시 사주 주인공인 한 모씨의 자식궁을 판단하여 보면 우선 사주팔자의 시주의 동태를 보고 판단하는데 육친별로는 여자에게는 식신, 상관이며 남자에게는 관성을 표시하고 그 중에서 아들은 편관이며 딸은 정관의 기운으로 대변한다.

따라서 사주원국을 살펴보니 자식을 나타내는 관성(정관이나 편관)인 정오행이 없고 오로지 사주년지 丑중의 지장간 여기(餘氣)에 癸水 정관이 들어 있으며 또한 일간 丙火와 역시 년지 丑중의 지장간 중기(中氣)에 辛金과 丙-辛合水가 되어 암합을 하여 나오는 오행이 관성 水氣가 됨에 따라 자식은 2명이 된다.

***. 본 저자의 실제인물에 준한 자식판단 비법,!**

그 중에서 사주년지 丑중의 지장간 여기(餘氣)에 癸水는 정관이니 딸이 될것이고 일간 丙火와 丑중의 지장간 중기(中氣)辛金과 암합 丙-辛合水해서 합을 하여 나오는 오행은 같은 水氣라도 음양을 달리 보아야하는 성질이 되니 아들이 되는 것으로 판단하여야 된다.

좀 더 자세하게 기술하자면 자식을 간명하는 절차에 오행의 성질이 비록 동일오행이라 하더라도 이상과 같이 합을 하던지 아니면 지장간끼리 암합을 하게 되어 나오는 오행이 음양이 틀리는 성질이 되고 있을 경우 정오행이 아들이면 합을 하여 나오는 것은 딸이 될 것이요 또한 딸이 되고 있는데 합을 하여 나오는 성질이 틀리게 된다면 아들이 된다는 법칙을 학자는 유념하여 간명에 보탬이 되었으면 하는 본 저자의 바램이다.

따라서 사주 주인공인 한 모씨의 자식은 이상과 같은 부분에 판단하면 아들 및 딸이 각각 있다는 것을 알 수가 있는데 실제로 한 모씨는 자식이 아들, 딸 각 1명씩이 있는 것을 판단할 수가 있었다.

더하여 자식의 판단에서 그 자식이 본인에게 효양을 할 것인가 아니면 불효를 저지르는 자식이 되는 것인가는 시주의 동태를 보고 정히 사주일간 丙火에 대한 용신이나 희신이 되는가 아니면 기신(忌神)이 자리를 잡고 있는가를 면밀히 관찰하여야 될 것이며 또한 형, 충, 파, 해, 공망, 각종 살성을 복수적으로 참조하여 간명하는 것이 타당하다.

이와 같은 부분에 대하여 학자들마다 약간씩 견해의 차이를 보이고 있겠으나 본 저자는 수많은 실제 인물을 간명과 검증을 거듭한 끝에 비법을 얻은 것으로 이상과 같은 맥락에 비추어 판단하는 것이 타당하다.

＊. 命理大要 上권인 자식의 부분에 인용해서,!

命理大要 上권인 자식의 부분에 대하여 기술하기를 "사주의 시주에 일간에 대한 기신(忌神)이 되어 있으면 그 자식이 불효하고 더하여 괴강살(魁罡殺) 및 양인살(羊刃殺)이나 육친의 편관등이 자리를 잡고 형, 충이 되어 있으면 그 자식의 성질이 대단히 불량하고 횡폭하다",!

"그러나 일간에 대한 용신이나 희신이 자리를 잡고 천을귀인이나 천덕귀인및 월덕귀인이 존재하여 있는 중에 생화불식(木生火등으로 사주가 한 바퀴 돌아주는 것)이 되어 있으면 자식이 대단히 번영하고 사주 주인공은 효양을 받는다",!라고 적고 있다.

이상에 命理大要 上권인 자식의 부분에 비추어 위 사주 주인공인 한 모씨의 사주팔자를 판단하여 보면 비록 시지 寅木 편인이 일간 丙火에 대한 기신(忌神)이 되고 있겠으나 시상에 투출되어 있는 庚金 편재가 길신으로 자리매김 을 하여 있고 더하여 사주월주를 주동하여 월덕귀인에 해당하고 있으니 첫눈에 한 모씨의 자식은 발달하겠으며 또한 한 모씨는 효양을 받는 것이 된다.

*. 본 저자의 판단,!

하지만 이와 같은 부분에도 막연히 命理大要 上권인 자식부분에 입각하여 간단히 단편적으로 판단하면 오류를 불러올 수 있는 소지가 다분히 있기 때문에 본 저자의 생각은 절대적으로 사주 주인공의 말년대운을 필히 중시하여 간명에 참고를 하여야 될 것이다.

그렇다면 만약 命理大要 上권인 자식부분에 적용하여 이상과 같이 자식이 잘되며 사주 주인공은 효양을 받는다고 판단하고 있을 때 적어도 말년대운이 용신을 상극하는 기신(忌神)의 운로로 치달리고 있는다면 이상과 같은 命理大要 上권인 자식의 부분을 완전히 뒤엎은 결과를 불러올 수 있는 점이 있기 때문에 본 저자는 필연코 사주 주인공의 말년대운을 접목시켜 자식문제를 간명을 하는 것이 절대적이라 할 수가 있겠다.

다시 사주 주인공인 한 모씨의 자식의 부분을 간명하면 방금도 설명하였지만 자식의 덕은 볼 수 있는 장점은 있을 것이나 년지 己丑을 주동하여 시지 寅木이 고신살(孤神殺)에 해당하고 일지 午火양인이 시지 寅木과 寅-午合火하여 일간에 대한 기신(忌神)이 자리를 잡고 있는 현상이 되고 있다.

상황이 이럴진데 설상가상으로 시상에 투출되어 있는 庚金 편재를 火剋金하여 상극하므로 이와 같은 점을 종합하여 볼 때 자식이 학업의 성취에 약간좌절을 겪는 시점이 있겠으며 더하여 자식이 결혼후에 부부풍파가 상당히 있을 것을 암시하고 있다.

***. 격국에 대한 대운흐름,!**

위 사주 주인공인 한 모씨는 현재 경북 대구시 모 처에 인쇄업과 출판업계를 주름잡는 사업가로서 이상의 모든 사주팔자의 육친의 운명과 더하여 용신의 기운을 선정하고 보니 비록 편재의 기운을 상극하는 비겁 火氣의 기운이 강력하게 작용하는 것이 아쉬운 점이 되겠으나 대운의 흐름이 36세까지는 신왕한 일간의 기운을 더욱 더 신왕하게 만들고 있으므로 불리하였다고 볼 수가 있다.

그러나 37세이후 정히 대운의 흐름이 북방 亥-子-丑 水局으로 치달리고 있었으니 이것은 그야말로 호랑이에게 날개는 달아주는 형상이 되어 정히 오늘날 인쇄업과 출판업을 하여 거부의 운명이 되었던 것이다.

따라서 사주 주인공인 한 모씨 대운의 흐름을 면밀히 관찰하여 보면,!

초중반 36세까지는 동남 木, 火운으로 치달리고 있었는 것은 사주일간 丙火가 신왕한데 더욱 더 신왕을 부채질하며 설상가상으로 23세 대운 丙寅대운에는 대운천간 丙火가 시상에 투출되어 있는 편재 庚金을 丙-庚 상충을 하고 다시 대운지지 寅木은 사주일지 午火 양인과 寅-午合火하니 더욱 더 火氣를 강력하게 생조하게 되므로 대단히 큰 재화가 닥쳐왔다는 것을 알 수가 있다.

이와 같은 현상을 육친통변법으로 좀 더 자세하게 기술하면 우선 대운천간 丙火가 일간 丙火에 대한 비견으로서 신왕한 일간을 더욱 더 신왕하게 만들면서 더하여 시상에 庚金 편재를 丙-庚상충을 하고 있는 것은 본처와 이별을 예상하고 또한 투기성인 재물에 눈이 어두워 사업의 파산을 예고하는 것을 암시하고 있다.

설상가상으로 대운지지 寅木이 역시 일간 丙火에 대한 편인으로서 신왕한 일간을 더욱 더 생조하는데 다시 사주일지 午火 양인과 寅-午合火가 되고 있는 것은 비겁 火氣의 기운으로 둔갑하므로 이것은 형제 및 친구의 보증 및 사기로 인한 손재가 극심하게 들어온다는 것을 의미한다.

실제로 사주 주인공인 한 모씨는 이 때의 대운에서 본인의 본처와 이별을 하였으며 더하여 그것도 모자라 사업을 하던 중에 우연히 사기꾼에 휘말려 가산을 탕진하고 또한 관재 구설수에 오르내려 피를 말리는 고통이 있었다고 한 모씨는 회고를 하고 있다.

하지만 33세 乙丑대운인 37세 대운지지 丑土의 운로에 가서 대운지지 丑土가 간 丙火에 대한 상관의 운로로서 정히 희신의 성질이 되고 있는데 더구나 사주팔자 월지 巳火가 년지 丑土와 완전한 巳-丑合金이 되고 있지 않는 성질을 대운지지 丑土가 자연스럽게 들어옴에 따라 완벽한 巳-丑合金을 하여 재성 金氣로 둔갑하니 이것은 그동안 목이 말라죽을 지경인데 사막의 오아시스를 만난 형상으로 대박이 튀고 있다.

실제로 사주 주인공인 한 모씨는 이 때인 37세부터 41세까지 약 5년 동안 일생최대의 복록을 거머잡는 행운이 뒤따라왔는데 지금의 물량주문과 계약등이 밀려 3일 4일 잠도 못자고 대발복을 튀게 되었던 것이라 말하고 있다.

그러나 현재대운이 지배하는 43세 甲子대운은 약간 어려움이 봉착하고 있는데 그것은 대운천간 甲木이 일간 丙火에 대한 편인의 운로로서 신왕한 일간을 더욱 더 신왕하게 만들고 더하여 사주원국의 시상에 투출되어 있는 편재 庚金을 甲-庚 상충으로 대접하는 것은 길신의 기운을 상극하는 점이 되니 대단히 흉함이 들어오게 되는 것을 알 수가 있다.

또한 대운지지 子水가 원칙적으로 사주상에 용신의 기운이 되겠지만 이 子水가 사왕지지(子, 午, 卯, 酉)로서 사주일지 午火 양인을 子-午 상충으로 가격하고 있는 점이 대단히 길함은 커녕 큰 재화를 불러들이는 일면을 가지고 있다고 볼 것이다.

***. 命理秘典 上, 下권에 인용하여,!**

이와 같은 성질을 좀 더 자세하게 비교 분석할 때 사주팔자의 왕신(旺神)이 존재하는 것을 충격하게 되면 왕신(旺神)이 반발하는 성질을 면밀히 파악하여야 될 것이다.

따라서 비록 외격(外格)의 종격(從格)이나 가종격(假從格)의 성질이 되지 않더라도 이렇게 내격(內格)의 억부법이나 조후법의 용신법에 준한 격국이 동일오행이 이렇게 합을 하여 하나의 火局이 결성되고 있는 것을 충격을 하게 될 때 이것 또한 왕신(旺神)이 반발을 하여 쇠자왕신발(衰者旺神發) 및 왕신충왕(旺神 旺)하여 그에 대한 재화는 대단히 강력하게 발생한다.

이와 같은 부분을 본 저자가 집필한 命理秘典 上권인 용신편과 命理秘典 下권인 종격(從格) 및 가종격(假從格)편에 준하여 본 성질을 인용하면 "사주팔자 내 동일오행이 구성되어 있거나 합을 하여 나오는 오행이 하나의 집단체를 구성하고 있을 때 이것은 왕신(旺神)의 나라를 세우는 결과가 되니 비록 종격(從格)이나 가종격(假從格)의 성질이 아니라도 내격(內格)의 억부법이나 조후법에 일치하는 모든 오행에 적용한다".!

"그러나 이것에 대한 왕신(旺神)이 반발하는 쇠자왕신발(衰者旺神發)법칙이 동일오행을 충격하는 성질이 용신이나 희신의 기운을 업고 들어와서 충격하는 것인가 아니면 용신이나 희신의 기운을 상극하는 기신(忌神)의 기운을 업고 들어와서 왕신(旺神)을 충격하는 것인가에 따라 십중구사의 운명을 판단할 수가 있다".!라며 적고 있다.

따라서 이와 같은 법칙에 준하여 본 사주 주인공인 한 모씨의 대운 43세 甲子대운을 판별하여 볼 때 비록 대운지지 子水가 일간 丙火에 대한 용신인 정관의 기운이나 이것이 사주원국의 일지 양인인 午火를 子-午 상충을 하는 것은 이미 寅-午合火하여 火局이 결성되어 있는 성질을 충격하므로 완전히 왕신(旺神)이 반발을 하여 쇠자왕신발(衰者旺神發)의 법칙에 부합하여 있다고 하겠다.

그렇다면 이상의 성질을 생각할 때 사주 주인공인 한 모씨는 왕신(旺神)을 충격하는 것에 대하여 이것이 희신 및 기신(忌神)을 막론하고 그에 대한 충분한 상응의 대가를 지불하여야 됨은 기정사실이 되고 있는데 하지만 대운에서 들어오는 子水가 사주상의 용신의 기운이 되므로 길신을 업고 들어오는 점은 그 재화의 강도가 줄어드는 것이 되니 십중구사의 운명은 되지 않음을 알 수가 있다.

실제로 사주 주인공인 한 모씨는 지금 1998년 戊寅년에 대단히 사업상 사기를 당해 어려움에 봉착하고 있는데 이것은 동일오행인 왕신(旺神)을 건드린 결과로 받아들이는 것이 타당하며 따라서 그 흉의는 비록 강하다고 보지만 그래도 일말 조금의 흉의를 상쇠시키는 일면이 나타나고 있다고 볼 것이다.

다시 앞으로 다가오는 53세는 癸亥대운으로서 대운천간 癸水가 일간 丙火에 대한 정관의 운로이니 정히 용신의 기운이 된다는 것을 알 수가 있는데 절묘하게 사주천간의 기운을 전부 삼형이나 상충의 작용이 없으므로 자연스럽게 水氣를 보충시키는 결과는 대박을 튀우는 결과라고 볼 수가 있다.

또한 대운지지 亥水가 일간 丙火에 대한 편관으로서 이것 역시 용신의 기운이 되고 있으므로 대운 천간지지 모두 용신 水氣의 기운은 사주 주인공인 한모씨가 말년으로 넘어가는 시점에서 부귀행복을 누린다는 것을 암시하고 있다.

***. 일부학자의 의견,!**

여기서 일부학자들 중에 "대운지지 亥水가 비록 일간 丙火에 대한 편관으로서 용신의 기운이 되고 있지만 사주팔자의 시지 寅木 편인과 寅-亥合木으로 둔갑하여 신왕한 일간 丙火에 기신(忌神)의 역할을 하고 있으니 오히려 불리하지 않겠느냐",!라고 의문을 표시하고 있다.

***. 일부학자의 의견에 대한 본 저자판단,!**

이 부분에 대하여 본 저자는 학자들이 말한 부분은 일면 타당한 성질이 있겠으나 판단에 대한 부분을 면밀히 관찰할 필요가 있다.

그것은 대운지지 亥水가 위 사주원국 시지 寅木 편인과 寅-亥合木을 하기 이전에 사주월지 巳火 비견이 巳-亥 상충을 도모하고 있으므로 대운지지 亥水가 시지 寅木을 합을 하는 것을 방해하는 성질이 되고 있으니 합을 하더라도 완벽한 합이 이루어지지 못한다.

따라서 아무리 대운의 힘이 강력하더라도 이와 같은 합의 성립에 대하여 대운천간이나 대운지지가 사주원국에 합을 하기 이전에 어느 오행과 합을 하는 것이 가장 무리가 없는지를 판단하고 들어오는데 이상의 부분에 대하여 대운이 사주 내 합을 하는 성질에 대하여 방해하는 오행이 있다면 완벽한 합으로 돌아가지 못한다고 판단하는 것이 타당하다.

그렇다면 이와 같은 맥락에 비추어 이상의 사주원국에 대하여 대운지지 亥水가 寅-亥合木을 도모하기 이전에 巳-亥 상충이 벌어지고 있는 것은 완벽한 합이 성립되지 못하고 비록 합이 되더라도 亥水 잔여의 기운이 남아 있는 관계로 사주상 용신의 기운이 대변되는 것으로 귀착하는 이유가 여기에 있다.

앞으로 다가오는 63세 壬戌대운은 위 사주 주인공인 한 모씨가 일생최대의 고비를 맞이한다는 것을 사주원국이 무언중에 암시하고 있다.

그것은 대운천간 壬水가 비록 일간 丙火에 대한 편관의 운으로 용신의 기운이 되지만 일간 丙火를 丙-壬 상충으로 맞이하는 점은 대단한 흉을 불러들이는 것이 되는데 이 때에는 대운지지가 길신이나 희신의 성질으로서 사주팔자에 영향력을 행사하면 그 흉의를 모면할 수가 있을 것이다.

하지만 대운지지 戌土가 오행의 성질로 보면 조토로서 이미 사주 일지 양인 午火와 시지 寅木 편인간에 寅-午合火가 되고 있는 것을 대운지지가 합세하여 寅-午-戌 삼합 火局이 성립되고 있으므로 태양과 같은 불길로서 일간 丙 火를 생조하고 있으니 이것은 도저히 가망이 없게 된다.

설상가상으로 대운지지 戌土가 사주팔자 년지 丑土 상관을 丑-戌 삼형으로 대접하고 있는 것은 흉물이 삼형을 깔고 들어오는 성질이 되니 더욱 더 흉의를 재촉하는 성질이 되고 있는데 그렇다면 세운의 흐름이 未년이나 월운이 未월을 가장 조심을 하여야 되는 점은 필연코 저승의 갈림길에서 그에 상응하는 대가를 지불하여야 되는 것은 피할 수가 없다.

※참고로 이상의 사업가의 팔자속에 사주 주인공인 한 모씨의 격국을 관찰하여 보았는데 격국의 순수함이 그다지 높지 않았으나 "시상편재일위귀격(時上偏財一位貴格)"의 조건에 부합하여 있고 또한 대운의 흐름이 정히 용신이나 희신의 운로로 치달리고 있었음을 눈여겨보아야 될 이유가 여기에 있다.

따라서 비록 시상편재격(時上偏財格)의 조건에 부합하였다 하더라도 이상의 대운의 흐름이 용신이나 희신을 상극하는 기신(忌神)의 운으로 치달리고 있었으면 아무리 좋은 격국도 무용지물일 수밖에 없을 것이고 또한 대발복 역시 꿈도 꾸지 못하였음을 알 수가 있다.

※참고로 이상의 사주 주인공인 한 모씨는 출판업과 인쇄업을 하는 거부의 운명으로 격국을 파악하여 보았으나 직업의 특성상 용신의 기운인 재성 金氣에부합하는 철물인 인쇄업이 주된 업종으로서 오늘날의 한 모씨가 자리를 잡은 점을 파악할 수가 있을 것이다.

제12장

*. 공 업 가(工 業 家)

*. 공업가(工業家)는 크게는 대기업으로부터 아래로는 가내공업까지 다양한데 그 직업특성도 조립(組立), 금속(金屬), 철강(鐵鋼), 전기(電氣), 통신(通信), 화학(化學)분야까지 매우 광범위하게 펼쳐있다.

(12). 공업계(工業界)의 팔자

공업(工業)이라 함은 오늘날 철강, 조립, 금속, 자동차, 전기, 통신 그리고 좀더 폭넓게는 화학, 식품까지 그 종류가 대단히 다양하게 분포되어 있겠으며 모두 이러한 직업의 종류가 공업계(工業界)에 포함되고 있다.

또한 사주팔자를 간명하면 그 규모가 크게는 대기업을 하는 사람부터 작게는 소기업과 더 나아가서는 말단의 가내공업까지 판단할 수가 있겠는데 이와 같은 부분은 모두다 공업계(工業界)의 팔자에 해당하여 그 부귀함이 많고 적음을 떠나서 본 장에 준하여 판단하여야 타당할 것이다.

그러나 이와 같은 직업의 분류에서 넓게는 이상의 부분을 모두 포함시키는 것이 되지만 사실상 좀 더 세밀하게 격국이나 팔자를 간명하여 보면 제각기 조금씩 틀리는 양상을 띄고 있다하여도 과언이 아니다.

예를 들면 전기, 통신등은 오행상 火氣를 용신이나 희신으로 선택하고 있으며 식품이나 수산계통의 공업계(工業界)팔자라면 水氣를 용신이나 희신으로 삼고 있는 등을 실례로 들 수가 있겠다.

따라서 본 장에서 언급하는 공업계(工業界)팔자 특성이 직업의 분포가 대단히 광범위한 관계로 일일이 그 종류별로 격국을 간명을 하지 못하겠지만 사실상 본 저자가 기술하는 공업계(工業界)팔자에 모두 소속되어 있으므로 사주의 격국을 면밀히 관찰하면 직업적인 부분을 완벽하게 파악할 수가 있을 것이다.

더하여 이상의 공업계(工業界)에 속한 운명이 발복정도가 대발복을 하는가 아니면 말단으로서 살아가는가는 역시 전편인 命理秘典 下권인 간명비법의 청탁(淸濁)의 부분과 중화(中和)의 법칙에 부합하고 대운의 흐름이 정히 용신이나 희신으로 치달리고 있으면 대부한 운명이고 그렇지 않으면 별 볼일이 없다고 판단하는 것이 정석이다.

결국 본 장 공업계(工業界)팔자는 격국의 구성조건이 용신이 어떠한 오행이 구성되어 있는가 또한 대운의 흐름이 용신이나 기신(忌神)의 운로로 치달리고 있느냐에 따라 직업의 종류와 발복여부가 판가름이 난다는 것으로 보아야 된다.

(가). 공업계(工業界)의 운명,!

- **사주일간이 신강, 신약을 불문하고 사주 내 "辰"이나 "戌"이 중첩 들어 있는 것,!**

- **일간이 신강, 신약을 불문하고 사주일지가 "辰","戌"이 되어 있을 때,! (참고로 일주가 甲辰, 甲戌, 丙辰, 丙戌, 戊辰, 戊戌, 庚辰, 庚戌, 壬辰, 壬戌등이 일주에 들어 있는 것, 이상의 사주격국은 조립, 철강, 자동차 금속분야에 해당한다.)**

- **"壬","癸" 일간으로서 신왕하여 "丙","丁","巳","午"가 용신**

이나 희신이 되고 있을 때,! (이상의 격국은 전기, 전자, 통신 및 제련분야에 해당한다.)

●"丙","丁"일간으로서 신왕하여"庚","辛","申","酉"가 용신이나 희신이 되고 있는 사주,! (이상의 격국은 철강, 조립분야에 종사하게 된다.)

●"甲","乙"일간으로서 "壬","癸","亥","子"를 사주에 보고 있을 때,! (이상의 격국은 대운의 흐름이 용신이나 희신으로 치달리고 있으면 조립, 식품, 생산분야에 종사하게 된다.)

●일주가 "辰","戌"이 되고 "월주"에 "역마살"(驛馬殺)있을 때,! (이상은 운수업,기공업(技工業)분야에 종사하고 일주가 辰, 戌이 되고 월주에 인수가 있거나 사주 타주에 인수가 많을 때는 출판, 인쇄분야에 종사한다.)

●사주가 신강, 신약을 불문하고 "丙辰","丙戌"로서 "월지"에 "인수"가 있던지 사주원국 타 주에 "인수"가 "왕성"할 때,! (이상은 목공업(木工業)분야에 종사한다.)

●"丙"일간에 "壬","癸","亥","子"등의 관성이 있는 사주,! (이상은 화학, 식품 공업계 분야에 종사한다.)

※참고로 이상의 공업계(工業界)의 운명을 모두 나열하여 보았는데 사주격국 대부분이 일간의 신강, 신약을 불문하고 사주 내 辰, 戌이 지배적으로 차지하여 있는 것을 판단할 수가 있다.

따라서 辰, 戌은 천라지강살(天羅至剛殺)로서 그 성격이 자존심과 고집이 대단한 것으로 판단하며 일면 고독하고 특히 일지에 있으면 부부간 풍파가 다유(多有)한데 그러나 공업계(工業界)분야에 두각을 나타내게 된다.

하지만 이와 같은 분야에서 성공을 하여 대 복록을 누릴 수가 있을 것인가 아니면 말단의 분야에 조금의 복록을 유지할 것인가는 역시 용신이나 희신의 강령함과 대운의 흐름이 용신의 흐름으로 치달려 주어야 되는 것은 필수조건이다.

(예1). 공업계(工業界)팔자로서 부산 모 처 금속조립회사를 설립하여 약 70억대 거부로 성장한 황 모씨,! 남자, (부산시 사하구 사상) 1949년 음력 2월 8일 戌시

(대 운)

墓	帶	浴	墓	戊-癸合火,!	67	57	47	37	27	17	7
戊	丙	丁	己		庚	辛	壬	癸	甲	乙	丙
戌	辰	卯	丑		申	酉	戌	亥	子	丑	寅

*."亥-卯合木",!!!

식신		겁재	상관
土	(火)	火	土
土	土	木	土
식신	식신	인수	상관

●대운천간 癸水가 시상에 투출되어 있는 戊土와 戊-癸合火로 돌변하고 다시 대운지지 亥水가 비록 일간에 대한 기신(忌神)이지만 절묘하게 사주월지 卯木과 亥-卯合木으로 신약한 일간을 생조하므로 일약 대발복이 터지고 있다.!

***. 일간의 왕쇠(旺衰),!**

丙일간 卯월에 출생하여 득령하고 사주원국 월지 卯木 인수를 중심으로 해서 월상에 투출되어 있는 丁火 겁재 양인이 일간 丙火를 생조하고 있으나 사주 원국에 식상 土氣가 왕성하고 있는 중에 일간 丙火를 생조하는 기운은 전편 命理秘典 上권인 사주강약도표에 준하여 판단해보니 39%밖에 되지 않으므로 약간 신약이다.

하지만 일간 丙火가 중화(中和)의 기점인 40%에 육박하고 있으므로 일간이 힘을 얻었다고 볼 수가 있겠으며 이와 같은 현상은 신강이나 신약이 극심하게 치달리는 점보다 오히려 낫다고 판단하는 것이 타당하다.

***. 일부 학자들의 의견,!**

여기서 일부학자들 중에서 한가지 의문을 가지고 질문을 던지고 있는데 그것은 방금 본 저자가 설명한 사주일간이 신강이나 신약의 부분에 대하여 고서 (古書)나 원서에 준하면 사주팔자가 일간이 신강함을 대단히 좋다고 기술하고 있는 것이 통례이다.

따라서 命理大要의 저자인 운정선생은 이렇게 고서(古書)나 원서에 일간이 신강해서 좋은 점은 제쳐두고 위 사주원국을 설명하면서 일간이 신약하고 있는데 왜, 신강보다 좋다고 표현하고 있는지 의문을 표시하고 있다.

***. 본 저자의 판단,!**

이에 대하여 판단을 신중히 하여야 되는데 본 저자는 사주격국에 대한 일간의 왕쇠(旺衰) 부분에 준하여 일간의 힘을 가지는 것이 신약함이 좋다고는 볼 수가 없겠으나 이것 역시 중화(中和)의 기점에 대한 힘의 강약을 비교 판별하여 볼 때 일간에 대한 신강의 강도가 중화(中和)의 기점을 넘어 신강으로 넘어가면 갈수록 오히려 중화(中和)의 기점에 육박하는 신약보다 못하게 된다.

그렇다면 좀 더 자세하게 기술하자면 이와 같은 일간의 힘의 균형을 놓고 일간의 신강함이 중화(中和)의 기점을 훨씬 넘어 대단히 강력하게 되어 있을때 운로인 세운이나 대운에서 신왕한 일간의 동기인 비겁이나 인성의 기운을 삼형이나 상충으로 가격을 하게 된다면 왕신(旺神)의 성질이 되어 있는 동일 오행이 반발을 하니 쇠자왕신발(衰者旺神發)법칙에 준하여 사주 주인공은 극도로 그 재화가 대단히 강력하게 발생한다.

따라서 이와 같은 성질을 생각한다면 이상의 방금 설명한 신강함이 훨씬 넘어가는 경우보다 오히려 일간이 약간 신약하고 그 힘의 강도가 중화(中和)의 기점인 거의 40%에 육박하고 있을 때 비록 살운(殺運)인 형, 충, 파, 해 등이 운로에서 들어온다고 해도 일간이 힘을 가지고 있고 더하여 중화(中和)의 부분에 안정이 되어 사주원국이 수평을 유지하는 결론에 도달되므로 그 흉의가 전자의 일간이 신강이 태과하는 경우보다 강력하게 발생되지 않는다.

***. 고서(古書)나 원서에 인용하여,!**

고서(古書)나 원서에 방금 설명한 이와 같은 부분을 기술하기를 " 일간이 힘을 가지고 있는 성질이 중화(中和)의 기점에 육박하고 있는 격국은 오행의 균등을 도모하고 있기 때문에 이것이 극도로 상충이나 삼형을 중첩하여 가격하지 않는 이상 그 흉의는 약할 것이며 더하여 운로인 대운이나 세운에서 용신의 기운이나 희신의 기운을 만날 때 대 발복을 기대할 수가 있다",라며 적고 있다.

따라서 이와 같은 고서(古書)나 원서에 일간의 힘을 기술하고 있는 성질을 중화(中和)의 부분에 부합하는 사주격국을 최으뜸으로 치고 있는 이유가 오행의 균등을 도모하고 나아가서는 궁극적인 살운(殺運)에 그 흉함이 줄어드는 결론이 되는 것을 알 수가 있고 행운이 용신이나 희신의 기운이 되고 있을 때 더욱 더 발복을 하게 되는 것은 이와 같은 맥락을 같이 한다고 보겠다.

***. 격국(格局)과 용신,!**

위 사주팔자의 격국을 관찰하여 보면 일간 丙火가 신약하고 월지에 인수 卯木이 자리를 잡고 있는 중에 다시 월상 丁火 겁재 양인이 투출되어 있으므로 "신약월지인수격(身弱月支印綬格)"이 성격(成格) 된다.

하지만 사주원국이 식상 土氣가 사주에 무리를 이루고 있는 중에 일간이 신약하니 원칙적으로 "진상관용인격(眞傷官用印格)"으로 용신의 격국을 설정하는 것이 타당하다.

따라서 용신은 신약한 일간 丙火를 생조하고 아울러 강력한 식상 土氣를 바로 상극하는 인성 木氣를 용신하여야 마땅하며 더하여 일간이 신약하니 일간을 부조하는 비겁 火氣를 길신으로 채택한다.

이렇게 용신을 설정하고 사주팔자를 살펴보니 사주월지 卯木 인수가 자리를 잡고 있으므로 이것은 정히 진신(眞神)이 되고 있는 중에 월지는 전편 命理秘典 上권인 사주강약도표에 준하여 힘을 관찰하여 볼 때 30%의 힘을 가지고 있으니 용신의 기운이 대단히 강력함을 엿볼 수가 있다.

＊. 용신에 대한 천복지재(天覆地載)판단,!

따라서 이렇게 사주월지 卯木 인수가 있는데 금상첨화로 월상에 丁火 겁재 양인이 투출되어 있으므로 용신과 희신이 자리를 잡은 것이 되어 천복지재 (天覆地載)가 되어 있다고 볼 수가 있겠다.

하지만 일면 월상에 투출되어 있는 겁재 丁火가 일간 丙火에 대하여 대단히 중요하게 작용하나 사주팔자가 왕성한 식상 土氣의 기운에 그 힘이 강력히 누출되고 있으므로 이것은 대단히 좋지 못하다.

더구나 월지 卯木 인수가 자리를 잡고 있는데 용신 卯木 인수를 생조할 관성 水氣가 년지 丑중과 일지 辰土의 지장간에 암장되어 있으니 암장된 오행은 적절히 그 역할을 할 수가 없다는 원칙에 따라 용신 卯木이 적절히 힘을 얻지 못함도 알 수가 있겠다.

이와 같은 현상은 설상가상으로 왕성한 식상 土氣가 사주대부분을 차지하고 있으니 인성 木氣가 식상 土氣를 木剋土하여 상극을 바라볼 수가 있지만 한편으로 볼 때 이렇게 하나의 집단체를 구성하고 있을 경우 이것은 전편 命理秘典 上권인 상모(相侮)법칙에 준하여 반대의 상극오행이 많을 것 같으면 오히려 상극하는 오행이 당한다는 법칙에 해당되니 인수 卯木의 기운이 대단히 극루함이 심하므로 설상가상이다.

비록 사주원국 내 용신의 기운이 있다고 해도 암장된 오행은 무용지물일 수 밖에 없으며 그러나 만약 관성 水氣가 인수 卯木에 근접하여 생조를 하고 있으면 왕성한 식상 土氣를 관성 水氣가 억제하면서 인수 卯木까지 생조를 하는 격국이 되고 있을 때 이것은 지금의 사주보다 약 10배에서 100배정도 복록이 갖추어진다고 보는 것이 타당할 것이다.

결국 이렇게 하나의 관성 기운이 존재하여 용신인 인수를 생조하는 격국과 그렇지 않고 위의 사주처럼 용신이 비록 월지에 있어 힘이 강력하다 하더라도 관성 水氣가 없던지 아니면 만약 있더라도 지장간에 암장되어 있을 경우에는 그 본래의 소정의 목적을 달성할 수가 없기 때문에 이상의 격국에 대한 복록의 차이는 전자의 경우와 비교가 되지 않을 것이다.

＊. 격국에 대한 청탁(淸濁)의 판별,!

다시 위 사주원국에 대한 격국(格局)의 청탁부분을 간명하여 보면 일간 丙火 를 중심으로 하여 천간에는 별다른 상충이나 상극이 보이지 않고 있으며 사주의 지지에는 일지 辰土 식신과 시지 戌土 식신간에 辰-戌 상충이 성립되고 있다.

또한 월지 卯木 인수와 일지 辰土 식신간에 卯-辰 육해살(六害殺)과 년지 丑 土 상관과 시지 戌土 식신간에 丑-戌 삼형까지 되고 있는데 절묘하게 월지 卯木 인수와 시지 戌土 식신간에 卯-戌합이 구성되어 이러한 상충과 육해 및 삼형의 부분을 모두 해극을 시키고 있으니 대단히 좋게 되어 있다고 하겠다.

하지만 무엇보다도 근본적인 오행이 편중되어 균등을 도모할 수가 없고 사주 팔자내 木, 火, 土氣의 구성이 주로 되어 있는 중에 두 개의 오행인 관성 水氣와 재성 金氣가 각각 지장간에 암장되어 있을 뿐 적절히 중화(中和)의 원칙에 부합되지 못하고 있다.

이와 같은 현상은 더욱 더 반대의 오행인 식상 土氣가 그 세력이 대단히 강력하게 되고 있는 것은 오행의 기운이 편(偏)으로 치중하므로 이것은 오행의 균등을 도모할 수가 없어 일면 사주상의 탁기를 남기는 현상이 되고 있다할 것이다.

일면 다행스러운 것은 사주팔자의 형, 충을 합을 이끌어내어 해극을 시키고 있으며 더하여 비록 오행의 균등을 도모하지는 못했지만 월지 인수 卯木이 월상 丁火 겁재에게 木生火, 다시 일간으로 연결을 하고 있다.

이것은 다시 일간과 겁재 火氣가 시주 및 일지 식상 土氣에게 火生土가 되고 있으므로 미약하나마 생화불식의 조건을 구성하면서 용신인 월지 인수 卯木이 강력하게 자리를 잡고 있으니 오행상의 탁기에 대한 아쉬운 점을 그나마 보충시키고 있다고 볼 것이다.

＊. 용신에 대한 유정무정(有情無情)과 정신기(精神氣),!

위 사주격국에 대한 용신이 사주에 유정무정(有情無情)의 법칙에 준하여 관찰하면 우선 일간 丙火가 신약한데 대단히 다행스럽게 월령에 차지해서 앉은 卯木 인수가 자리를 잡아 있고 더하여 월상에 丁火 겁재가 투출되어 있는 것은 완전히 용신과 희신이 일간 丙火와 근접하여있으므로 유정(有情)하다고 볼 수가 있다.

더하여 용신의 성질이 내격(內格)의 억부법과 조후법에 일치하는 현상이 되고 있음을 대단히 좋게 보고 있는데 사주원국이 월주가 丁卯와 시주가 戊戌로서 木, 火의 기운이 강하니 일면 조후법상 관성 水氣를 필요할 지 모르지만 년지 丑土 상관과 일지 辰土 식신이 습토로서 水氣를 머금고 있으므로 완전히 조후를 충족시키고 있다할 것이다.

또한 정신기(精神氣)삼자를 보면 일간 丙火를 주동하여 인수 卯木이 월지에 있으니 정(精)이 강력하고 더구나 겁재인 월상에 丁火가 투출되어 있는 것은 기(氣) 역시 존재하며 아울러 일간에 대한 신(神)인 식상 土氣가 강력하여 있으나 관성과 재성인 水, 金이 丑土와 辰土에 암장되어 조후를 충족하고 있으므로 정신기(精神氣)삼자가 강령하다고 판단한다.

***. 본 장 공업계(工業界)의 팔자에 준한 판단,!**

이와 같은 현상은 만약 사주팔자가 오행의 균등을 도모하지 못하고 있는 와중에 정신기(精神氣)와 유정무정(有情無情)의 법칙에 상반되어 있다면 오늘날 위 사주 주인공인 황 모씨는 공업계(工業界)팔자로서 대부한 운명이 되지 못할 것인데 다행스럽게 이상의 조건을 갖추고 있는 것은 이미 사주팔자가 공업계(工業界)로서 성공을 한다는 점에 사주가 무언중에 암시를 하고 있는 것이다.

따라서 사주 주인공인 황 모씨의 사주격국을 공업계(工業界)에 준하여 판별하여 볼 때 우선 첫눈에 일지에 丙辰일주로서 이것은 전편인 命理秘典 下권에 나오는 특수내격(特殊內格)인 일덕격(日德格)이 구성되고 있으므로 사주일주가 일덕격(日德格)이 되면 완전히 공업계(工業界)팔자로 적성이 맞게 된다.

더하여 사주일지 및 시지에 辰, 戌이 있는 것은 천라지강살(天羅至剛殺)로서 이것 역시 공업계(工業界)에 부합하고 금상첨화로 월지에 인수 卯木이 자리를 잡고 있으니 일간의 기운과 목화통명(木火通明)이 되므로 더욱 더 확실하게 되는 것을 알 수가 있다.

***. 본인의 성격,!**

위 사주 주인공인 황 모씨는 공업계(工業界)팔자로서 현재 부산시 모 처에 조립 금속공장을 가지고 있는 사장이니 이상의 격국을 판별하여 보았을 때 비록 일간 丙火가 신약하나 용신의 기운이 강력하고 사주격국이 정신기(精神氣)삼자가 왕성하여 있는 중에 대운의 흐름이 중년 37세부터 癸亥대운에 지배되어 오늘날 대부의 운명이 된 것이다.

따라서 사주 주인공인 황 모씨의 성격을 판별하여 보면 우선 일간 丙火가 신약하나 월지에 4길성(식신, 재성, 정관, 인수)인 인수 卯木이 자리를 잡고 인수가 용신이 되는 것은 대단한 자비심을 나타내고 있으며 더하여 글솜씨와 예능계통에도 못하는 것이 없는 다재다능한 만능꾼임을 알 수가 있다.

***. 命理秘典 上권인 육친의 성정에 인용하여,!**

命理秘典 上권인 육친의 성정에 적기를 "사주팔자에 인수와 식신이 동주하던지 나란히 있게 되면 타인의 존경과 신용을 받으며 신의

가 두텁다",라고 기술하고 있다.

따라서 이와 같은 부분을 참작하여 볼 때 사주 주인공인 황 모씨는 자비심으로 인하여 타인에게 존경과 인망을 두텁게 가지는 것을 알 수가 있는데 월지에 인수가 있는 것은 일면 자존심과 고집스러운 일면이 있다고 볼 수가 있겠다.

더욱 더 위 사실에 부합되고 있는 것은 일지는 자신의 몸이고 처궁이므로 일지 辰土 식신과 시지 戌土 식신간에 辰-戌 상충이 되고 있으므로 더욱 더 확실한데 비록 卯-戌합으로 해극을 도모하였지만 상충의 통변법상 상충의 부분은 적용하는 것이 타당할 것이다.

그렇다면 조금의 욕심으로 인한 고집과 자존심이 강대하고 나아가서는 타인에게 비방불리를 초래하여 비록 친해지는 사람이 있다하나 곧 돌아서서 손재를 줄 수 있는 점을 면할 수가 없을 것이며 더하여 본인의 심성이 고독함이 많아 외로움에 젖는 시간이 많을 것이다.

더하여 남의 일에 나서다가 실패와 금전으로 인한 손재를 종종 당할 수가 있음을 알 수가 있는데 이것 역시 命理秘典 上권인 육친의 통변법에 "인수와 겁재가 동주하던지 나란히 있게 되면 타인에게 진력하는 일이 많으며 더하여 진력하더라도 그 결과가 좋지 못하다",라고 기술하고 있다.

이와 같은 부분에 대하여 사주 주인공인 황 모씨는 사주원국에 대한 대운의 흐름을 면밀히 관찰하여 보면 초 중년이 종종 용신을 상극하는 기신(忌神)이 자주 들어왔음을 예상할 수가 있겠는데 命理

秘典 上권인 육친통변법의 맥락에 비추어 볼 때 형제나 친구의 보증이나 금전거래로 인한 사기수와 손재를 많이 당하였다는 것으로 미루어 짐작할 수가 있다.

＊. 본인의 건강과 질병,!

위 사주 주인공인 황 모씨의 사주에 대한 건강과 질병을 판별하여 보면 비록 사주일간 丙火가 신약하나 일지에 식신이 자리를 잡고 있으므로 신체가 풍만하여 건강하다는 것을 알 수가 있는데 일지에 식신이 있으면 음식을 잘먹고 낙천적이며 잠 역시 머리만 땅에 기대면 곧 바로 코를 고는 스타일이니 잠을 잘자면 건강하게 된다.

그러나 사주팔자에 식상 土氣가 많은 중에 일지 辰土 식신과 시지 戌土 식신간에 辰-戌 상충을 도모하므로 같은 土氣인 辰, 戌, 丑, 未가 충돌이 일어나는 점은 위장과 심장 및 피부병이 종종 발생하는 것을 암시하고 있으니 여름철 식중독과 피부병 및 물로 인한 심장장애 등의 고통이 종종 발생 될 수도 있으므로 대단히 조심을 하여야 될 것이다.

더하여 이렇게 辰-戌이 상충하면 운로인 대운이나 세운에서 기신(忌神)을 업고 다시 戌土나 未土를 만나게 되면 교통사고나 신체부상이 예상되는데 그렇다면 이와 같은 세운이나 대운을 매우 조심하여야 될 것이며 유년에 위장병이나 맹장염으로 인한 소장 및 대장을 수술하였을 것이다.

이와 같은 판단부분에 대하여 같은 土氣인 辰, 戌, 丑, 未가 상충이나 삼형을 하고 있으면 더욱 더 확실하게 되는데 土氣는 위장이나 대장 및 소장을 나타내는 점이니 오행별로 판단하면 대단히 적중률이 높게 된다는 것을 알수 있다.

***. 조부님의 운명,!**

다시 사주 주인공인 황 모씨의 조부님을 판별하여 보면 사주원국에 년주의 동태를 보고 간명하는데 육친별로는 편인이 되고 사주에 편인이 나타나지 않으면 년, 월주의 관살(정관이나 편관)로도 볼 수가 있다.

그런데 사주팔자에 조부님을 나타내는 편인의 정오행이 없고 사주월지 卯木 인수의 지장간 여기(餘氣)에 甲木이 들어 있으니 甲木을 조부님으로 보고 판단하며 더하여 년주의 동태도 같이 복수적으로 간명하는 것이 타당하다.

따라서 월지 卯木 인수의 지장간에 여기(餘氣)인 甲木이 있는 주에 십이운성의 목욕지에 앉아 있으니 조부님의 운명은 색정으로 인한 번뇌와 재가팔자인 것을 알 수가 있는데 그렇다면 할머니가 두분이거나 조부님이 재혼을 하였을 것이다.

이와 같은 현상은 년주에도 나타나고 있는데 년주에 己丑으로서 전부 상관이 차지하고 있는 점은 상관은 조상이 미미하였다는 것을 의미하고 또한 가정적으로 재가하는 것을 의미한다.

더구나 년주 역시 일간 丙火를 대조하여 십이운성의 양지에 앉아 있으니 이점은 양자나 팔려나가는 것이므로 조부님의 형제중에 양자가 들어왔거나 갔다는 성질에도 부합하게 된다.

하지만 조부님의 수명이 비명 횡사 및 단명이라는 것을 파악할 수가 있으며 그것은 일주 丙辰을 중심으로 하여 년주 己丑이 공망이 되고 그런 와중에 년간 己土가 년지 丑土를 십이운성에 대조하면 묘지가 되므로 묘지는 무덤에 들어간다, 또한 갇힌다의 뜻을 의미하게 되니 완전히 부합하는데 설상가상으로 미약하지만 년지 丑土와 시지 戌土가 丑-戌 삼형까지 되고 있으니 더욱더 확실하다.

실제로 사주 주인공인 황 모씨의 조부님은 일찍 만주로 장사를 나가서 이 때 만주에 한 동네 여인을 두 번째 아내로 맞이하였고 그러나 장사를 하여 재산을 모았지만 재산을 강탈했던 중국 마적떼의 칼에 비명횡사를 하였으며 그 시신을 지금의 만주 모 처 동네사람들이 거두어 매장을 하여주었다고 황 모 씨 본인은 집안어른들에게 이 사실을 들었다고 회고를 하고 있다.

***. 조부님의 선산묘지,!**

다시 사주 주인공인 황 모씨의 조부님의 묘지를 간명하여 보면 방금 설명하였듯이 조부님이 비명횡사하였는 관계로 멀리 타향객지인 만주에 묘지를 썼다고 말하고 있지만 어떻게 되었는지를 잘 모르고 있다.

따라서 사주추명학적으로 황 모씨인 본인의 사주원국을 간명하여 조부님을 판단하고 더 나아가서는 선산묘지까지 볼 수가 있는 것이므로 의외로 적중률이 대단하다는 점을 알 수가 있게 되는데 실제로 본 저자는 이와 같은 부분에 적용하여 수많은 인물을 간명할 때 실제의 사주 주인공인 조부님이나 선산 묘지등이 별 오차가 없이 적중되고 있음을 파악하였다.

***. 본 저자가 약 26년동안 경험상 터득한 비법(秘法)에 준해 예상한 조부님의 묘지,!**

그렇다면 본 사주 주인공인 황 모씨의 사주원국을 보고 일단 조부님의 묘지를 간명하여 보기로 하는데 우선 사주년주가 己丑으로서 사주년간 己土와 년지 丑土간 십이운성에 대조하면 묘지가 되므로 대단히 산수는 좋지 못하게 되는것을 알 수가 있다.

또한 일주 丙辰을 주동하여 년지 丑土가 공망이 되고 있는데 공망이 되면 묘지는 허허벌판이요, 바람이 많이 부는 곳에 위치하며 더하여 己土나 丑土는 음토이니 낮은 구릉을 의미하고 푹 둘러 꺼진 곳이며 년주가 천간지지 모두 4흉성(겁재, 상관, 편관, 편인)인 상관이 자리를 잡고 있으므로 나무 한그루가 없는 황량한 벌판이다.

더하여 묘지의 좌향을 보면 년지 丑중의 지장간 여기(餘氣) 癸水나 중기(中氣) 辛金이 들어 있으니 서북간 방향으로 자리를 잡고 있으며 癸水나 辛金은 물을 의미하는 것이므로 묘지에서 보면 작은 개울물이나 강물이 지나가는 것을 판단할 수가 있다.

이상의 부분에 비추어 판단하여 볼 때 사주 주인공인 황 모씨의 조부님은 대단히 좋지 않는 황량한 벌판같은 곳에 묘지가 되어 있음을 예상할 수 있으며 비록 본 저자에게 조부님의 묘지를 찾아 낼수가 있겠는가,라고 문의를 하였을 때 영원히 찾지 못하겠다고 말하여 주었다.

그것은 비록 본인의 사주팔자를 보고 조부님의 운명과 묘지를 간명하였지만 발견할 수 있는 점과 발견하지 못하는 것도 암시할 수가 있겠는데 일단 사주 주인공의 격국에 대한 년주의 육신과 십이운성 및 각종 살성 등을 복수적으로 간명하여 찾는다, 못 찾는다를 판단하여야 된다.

이와 같은 부분은 본 저자가 약 26년동안 수많은 실제인물을 간명하여 그에 대한 해답의 부분을 검증과 확인을 거듭 거친 후 내려진 결론으로서 본 저자의 비법(秘法)으로서 자리매김을 하고 있다.

따라서 일단 사주격국에 각종 살성과 흉성인 육신이 존재하여 있는 경우에는 묘지는 찾을 수가 있다고 판단하는 것이 정석이며 그러나 묘지는 그다지 좋지 못하다는 것으로 판단하여야 될 것이다.

그러나 사주 주인공의 년주가 일주를 주동하여서 공망이 되면 이 공망이 타주 오행과 육합, 삼합, 방합을 하여 합을 구성하지 않는 이상 영원히 찾을수가 없다고 결론을 내려야 되는데 그것은 공망이라는 글자가 공친다, 헛되다, 도루목이다,라는 점을 암시하고 있는 것이니 년주는 조부님이고 사회궁이므로 년주가 공망이 되면 잃은 물건도 더하여 육신의 기운도 찾을 수가 없게 된다.

따라서 결론적으로 사주원국에 각종 살성이나 형, 충, 파, 해등 그리고 4흉성(겁재, 상관, 편관, 편인)인 육신이 존재하여 있다고 해도 문제의 기운은 모두 존재하여 있는 것으로 결론이 나는 것이다.

하지만 공망이 되어 있다면 모든 것이 허상이므로 아무리 애를 써본다 한들 무용지물이 되니 학자는 이상의 부분에 해당되어 판단의 부분을 헤아릴 수가 없을 때 본 저자의 비법을 십분 활용하기를 바란다.

실제로 위 사주 주인공인 황 모씨는 그동안 부친이 유언한 조부님의 산소를 찾을려고 유명하다고 이름난 전국의 역술가나 무속인들에게 감정을 의뢰하였지만 속시원한 해답을 들을 수가 없었다.

급기야는 일부 무속인이나 역술을 하는 혹자는 조부님의 묘지를 찾을 수 있다고 해서 10여년 동안이나 한국과 중국을 비행기로 오가면서 현지의 동네사람들을 돈으로 사서 백방으로 수소문을 하여 보았지만 헛수고만 하였다고 황 모씨는 회고를 하고 있다.

***. 부모님의 운명,!**

다시 사주 주인공의 황 모씨의 부모님의 운명을 간명하여 보면 사주월주를 보고 판단하는데 육친별로는 편재는 부친을 나타내고 인수는 모친을 표시하고 있다.

그러나 사주팔자에 부친을 나타내는 편재가 보이지 않고 있는데 지지의 지장간에서 찾아보니 년지 丑土 辛金과 시지 戌土에 辛金이 각각 존재하여 있으므로 정재의 기운을 편재대용으로 판단하여야 된다.

하지만 사주 주인공인 황 모씨의 부친의 운명이 그다지 좋지 못하는 것으로 판단하고 있는데 월주에 십이운성의 기운이 목욕지에 임해 있고 부친을 나타내는 지장간 辛金이 丑중과 戌중의 십이운성에 각각 묘지에 앉아 있으며 다시 시주 戊戌은 괴강살(魁罡殺)이 되고 있는 중에 거리가 원격하나마 년지와 시지간에 丑-戌 삼형이 되고 있으므로 부친이 일찍 지병인 간암으로 별세를 하였다.

이와 같은 현상은 더욱 더 일지 辰土 식신과 시지 戌土 식신간에 辰-戌 상충이 되어괴강살(魁罡殺)이 성립되고 있는 것을 상충과 삼형으로 충격하는 점은 대단히 큰 소용돌이에 휘말리는 것이 되므로 그에 해당하는 육신은 횡사의 운명을 피할 수가 없으니 완전히 부합하게 되는 것이다.

실제로 사주 주인공인 황 모씨의 부친은 27세 甲子대운에서 지병인 간경화가 발전되어 간암으로 일찍 유명을 달리하였는데 더하여 모친이 재가를 하였다고 회고를 하고 있다.

이 부분에도 모친을 나타내는 사주원국의 인수 卯木이 십이운성의 목욕지에 앉아 있는 중에 인수 卯木이 시지 戌土와 卯-戌합이 되고 있는 것은 모친이 합방을 한다는 뜻을 지니고 있으니 확실하다.

상황이 이럴진대 모친을 표시하는 인수 卯木을 기준으로 하여 남편의 기운인 관성은 金氣가 되므로 역시 년지 丑중과 시지 戌중의 지장간에 각각 辛金이 있으니 2번의 남편이 존재하므로 완전히 부합하는 것이다.

*. 본인의 형제궁 판단,!

사주 주인공인 황 모씨의 형제궁을 판별하여보면 사주월주의 동태를 보고 더하여 육친별로는 비견은 친형제를 나타내고 겁재는 이복형제를 표시하고 있다.

따라서 사주팔자에 나타나 있는 형제의 오행인 월상에 丁火 겁재가 하나 있고 다시 시지 戌土의 지장간 중기(中氣)에 역시 丁火가 있겠으며 마지막 월지 卯木 인수와 시지 戌土 식신과 卯-戌합을 하여 火氣가 나타나고 있으니 본인을 포함한 형제가 4명이 된다.

그런데 사주월상 丁火와 戌土의 지장간 중기(中氣) 丁火는 겁재성이니 이복형제가 되겠으며 월지 卯木 인수와 시지 戌土 식신이 卯-戌합을 하여 火氣가 나타나고 있는 점은 음양이 틀리게 판단하여야 되니 친형제가 되는 것으로 보아야 될 것이다.

그러나 형제 역시 시주의 戊戌은 괴강살(魁罡殺)이 되고 더하여 십이운성에 묘지에 앉아 있는 것은 이복형제가 단명객사라고 암시하고 있는데 다시 일지 辰土 식신과 시지 戌土 식신간에 辰-戌 상충으로 가격하고 있는 것은 더욱더 부합하게 된다.

그렇다면 사주 주인공인 황 모씨는 본인 아래로 친형제가 1명이 있고 다시 어머니가 재가를 하여 이복형제가 2명이 있었으나 1명이 어렸을 때 교통사고로 유명을 달리하였다고 황 모씨가 말하고 있는 것을 볼 때 이상의 육친의 통변법상 모두 일치되는 것으로 보는 것이다.

***. 命理秘典 上권인 육친의 비견편에 인용해서,!**

命理秘典 上권인 육친의 비견편에 적기를 "형제의 기운인 비견이 십이운성의 사, 묘, 목욕과 동주하면 형제가 일찍 죽는 경향이 있고 아울러 형제의 덕을 받지 못한다",라고 기술하고 있다.

따라서 이상의 命理秘典 上권인 육친의 비견부분에 판단하여 본다면 위 사주원국의 시지 戊土의 지장간 중기(中氣)丁火가 십이운성의 묘지에 앉아 있으니 더욱 더 확실한데 아울러 월상 丁火도 목욕지에 앉아 있으므로 사주주인공인 황 모씨는 형제의 덕이 없다는 것을 알 수가 있다.

결국 이상의 형제궁을 판별하여보았으나 형제들 가운데 일생을 살아가는 과정에서 대단히 어려운 고비가 많을 것이며 더하여 월상에 丁火 겁재가 십이운성의 목욕지에 앉아 있는 것은 형제가운데 주색으로 가정을 파괴되고 나아가서는 형제에게 피해를 주는 것을 사주가 암시하고 있으니 지금부터라도 형제가 미칠 영향력과 피해에 대하여 사실상 대비를 하여야 될 것이다.

*. 본인의 처궁판단,!

다시 사주 주인공인 황 모씨의 처궁을 판별하여 보면 사주팔자에 일지의 동태와 십이운성의 강, 약 그리고 육친별로는 정재는 본처이고 편재는 첩의 기운이니 이상의 부분을 모두 복수적으로 간명을 하여 판단을 내리는 것이 타당하다.

따라서 사주원국의 일지 辰土 식신을 본인의 처궁으로 판단하며 일지에 식신이 있는 것은 처의 신체가 풍만하고 음식솜씨가 좋은 것을 알 수가 있겠으며 더하여 본인의 처는 매사에 낙천적이고 근면성실한 인품을 지녔다고 볼 수가 있다.

그런데 사주 주인공인 황 모씨가 재혼을 하여 지금의 처를 만난 것을 알 수가 있는데 그것은 일단 사주팔자에 처의 기운인 오행이 복수적으로 나타나고 있다면 그것이 합을 하여 사라지지 않는 이상 재혼하는 팔자라고 보는 것이 지배적이며 더하여 사주에 십이운성의 목욕이나 도화살(桃花殺)이 있어도 재혼하는 팔자이다.

그렇다면 사주년지 丑土의 지장간 중기(中氣)에 辛金인 정재와 시지 戌土의 지장간 여기(餘氣)에 각각 辛金 정재가 있는데 일간 丙火가 각각 丙-辛合水 암합을 끼고 있는 것은 내가 몸을 여자와 합방을 한다는 의미가 부여되기 때문에 완벽하게 2명의 여자가 있게 된다.

하지만 재혼을 하는 이유는 사주원국에 월주가 십이운성의 목욕지에 앉아 있는 중에 일지 辰土와 시지 戌土간에 辰-戌 상충으로 지장간 여기(餘氣)와 중기(中氣)의 기운이 완전히 파괴되는 것을 알 수가 있는데 아래 도표에 지장간의 변화를 자세하게 표시하면,!

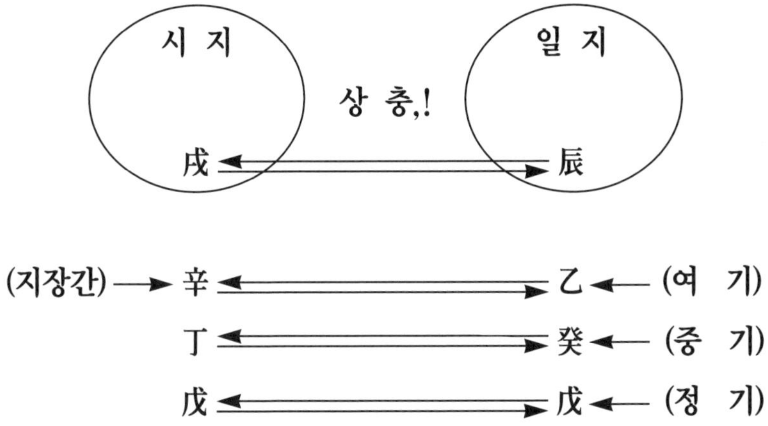

이상의 도표에 보듯이 辰-戌 상충이 성립하면 戌중과 辰중의 지장간 여기(餘氣)가 乙-辛 상충으로 각각 파괴되고 또한 역시 戌중과 辰중의 지장간 중기(中氣)간에 丁-癸 상충으로 완전히 여기(餘氣)와 중기(中氣)의 기운이 모두 파극되어 없어지게 되니 하나의 여자가 사라지게 되고 따라서 재혼을 하게 되는 것으로 결론이 나는 것이다.

***. 본인 자식궁의 판단,!**

다시 사주 주인공인 황 모씨의 자식궁을 판단하여 보면 사주팔자의 시주의 동태를 보고 십이운성과 각종 살성 및 육친으로는 여자에게는 식신, 상관이며 남자에게는 편관, 정관이 되는데 시주의 동태와 육친의 성정을 복수적으로 간명을 하는 것이 타당하다.

따라서 사주원국의 시주를 살펴보면 戊戌로서 괴강살(魁罡殺)이 자리를 잡아있고 더하여 십이운성의 묘지에 앉아 있으니 괴강살이 더욱 더 흉폭스럽게 되고 있다.

더하여 남자사주에 자식은 육친별로 보면 관성이 되는데 사주를 살펴보면 자식을 나타내는 정오행이 없고 오로지 사주년지 丑土의 지장간 여기(餘氣)에 癸水와 일지 辰土의 지장간 중기(中氣)에 癸水가 각각 자리를 잡고 있으므로 육친의 성정을 살피면 정관이니 모두 딸이 되는 것을 알 수가 있다.

그런데 일간 丙火를 중심으로 하여 각각 일지 辰土와 시지 戌土의 지장간에 들어 있는 辛金과 丙-辛合水가 이루어지고 있으니 전장에 잠깐 언급을 하였지만 이렇게 합을 하던지 암합을 하여 음양이 틀리는 오행이 돌출이 되면 달리보아야 된다는 것을 설명하였다.

따라서 같은 水氣라도 합을 하여 나오는 것은 음양이 틀리는 관계로 아들이 되는데 각각 丙-辛合水가 2번이 되고 있으니 아들이 2명이 되는 것이다.

그렇다면 아들, 딸 모두 4명이 되겠지만 그 중에 辰-戌 상충으로 파극되고 있는 것은 아들과 딸이 각각 없어지는 결론에 도달하는데 이와 같은 것은 상충의 작용으로 말미암아 지장간속에 들어 있는 오행도 파극되고 더하여 암합 역시도 파괴시키는 결론에 귀착되니 완전히 부합하게 된다.

실제로 사주 주인공인 황 모씨는 전처의 소생인 딸이 하나 있고 더하여 지금의 처에게 아들이 하나 있는데 그동안 자궁계질환에 소파수술을 하여 자식을 지웠는 것이 두 번이 있었다고 하므로 완전히 일치하고 있음을 판단하였다.

하지만 사주 주인공인 황 모씨는 자식들이 부모의 속을 썩이는 일이 종종 발생되고 있는 것을 감지할 수가 있는데 이것은 시주가 일간에 대한 용신이나 희신이 자리를 잡고 있으면 자식의 효양을 부모가 받고 자식이 번영 발달할 수가 있다.

그러나 이렇게 일간 丙火에 대한 기신(忌神)이 시주에 식신으로 모두 차지하고 있는 중에 괴강살(魁罡殺)과 辰-戌 상충등이 모두 성립되어 있으므로 완전히 자식덕을 볼 수가 없고 아울러 자녀의 성질이 불량하다.

***. 命理大要 上권인 자식부분에 인용하여,!**

命理大要 上권인 자식부분에 인용하여 보면 "일간에 대한 기신(忌神)이 사주에 자리를 잡고 있으면 자식덕을 볼 수가 없으며 더하여 본인은 말년 자식으로 인한 피해를 받을 수가 있고 말년에 불행하여진다,"라며 적고 있다.

또한 고서(古書)인 연해자평의 저자 서공승 선생은 "시주에 과숙살(寡宿殺)이 동주하여 있으면 부모에 대한 자식이 불초하다,"라고 기술하여 있다.

이상 命理大要 上권이나 고서(古書)부분에 인용하여 사주격국을 면밀히 관찰하여 볼 때 위 사주 주인공인 황 모씨의 사주는 방금 설명한 사항에 모두 일치되는 현상으로서 완전히 부합이 되고 있다.

더구나 사주 주인공인 황 모씨의 말년대운을 파악하여 볼 때 57세부터 辛酉대운으로서 서방 申-酉-戌 金局으로 치달리고 있으니 완전히 일간에 대한 기신(忌神)운이 되므로 말년에 자식덕과 금전으로 인한 불행한 숙명을 면할 수가 없게 되는데 어쩐지 본인의 생명까지 단명이 되지 않을까 하는 불안을 떨쳐 버릴 수가 없다.

실제로 사주 주인공인 황 모씨는 비록 저자가 이와 같은 말은 하지 않았는데 자식으로 인한 근심과 고통, 그리고 아들이 하나 있는 것이 성질이 횡폭하여 사흘이 멀다하고 술과 계집으로 인한 금전탕진과 시비, 폭력으로 인한 경찰서 출입을 제집드나들 듯이 하니 자식이 아니라 원수다,!라고 은연중에 말을 하고 있는 것을 보았을 때 참으로 근심스러운 일이 아닐 수가 없다.

***. 격국에 대한 대운의 흐름,!**

이상의 사주 주인공인 황 모씨의 육친운명과 본인 자식궁까지 세밀하게 간명을 육친통변법에 준하여 파악하여 보았는데 비록 공업계(工業界)팔자로서 오늘날 기업을 일으켜 사장으로 대 발복을 누리고는 있을 것이다.

하지만 이상의 본인 격국에 대한 자식의 판단과 말년대운을 판단하여 볼 때 대운의 흐름이 용신이나 희신으로 치달리지 않고 기신

(忌神)의 운으로 치달리고 있기 때문에 만년이 불행한 숙명을 면할 수가 없다는 것을 알 수가 있다.

따라서 사주 주인공인 황 모씨 대운의 흐름을 판단하여 보면 유년 7세는 丙寅 대운으로서 대운천간 丙火가 사주원국 일간 丙火에 대한 비견이므로 신약한 일간에게 대단히 좋은 길운이 된다.

또한 금상첨화로 대운지지 寅木이 원칙적으로 일간 丙火에 대한 편인의 기운인데 사주에 월지 및 일지와 寅-卯-辰 방합 木局과 시지 戌土와 寅-戌合火로 둔갑하여 정히 용신의 기운이 왕성하므로 대길운이다.

이 때 사주 주인공인 황 모씨는 부친의 사업도 대단히 좋았으며 더하여 부모님의 비호속에 별탈이 없이 성장하였는 것을 판단할 수가 있는데 이것은 신약한 일간에게 용신의 기운이 배가되는 것을 알 수가 있다.

다시 17세는 乙丑대운으로 대운천간 乙木이 신약한 일간 丙火를 생조하는 인수의 운로이니 대발전이 예상되는데 이 때에 황 모씨는 학창시절로서 학업의 성취도가 대단히 승승장구한 것으로 보인다.

그러나 대운지지 丑土가 영향력을 행사하는 22세부터 26세까지는 대단히 어려운 시점이라는 것을 알 수가 있겠는데 이것은 대운지지 丑土가 오행상 습토로서 신약한 사주일간 丙火에 대한 상관의 운로이니 이것이 사주에 이미 년지와 시지에 丑-戌 삼형이 되고 있는 중에 대운에서 중첩하여 丑-戌 삼형으로 두들기니 그에 대한 재화가 강력하게 들어온다.

이 때 사주 주인공인 황 모씨는 군대에 입대를 하여 군복무시절인 것으로 판단하는데 작전에 참가하여 훈련을 받다가 포탄상을 입어 전치 약 6주라는 중상을 입고 수도통합병원에서 입원을 하여 그 고통이 이루 말 할 수가 없었다며 회고를 하고 있다.

27세는 甲子대운으로 대운천간 甲木이 일간 丙火에 대한 편인의 운로이니 대길한 운로가 되는데 일면 시상에 투출되어 있는 戊土 식신을 甲-戊 상충을 하나 甲木이 용신의 기운이고 더하여 신약한 일간을 부조하므로 그 흉의가 강력하지 않음을 알 수가 있다.

이것은 한편으로 본인의 신체상 별 문제는 없었으나 그동안 간경화로 인한 지병으로 고통을 당했던 부친이 간암으로 진전이 되어 별세를 하였던 것이다.

이와 같은 현상은 부친의 육신이 사주년지와 시지 丑, 戌의 지장간에 辛金이 들어 있는데 대운천간이 년간 己土와 甲-戊 상충으로 戊戌 괴강살(魁罡殺)을 충격하고 더하여 대운지지 子水가 일지 辰土와 子-辰合水로 변화되어 이것이 부친이 암장되어 있는 土氣를 土剋水하여 상극을 하므로 벌써 무언중에 사주는 부친의 운명이 대단히 위태롭다는 것을 암시를 하고 있으니 가망이 없는것이다.

그러나 31세부터는 대운지지 子水가 지배하는 것이 되니 子水가 사왕지지(子, 午, 卯, 酉)로서 사주일지 辰土와 子-辰合水하여 완전히 水氣인 관성으로 둔갑하여 기신(忌神)의 성질이 되므로 이 때 사주 주인공인 황 모씨는 처음 사업을 시작하여 유통망의 구조를 파악하지 못해 경영악화로 부도를 맞았으며 그것이 관재까지 연결되었던 것이다.

37세는 癸亥대운으로 그동안 사주 주인공인 황 모씨는 사업에 실패로 인하여 대단히 시련과 번민 및 고통의 연속속에서 살아왔지만 지금의 대운에서 대단히 대발복을 하였던 것인데 그것은 대운천간 癸水가 원칙적으로 일간에 대한 기신(忌神)이 되고 있을 것이다.

그러나 대운천간 癸水가 사주원국의 시상에 투출되어 있는 戊土식신과 戊-癸合火로 둔갑하여 정히 용신의 기운이 되고 다시 대운지지 亥水가 역시 일간 丙火에 대한 편관으로서 기신(忌神)이 되고 있겠으나 절묘하게 사주월지 卯木 인수와 亥-卯合木으로 둔갑하니 일간 丙火를 생조하는 인성 木氣로 되어 木生火하여 승승장구하는 운로이다.

따라서 이 때에 사주 주인공인 황 모씨는 그동안 대단히 어려움에 시달리다가 일약 10년 동안 금속조립공장을 경영하여 나날이 승승장구하더니 급기야는 일본에 수출까지 하여 대기업으로 부상을 하여 주위 사람들을 깜짝 놀라게 하였다.

다시 47세는 壬戌대운으로서 현재의 운을 지배하는데 지금 1998년 戊寅년은 사주 주인공인 황 모씨에게 약간의 사업상 고통이 뒤따르고 있는 것을 엿볼 수가 있겠다.

그것은 대운천간 壬水가 일간 丙火 및 시상 戊土를 각각 丙-壬,

甲-戊 상충으로 가격하나 절묘하게 월상에 투출되어 있는 丁火 겁재와 丁-壬合木으로 변화시키는 일면이 있으므로 대흉함을 소흉으로 줄일 수가 있는 것이다.

하지만 상충의 작용은 완전히 면할 수가 없을 것이고 더하여 대운지지 戌土가 일지 辰土를 辰-戌 상충으로 역시 충격하나 이것도 사주월지 卯木 인수와 卯-戌合火로 둔갑하여 용신의 기운이 된다.

따라서 비록 천간지지 모두 상충이 되겠지만 합을 하여 변화되는 기운이 길신을 업고 들어오는 것이 되니 상충의 작용으로 인한 약간의 변동은 있겠으나 그다지 별문제는 아니라고 생각한다.

그러나 앞으로 다가오는 57세 辛酉대운은 사주 주인공인 황 모씨가 일평생 동안 가장 어려운 시기가 닥쳐오는 것을 알 수가 있는데 그것은 대운천간 辛金이 일간 丙火에 대한 정재의 운로로서 이것이 다시 일간 丙火와 丙-辛合水로 관성 水氣로 변화되는 것은 신약한 사주에서 대단한 재화를 불러들이는 하나의 요건이 발생되고 또한 월상에 투출되어 있는 일간의 중요한 기운인 丁火 겁재을 辛-丁 상충으로 가격하는 것은 더욱 더 불리하다.

상황이 이럴진데 대운지지 酉金이 사왕지지(子, 午, 卯, 酉)로서 일지 辰土 및 년지 丑土와 辰-酉合金, 酉-丑合金을 하여 기신(忌神)인 재성 金氣로 변화되는 중에 일간 丙火가 의지를 하는 월령 卯木 인수를 卯-酉 상충을 하고 있다.

따라서 이것 역시 사왕지지로서 충격을 하는 것은 완벽하게 일간

丙火가 의 지하는 기운을 없애버리고 더하여 대운천간 역시 월상 丁火까지 양쪽 천간지지 모두 상충이 되는 것은 십중구사의 운명으로 치달리게 될 수도 있다.

한가지 희망사항이 있다면 뒷 따라 들어오는 67세대운이 그나마 일간 丙火에 대한 용신이나 희신의 기운이 되고 있을 것 같으면 직, 간접적으로 그 영향력을 행사하여 대흉함을 줄일 수가 있을 것이다.

그러나 67세 대운 역시 庚申대운으로서 완전히 지금대운에 영향력을 곱빼기로 가세하여 도저히 희망이 없으니 수명이 위태하다 할 수 있으므로 애석한 일이 아닐 수가 없는 것이다.

※참고로 위 사주 주인공인 황 모씨는 공업계(工業界)팔자로서 사주 격국을 모두판별하여 보았지만 그 발복 여부가 중년 37세 癸亥대운부터 대 발복을 시작하였는 것을 알 수가 있겠다.

그러나 말년대운이 정히 용신이나 희신으로 치달리고 있었으면 수명과 복록을 두루 갖춘 인물이겠으나 애석하게도 말년대운이 용신이나 희신을 상극하는 기신(忌神)의 운을 첩첩산중으로 받고 있으니 대단히 아쉽게 생각하는 바이다.

제13장

*. 재 정 가(財 政 家)

*. 재정가(財政家)에는 오늘날 은행(銀行) 및 금융계통(金融界通)에 종사하는 직업으로서 그직업의 분포가 유독 은행계통에 한정되어 있지 않고 시중의 고리대금업(高利貸金業)등도 포함된다.

(13). 재정가(財政家)의 팔자

재정가(財政家)라 함은 오늘날 은행, 금융계통에 종사하는 직업으로서 그 직급이 위로는 은행장(銀行長)부터 아래로는 말단 사원에 이르기까지 대체로 복잡한 것은 보이지 않는다.

그러나 이 외에도 시중의 속칭 큰손이라는 고리대금업(高利貸金業)이나 서민금고(庶民金庫)등도 본 재정가(財政家)팔자에 포함되어 사주팔자를 간명하는것이 타당하다.

이것은 곧 고리대금업자(高利貸金業者)나 시중의 서민금고(庶民金庫) 및 낙찰계를 운영하여 치부를 하는 사람도 곧 금전을 손에 만지는 관계로 본 장의 재정가(財政家)팔자부분에 부합하는 것을 보고 있다.

따라서 재정가(財政家)의 팔자에도 특이하게 눈에 띄는 것은 재성의 기운이 왕성하거나 더하여 격국이 순수하여 있고 또한 대운의 흐름이 정히 용신이나 희신으로 치달리고 있을 때 은행가나 금융계통에 진출을 하여 대 발복을 성취하는 것을 저자는 보고 있다.

하지만 비록 재정가(財政家)의 사주원국이 된다손 치더라도 사주격국이 순수하지 못하고 재성의 기운이 기신(忌神)이 되고 있는 중에 대운마저 용신이나 희신을 상극하는 운로로 치달리고 있는 다면 겉만 호화스러울 뿐 내면은 대단히 재복이 이루어지지 않으니 빈천을 면할 수가 없게 된다.

결국 본 장에 기술하는 재정가(財政家)의 팔자는 그 발복 여부가 전편인 命理秘典 下권에 기술한 간명비법 상 사주의 청탁부분에 얼마나 부합하고 있느냐에 따라 있으며 더하여 대운의 흐름이 정히 용신이나 희신의 운으로 치달리고 있어야 하는 것은 필수조건이 된다.

(가). 재정가(財政家)의 운명,!

- 일간이 신왕하고 "재성' (편재, 정재)이나 "관성"(편관, 정관)이 일주와 "간합"이나 "지합"이 되는 사주,!

- 일간이 신강,신약을 불문하고"재성"(財星)이 왕성하여"재성"이 "사주일주"와 "간합"이나 "지합"이 되어 대운의 흐름이 정히 용신으로 치달리는 사주,!

- 일간이 "신왕"하고 "재성"을 "용신"으로 사용하며 격국이 "순수" 할 때,!

- 사주원국이 "외격' (外格)인 "종재격"(從財格)을 구성하고 대운이 용신이나 희신으로 치달리고 있는 것,! (참고로 종재격(從財格)이란 일간의 힘이 극심하게 쇠약하여 있는 중에 재성이 대단히 강력하여 오히려 일간이 재성의 기운을 따라가는 것)

- 사주원국이 "외격"(外格)의 "종아격"(從兒格)을 구성하고 대운이 용신이나 희신으로 치달리고 있는 것,! (참고로 종

아격(從兒格)이란 일간의 힘이 극심하게 쇠약하여 있는 중에 식상의 기운이 대단히 강력하여 오히려 일간이 식상의 기운에 따라가는 것)

※이상의 재정가(財政家)의 운명을 나열하여 보았지만 그러나 이 경우에도 복록의 깊이가 판가름되는 것은 역시 사주격국이 전편 命理秘典 下권인 간명비법상 청탁(淸濁) 및 격국의 순수함과 용신의 강력함 및 대운흐름이 필수적으로 용신이나 희신으로 치달리고 있는 부분을 종합 판단하여 복록의 깊이를 측정하여야 될 것이다.

(예1). 대한민국 서울 모 은행 은행장으로 근무하고 거부의 운명이 되어 있는 김 모씨,!(서기 1947년 음력 윤 2월 5일 辰시)

(대　운)

帶	浴	祿	死	비견,!	77	67	57	47	37	27	17	7
庚	乙	癸	丁		乙	丙	丁	戊	己	庚	辛	壬
辰	巳	卯	亥		未	申	酉	戌	亥	子	丑	寅

***."亥-卯-未 삼합 木局",!!!**

정관		편인	식신
金	(木)	水	火
土	火	木	水
정재	상관	비견	인수

● 대운천간 乙木이 일간 乙木에 대한 비견으로서 신왕한 일간을 더욱 더 신왕하게 하고 다시 대운지지 未土가 사주 월지 및 년지와 亥-卯-未 삼합 木局으로 변화되어 완전히 일간 乙木을 왕목(旺木)으로 만들고 있으니 역시 위기가 다가온다 할 수 있다.

***. 일간의 왕쇠(旺衰),!**

乙일간 卯월에 출생하여 득령하고 사주원국 월지 卯木 비견을 중심으로 해서년지 亥水 인수의 십이운성 제왕지에 앉은 癸水 편인이 일간 乙木을 생조하고 있으므로 신왕하다.

이렇게 일간 乙木이 신왕하면 이것이 외격(外格)의 종격(從格)이나 가종격(假從格)으로 돌아가지 않는 이상 마땅히 내격(內格)의 억부법이나 조후법에 준하여 용신을 선정하여야 될 것이다.

따라서 사주팔자를 살펴보니 일간 乙木을 적절히 억제할 수 있는 식상 火氣와 관성 金 그리고 시지 재성 土氣가 자리를 잡고 있으므로 결코 외격(外格)의 종격(從格)이나 가종격(假從格)으로 돌아가지 못한다.

***. 격국(格局)과 용신,!**

위 사주원국의 격국을 살펴보면 일간 乙木이 인성과 비겁의 기운에 의해 신왕하고 월지 卯木 비견이 십이운성의 건록지에 앉아 있으므로 "신왕월지건록격(身旺月支健祿格)"이 성격(成格)된다.

더하여 용신의 격을 설정하니 "인중용재격(印重用財格)"으로서 일간 乙木이 비견 木氣와 인성 水氣에 의하여 신왕하고 있으므로 비겁 木氣와 인성 水氣를 바로 억제하는 재성 土氣를 용신하고 재성 土氣를 생조하는 식상 火氣는 희신으로 삼는데 관성 金氣는 재성 土氣를 상극하는 비겁 木氣로부터 보호를 하니 관성 金氣는 길신으로 채택한다.

＊. 일부학자의 의문,!

여기서 일부학자들 중에서 한가지 의문을 가지고 질문을 하고 있는데 방금 본 저자가 설명한 관성 金氣를 길신으로 사용한다면 인성 水氣가 사주원국년지 亥水 인수가 자리를 잡고 있는 중에 다시 십이운성의 제왕지에 앉은 월상 癸水 편인이 투출되어 일간 乙木과 근접하여 있다.

그렇다면 오히려 관성 金氣는 일간 乙木을 억제하기 앞서 인성 水氣에게 생조를 하여 다시 인성 水氣는 일간 乙木을 생조하는 살인상생(殺印相生)의 법칙이 실현되므로 오히려 신왕한 일간의 기운을 더욱 더 신왕하게 만들게 되므로 불리하지 않겠느냐,!라고 의문을 표시하고 있다.

***. 命理秘典 上권인 편관편과 命理秘典 下권인 간명비법에 인용하여,!**

하지만 본 저자는 이와 같은 학자들의 의견에 대하여 약간 생각을 달리하고 있는데 그것은 전장 命理秘典 上권인 관성편에 준하여 이 부분을 수차례 실제인물을 예로 들어가면서 대단히 자세하게 기술하고 있다.

다시 그 부분을 인용하여 판단하여 보면 "사주팔자에 일간의 기운이 왕성하여 있는 중에 인성이 강력하게 있다면 일간의 기운을 억제할 수 있는 관성은 일간의 기운을 억제하기 앞서 오히려 인성을 생조하여 인성으로 하여금 일간을 더욱 더 강력하게 만드니 불리하게 된다",!

"따라서 사주원국에 일간이 신왕하여 있는 중에 인성이 강력하다면 관성의 기운은 무용지물이 될 수밖에 없으니 이 때에는 관성을 용신이나 길신으로 사용하지 못한다",!라고 분명히 기술하고 있다.

그런데 한편으로 命理秘典 下권인 간명비법편에 나오는 유정무정(有情無情)의 법칙에 준하여 그 부분을 재차 인용하면 "비록 사주팔자에 인성의 기운이 강력할 경우 관성이 힘을 빼앗겨 신왕한 일간의 기운을 억제하는 소정의 목적이 퇴색될 수가 있다",!

"하지만 인성이 있더라도 일간의 곁에 근접하여 관성이 자리를 잡아 있고 인성이 관성과 일간사이에 가로막고 있지 않는 이상 비록 관성의 기운은 인성에게 힘을 빼앗겨 기운은 약간 누출되겠지만 일간에게 그 영향력을 행사할수 있는 잇점이 생기게 된다",!라며 적고 있다.

***. 본 저자의 판단,!**

이상의 命理秘典 上, 下권에 기술한 편관편과 간명비법속에 유정무정(有情無情)의 법칙을 종합적으로 판단하여 위 사주원국을 간명하면 비록 년지 亥水인수의 십이운성 제왕지에 앉은 월상 癸水가 투출되어 시상에 있는 庚金 정관의 기운을 金生水하여 흡수하니 힘을 빼앗기는 현상은 될 수가 있을 것이다.

하지만 그래도 일간 乙木에게 인성 癸水가 정관 庚金사이를 가로막지 못하고 정관 庚金이 일간 乙木을 바로 마주보고 있으니 命理秘典 下권에 간명비법의 유정무정(有情無情)법칙에 준해서 일간과 근접하여 서로 유정(有情)한 것은 길신의 영향력은 할 수가 있는 점으로 판단하는 이유가 여기에 있는 것이다.

***. 격국의 구성에 준한 판단,!**

이렇게 사주원국의 용신을 선정하고 사주를 살펴보니 사주일지에 巳火 상관이 자리를 잡아 배부른 일간 乙木의 기운을 자연스럽게 누출시키고 아울러 힘을 받은 상관 巳火는 시지 辰土 정재에게 火生土를 하고 있으므로 정말 절묘하다.

또한 시지 정재 辰土가 자리를 잡고 있는데 사주팔자 내 타 주에 거듭 정재나 편재의 기운이 없고 더하여 정재를 쟁탈하는 비견이 비록 월지에 있으나 일지 상관 巳火가 앉아서 왕성한 비견 卯木의 기운을 木生火하며 다시 힘을 흡수한 巳火 상관은 정재 辰土에게 火生土하여 상생을 하고 있으므로 "시지정재일위귀격(時支正財一位貴格)"이라 하여 완전한 거부의 운명이라는 것을 알 수가 있다.

***. 격국에 대한 청탁(淸濁)판단,!**

위 사주원국의 격국에 대한 청탁(淸濁)부분을 판별하여 보면 사주 년간 丁火 식신과 월상에 癸水 편인이 각각 투출되어 서로간에 丁-癸 상충이 도모되고 있으나 일간이 신왕한 중에 식상과 재성을 용신으로 사용하는 것은 별다른 탁기를 형성할 수가 없다.

더하여 사주일지 巳火 상관과 년지 亥水 인수간에 巳-亥 상충이 되고 있지만 절묘하게 월지 卯木 비견이 자리를 잡아 亥-卯합으로 곧 해극을 하고 있으므로 삼형이나 상충의 작용으로 인한 탁기는 없어진 것으로 판단한다.

더구나 무엇보다 중요한 점은 일간 乙木이 신왕한 중에 사주년지 亥水 인수및 월상 癸水 편인이 월지 비견 卯木과 일간 乙木에게 水生木하고 다시 일간 乙木이 일지 巳火 상관에게 木生火 다시 일지 상관 巳火는 시지 辰土 정재에게 火生土로 연결되고 있다.

그리고 마지막 정재 辰土는 시상에 투출되어 있는 정관 庚金에게

土生金으로 연결하고 있으니 오행의 유통이 생화불식(生化不息) 및 생생불식(生生不息)이 되며 오행인 木, 火, 土, 金, 水가 모두 존재하는 것은 무엇보다 바꿀수 없는 정말 절묘한 배합을 이루는 대단한 청기(淸氣)를 가지는 명조이다.

***. 용신에 대한 진신(眞神)과 유정무정(有情無情),!**

더하여 위 사주원국의 용신에 대한 진신(眞神)과 유정무정(有情無情)의 법칙에 준하여 간명하여 보면 일간 乙木이 신왕한 중에 시지 辰土 정재가 용신으로 자리매김을 하고 있는데 이것은 내격(內格)의 억부법이나 조후법에 일치하는 것이 되며 또한 진신(眞神)이 들어 있는 것이 되므로 복록이 많은 것이 된다.

아울러 일간의 신왕한 기운을 일지 巳火 상관이 자리를 잡고 일간의 기운을 자연스럽게 누출시키고 있는 가운데 시지 辰土 정재를 상관이 火生土하여 생조를 하고 있으므로 정히 일간에 대한 희신과 용신이 유정(有情)하게 되어 있다고 볼 수가 있다.

한편으로 볼 때 위 사주원국에 용신의 기운이 사주시지 정재 辰土의 기운이 선정되고 있는 점이 만약 내격(內格)의 억부법이나 조후법의 용신이 상반된다면 그 복록이 서로간 용신의 기운이 쟁탈하는 것이 되어 복록이 상쇠되겠지만 이렇게 사주격국이 억부법의 용신과 조후법의 용신이 일치하는 식상, 재성, 관성의 기운을 전부 쓸 수가 있으므로 타 어느 격국보다 나은 점이 여기에 있다고 볼 수가 있다.

***. 용신에 대한 천복지재(天覆地載)판단,!**

다시 용신에 대한 천복지재(天覆地載)를 판별하여 보면 사주시지에 辰土 정재가 자리를 잡고 있는데 일간 乙木이 신왕하고 있는 중에 일지에 巳火 상관이 신왕한 일간의 기운을 자연스럽게 누출시키고 다시 巳火 상관이 시지 辰土 정재에게 火生土하여 끊임없이 용신의 기운을 생조하므로 용신 정재가 힘을 얻고 있으니 대단히 길하게 작용하고 있다.

더하여 사주가 최묘한 것은 이렇게 시지 辰土 정재가 자리를 잡고 있는 중에 시상에 庚金 정관이 일지 巳火의 십이운성 장생지에 앉아 투출되어 있으니 배부른 辰土 정재의 기운을 土生金하여 자연스럽게 흡수시키는 현상이 되고 있으므로 정말 사주원국이 어느 하나라도 버릴 것이 없는 절묘한 배합을 이루고 있다하여도 과언이 아니다.

만약 정재 辰土의 기운을 시상에 투출되어 있는 庚金 정관이 없었을 경우를 가정한다면 배부른 정재 辰土가 힘을 누출시키는 현상이 되지 못하여 생식불식(生息不息)에 막힘이 생길 것이고 아울러 사주상의 탁기가 존재하는 점이 되므로 그렇게 되었을 때는 사주명조가 대단히 좋지 못하게 될 것이다.

***. 雲情의 特秘 上권에 인용하여,!**

본 저자가 현재 집필중에 있는 雲情의 特秘에 적기를 “사주명조에 재성이 용신으로 선택되고 있다면 반드시 정관이 근접하여 있어 주어야 만이 명리와 재복을 구할 수가 있으며 만약 정관이 없을 경우 용신의 기운이 누출되지 못하니 재복이 크게 형성되지 못한다,"! 라며 적고 있다.

이와 같은 부분에 대해 우리 일상생활에 비추어 판단할 때 사람이 배가 불러 소화를 시켜 화장실에 가야만이 시원해질 것인데 변비증이 있어 누출하기가 힘들던지 하면 병(病)이 생기는 하나의 요인으로 작용하는 점을 생각하면 쉽게 이해가 갈 것이라고 본다.

그렇다면 이상의 부분을 종합적으로 판단하여 볼 때 위 사주팔자는 용신과 희신이 정히 천복지재(天覆地載)가 되어 있고 또한 용신인 辰土 정재의 기운을 자연스럽게 누출시키는 길신이 다시 시상에 庚金 정관이 투출되어 용신과 길신 역시 천복지재(天覆地載)가 되어 있는 것은 더 이상 바랄 것이 없는 격국이라 하겠다.

＊. 격국에 대한 정신기(精神氣)삼자판단,!

다시 위 사주격국에 대한 정신기(精神氣)삼자를 판별하여 보면 일간 乙木을 중심으로 하여 일간을 생조하는 인성 水氣가 사주년지 亥水 인수와 월상 편인 癸水가 투출되어 그 세력이 강력하니 정(精)이 강하다.

또한 신왕한 일간 乙木의 기운을 적절히 억제하고 견제할 수 있는 신(神)이 일지 巳火 상관 및 시지 辰土 정재 그리고 시상에 투출되어 있는 庚金 정관이 있으니 신(神) 역시 대단히 강력하게 작용하고 있다.

아울러 신왕한 일간 乙木의 동기인 비겁 木氣가 사주원국 월지 卯木 비견이 자리잡고 십이운성 건록지에 앉아 있으므로 기(氣)또한 대단히 강력하게 자리를 잡고 있는데 이상과 같은 정신기(精神氣)삼자 중에서 어느 하나라도 쇠약한 면이 보이지 않고 서로간에 세력의 균형을 유지하고 있는 점은 대단히 격국이 길격을 유지하여 있는 것이라 하겠다.

***. 본 장 재정가(財政家)에 준한 판단,!**

위 사주팔자를 본 장 재정가(財政家)의 부분에 준하여 간명하여 보면 우선 일간 乙木이 신왕하고 시지 辰土 정재를 용신을 삼고 있는 중에 다시 시상에 투출되어 있는 庚金 정관이 용신인 정재 辰土의 기운을 자연스럽게 누출시키면서 일간 乙木과 乙-庚合金이 되고 있으니 재물이 나에게 이끌리는 점이 되므로 전형적인 금권(金權)을 잡고 노는 재정가(財政家)의 직업을 잡게 되는 것을 알 수가 있다.

더하여 일간 乙木이 신왕하고 사주년지 亥水를 중심으로 하여 일지 巳火 상관이 역마살(驛馬殺)에 해당하고 있으므로 길신이 역마살(驛馬殺)에 해당하면 더욱 더 길함이 배가되는 것으로 命理秘典 上권인 역마살(驛馬殺)편에 적고 있는 것을 감안할 때 용신을 생조하는 희신이 역마에 있으니 더욱 더 길함이 들어오게 되는 점은 두말할 것도 없다.

또한 일간이 신왕한데 정재를 용신을 삼고 더구나 사주 내 타 주거듭 정재나 편재를 보고 있지 않고 비겁 木氣의 기운이 정재를 쟁탈하지 않고 있으니 시지정재일위귀격(時支正財一位貴格)으로 완전히 재정가(財政家)의 팔자에 더욱 더 부합하게 되는 이유가 여기에 있는 것이다.

***. 본인의 운명 및 성격,!**

이상과 같이 위 사주팔자를 격국의 구성과 청탁(淸濁)부분을 판별하여 보았는데 위 사주 주인공인 김 모씨는 지금 현재 대한민국 서울시 모 처 은행장으로 근무를 하고 있는 것은 사주원국이 용신 정재 辰土가 왕성하여 있는 중에 격국이 순수함을 돋보이고 있으니 첫 눈에 대부대귀한 운명임을 알 수가 있었다.

또한 김 모씨는 개인적인 재산이 백억을 넘는 거부의 사람으로 이상의 격국부분을 간명하여 볼 때 시지일위정재귀격(時支一位正財貴格)에 완전히 부합하고 있는 것은 재정가(財政家)의 팔자로서 은행장까지 지내고 있으니 그야 말로 세인의 부러움을 한 몸에 받고 있다하여도 과언이 아닐 것이다.

따라서 위 사주 주인공인 김 모씨 본인의 성격을 판단하여 보면 사주팔자 일간 乙木이 신왕하고 월지 卯木 비견이 십이운성 건록지에 앉아 있으므로 약간 고집과 자존심이 대단히 강력한 점을 알 수가 있는데 이와 같은 현상은 비견 卯木을 생조하는 년지 인수 亥水와 월상 癸水 편인이 水生木하여 비견 卯木을 왕목(旺木)으로 만들고 있으니 더욱 더 이와 같은 현상은 두드러지게 나타나게 된다.

더구나 시주가 庚辰으로서 괴강살(魁罡殺)에 해당하고 일간 乙木을 기준하여 시지 辰土가 양인살(羊刃殺)에 같이 되고 있으니 더욱 더 확실한데 그러나 사주팔자의 오행이 木, 火, 土, 金, 水가 골고루 갖추어져 있고 오행이 水生木, 木生火, 火生土, 土生金등으로 생화불식(生化不息)에 의존하고 있으므로 매사에 성실 원만하고 순리를 존중하는 인격자임에는 틀림이 없다.

그러나 사주 주인공인 김 모씨는 비록 재정가(財政家)의 팔자로서 대부 대귀함을 누릴 수는 있겠지만 초 중년에 이르러 사람으로 인한 재물적인 실패와 보증사고를 면할 수가 없음을 알 수가 있다.

＊. 命理秘典 上권인 양인편에 인용하여,!

이와 같은 부분은 命理秘典 上권인 양인편에 인용하여 설명하자면 "사주팔자 내 육친의 정재와 양인이 동주하여 있을 경우 재물로 인하여 사회적 오욕(汚辱)을 입는 수가 있다,"라고 기술하여 있다.

따라서 이상의 부분을 위 사주팔자에 부합하여 간명을 하자면 우선 시주가 庚辰으로서 괴강살(魁罡殺)이 되어 있는데 다시 일간 乙木을 주동하여 시지 辰土가 양인살(羊刃殺)이 되고 있는 것은 시지 辰土가 일간 乙木에 대한 정재의 육친이므로 완전히 命理秘典 上권인 양인편에 부합하는 현상이 되고 있다.

*. 본 저자의 판단,!

하지만 본 저자는 이와 같은 부분을 막연히 命理秘典 上권인 양인의 부분에 부합시켜 귀중한 한 사람을 매도하여 간명하는 것은 절대로 바른 것은 아니라고 생각하며 반드시 사주 주인공의 대운의 흐름을 면밀히 관찰해서 命理秘典 上권인 양인편의 내용에 부합하는지를 면밀히 검토한 다음 비로소 그에대한 해석을 내려야 될 것이다.

그렇다면 위 사주 주인공인 김 모씨의 대운흐름을 면밀히 관찰하여 보자면 초년 17세부터 27세 庚子대운까지 북방 亥-子-丑 水局으로 치달리고 있으니 일간이 신왕한데 水氣로서 신왕한 일간을 더욱 더 신왕하게 만들고 있으므로 사람으로 인한 실패와 재물적인 손재를 당하는 것이 본 장 命理秘典 上권인양인편에 완전히 부합하고 있음을 파악할 수가 있다.

실제로 사주 주인공인 김 모씨는 초 중년에 친한 친구로 인하여 금전거래와 보증등으로 대단히 많은 타격을 받았으며 그 일로 인하여 은행직원으로 종사하고 있는데 윗쪽 상사가 눈치를 채 그것이 그만 상부에 알려져 타 지방으로 좌천되는 등 수많은 고통을 겪어왔다고 김 모씨가 지난날을 회고 하고 있는 것을 볼때 命理秘典 上권인 양인편에 기술한 정재+양인의 흉폭성이 적나라하게 들어나고 있음을 알수 있다.

하지만 그와 같은 흉함이 약간 줄여져서 당하였다는 점을 파악할 수가 있었는데 그것은 비록 양인과 정재가 동주를 하여 흉함이 닥쳐온다는 것은 기정사실이겠지만 그래도 신왕한 일간 乙木에게 정재는 용신의 기운이 되고 더하여 시상에 투출되어 있는 庚金 정관이 일간 乙木과 乙-庚合金을 하여 양인이 있는 주를 합을 하게 되므로 양인의 흉폭성이 약간 순화되어 있는 점을 알수가 있다.

***. 일부학자의 의견,!**

일부학자들 중에는 "방금 이와 같은 양인살(羊刃殺)이 사주시지 辰土 정재가 되어 있겠으나 시지 辰土가 합을 하지 않고 있는데 어찌하여 命理大要 저자인 운정선생은 양인이 있는 시상천간 庚金이 일간과 합을 한다는 자체만으로도 양인의 흉폭성이 견제, 제화되는지",!의문을 표시하고 있다.

***. 일부학자들의 의문에 대한 본 저자판단,!**

이 부분에 대하여 본 저자는 일부학자들이 말한 것은 일면 타당성이 있다고 생각되나 그러나 그 부분에도 약간 양인의 특성에 대한 부분을 면밀히 관찰할 필요가 있겠다.

따라서 그 특성을 면밀히 주시하여 볼 때 보통 양인이라는 것은 일간에 대하여 비겁이나 인수의 성질을 띄고 있는데 유독 乙일간 辰土는 정재이고 丁일간 未土는 식신이 되며 癸일간 丑土는 편관이 되고 있는 것을 알 수가 있으며 모두 다 십이운성의 관대지에 해당하고 있음을 판단할 수가 있다.

그렇다면 이와 같은 양인의 성질은 비겁이나 인수의 기운이 일간을 생조하는 것이 강력하여 한단계 앞서 양인이라고 하는 것이나 이상의 乙, 丁, 癸일간 양인은 일간을 극루하는 육신으로 해당되고 있기 때문에 양인의 흉폭성이 같은 비겁이나 인수의 양인보다 약하다고 판단하는 것이 정석이다.

더하여 만약 일간이 신왕하여 양인이 들어 있는 현상이 되고 있다면 이상의 乙, 丁, 癸 일간의 양인은 일간을 생조하는 기운이 아니고 일간을 극루하는 기운이 되고 있는 점은 신왕한 일간을 더욱 더 생조하지 못함에 따라 배부른 일간이 그나마 조금은 나은 형편이 될 것이다.

그런데 일간이 신왕하고 있는데 이상의 3가지 일간(乙, 丁, 癸)을 제외한 나머지 일간은 전부 일간에 대한 인수나 비겁으로 되어 있는데 이 때 일간이 신왕하고 있으면 신왕한 일간을 더욱 더 신왕하게 만들고 있기 때문에 이와같은 양인이 있을 경우 사주원국은 더욱 더 양인살의 흉폭성이 대단히 강력하게 발생된다.

이상의 부분을 모두 참조하여 판단하면 위 사주팔자는 일간이 乙일간으로서 시지 辰土 정재가 비록 양인에 해당하나 양인인 辰土가 일간 乙木에 대한 용신의 기운이므로 신왕한 乙일간에 대한 양인의 흉폭성이 방금 설명한 양일간보다 대단히 강력하게 발생하지 못하는 이유가 여기에 있다.

더구나 학자들이 의문을 표시한 양인의 흉폭성은 편관이 견제되거나 합을 하여 순화시킨다고 본 저자는 命理秘典 上권과 命理秘典 下권을 통해 수차 명시한 바가 있는데 이렇게 양인인 辰土가 용신이 되어 있는 것은 시상에 투출되어 있는 庚金 정관이 양인인 辰土의 기운을 土生金하여 쭉 빼어버리니 완전히 양인의 흉폭성이 제화되고 있는 것이다.

결국 상황이 이럴진데 양인의 기운을 흡수한 정관 庚金이 일간 乙木과 乙-庚合金을 하여 있는 것은 양인의 흉폭성을 제화시키면서 일간이 정관과 합을하여 있는 점은 양인의 권위를 일간이 이끄는 것이 되므로 양인이 제대로 일간에 대한 흉을 돌출하지 못하는 성질이 되니 사주추명학의 신비한 묘미가 이런 부분에 있다하여도 과언이 아니다.

***. 조부님의 운명,!**

다시 사주 주인공인 김 모씨 조부님의 운명을 판단하여 보면 사주원국의 년주를 보고 간명하며 육친별로는 편인이 되고 만약 편인이 없을 때는 년, 월주관살(정관이나 편관)로도 판단할 수가 있다.

따라서 사주원국에서 조부님의 육친을 찾아볼 때 월상에 편인 癸水가 투출되어있으니 조부님이 존재하는 것이 되고 더하여 년주의 십이운성 및 각종 살성을 복합적으로 판별하여 간명하는 것이 타당하다.

이와 같은 부분을 종합적으로 간명하여 볼 때 김 모씨의 조부님은 우선 월주 편인이 있는 주에 십이운성의 건록지에 앉아 있으므로 조부님이 부귀공명을 누렸다고 볼 수가 있겠으나 년간에 丁火 식신이 편인을 丁-癸 상충으로 가격하고 있으니 수명은 그다지 장수를 하지 못한다고 판단한다.

더하여 년지에 亥水 인수가 자리를 잡고 있으니 김 모씨 조부님은 대단히 문필이 좋았던 학자라는 것을 알 수가 있겠으며 년지 亥水, 그리고 일지 巳火및 시지 辰土 정재의 지장간에 각각 戊土가 들어 있는 중에 월상 癸水 편인이 戊-癸암합을 3번씩이나 하고 있으므로 조부님이 합방을 한다는 점은 작첩을 나타내니 풍류적인 면으로 할머니를 3분이나 거느렸다는 것을 알 수가 있다.

***. 일부학자의 의견,!**

일부학자들 중에는 "위 사주 주인공인 김 모씨 조부님이 월상에 癸水 편인이 투출되어 있는데 년간 丁火 식신이 丁-癸 상충으로 파극을 하고 있으니 조부님이 비명횡사 및 단명 객사를 하였지 않겠느냐,"! 라고 의문을 표시하고있다.

***. 학자들이 의문을 제기한 부분에 대한 본 저자의 판단,!**

그러나 본 저자는 약간 견해를 달리하고 있으며 그것은 비록 사주 월상에 癸水 편인이 투출되어 있는 중에 년간 丁火 식신이 丁-癸 상충으로 파극을 하여 조부님의 기운을 상극하고 있는 것은 사실이다.

하지만 이와 같은 부분은 오행의 성질과 십이운성 및 해당하는 기운을 생조하는 오행을 복합적으로 판단하여 결정을 내려야 될 것인데 위 사주팔자를 면밀히 살펴보면 우선 월상 癸水 편인이 자리하는 십이운성이 건록지에 앉아 있음을 눈여겨 볼 필요가 있다.

따라서 조부님을 표시하는 편인 癸水가 힘을 가지는 것이 되고 더하여 년지 亥水 인수에 십이운성의 제왕지에 앉아 있는 것은 그만큼 편인 癸水를 생조하는 힘이 왕성하다는 점을 나타내니 비록 丁-癸 상충으로 파극을 한다손 치더라도 편인인 조부님이 비명 횡사 및 단명 객사까지는 되지 않는다고 판단하는 것이 정석이다.

***. 命理秘典 上권과 下권인 간명비법에 준하여,!**

이상의 부분은 전장인 命理秘典 上권인 격국과 용신편에 그리고 命理秘典 下권에서는 간명비법의 실제인물의 사주원국을 해설하면서 대단히 자세하게 기술하고 있는데 그 부분을 인용하면 "사주팔자내 해당하는 오행이나 육친이 상충이나 삼형등으로 파극을 하고 있어도 해당하는 오행이나 육친이 십이운성의 장생, 건록, 제왕지에 앉아 있을 경우 해당 육친이 기운을 가지는 것이 된다".!

"또한 더하여 지지에 해당하는 육친을 생조하는 기운이 왕성하여 해당하는 육친이 생조를 받고 있을 때 비록 상충이나 삼형등으로 해당 육신을 파극하여도 극단적인 절명이나 비명횡사의 운은 되지 않는다,"라며 기술하고 있다.

이상과 같은 맥락에 비추어 위 사주원국을 간명하여 보자면 방금 설명한 부분에 완전히 일치하고 있는데 이것은 편인을 생조하는 기운이 년지 亥水 인수뿐만 아니고 시상에 庚金 정관이 투출되어 있는 중에 일간 乙木과 乙-庚合金으로 둔갑하여 월상 편인을 생조하는 현상이 더욱 더 근접하게 되므로 완전히 편인 癸水가 힘을 가지는 점으로 보아야 할 것이다.

***. 조부님의 선산묘지,!**

다시 사주 주인공인 김 모씨 조부님의 선산묘지를 판단하여 보면 년주의 동태와 십이운성 강약 및 편인의 특성과 각종 살성등을 복수적으로 참조하여 간명을 하는 것이 타당하다.

따라서 년주가 丁亥로서 년간 丁火와 년지 亥水를 대조하면 십이운성의 태지에 앉아 있는 것이 되니 그다지 좋은 묘지는 되지 않고 중간정도인 점을 알수가 있는데 비록 년지 亥水와 월지 卯木 비견간에 亥-卯合木이 되나 일지 巳火 상관인 巳-亥 상충을 도모하므로 더욱 더 확실하게 된다.

이와 같은 맥락에 비추어 볼 때 김 모씨의 조부님의 선산묘지는 년지 亥水가 북방을 나타내고 년지 亥중의 지장간 중기(中氣)에 甲木이 들어 있으므로 동북간방이나 약간 북쪽으로 더욱 더 치우쳐져 있는 것으로 판단하는 것이 정석이다.

아울러 묘지에서 앞으로 보면 그 옆으로 오솔길같은 한갈레 길이 돌아가 있는 형상이며 년지 亥水는 큰물을 의미하니 앞으로 보면 바다나 강이 있는데 산수는 조금 낮은 곳에 위치를 하고 있는 것으로 판단한다.

더하여 년간에 丁火와 亥중의 甲木이 존재하고 있는 것은 木, 火의 기운이 불길을 지피우는 것이 되니 김 모씨의 조부님의 선산묘지는 따뜻한 양지가 바른 곳에 위치를 하고 있을 것이다.

그러나 묘지의 혈도(血道)가 좌청룡 우백호가 뚜렸하지 않고 입수(入首)와 용혈(龍穴)이 안정되지 않음을 판단할 수가 있는데 비록 선산묘지가 배산임수(背山臨水)의 형상은 되고는 있으나 산수의 정기가 끊어져 있음을 알 수가 있다.

이상의 판단부분은 위 사주 주인공의 김 모씨 년주의 동태가 丁亥로서 사주월간 癸水 편인과 년간 丁火 식신간에 丁-癸 상충이 되고 있는 것이 대단히 좋지 않게 보고 있는 중에 더욱 더 4길성(식신, 재성, 정관, 인수)인 식신과 4흉성(겁재, 상관, 편관, 편인)인 편인간 상극은 매우 좋지 않는 것이다.

상황이 이럴진데 더욱 더 사주년지 亥水 인수가 비록 월지 卯木 비견과 亥-卯合木을 하였다손 치더라도 일지 巳火상관이 巳-亥 상충으로 합을 깨면서 파극하고 있는 것은 산수의 혈도를 끊어놓는 점이라고 판단하는 것이다.

또한 사주일간 乙木을 중심으로 하여 년지 亥水 인수가 십이운성의 사지에 앉아 있는 것은 본인을 비롯해 부친도 조부님의 은덕을 받지 못하는 점이 되며 더하여 산수의 흐름이나 선산묘지등도 미미하다는 것을 사주원국은 언중에 암시를 하고 있으니 더욱 더 부합하게 된다.

실제로 사주 주인공인 김 모씨와 본 저자가 김 모씨의 조부님의 선산묘지를 사주원국과 검증 확인하기 위해 강원도 강릉 모 처에 직접 왕래를 하였는데 대체로 사주원국에 추정하여 선산묘지를 간명하였던 것에 상당히 부합하여 있고 더하여 묘지가 약간 낮은 산수에 자리를 잡아 있는 것으로 확인하였다.

***. 부모님의 운명,!**

다시 사주 주인공인 김 모씨 부모님의 운명을 간명하여 보면 사주원국 월주의 동태를 보고 판단하고 있는데 육친별로는 편재는 부친을 나타내고 인수는 모친을 의미하며 더하여 월주에 십이운성의 동태와 육친의 성정을 같이 보고 간명하는 것이 정석이다.

따라서 사주팔자를 살펴보니 부친의 기운인 편재가 없으니 정재를 편재대용으로 사용하는데 사주에 정재의 기운이 시지 辰土 정재가 있으며 또한 일지 巳중의 지장간 戊土 및 년지 亥水 지장간 戊土가 각각 존재하여 정재의 기운이 3개씩이나 있는 점은 부친이 많은 것이 되니 그만큼 부친의 덕이 없는 것이나 마찬가지가 된다.

더구나 월지에 비견 卯木이 십이운성 건록지에 자리를 잡고 일간 乙木에 대한 기신(忌神)의 역할이 되고 있으므로 더욱 더 부모님의 덕을 받지 못하는데 월주가 癸卯로서 천간지지 모두 편인과 비견이 동주하고 있으니 더욱더 부합하는 것이 된다.

***. 고서(古書)나 원서에 인용하여,!**

고서(古書)나 원서의 이러한 부분을 인용해서 기술하여 보면 "사주원국에 편인과 비견이 동주하면 타인의 양자가 되던지 계모 및 유모, 서모가 있을 운이다",!라며 기술하고 있다.

더하여 일주 乙巳로 시작하여 월지 卯木 비견이 공망이 되고 있으므로 "비견이 공망되면 남자는 부친과 인연이 없고 극처하며 여자는 남편과 인연이 박하여 부부간에 서로 불목하고 형제 또한 불화하여 서로 동거하지 못한다,"라며 기술하고 있다.

***.본 저자가 고서(古書)나 원서의 기술한 부분에 대한 일부배척,!**

이상의 고서(古書)나 원서에 기술하고 있는 것을 보면 완전히 부친의 덕을 받지 못하고 있음을 판단할 수가 있겠는데 그렇다고 막연히 사주 주인공의 격국이나 대운의 흐름을 조사해 보지않고 단순히 고서(古書)나 원서에 적힌 그대로를 적용하여 판단한다면 조금 무리가 있다고 볼 수가 있다.

그렇다면 사주 주인공인 김 모씨 월주의 동태를 관찰하여 보면 일부 고서(古書)나 원서에 부합하는 것은 인정하고 있겠으나 그러나 이것 이외에도 월주에 일간 乙木에 대한 기신(忌神)과 용신을 상극하는 기운이 존재하여 있을경우 등을 고려해서 종합적으로 고서(古書)나 원서에 방금 기술한 부분을 적용시켜야 할 것이다.

하지만 만약 이와 같은 부분에 완전히 정면으로 뒤엎는 월주에 일간 乙木에 대한 용신이나 희신이 자리를 잡고 있는다면 이상의 고서(古書)의 부분에 완전히 상반되는 결과를 불러올 수가 있은 것이므로 이 때에는 반대로 부모님의 덕을 받을 수가 있겠고 아울러 부친의 유업이 승승장구하여 대단히 발복을 할 수가 있음을 유념하여야 된다.

결국 위 사주는 본 저자가 생각하는 월주에 용신을 상극하는 기신(忌神)이 천간지지 모두 존재하고 있으니 이러한 고서(古書)나 원서에 완전히 일치하는 점으로 결론이 나는 것이며 또한 종합적으로 분석하여 볼 때 사주 주인공인 김 모씨는 일찍 모친을 여의고 계모 밑에서 어렵게 성장을 하였으며 더하여 일찍이 타향객지로 떠나와서 수많은 고생을 하였음을 판단할 수가 있겠다.

실제로 사주 주인공인 김 모씨는 이상의 부분에 전부 부합하고 있음을 말하고 있으며 그래도 그 어려운 과정속에 학업을 포기할 수가 없어 야간에 술집등에서 아르바이트를 하여 근근히 학업은 계속할 수가 있었다고 본인의 지난 시절을 회고하고 있다.

***. 본인의 처궁판단,!**

사주 주인공인 김 모씨 처궁을 간명하여 보면 사주팔자 일지의 동태를 보고 판단하는데 육친별로는 정재는 본처이고 편재는 첩의 기운이 된다.

따라서 사주일지 동태와 육친인 재성의 기운 및 십이운성의 왕쇠(旺衰) 그리고 각종 살성(殺星)등을 종합적으로 판단하여 간명하는 것이 타당한데 사주팔자를 살펴보니 시지 辰土 정재가 자리를 잡고 일간 乙木에 대한 용신의 기운이 되므로 김 모씨의 처는 대단한 미모이고 아울러 처덕이 대단하다는 것을 알수가 있다.

이와 같은 부분은 일간 乙木를 주동하여 일지 巳火가 금여(金輿)가 되고 있으니 처의 용모가 고상하고 온후 현숙한 처를 만났다고 볼 수가 있겠으며 그러나 지금의 처는 김 모씨가 재혼을 하여 만났다는 것을 사주가 무언중에 암시를 하고 있다.

***.약 26년동안 실제인물에 준해 경험상 터득한 비법(秘法),!**

이와 같은 부분에 대하여 왜, 재혼하는 팔자가 되는지는 본 저자가 약 26년동안 실제인물을 간명하여 얻어진 비법으로서 그동안 수많은 실제인물을 적용하여 놓고 검증 및 확인을 거듭하여 얻어진 것이니 학자는 이와 같은 부분을 십분 응용하여 간명상 보탬이 되기를 바란다.

●첫째로, 일간이 신강, 신약을 불문하고 4흉성(겁재, 상관, 편관, 편인)이 일지에 자리를 잡고 있는 중에 일지가 도화

살(桃花殺)이나 십이운성의 목욕(沐浴)지에 앉아 있으면 남, 녀 불문하고 재가한다.!

● 둘째, 일간이 신강하고 사주일지에 비견이나 겁재가 있어도 남, 녀 불문하고 재가한다.!

● 셋째, 일간이 신강, 신약을 불문하고 상관이 왕성한 중에 일지에 거듭 상관이 있을 경우도 남, 녀 불문하고 재가한다.!(단, 이 때 재성을 보고 傷官生財格이면 면한다.)

● 넷째, 일간이 신강, 신약을 불문하고 관살혼잡(사주에 정관이나 편관이 혼잡된 것)되어 있는 중에 일지에 편관이나 정관이 있어도 남, 녀 불문하고 재가한다.!

● 다섯째, 일간이 신강, 신약을 불문하고 일지 편인이 있는데 편인이 중첩 있거나 식신을 보고 있으면 남, 녀 불문하고 재가한다.!

● 여섯째, 사주에 천간합이나 지지합이 많은데 일지를 형, 충을 하고 있으면 남, 녀 불문하고 재가한다.!

● 일곱째, 사주에 도화살(桃花殺)이 중첩되어 있고 일간이 사주의 지지에 지장간과 암합이 많으면 남, 녀 불문하고 재가한다.!

이상의 부분을 종합적으로 간명하여 볼 때 위 사주 주인공인 김 모씨는 우선 일지가 乙巳로서 십이운성의 목욕지에 앉아 있는 중에 일지가 상관이 되고 있으니 완전히 재가팔자에 부합하는 점을 중시 볼 필요가 있다.

더구나 한편으로는 일간 乙木을 기점으로 하여 사주지지의 지장간에 여자의 육친인 戊土가 많은 것도 한몫을 차지하고 있는데 비록 년지 亥水와 월지 卯木간에 亥-卯合木이 되고 있으나 일지 巳火 상관을 년지 亥水가 巳-亥 상충이 도모되고 있는 점도 참조를 하는 것이 타당할 것이다.

하지만 김 모씨의 처는 일면 자존심과 고집스러운 면이 돌출되어 약간의 부부간에 불화가 예상되고 있는데 그것은 용신의 기운인 정재 辰土가 자리를 잡고 있지만 시주가 庚辰으로서 괴강살(魁罡殺)에 해당하고 더하여 일간 乙木을 중심하여 시지 辰土가 양인살(羊刃殺)에 해당하고 있으니 완전히 일치를 하고 있다.

실제로 사주 주인공인 김 모씨는 지금의 처가 재혼을 하여 만났다는 것을 말하고 있으며 그러나 수시로 자기주장과 고집스러운면 때문에 의견충돌 및 불화쟁론을 피할 수가 없다는 점을 말하고 있을 때 본 저자가 판단하는 부분에 완전히 부합하고 있음을 확인하였다.

***. 본인의 자식궁 판단,!**

사주 주인공인 김 모씨의 자식궁을 판단하여 보면 사주팔자 시주의 동태를 보고 판단하는데 육친별로는 여자에게는 식신, 상관이며 남자에게는 관성을 표시하고 그 중에서 아들은 편관이며 딸은 정관의 기운을 대변한다.

따라서 사주원국 시주의 동태와 육친의 동태 및 십이운성 강약(强弱) 그리고 각종 살성(殺星)의 부분을 복수적으로 종합 판단하여 간명을 하는 점이 타당할 것이다.

고로 사주팔자를 살펴보니 시상에 투출되어 있는 庚金 정관이 있고 다시 일지 巳중의 지장간 庚金 정관이 또 있으며 또한 乙-庚合金하여 다시 관성 金氣가 다시 재차 나오고 있으므로 자식이 모두 3명이 된다.

하지만 그 중에서 일지 巳중의 지장간에 庚金은 비록 월지 卯木과 년지 亥水가 亥-卯합을 하였지만 년지 亥水와 巳-亥 상충이 되고 있으므로 상충의 작용을 합으로 해극은 하였지만 육친의 통변법상 적용은 되니 자식을 지우는 것이 된다.

따라서 자식은 2명이 되며 그 중에서 시상 庚金 정관은 남자사주에서 딸이 되고 전장에 설명하였다시피 乙-庚合金으로 합을 하여 나오는 金氣는 음양을 달리 표현하여야 하니 아들이 된다는 점으로서 각각 아들, 딸이 있는 것으로 판단한다.

***. 고서(古書)나 원서에 인용하여,!**

고서(古書)나 원서에 기술하기를 "사주팔자 내 시주가 괴강살이나 양인살(羊刃殺)이 존재하여 있으면 그 자식이 성격이 횡폭하고 더하여 품행이 방정치 못하며 아울러 자식이 부모에게 덕을 주지 못하고 애를 먹인다", 라며 적고 있다.

*. 본 저자가 고서(古書)나 원서의 기술한 부분에 대한 배척,!

그러나 본 저자는 이와 같은 고서(古書)나 원서에 기술하고 있는 부분에 대하여 약간의 생각을 달리하고 있는데 그것은 위 사주에서는 비록 시주에 괴강살(魁罡殺)과 양인살(羊刃殺)이 존재하여 있지만 무엇보다도 일간 乙木에 대한 용신이나 희신의 기운이 자리를 잡고 있는가 아니면 기신(忌神)의 기운이 자리를 잡고 있는가에 따라 이상의 부분을 복합적으로 간명하는 것이 타당하다.

따라서 사주원국의 시주를 일간 乙木을 대조하여 판별하여 볼 때 비록 괴강살(魁罡殺)이나 양인살(羊刃殺)이 있다고 하나 시주의 기운이 일간에 대한 용신과 희신의 기운이 각각 자리를 잡고 있으므로 부모에게 큰 힘이 되는 것을 알 수가 있다.

더구나 비록 사주상의 자식에 대한 괴강살(魁罡殺)이나 양인살(羊刃殺)이 있어 육친의 운명상 자녀의 성질이 강직하고 조금의 고집스러운 일면은 있겠으나 김 모씨 말년에 자식덕을 볼 수 있는 성질이 되므로 고서(古書)나 원서에 단편적으로 각종 살성(殺星)만 보고 막연히 추명의 원리를 간명하는 것은 대단히 오류를 불러올 수가 있는 단적 요인이 되고 있음을 알아야 할 것이다.

*. 본 저자가 김 모씨의 자식덕에 대한 말년대운추적,!

이와 같이 사주 주인공인 김 모씨의 말년에 자식으로 인한 불효를 받겠는가 아니면 효양을 받아 말년을 안과 태평하겠는가는 전장에 본 저자가 추명의 원리를 해석하는 과정에서 수차기술을 하였는데 사주 주인공인 김 모씨 말년 대운의 흐름을 파악하여 보면 곧 바로 그 실체가 드러나게 된다.

따라서 사주 주인공인 김 모씨 대운의 흐름을 추적하여 보니 초년 17세부터 북방 亥-子-丑 水局과 67세 丙申대운까지 서방 申-酉-戌 金局으로 치달리고 있으므로 완전히 길신의 기운으로 흐르고 있으니 본 저자가 해석한 말년 김 모씨 자식덕에 대한 부분판별은 고서(古書)나 원서(原書)에 막연히 살성(殺星)만 보고 자식덕이 없다,라는 성질을 정면으로 뒤엎는 결과가 되고 있음을 알 수가 있을 것이다.

*. 격국에 대한 대운의 흐름,!

위 사주 주인공인 김 모씨는 현재 서울시 모 은행 은행장으로 근무하고 있는 사람인데 이상의 모든 사주팔자 육친의 운명과 더하여 용신의 기운이 강령한 중에 사주원국이 木, 火, 土, 金, 水가 골고루 들어 있고 水生木, 木生火, 火生土, 土生金,인 생화불식(生化不息)이 되고 있으니 어쩌면 오늘날 재정가(財政家)의 팔자에 고위직인 은행장까지 그 직급이 올라간 것은 당연한 일인지도 모른다.

따라서 사주 주인공인 김 모씨 대운의 흐름을 추적 파악하여 보면,!

유년 7세는 壬寅대운으로 대운천간 壬水가 일간을 생조하는 인수의 운로이고 더하여 사주년간에 투출되어 있는 丁火 식신과 丁-壬 合木을 하여 신왕한 일간 乙木을 더욱 더 강하게 만들게 되니 대단히 불운이다.

또한 대운지지 寅木은 일간 乙木에 대한 겁재의 운로이니 신왕한 일간을 더욱 더 신왕하게 만들면서 사주일지 巳火 상관을 寅-巳 삼형을 하여 신체상 수술 등 대단히 고통과 모친의 작고(作故)등으로 유년이 번민과 괴로움이 많았다는 것을 알 수가 있다.

그러나 17세 辛丑대운에 이르러 대운천간 辛金이 일간 乙木에 대한 편관의 운로이므로 길신이 되는데 비록 일간 乙木을 乙-辛 상충 그리고 년간에 투출 되어 있는 丁火 식신을 辛-丁 상충을 도모하지만 辛金 자체가 편관의 운로로서 일간 乙木에게는 길신의 영향력을 행사하니 번민은 있겠으나 그 흉함이 강하지 않음을 알 수가 있다.

더구나 대운지지 丑土가 일간 乙木에 대한 편재의 운로로서 정히 용신의 기운이 되어 대단히 길한데 금상첨화로 사주일지 巳火 상관과 巳-丑合金으로 관성 金氣로 둔갑하니 길신의 기운이 더욱 더 왕성하여 대길함이 나타난다.

따라서 이 때 사주 주인공인 김 모씨는 학업에 열중하던 시기인데 명실공히 일류대학 경영학과를 우수한 성적으로 합격을 하였고 아울러 군에 ROTC장교로 대단히 좋은 보직으로 군대생활을 하였다고 본인은 회고를 하고 있다.

다시 27세는 庚子대운으로서 대운천간 庚金이 일간 乙木에 대한 정관의 운로이니 길신의 기운인데 다시 일간 乙木과 乙-庚合金으로 관성 金氣로 둔갑하므로 일간이 관성의 기운을 이끄는 것이 되는 점은 직업의 부분에 대한 윗사람의 힘을 얻게 된다.

따라서 이 때에 사주 주인공인 김 모씨는 지금의 은행에 시험을 치루어 우수한 성적으로 합격을 하였는데 이것이 오늘날 김 모씨가 재정가(財政家)의 최고 직위인 은행장 서열까지 이르게 하는 최초의 시점이었던 것이다.

그러나 대운지지 子水가 영향력을 행사하는 32세부터 36세까지는 대단히 불운인데 이것은 대운지지 子水가 사왕지지(子, 午, 卯, 酉)로서 신왕한 일간 乙木을 더욱 더 생조하는 편인의 운로인데다가 설상가상으로 사주원국의 월지 卯木 비견을 子-卯형으로 다스리고 아울러 사주시지 辰土 정재와 子-辰合水로 완전히 水氣로 변화되어 더욱 더 그 흉의가 대단히 강력하게 발생한다.

이와 같은 부분을 육친통변법에 준하여 좀 더 자세하게 기술하면 먼저 水氣는 일간 乙木에 대한 인성이니 문서상이나 명예적으로 대단히 흉함을 돌출하는 것이며 아울러 사주시지 辰土 정재는 용신이 되고 있다.

또한 정재는 본처를 나타내고 금전이니 용신의 기운이 子-辰合水로 변화되는 것은 용신이 기반(羈絆)이 되어 합을 탐한 나머지 용신의 본래 임무를 망각하는 것이 되므로 금전적인 문제가 대두되어 탄핵 내지는 명예롭지 못하는 일이 발생되는 것이다.

이 때에 사주 주인공인 김 모씨는 우연히 본인의 처가 일을 저질러 수많은 부채를 안게 되었고 급기야는 본 처와 이혼의 결심을 하였으며 그 일이 상부에 보고가 되어 말단 지소로 좌천되었는데 그 때는 정말로 괴로움이 뼛속에 사무칠 정도로 번민과 고통이 많았다고 김 모씨는 회고를 하고 있다.

다시 37세는 己亥대운으로 대운천간 己土가 편재의 운로이니 용신의 기운이 되는데 일면 사주일간 乙木을 己-乙 상충 및 월상에 투출되어 있는 癸水 편인을 癸-己 상충을 하고 있지만 일간 乙木이 신왕하여 있으니 능히 상충의 작용은 견딜 수가 있음을 알 수가 있다.

따라서 이 때에 사주 주인공인 김 모씨는 己土가 편재의 기운이 되므로 지금의 처를 만나 결혼을 하였으며 은행의 직급도 과장으로 승진하였고 그러나 그동안 본 처가 저질러 놓은 부채를 갚아주느라 고통이 이루말 할 수가 없었는데 이것은 아마도 편재의 기운이 己-乙, 丁-癸상충의 작용이 강하게 발생하여 고통이 뒷따랐던 점으로 판단하는 것이 타당하다.

그 와중에 사주 주인공인 김 모씨는 대운지지 亥水의 운로인 42세에 승용차를 몰고 가다가 교통사고를 당하는 비운까지 맞이하였는데 그것은 대운지지 亥水가 신왕한 일간 乙木을 생조하는 인수의 운로인데다가 이것이 월지 卯木과亥-卯合木하여 일간 乙木을 더욱더 왕목(旺木)을 만들면서 다시 사주일지 巳火와 巳-亥 상충을 도모하니 완전히 그 흉의를 모면할 수가 없게 된다.

다시 47세는 현재대운이 지배하는 운로이며 이는 곧 사주 주인공인 김 모씨의 어려움이 모두 씻은 듯 사라지는 순간인데 그것은 대운천간 戊土가 일간 乙木에 대한 정재의 기운은 용신이 되므로 더하여 사주월상에 투출되어 있는 癸水와 戊-癸合火로 둔갑하니 완전히 길신의 기운이 왕성하여 대박이 터지고 있다.

따라서 이 때 사주 주인공인 김 모씨는 그 동안 근근히 은행차장으로 근무하던 중에 일약 대구 모처 지점장으로 승진 발령을 받았고 아울러 부산, 광주, 대전, 등에 일약 지점장으로 활약을 하여 가는 곳마다 성적이 뛰어나니 주위의 사람들의 그에 대한 신뢰와 평가가 하늘 높은 줄 모르고 치솟았던 것이다.

***. 命理秘典 下권인 간명비법에 준한 운호(運好)의 법칙과 화합(和合)의 법칙에 적용,!**

	세 운(1998년)		대 운(47세대운)		
(천 간) ──→	戊	+	戊	=	土
(지 지) ──→	寅	+	戊	=	火

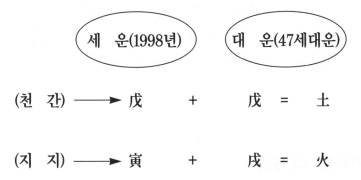

현재 세운은 1998년 戊寅년인데 위의 도표에서 보듯이 세운천간

戊土와 대운천간 戊土가 같이 정재 土氣로서 정재의 기운이 합쳐지니 命理秘典 下권인 간명비법상 운호(運好)의 법칙에 부합하므로 더욱 더 그 기운이 대단히 왕성하게 되어 일약 대박을 틔우고 있다.

또한 세운지지 寅木과 대운지지 戌土가 寅-戌合火로 둔갑하고 있는 것은 命理秘典 下권인 간명비법상 화합(和合)의 법칙에 적용되어 이렇게 대운과 세운이 합을 하여 나오는 오행이 만약 기신(忌神)이 된다면 아주 불리할 것이지만 정히 용신을 생조하는 희신의 기운이므로 대길하게 작용하는 점을 알수가 있다.

상황이 이럴진데 금상첨화로 다시 사주원국 월지 卯木 비견과 卯-戌合火로 완전히 식상 火氣로 둔갑하고 있는 것은 용신의 기운이 대운 및 세운까지 모두 합쳐지게 되므로 일약 승승장구하니 이것은 정말 하늘이 놀라는 현상이 일어나고 있다하여도 과언이 아니다.

따라서 사주 주인공인 김 모씨는 그동안 각처 시, 도의 지점장으로 근무를 하다가 1998년 정월달에 정히 서울 모 처 은행장으로 추대되어 일약 세상사람들을 깜짝 놀라게 하였던 것인데 이렇게 대운과 세운이 모두 운호(運好) 및 화합(和合)의 법칙이 성립되므로 어쩌면 이와 같은 현상은 당연한 일인지도 모른다.

앞으로 다가오는 57세는 丁酉대운으로 대운천간 丁火가 일간 乙木에 대한 식신의 운로이니 정히 용신을 생조하는 희신의 운인데 일면 사주월상에 투출되어 있는 癸水 편인을 丁-癸 상충으로 파극하고 있으나 일간에 대한 기신(忌神)을 상극하여 제거하는 것이 되니 흉함은 돌출되지 않고 오히려 길하게 될 것이다.

더하여 대운지지 酉金이 비록 월지 卯木 비견을 卯-酉 상충이 되어 그 재화가 크게 작용을 할 수는 있겠지만 대운지지 酉金이 일간 乙木에 대한 편관으로서 길신의 역할이 되고 있는 중에 일지 巳火 상관과 巳-酉合金, 그리고 시지 辰土와 辰-酉合金으로 상충의 의미를 완화시키고 있으니 약간의 번민과 변동은 돌출되지만 심각하지는 않을 것이다.

다가오는 67세 丙申대운에는 대운천간 丙火는 일간 乙木에 대한 상관의 운로이니 희신의 작용을 하여 본인은 길할 수가 있겠지만 시상에 투출되어 있는 庚金 정관을 丙-庚 상충이 성립하므로 시주는 자식을 의미하고 庚金은 정관이 되니 자식을 상극하는 점은 자식의 일로 인한 번민과 고통이 뒤따라오는 것을 의미한다.

더구나 대운지지 申金은 원칙적으로 일간 乙木에 대한 정관의 운로이나 이것이 사주일지 巳火 상관과 巳-申合水, 그리고 사주시지 辰土 정재와 申-辰合 水로 신왕한 일간 乙木을 더욱 더 신왕하게 만들고 있으면서 삼형을 동반하니 어쩐지 목숨이 위태로울 정도로 흉운이 될 것이다.

더하여 77세가 乙未대운으로 대운천간은 완전히 신왕한 일간 乙木을 생조하는 비견의 운이고 대운지지 未土는 사주의 월지 및 년지와 亥-卯-未 삼합 木局이 형성되므로 왕목(旺木)을 만들고 있으니 아마도 본 저자는 67세 丙申대운이 끝날 시점인 9수에 십중구사의 운명이 되지 않을까 하는 판단이 앞서고 있다.

※참고로 위 사주 주인공인 김 모씨는 이상과 같이 본 장 재정가(財

政家)의 팔자에 부합시켜 본인의 인생 총운을 간명하여 보았는데 격국이 순수하고 용신이 강령한 중에 오행의 생화불식(生化不息)에 의존하여 비록 살운(殺運)이 들어와도 타 격국보다 그 흉의가 대단히 강력하게 돌출되지는 않는다고 판단한다.

더하여 시지 정재 辰土를 용신으로 하는데 사주 타 주에 거듭 정재나 편재의 기운이 없으므로 완전히 시지정재일위귀격(時支正財一位貴格)으로서 세상의 금권을 모두다 거머쥐는 은행총수로서 군림하는 것은 어쩌면 당연한 일인지도 모른다.

결국 이렇게 사주 주인공인 김 모씨의 격국이 순수하고 대운의 흐름 역시 희신 및 길신의 운으로 치달리고 있으니 본 사주격국을 해설하는 저자도 부러움을 감출수가 없는 사주원국이라 하겠다.

제14장

*. 교 육 가(教 育 家)

*. 교육가(教育家)는 아래로는 학생을 가르치는 선생부터 교장 위로는 교육청 장학사, 교육감 더 나아가서는 최고 직책인 교육부 장관에 까지 그 직급이 되어 있다.

(14). 교육가(敎育家)팔자,!

교육가(敎育家)팔자에 옛날에는 서당이나 학문을 다루는 학자라 하여 양반이나 선비들의 사주에 결부시켜 간명을 하는 것이 통례로 되어 있었고 문명이 발달한 지금의 시대에도 고대의 부분에 그대로 적용하여 취용하고 있다.

따라서 본 장에 기술하는 교육자(敎育者)는 학문을 연구하는 학자의 풍모로서 세인에게 존경과 선망을 한몸에 받는 성질이 되고 있는데 지금의 현재에도 그 선망과 존경은 어느 직업보다 비교할 수가 없다고 볼 수가 있다.

그렇다면 본 장 교육가(敎育家)는 옛날이나 지금이나 마찬가지로 아래로는 학생을 가르치는 선생으로 시작하여 위로는 교감, 교장, 및 대학교수 대학장, 그리고 교육청 장학사 및 교육감에서 더 나아가서는 교육부장관에 이르기까지 직업적인 고급과 하급이 자리를 잡고 있다하겠다.

이상의 교육가(敎育家)의 특성을 기술하였지만 이상 직업의 발복여부도 전편 命理秘典 下권인 간명비법 상 용신의 강령함과 격국의 청탁(淸濁)상에 부합하여 대운의 흐름이 정히 용신이나 희신의 운으로 치달리고 있으면 부귀공명을 누리는 팔자라 판단할 것이고 그렇지 못하면 빈천의 팔자라고 결론을 내리는 것이 정석이다.

(가). 교육가(教育家)의 운명,!

●일간이 신강함이 넘쳐 "종강격"(從强格)을 구성하고 대운의 흐름이 정히 "용신"이나 "희신"으로 치달리고 있을 때,! (참고로 종강격(從强格)이란 命理秘典 下권 종격(從格)부분에 나오는 성질로 일간기운이 인성이 대부분을 차지하여 인성의 기운을 용신으로 삼는 사주)

●일간이 신약하나 "인수"가 자리잡고 일간을 생조하는 "편인", "인수"가 "용신"이나 "희신"이 될 때,!

●일간이 신강, 신약을 불문하고 사주"월지"가 "식신","상관" 이 되는 중에 다시 사주에 "식신"이나 "상관"이 많을 때,!

●일간이 "甲","乙","丙","丁","壬","癸"로서 사주원국에 "인성"이 많은 사주도 교육계(教育界)로 많이 진출한다,!

(가). 교육가(教育家)팔자,!

(예1).교육가(教育家)로서 그 명성이 세인의 존경과 선망의 대상이었고 나아가서는 국가 교육에 이바지한 공로로 국민훈장까지 받은 이 모 장학사의 사주,! 남자,(서울 송파구 잠실) 서기 1937년 음력 7월 29일 卯 시,!

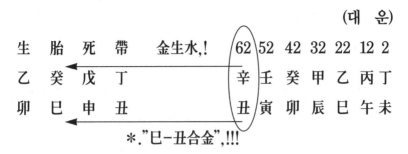

(대 운)

生	胎	死	帶	金生水,!	62	52	42	32	22	12	2
乙	癸	戊	丁		辛	壬	癸	甲	乙	丙	丁
卯	巳	申	丑		丑	寅	卯	辰	巳	午	未

*."巳-丑合金",!!!

식신		정관	편재
木	(水)	土	火
木	火	金	土
식신	정재	인수	편관

● 대운천간 辛金이 신약한 일간 癸水를 생조하는 편인의 운로이니 대단히 발전하고 있는데 금상첨화로 대운지지 丑土가 사주일지 巳火와 巳-丑合金으로 둔갑하여 역시 용신의 기운으로 변화 되므로 정히 대박이 튀고 있다.!

교육가(敎育家)의 팔자로서 대한민국 교육계에 헌신하고 수차례 대통령 표창과 나아가서는 국민훈장까지 수여 받은 장학사 이 모씨의 사주이다.!

*. 일간의 왕쇠(旺衰),!

癸일간 申월에 출생하여 득령하며 사주원국의 월지 申金 인수 홀로 일간 癸水를 생조하고 있는 중에 상대적인 오행인 식상, 재성, 관성의 기운이 대단히 강력하게 작용하고 있으므로 신약이다.

이렇게 일간 癸水가 신약하면 이것이 외격(外格)의 종격(從格)이나 가종격(假從格)으로 가지 않는 이상 마땅히 내격(內格)의 억부법이나 조후법상 일간 癸水를 생조하는 점이 가장 바람직 할 것이다.

따라서 사주원국을 살펴보니 이렇게 월령에 인수 申金이 강력하게 자리를 잡고 있으니 결코 외격(外格)의 종격(從格)이나 가종격(假從格)으로 돌아가지 못하고 내격(內格)에 기준하여 용신을 잡아야 할 것인데 일간 癸水가 월지 申金 인수에 통근(通根)하여 있는 중에 더하여 시지 卯木 식신이 십이운성의 장생지에 앉아 있으므로 일간 癸水가 무언중에 힘을 얻고 있으니 일간이 그리 쇠약하지 않음을 알 수가 있다.

＊. 일부학자들의 의문,!

일부학자들 중에는 위 사주팔자를 놓고 월지 申金 인수와 일지 巳火 정재간에 巳-申合水가 되고 있으며 또한 년지 丑土 편관과 일지 巳火 정재간에 역시 巳-丑合金이 되고 있으니 일간 癸水를 생조하는 기운이 많은 것은 위 사주원국이 신강으로 돌아가지 않겠느냐, 라고 의문을 표시하고 있다.

＊. 命理秘典 上권인 합의 성질에 인용하여,!

이 부분에 대해 본 저자는 약간 견해를 달리하고 있는데 그것은 전장 命理秘典 上권인 합의 성질에 대하여 대단히 자세하게 기술하고 있다.

따라서 그 부분을 인용하여 기술한다면 "사주지지에 십이운성의 장생, 건록, 제왕지에 뿌리를 둔 사주천간의 육신이 투출되어 있을 경우 합을 잘하지 않을려는 성질이 있다,"!라고 기재되어 있다.

그렇다면 위 사주팔자를 이 부분에 부합시켜 그 성질을 면밀히 관찰하여 보면 사주일지 巳火 정재의 기운에 십이운성 제왕지에 뿌리를 둔 년간 丁火 편재가 투출되어 있는 중에 역시 일지 巳火 정재의 건록지에 통근(通根)한 월상 戊土 정관이 투출되어 있으므로 결코 巳-申합이나 巳-丑합을 잘 하지 않을려는 현상을 보이고 있다.

상황이 이럴진데 巳-申합은 형을 동반하고 있겠으며 더하여 년지 丑土는 일지 巳火 정재간에 巳-丑합은 거리가 원격하고 있는 중에 투합(鬪合)으로 서로 다투고 또 준삼합이라도 반합(半合)의 정도에 그치고 있으니 이상의 부분에 비교판단 분석하여 볼 때 완벽하게 합의 결합이 될 수가 없는 것이다.

그러나 일면 이렇게 십이운성의 건록지와 제왕지에 앉은 년, 월상 丁火 및 戊土가 투출되어 있으니 합으로 인한 오행의 변화는 되지 않겠으나 월령 申金 인수와 일지 巳火 정재간은 끊임없이 구애(求愛)하는 성질은 미약하나마 합으로 인한 水氣가 형성되어 일간 癸水가 힘을 받고 있음도 그냥 넘길 수가 없는 것을 알아야 할 것이다.

고로 일간 癸水가 이렇게 합의 의미가 성립되지 않을 것 같으면 월지 申金 인수 홀로 일간 癸水를 생조하는 것 밖에 되지 않으니 신약으로 귀착하는 수 밖에 없을 것이며 학자는 위 사주원국을 단편적인 합의 의미만 생각하여 용신을 선정할 경우 추명의 오류를 불러들일 수가 있으므로 판단의 부분을 신중히 하여야 될 것이다.

***. 격국(格局)과 용신,!**

다시 위 사주원국의 격국을 판단하여 볼 때 사주월지에 申金 인수가 자리를 잡아 일간 癸水가 신약하니 "신약월지인수격(身弱月支印綬格)"이 성격(成格)되고 또한 일주가 癸巳일주가 되므로 일지에 천을귀인이 자리를 잡고 월지 申金 인수와 巳-申합을 구성하고 있으니 命理秘典 下권인 특수내격(特殊內格)의 "일귀격(日貴格)"을 같이 구성하고 있다.

고로 이렇게 일간 癸水가 신약하여 있는 중에 식신 木氣와 재성 火氣 그리고 관성 土氣가 서로간 세력을 쟁탈하듯 모두 강력하니 "관중용인격(官重用印格)"으로 신약한 일간 癸水를 구조하고 아울러 관성 土氣를 살인상생(殺印相生) 및 관인상생(官印相生)하는 인수 申金을 용신으로 선정한다.

또한 용신인 인성 金氣를 왕성한 재성 火氣로부터 보호하는 비겁 水氣를 길신으로 삼는데 사주팔자에 비겁 水氣가 년지 편관 丑중의 지장간과 월지 인수 申중의 지장간에 각각 비견 癸水와 겁재 壬水가 자리를 잡고 있음을 알수가 있다.

그러나 지장간에 암장된 기운은 그 세력이 미약하니 욕구에 충족을 시키지 못하고 있는데 다행스럽게 사주일지 巳火 정재와 월지 申金 인수간에 미약하나마 巳-申합을 구성하여 水氣를 보충시키고 있으므로 다행이라 하겠다.

***. 격국에 대한 청탁(淸濁),!**

위 사주팔자의 격국에 대한 청탁(淸濁)의 부분을 판별하여 보면 일간 癸水가 비록 신약하여 인성 金氣를 용신으로 사용하고 있겠으나 일간 癸水와 년간 丁 火 편재간에 丁-癸상충이 성립되어 일간 癸水의 기운을 파극하고 있으니 신약한 일간에게는 대단히 좋지 않은 것이 된다.

그러나 다행스럽게 월상에 투출되어 있는 戊土 정관인 년간에 투출되어 있는 丁火 편재의 기운을 火生土하여 편재의 기운을 흡수하니 편재가 기운이 빠져일간 癸水를 직접 날아가 적절히 상극을 하지 못하고 있겠는데 금상첨화로 일간 癸水와 월상 戊土간에 戊-癸합이 되고 있으니 적절히 상충의 작용이 합을 도모하여 해극을 하게 되므로 정말 절묘한 구성이 되고 있다.

더구나 사주월지 申金 인수와 일지 巳火간에 巳-申형을 성립하나 이것 역시 巳-申合水로 일면 합의 성질이 되어 있고 또한 년지 丑土 편관이 일지와 巳-丑합으로 투합이 되고 있으니 지지 역시 별다른 상충의 작용이나 상극이 되지 않고 있는 점은 형, 충, 파, 해로 인한 탁기는 없다고 판단하는 것이 타당하다.

*. 일부학자들의 의견,!

여기서 일부학자들 중에는 방금 본 저자가 설명한 부분에 대하여 의문을 제기하고 있는데 그것은 위 사주원국의 년간 丁火 편재가 일간 癸水를 丁-癸상충이 되어 상극하고 있는 부분을 월상에 투출되어 있는 戊土 정관이 丁火의 기운을 火生土로 돌리고 있다면 일간 癸水와 戊土 정관이 근접하여 있으니 戊-癸合火가 성립될 수가 있지 않겠느냐,!라고 의문을 표시하고 있다.

이 부분에 대하여 본 저자는 천간합의 성질에 대해 약간 견해를 달리하고 있는데 그것을 두 가지 이유를 들어 상세하게 기술하기로 하겠다.

그 첫째로, 위 사주팔자를 자세하게 살펴보면 우선 년간 丁火 편재가 자리를 잡고 있는데 일간 癸水와 丁-癸 상충으로 가격하고 있는 것은 월상에 투출되어 있는 戊土 정관이 비록 년간 丁火의 기운을 火生土하여 흡수하니 그 힘을 빼어버린다고 하나 역시 상충의 작용으로 인한 상극은 완전히 없앨 수가 없으므로 본래의 상충작용은 무시할 수가 없다.

그렇다면 戊-癸合火의 합 자체를 구성하는 것을 방해하는 성질이 될 수가 있다는 논리가 지배적이 되고 아울러 戊-癸합이 방해를 받음에 따라 완벽한 火氣의 기운으로 돌아가지 못하는 이유가 여기에 있다하여도 과언이 아니다.

＊. 命理秘典 上권인 합의 성질편에 인용하여,!

다음 둘째로, 전자도 설명하였다시피 命理秘典 上권인 합의 성질편에 입각하여 "사주지지에 십이운성의 장생, 건록, 제왕지에 뿌리를 두고 천간에 육신이 투출되어 있다면 합을 잘하지 않을려는 성질이 있다" 라며 기술하고 있는데 위 사주원국의 월상에 투출되어 있는 戊土 정관이 일지 巳火에 건록지, 그리고 년간에 투출되어 있는 丁火 편재가 제왕지에 각각 앉아 있으니 합을 잘하지 않을려는 성질이 되고 있다.

그렇다면 이상과 같은 두 가지 이유를 들어 비교 분석하여 볼 때 戊-癸합을 구성하는 점이 년간 丁火가 癸水를 丁-癸상충으로 방해하고 또 하나는 戊土가 십이운성 건록지 및 사주년간 丁火 편재가 또한 십이운성 제왕지에 앉아 있으니 역시 합을 구성하기가 어렵게 되는 이유가 여기에 있다고 볼 수가 있다.

이와 같은 맥락에 비추어 위 사주격국 청탁(淸濁)부분을 판별하여 보면 사주 상 형, 충으로 인한 탁기는 형성되지 않으니 대단히 격국이 순수하다고 보는데 금상첨화로 년간 丁火 편재를 중심으로 하여 년지 丑土 및 월상 戊土 관성에게 火生土, 그리고 관성 土氣는 다시 월지 申金 인수에게 土生金, 월지 인수 申金은 일간 癸水에게 金生水, 일간 癸水는 시주 乙卯 식신에게 水生木, 다시 일지 巳火 정재에게 木生火로 연결하고 있다.

이와 같은 현상은 오행이 한바퀴 돌아주는 현상이 되며 더하여 오행 상 상생의 원칙에 부합되고 있으므로 생화불식(生化不息) 및 생생불식(生生不息)의 법칙에 준하여 청탁(淸濁)과 중화(中和)의 법칙의 으뜸이라고 고서(古書)나 원서에 적고 있는 것을 감안한다면 정말 절묘하고 대단한 청기(淸氣)를 가지는 명조임을 알 수가 있다.

*. 격국에 대한 정신기(精神氣)삼자,!

다시 사주원국의 격국에 대한 정신기(精神氣)삼자를 살펴보면 일간 癸水를 중심으로 하여 월지 申金 인수가 강력하니 정(精)이 강한 것이 되며 또한 일간의 기운을 상극하는 식상 木氣와 재성 火氣 및 관성 土氣가 왕성하니 신(神)역시 강력한 것이 된다.

아울러 일간의 동기인 기(氣)가 비록 오행 상 정기(正氣)가 없겠으나 년지 丑중의 지장간과 월지 申金 인수의 지장간에 각각 癸水와 壬水가 존재하여 있는 중에 완벽한 합은 되지 않겠지만 무언중에 巳-申합이 서로 이끌리는 점이 되어 水氣를 보충시키는 것이 되므로 기(氣)의 성질이 존재하는 것이 된다고 볼 수가 있으니 정신기(精神氣)삼자가 모두 왕성하니 첫눈에 대 귀격인 것을 알 수가 있다.

*. 용신에 대한 유정무정(有情無情)의 판단,!

또한 용신에 대한 유정무정(有情無情)의 법칙에 준하여 사주원국을 간명하여 보면 일간 癸水가 비록 신약하나 반대의 육신인 식상 木氣와 재성 火氣 및 관성 土氣에 대해 힘을 견줄 수 있는 기운을 가지고 있는데 그것은 일간의용신인 월령에 申金 인수가 자리를 잡고 있는 것은 용신이 강령함을 나타낸다.

더하여 위 사주팔자의 용신에 대한 유정무정(有情無情)법칙에 월령 申金 인수가 자리를 잡아 있는 중에 년지 丑土 편관이 습토이니 제일 왕성하게 인수 申金을 생조하고 더구나 월상에 투출되어 있는 戊土 정관이 있으므로 완전히 월령 申金 인수의 기운을 놓고 천간지지 모두 다정스럽게 생조를 하고 있으니 유정(有情)하게 되고 있음을 알 수가 있다.

***. 본 장 교육가(教育家)의 팔자에 준한 판단,!**

위 사주원국을 본 장 교육가(教育家)의 팔자에 부합시켜 간명하여 보면 일간 癸水를 주동하여 월지 申金 인수가 용신이 되니 인수가 용신이 되면 학술적, 문학적 대단한 소질을 발휘하는 것이 되고 아울러 일지 巳火 정재 및 시지 卯木 식신이 중첩하여 천을귀인이 되므로 완전히 교육가(教育家)의 팔자에 성공하는 운명이 된다.

아울러 일간 癸水가 월지 申金 인수와 금수쌍청(金水雙淸)이 되어 있는 것은 대단히 지혜총명하고 다재다능한 박식꾼으로 무엇이던 못하는 것이 없는 만능재주를 가지는 점이 되며 금상첨화로 일간 癸水를 주동하여 시지 卯木 식신이 천을귀인을 가지면서 문창성(文昌星)이 되고 있으니 더욱 더 문학가(文學家)나 교육자(教育者)의 팔자에 부합하게 된다.

***. 본인의 운명과 성격,!**

이상과 같이 위 사주 주인공인 이 모씨는 현재 서울시 모 처 교육청 장학사이며 그동안 고등학교 교장등을 지내다가 급기야는 장학사로서 승진 발령을 받았으며 대한민국 교육계에 이바지한 공로로 국민훈장까지 수여를 받았던 인물이다.

따라서 위 사주 주인공인 이 모씨의 본인운명과 성격을 판단하여 보면 일간 癸水를 중심으로 하여 일지 巳火 정재가 자리를 잡고 다시 시지 卯木 식신이 천을귀인이 중첩되어 있으니 그 성격이 대단히 자비하고 인품이 순수한 것을 알 수가 있겠다.

더구나 사주월지 申金 인수가 용신이 되고 있는 것은 모든 사람들에게 능히 자비로운 성정으로 인하여 대학자의 풍모를 풍긴다는 점을 첫눈에 알 수가 있는 것이며 더하여 월상에 정관 戊土가 투출되어 있으니 정관과 인수가 공존하고 있는 것은 최묘한데 이것은 세인의 존경을 한 몸에 받는 것이 되므로 어쩌면 당연한 일인지도 모른다.

또한 이 모씨의 매사에 성실 원만하고 대단히 부지런한 면은 일지 정재 巳火가 천을귀인이 해당하고 있으므로 더욱 더 확실한데 사주상에 4흉성(겁재, 상관, 편관, 편인)이 주로 이루고 있지 않고 4길성(식신, 재성, 정관, 인수)이 주를 구성되어 있으니 그 성정이 차분하고 인격이 고상하다고 본다.

이와 같은 현상은 비록 4길성이 자리를 잡아 있고 용신을 월지 인수 申金을 선택하는 것도 한 일면을 차지하겠지만 무엇보다도 일간을 중심으로 하여 일지 巳火 정재가 특수내격(特殊內格)의 일귀격(日貴格)이 되고 있는 중에 오행이 木, 火, 土, 金, 水로 서로 상생의 의미를 부여하니 생화불식(生化不息)으로 이끌고 있는 것은 정말 절묘한 배합을 구성하는 것이 되므로 이 모씨의 성격이 곧 바로 대변되는 것이라 하겠다.

그러나 약간 단점으로는 이 모씨의 성격상 불쌍한 사람을 도와주는 일면은 있겠으나 한편으로 잔정이 없는 것이 특징이 되겠으며 또한 본인의 결혼운이 나빠서 배우자가 두 번 정도 바뀌는 운이 되니 재혼하는 팔자가 될 것이다.

＊. 命理秘典 上권인 천간합의 통변법에 인용하여,!

이와 같은 부분에 대하여 命理秘典 上권인 천간합의 통변법에 기술하기를 "戊-癸간합이 있는 자는 용모는 아름다우나 잔정이 없으며 남자는 평생 정식 결혼하지 못하니 재혼하는 팔자이다",라며 적고 있다.

또한 癸일생으로 戊의 간합이 있으면 질투심이 많으며 하는 일이 시작뿐이고 끝마무리를 시원하게 하지 못하며 남자는 늙은 여자를 좋아하고 여자는 늙은 남자에게 시집을 간다",라고 기술하고 있다.

이상의 부분을 위 사주원국에 부합하여 판단하여 볼 때 사주 주인공인 이 모씨는 이와 같은 특성을 완전히 무시할 수가 없게 되어 있는데 다행히 오행의 생화불식(生化不息)에 의존하여 격국이 순수하니 이상의 특성을 완화 순화시키는 일면은 있을 것이다.

그러나 재혼을 하는 운명을 무시할 수가 없을 것인데 그것은 일간 癸水를 주동하여 戊-癸간합이 있는 중에 일간 癸水가 사주의 일지 巳중과 월지 申金 인수의 지장간 여기(餘氣)에 존재하는 戊土와 戊-癸암합을 2번씩이나 이루고 있는 것은 그냥 묵과할 수가 없는 것이다.

따라서 재혼을 하는 것이 기정사실이 되고 있으며 그러나 일면 재혼을 하여 만나는 처는 대단히 용모가 고상하고 아름다운 미모의 처를 가지는 것을 알 수가 있는데 이 부분에 대하여서는 본 장 이 모씨의 처궁을 판별할 때 더욱 더 자세하게 기술하겠다.

***. 조부님의 운명,!**

다시 사주 주인공인 이 모씨의 조부님을 간명하여 보면 사주원국 년주를 보고 판단하는데 육친별로는 편인이 되며 만약 편인 없을 때는 년, 월주의 관살(정관이나 편관)로도 볼 수가 있다.

또한 육친의 성정과 십이운성 그리고 년주의 동태와 육친과 년주에 대한 각종 살성(殺星)을 복수적으로 간명하여 판단을 내리는 것이 정석이다.

따라서 이 모씨의 사주원국을 살펴보니 조부님을 나타내는 편인의 정오행이 없고 년지 丑중의 지장간 중기(中氣)에 辛金이 존재하여 있으므로 조부님이 암장되어 있는 점을 보고 조부님을 간명하는 것이 타당하다.

그런데 년주가 丁丑으로서 백호대살(白虎大殺)에 앉아 있는 것은 무언중에 조부님의 운명이 불길하다고 볼 수가 있겠지만 다행스럽게 일지 巳火 정재간에 巳-丑합으로 백호대살(白虎大殺)의 흉함을 해극을 도모하고 있으니 천만다행이라 하겠으나 하지만 이렇게 되면 조부님이 비명횡사나 단명객사의 부분은 피할 수가 있겠지만 살아온 운명자체가 그렇게 썩 좋게 해석을 할 수가 없다고 판단한다.

***. 命理大要 中권인 조상부분에 인용하여,!**

命理大要 中권인 조상의 부분에 적기를 "사주팔자 년주에 육친이 편관, 겁재, 편인, 양인이 존재하면 조상이 미미하였으며 년주에 십이운성의 사, 묘, 절, 형, 충이 있으면 조상덕이 없다,라며 기술하고 있다.

그렇다면 위 사주원국이 년주가 丁丑으로서 백호대살(白虎大殺)이 앉아 있는데 비록 巳-丑합으로 인한 해극은 도모하였지만 다시 일간 癸水를 주동하여 년지 丑土가 양인살(羊刃殺)이 되고 있으니 육친의 편관과 양인, 그리고 백호대살까지 중첩되어 있는 것은 이모씨가 조상덕이 없고 조상이 미미하였음을 나타내고 있다.

***. 본 저자가 본 간명비법(看命秘法)에 준한 판단,!**

따라서 이와 같은 命理大要 中권인 조상의 부분에도 일부 부합하고 있겠지만 본 저자는 제일먼저 사주 주인공인 일간 癸水를 주동하여 년주가 용신이나 희신이 앉아 있는가 아니면 용신을 상극하는 기신(忌神)이 자리를 잡고 있는가를 면밀히 검토하여 조상의 부분을 판단하고 있다.

따라서 위 사주원국의 년주를 판단하여 일간 癸水에 대해서 년간과 년지가 火, 土의 기운인 편재와 편관이 존재하여 있으니 일간 癸水에 기신(忌神)이 자리를 잡고 있는 것은 조부님의 운명이 그다지 좋지 못하였음을 단편적으로 사주원국은 암시를 하고 있다.

실제로 이 모씨의 조부님은 비록 년간에 丁火 편재가 자리를 잡고 있으니 재 물적인 일시 부귀함과 년지 丑土 편관이 자리를 잡고 있으므로 관록으로 공명을 누렸던 어른이었으나 곧 나라의 탄핵을 받아 관직을 삭탈당하였으며 더하여 객지에서 죽음을 맞이하였다고 이 모씨가 설명을 하고 있다.

이러한 비운(悲運)을 맞이함으로 인하여 이 모씨 부친은 유년에 대단히 신고와 고통이 많았으며 더하여 유년에 대단히 어려운 시절을 겪었음을 미루어 짐작할 수가 있겠다.

***. 조부님의 선산묘지,!**

이상의 판단과 함께 사주 주인공인 이 모씨 조부님의 선산묘지를 간명하여 보면 년주가 丁丑으로서 丑土는 습토이고 水氣를 나타내고 있는 것은 북쪽이 되는데 丑중의 지장간 중기(中氣)에 辛金이 존재하여 있으니 서북간 방향을 나타내고 있다.

또한 년간 편재 丁火나 년지 편관 丑土는 전부 음으로서 산수의 정기가 그다지 높지 않음을 의미하고 있는데 마침 다행으로 년간에 丁火가 불길을 지피 우고 있으니 양지바른 산수이며 묘지에서 보면 길이 옆으로 낮은 길이 돌아가고 있음을 알 수가 있겠다.

그렇다면 사주년지 丑土 편관이 습토이고 丑중의 지장간 중기(中氣)에 辛金이 존재하여 있는 것은 풍수지리학적으로 배산임수(背山臨水)의 형상이 될것인데 선산묘지에서 보면 멀리 강이나 바다가 보일 것이다.

하지만 산수의 정기는 그다지 좋지 않은 곳에 위치를 하고 있겠으며 이와 같은 판단은 년주자체가 丁丑으로서 백호대살(白虎大殺)이 되고 있는 중에 년지 편관 丑土가 일간 癸水를 주동하여 양인살(羊刃殺)이 되고 있으므로 더욱 더 부합하게 된다.

실제로 사주 주인공인 이 모씨는 할아버지 묘소가 경기도 서해안 민통선부근 서북간 방향으로 약간 낮은 산에 위치하였다며 이야기하고 있는 점을 미루어 본 저자가 간명하였던 부분에 완전히 일치하여 있음을 말하고 있었다.

그러나 훗날 이 모씨가 학자로서 교장 선생직을 지내고 있을 때 조부님의 산수가 좋지 않다고 어느 지관(地官)이 말을 하여 지관이 산수를 정해 준대로 이장을 하였으나 본 저자가 생각할 때는 이장으로 인하여 산수의 정기(精氣)를 받아 자손이 잘된다는 보장은 할 수가 없다고 판단한다.

왜냐하면 사주추명학의 근본은 인간이 태어날 때 이미 숙명적인 선천성 사주팔자를 가지고 조상의 운명과 산수의 흐름, 그리고 조상의 묘지가 하나의 틀속에 소속되어 숙명적인 운세를 나타내고 있는 것이며 더하여 손자의 운명을 보아도 할아버지 운명이 다 나오고 있는 점은 그만큼 사주추명학의 틀 속에 부합되어 있으니 선산묘지를 이장을 한다하여도 그에 대한 발복여부가 불투명한 것임을 유념할 필요가 여기에 있는 것이다.

***. 부모님의 운명,!**

다시 사주 주인공인 이 모씨 부모님의 운명을 간명하여 보면 사주원국의 월주를 보고 판단하는데 육친별로는 인수는 모친이 되며 편재는 부친을 나타내고 따라서 월주에 대한 십이운성의 동태와 각종 귀인(貴人)과 살성(殺星)을 종합적으로 참작하여 결정을 내리는 것이 타당하다.

따라서 월주를 살펴보니 戊申으로서 월상 戊土 정관과 월지 인수가 土生金하여 상생을 이루고 있는 중에 다시 월지 인수 申金이 일간 癸水에 대한 용신의 기운이 되고 있으므로 부모님의 은덕과 발복을 하고 있는 점을 알 수가 있다.

또한 사주년간 편재 丁火는 월상 戊土 정관에게 역시 火生土의 조건으로 상생의 이치를 실현하고 있으니 부친이 대단히 현명하고 사회적 지위도 높은분으로 판단하는데 월지에 인수 申金이 용신이 되고 있으므로 벌써부터 부친때 학자의 집안이라는 것을 판단할 수가 있겠다.

*. 일부학자들의 의문,!

일부학자들 중에는 위 사주원국의 월지 申金 인수가 십이운성의 사지에 앉아있으니 단편적으로 보면 모친이 단명객사 및 부친의 운명도 좋지 못하는 것으로 판단하는 점이 타당하지 않겠느냐,!라고 의문을 표시하고 있다.

이 부분에 대하여 본 저자는 약간 학자들이 생각하는 부분과 견해를 달리하고 있는데 그것은 우선 십이운성만 보고 육친의 운명을 결정하는 점은 추명의 오류를 낳을 수가 있는 것이므로 육친의 왕쇠(旺衰) 및 십이운성, 그리고 귀인(貴人)과 각종 살성(殺星)등을 복합적으로 간명하여 판단을 내리는 점이 좋을 것이다.

그렇다면 방금 학자들이 설명한 사주원국 월지 申金 인수가 십이운성의 사지에 앉아 있는 것은 사실이나 사주년지 편관 丑土와 월상에 투출되어 있는 戊土 정관이 土生金하여 인수 申金을 대단히 강력하게 생조를 하고 있는 것은 그만큼 인수 申金이 힘을 받을 수가 있게된다.

***. 命理大要 中권인 부모편에 인용하여,!**

이와 같은 부모에 대하여 命理大要 中권인 부모편에 기술하기를 "사주 년, 월주에 관살(정관이나 편관)과 인수가 상생(相生)하고 일시(日時)에 재성과 상관이 없으면 반드시 부모덕이 크다,"!

"더하여 사주 상 인수가 용신이나 희신이고 형, 충이 되지 아니하며 재성에 의하여 파극이 되지 아니하면 부모가 사회적 부귀를 가지면서 자식에게 큰 힘이 된다",!라고 기술하고 있다.

이상의 命理大要 中권인 부모편에 기술하고 있듯이 위 사주원국은 월지에 인수 申金이 자리를 잡고 있는 중에 월상 戊土 및 년지 丑土 관성이 인수 申金을 土生金하여 상생을 하여 있고 더하여 일간 癸水에 대한 용신으로 자리매김을 하고 있으니 더욱 더 부합하게 된다.

한편으로 일면 命理大要 中권인 부모편에 기술하기를 사주 일, 시에 재성이나 상관이 없어야 길하게 된다며 말하고 있는데 위 사주는 비록 일지에 정재 巳火가 있어 월지 인수 申金과 火剋金하여 상극을 하고 있겠으나 이것 역시 巳-申합으로 무언중에 정재와 인수가 합을 하여 서로간 유정하게 되니 이상의 命理大要 中권인 부모편에 기록한 염려는 깨끗이 해소된다는 것을 알 수가 있다.

***. 본 저자가 약 26년동안 경험상 터득한 비법에 준한 판단,!**

그러나 비록 命理大要 中권인 부모편에 입각하여 위 사주 주인공인 이 모씨 사주원국의 부모님에 대한 운명을 간명하여 보지만 일면 사주 주인공인 이 모씨는 비록 부모님이 사회적인 명예와 부귀함은 가진다고 판단할 수는 있어도 진작 본인인 이 모씨는 일찍 부모님 곁을 떠나 객지로 나간다는 것을 판단할 수가 있다.

이와 같은 부분은 사주 주인공인 이 모씨의 초년대운을 보면 곧바로 판단할 수가 있겠는데 초년대운이 유년 2세부터 22세 乙巳대운까지 남방 巳-午-未火局으로 치달리고 있으니 위 사주용신은 월지 申金 인수를 선택하고 있는 중에 완전히 용신을 상극하는 재성 火局은 기신(忌神)이 되므로 모두 일치를 하고 있는 것이다.

그러나 먼훗날 부친의 조업이나 유산은 본인이 받을 수가 있다고 보는 것이 정석이며 그것은 사주상 용신의 기운인 월지 申金이 자리를 잡고 있는 중에 월상과 년지 土氣 관성과 서로 상생하고 다시 일간 癸水와 서로 유정하므로 생화불식(生化不息)에 의존하여 부친의 유산을 받을 수가 있는 것이 된다.

실제로 사주 주인공인 이 모씨의 부친은 8.15해방 후에 이승만 대통령시절까지 학자이며 교편을 잡다가 급기야는 시골 모처 중학교 교장까지 지냈던 학자의 집안으로서 세인의 총애와 존경을 한 몸에 받았던 것으로 본 저자는 파악하고 있었다.

***. 본인에 대한 형제운명,!**

위 사주 주인공인 이 모씨 형제의 운명을 간명하여 보면 사주원국의 월주 동태와 육친의 비견이나 겁재를 보고 간명하는데 십이운성 강약(强弱)과 귀인(貴人) 및 각종 살성(殺星)을 종합적으로 검토하여 판단하여야 된다.

따라서 사주일간 癸水에 대한 비견이나 겁재인 정오행이 없고 사주년지 丑土 편관의 지장간 여기(餘氣)에 癸水, 그리고 월지 申金 인수의 지장간 중기(中氣)에 壬水, 또한 巳-申합으로 인한 水氣가 나오고 있으니 모두 본인을 포함한 형제가 4형제가 된다.

그러나 그 중에서 巳-申은 합도 되고 형도 되니 태어나자마자 유산을 의미하는 고로 일찍이 형이 죽고 본인을 포함한 아들형제가 2명이며 딸이 1명이 되는데 손아래 누이동생이 있다고 본다.

***. 命理大要 中권인 형제편에 인용하여,!**

命理大要 中권인 형제편에 적고 있기를 "사주팔자 내 비견이나 겁재가 많아 신왕하면 형제덕이 없으며 다시 비견이 십이운성의 사, 묘, 목욕과 동주하면 형제가 일찍 죽는 일이 있다,!

또한 命理秘典 上권인 비겁편에 육친의 통변법에 준하여 볼 때 비견이나 겁재가 공망이 되면 부친과 인연이 없고 극처하며 형제간 서로 불화하여 동거 하지 못한다,!라며 기술하고 있다.

이상의 부분에 부합시켜 위 사주원국을 판단하면 비록 형제의 기운인 비견이나 겁재가 정오행이 없고 지장간에 암장되어 있는 것은 비겁의 기운으로 인하여 위 사주가 신왕하지 못하고 오히려 신약하고 있으니 형제의 기운인 비견이나 겁재가 희신의 작용을 하고 있다.

그렇다면 방금 전자의 형제가 일찍 죽음을 맞이한 것은 위 사주 월지 申金 인수가 자리를 잡고 있는데 십이운성의 사지에 앉아 있는 점은 비록 년지 丑土 및 월상 戊土 관성이 인수 申金을 생조하는 것에 대해 모친이나 용신의 기운은 힘을 받는 점으로 판단하는 것이 원칙이며 하지만 육친의 운명상 지장간에 암장되어 있는 기운까지 생조를 받는 것이 아니기 때문에 완전히 형제의 운명이 비명 횡사운이라고 사주원국은 무언중에 암시를 하고 있다해도 틀린 것은 아니다.

하지만 그 외에 별다른 육친의 비겁을 공망을 한다던지 극단적인 흉을 돌출 하는 년지 丑土가 백호대살(白虎大殺)이 성립되어 있어도 일지 巳火 정재와 巳-丑합으로 순화되어 있으니 형제가 무사하고 있는 것이며 더하여 형제덕을 대단히 받는 것이 된다.

실제로 사주 주인공인 이 모씨는 3형제가 오손도손 근접하여 살고 있으며 모두가 내일같이 형제를 돌보고 있는 것은 이상의 사주원국에 형제의 기운이 희신으로 자리를 잡고 있는 까닭으로 해석하는 점이 타당할 것이다.

***. 본인의 처궁에 대한 판단,!**

다시 사주 주인공인 이 모씨의 처궁을 판별하여 보면 사주원국 일지의 동태를 보고 판단하는데 육친별로는 정재는 본처이며 편재는 첩의 기운으로 표시하고 더하여 사주일지의 십이운성 강약(强弱)과 육친의 정재나 편재 기운의 왕쇠(旺衰) 및 각종 귀인(貴人) 그리고 살성(殺星)등을 복수적으로 파악하여 간명하는 것이 타당하다.

따라서 사주원국 일간 癸水를 중심으로 일지에 巳火 정재가 자리를 잡고 있는 것은 처가 제자리를 잡고 있는 것이 되니 바로 처궁을 판단하는 것이며 또한 일주가 癸巳이니 천을귀인이 되므로 전편 命理秘典 下권인 특수내격(特殊內格)에 나오는 일귀격(日貴格)이 성격(成格)된다.

그렇다면 사주 주인공인 이 모씨의 처는 대단히 미모이고 그의 성격 또한 자비로운 성품으로 매사를 인정으로 세인을 대하는 성격을 가지는 것을 알 수가 있는데 용모가 청수하여 첫눈에 고상한 자태를 가졌다고 판단할 수가 있다.

또한 일면 불안한 것은 월령 인수 申金이 자리를 잡고 있는데 정재 巳火가 인수 申金 기운을 火剋金하여 상극하고 있으므로 같은 4길성(식신, 재성, 정관, 인수,)이라도 질투심이 있는 오행끼리는 서로 근접하여 있으면 전극(戰剋)이 형성되어 대단히 좋지 않게 된다.

그런데 절묘하게 일지 巳火와 월지 申金 인수가 비록 삼형을 동반하더라도 巳-申합을 구성하게 되므로 정재와 인수간에 완전한 상극이 돌출되지 못하고 오히려 무언중에 유정(有情)하게 되니 사주구성이 적절하게 짜여있다고 볼 수가 있다.

또한 비록 巳-申합을 구성하지 않더라도 월령의 기운은 대단히 강력하게 작용하는 것이니 실제로 巳火 정재간에 상극을 할 수 있는 요건을 가지고 있다고 보더라도 시주가 乙卯로서 천간지지 모두 식신이 되어 끊임없이 정재 巳火를 木生火하여 생조를 하고 있으므로 정재 巳火가 힘을 얻고 있는 것이 되니 이상의 정재와 인수간에 상극은 해결이 되고 있음으로 판단한다.

***. 본 저자가 본 간명상 비법(秘法)에 준하여 판단,!**

사주 주인공인 이 모씨의 본인과 성격을 간명하면서 처궁에 대해 약간 언급을 하였지만 지금의 이 모씨의 처는 재혼을 하여 만난 사람이라는 것을 알 수가 있었는데 그것은 사주원국 내 처를 나타내는 재성의 기운이 년간 丁火 편재가 있는 중에 다시 일지 巳火 정재 그리고 일간 癸水와 월상에 투출되어 있는 戊土 정관과 戊-癸간합이 맺어지고 있으니 더욱 더 확실하게 된다.

이와 같은 현상은 보통 사주원국이 남자사주에서는 정재나 편재의 기운이 일위(一位)있는 것이 가장 좋은데 이상의 사주와 같이 정재나 편재의 기운이 혼잡되어 있는 중에 사주천간에 戊-癸간합 등이 되어 재성의 기운이 복수적으로 나타나고 있다면 필연코 재혼 내지는 삼혼으로 거치는 운명이 된다.

***. 命理秘典 上권인 천간합 및 지합부분에 대한 음란성판단,!**

이상의 부분은 본 저자가 편찬한 命理秘典 上권인 천간합과 지합에 대하여 음란성을 기술한바가 있는데 다시 그 부분을 인용한다면 "사주에 정관, 편관이 있으면 관살혼잡(官殺混雜)이라 하여 호색다음(好色多淫)하고 다시 간합, 지합이 있으면 음란하다,"라며 "이상의 사주팔자는 가진자는 남, 녀를 불문하고 모두 재혼 및 삼혼으로 거치는 팔자이다,"라고 기술하고 있다.

따라서 위 사주팔자를 방금 설명한 부분에 대해 결부시켜 간명하면 우선 사주일간 癸水와 월상에 투출되어 있는 戊土와 戊-癸간합이 있는 중에 다시 정관, 편관이 혼잡되어 관살혼잡(官殺混雜)이 되고 더욱 더 사주지지 巳-丑합, 巳-申합 등이 중복되어 있으므로 완전히 부합하게 된다.

그러나 재혼을 하여 만난 이 모씨의 처는 대단히 미모와 청수한 인격, 그리고 자비로움을 동반하는 현처(賢妻)라는 것을 알 수가 있는데 이 모씨가 대학자로서 그에 걸맞는 처를 가진 것을 판단할 수가 있겠다.

***. 命理大要 上권인 처복에 인용하여,!**

命理大要 上권인 처복에 적고 있기를 "사주팔자에 丙子일주는 미처(美妻)를 얻고 일지가 정관이나 정재일 때도 처가 미모(美貌)이다", "또한 재성이 천을귀인과 동주하거나 재성이 천을귀인 되면 처첩이 대단히 수미(秀美)하다",!라며 기술하고 있다.

따라서 이상의 命理大要 上권인 처복에 기술한 부분에 부합시켜 위 사주팔자를 간명하면 일간 癸水를 중심으로 하여 일지 정재 巳火가 자리를 잡고 있는 중에 천을귀인까지 되고 있으므로 命理大要 上 권인 처복을 인용한 부분에 완전히 일치하는 현상이 되고 있다.

실제로 사주 주인공인 이 모씨의 처는 대단히 성정이 차분하고 인격 또한 두루 갖춘 현모양처로서 세인의 존경을 받아서 사모님이라는 소리를 듣는 현처(賢妻)라는 것을 본 저자가 판단하였는데 이와 같은 격국과 재성의 기운을 종합하여 간명하여 볼 때 별 오차가 없는 것을 확인하였다.

***. 본인의 자식궁에 대한 판단,!**

다시 사주 주인공인 이 모씨의 자식부분을 판단하여 보면 사주시주를 보고 판단하는데 육친별로는 남자는 관성이고 여자는 식상의 기운으로 나타내며 그 중에서 남자는 아들은 편관이며 딸은 정관이 된다.

더하여 여자의 경우에는 식상이 자식을 나타내고 그 중에서 아들은 상관이 되고 딸은 식신으로 표시하는데 남자, 여자 동일하게 시주는 자식궁이니 시주를 보면서 각종 살성(殺星) 및 귀인(貴人) 공망 혹은 십이운성의 왕쇠(旺衰)등을 복수적으로 판단하여 간명하는 것이 타당하다.

따라서 위 사주 주인공인 이 모씨의 사주팔자 내 자식을 나타내는 관성이 년지 丑土 편관이 있고 다시 월상에 투출되어 있는 정관

戊土가 있는 중에 각 사주지지에 월지 申金과 일지 巳火의 지장간 여기(餘氣)에 각각 戊土가 있으므로 모두 자식이 4명이 있는 것이 된다.

그런데 년지 편관 丑土를 제외한 지장간 戊土 및 월상 戊土는 딸을 의미하는 정관이 되므로 이 정관이 들어 있는 사주월지 申金과 일지 巳火간에 巳-申合水 및 巳-申삼형을 하고 있는 것이 되니 각각 합을 하여 없어지거나 아니면 삼형을 하여 파극이 되거나 하면 모두 없어지는 결론에 도달하므로 남은 것은 아들, 딸 각1명씩 있는 것이 된다.

***. 고서(古書)나 원서에 인용하여,!**

이와 같은 자식의 부분에 대하여 고서(古書)나 원서에 적고 있기를 "사주 주인공의 시주가 용신을 상극하는 기신(忌神)이 자리를 잡고 있으면 자식으로 인하여 피해를 당하며 또한 자식덕이 없다,"라고 기술하고 있다.

그렇다면 위 사주 주인공인 이 모씨 사주격국의 시주에 乙卯로서 신약한 일간 癸水의 기신(忌神)이 자리를 잡고 있는 것은 고서(古書)나 원서에 인용할 때 완전히 자식이 기신(忌神)이 되고 있으니 자식의 덕을 받지 못하는 것으로 결론이 나고 있는 것이다.

***. 본 저자의 고서(古書)나 원서에 대한 배척,!**

하지만 본 저자는 이와 같은 고서(古書)나 원서의 기술한 부분에 대하여 약간 견해를 달리하고 있는데 고서(古書)나 원서는 단순히 사주 주인공인 선천적인 명조만 보고 단편적으로 결론을 내리는 것은 조금의 오류가 있다고 판단한다.

그것은 고서(古書)나 원서의 자식에 대한 판단부분에서 수많은 세월의 흐름속에 실제인물을 간명하여 자식부분을 파악하여 본 결과 실제로 이상의 부분에 적용되어 시주에 일간에 대한 기신(忌神)이 존재하여 있을 때도 일부 자식덕을 보는 격국도 많음을 간파하였다.

그 이유로 우선 사주 주인공의 선천성인 사주명조가 시주에 용신을 상극하는 기신(忌神)이 자리를 잡고 있다해도 사주 주인공의 말년 대운흐름이 정히 용신이나 희신의 운로로 치달리고 있다면 오히려 자식덕을 볼 수 있는 격국이 많이 나타나고 있으며 물론 선천성인 시주가 기신(忌神)이 자리를 잡고 있기 때문에 자식으로 인한 번민과 고통은 조금 따라올 것이다.

그러나 극단적으로 시주에 형, 충이나 백호대살(白虎大殺) 및 괴강살(魁罡殺) 그리고 양인살(羊刃殺) 등이 복수적으로 자리를 잡고 있는 중에 기신(忌神)의 성질을 업고 있는 격국이 아닌 이상 막연히 시주에 일간에 대한 기신(忌神)이 자리를 잡고 있다하여 곧 바로 자식덕이 없다고 판단짓는 것은 금물이다.

결국 고서(古書)나 원서에 부합하는 자식덕이 없는 사주팔자를 막연히 고서(古書)나 원서에 입각하여 자식덕을 볼 수가 없다고 단정지울것이 아니라 필연코 사주 주인공인 말년대운의 흐름을 판단하고 나서야 비로소 자식의 부분을 결론을 내려야 하는 것이 정석이다.

실제로 위 사주 주인공인 이 모씨의 자식은 아들, 딸 각각이 존재하여 있는데 시지 卯木이 일간 癸水에 대한 천을귀인이 되고 있는 중에 문창성(文昌星)이 동주하고 있으므로 자식의 성품이 인자하고 두뇌가 발달하여 문학적, 예술적 총명함이 돗보이고 있다.

더하여 사주 주인공인 이 모씨가 말년대운이 정히 62세부터 북방 亥-子-丑 水局으로 치달리고 있으니 길신의 기운이 됨에 따라 완전히 자식의 덕을 볼 수가 있고 지금도 대단히 효성이 지극한 것을 본 저자가 파악하고 있다.

그렇다면 고서(古書)나 원서에 기술한 것처럼 막연히 선천성인 사주명조만 보고 그대로 취용하였다면 추명의 간명상 조금의 오류를 불러왔지 않았나 하고 염려하였던 것인데 본 저자의 실제경험에 비추어 판단을 내렸던 것이 대단히 적중이 되었던 것이다.

***. 격국(格局)에 대한 대운흐름,!**

이상의 위 사주 주인공인 이 모씨의 사주격국과 육친의 운명을 모두 파악하여 보았는데 본 장 교육가(教育家)의 팔자에 부합하는 서울시 모 처 교육청 장학사로서 승승장구하였는 것을 알 수가 있다.

더하여 사주 주인공인 이 모씨 대운의 흐름을 살펴볼 때 이렇게 격국이 순수하고 용신 또한 강령한 중에 오행의 균등이 갖추어져

木, 火, 土, 金, 水로 상생이 되는 생화불식(生化不息) 및 생생불식(生生不息)의 흐름이 되고 있으니 정말 어느 하나 버릴 것이 없는 절묘한 배합을 구성하고 있다.

그러나 애석하게도 대운의 흐름이 초년부터 중년까지 남방 巳-午-未 火局과 동방 寅-卯-辰 木局으로 치달리고 있었는 것은 기신(忌神)의 운을 첩첩으로 받고 있으니 사주격국에 비해 복록을 대단히 가지지는 못하였다는 것을 알 수가 있겠다.

만약 본 저자가 판단하는 것이 위 사주격국에 대해 대운의 흐름이 정히 초년 부터 용신의 기운인 서방 申-酉-戌 金局이나 북방 亥-子-丑 水局으로 치달리고 있다면 사주격국이 巳-申 삼형을 가지고 있는 중에 생화불식(生化不息)에 오행이 의지를 하니 교육가(敎育家)의 최고 직급인 문교부 장관정도까지도 오를 수 있었을 것이라고 생각되는데 조금의 아쉬운 점은 있다고 보겠다.

따라서 위 사주 주인공인 이 모씨 대운의 흐름을 추적하여 보면 우선 초년 12세까지 남방 火局인 丙午대운으로 치달리고 있으니 아주 좋지 못하다.

그렇다면 이 때는 사주 주인공인 이 모씨가 학업에 전념하는 시기가 될 것인데 대운천간 丙火가 일간 癸水에 대한 정재의 운로로서 일간 癸水에게 기신(忌神)이 되고 다시 대운지지 午火는 사왕지지(子, 午, 卯, 酉)로서 편재의 기운이 되어 있으므로 대단히 불운이다.

그러나 위 사주원국이 木, 火, 土, 金, 水가 골고루 갖추어져 있고 더하여 木生火, 火生土, 土生金등으로 오행이 생화불식(生化不息)이 되어 유통에 막힘이 없으면서 오행상 서로 부조하고 견제하여 한바퀴 돌아주는 역할을 하게 되니 이것은 다른 사주원국보다 그 흉의가 강력하게 발생하지 못한다.

***. 본 저자의 견해,!**

보통 학자들 중에는 사주팔자에 대해 운로인 세운이나 대운에서 흉함이 들어 올 경우 사주원국마다 흉의가 다르게 작용하는 점을 알아야 하는데 그것은 내격(內格)의 기준인 억부법이나 조후법의 용신을 적용하는 격국하고 외격(外格)인 종격(從格)이나 가종격(假從格)인 성질의 사주를 흉의 강도를 비교 분석하여 볼 때 흉의 강도가 다르게 발생한다.

그 이유로 내격(內格)의 억부법이나 조후법의 격국은 오행상 균등인 木, 火, 土, 金, 水가 균등하게 들어 있어 비록 살운(殺運)이나 기신(忌神)의 운이 들어온다고 해도 오행상 서로 견제하고 부조하여 그 흉의를 완화시키는 일면을 가지고 있다.

그러나 외격(外格)인 종격(從格)이나 가종격(假從格)의 명조는 오행이 편중(偏重)으로 치우쳐져 있기 때문에 이렇게 동일오행으로 구성되어 있으면 왕신(旺神)이라는 성질로 둔갑하니 이렇게 한나라의 국(局)이 성립되어 있을때 운로인 대운이나 세운에서 왕신(旺神)의 성질를 충격 할 경우 쇠자왕신발(衰者旺神發) 및 왕신충왕(旺神旺)의 법칙에 따라 왕신(旺神)이 반발을 하여 사주 주인공은 십중구사의 운명으로 치달리게 된다.

따라서 이렇게 격국중에서 내격(內格)의 기준과 외격(外格)의 기준에 대하여 살운(殺運)이나 용신을 상극하는 기신(忌神)운을 맞이하였을 때 사주의 운명 소유자가 그 흉의 강도를 얼마나 받을 것인가를 측정 및 가름하는 실력이 필요하다.

더하여 이 중에도 내격(內格)의 기준인 억부법이나 조후법의 용신법에 입각하는 격국에도 방금 위 사주팔자같이 오행의 균등을 갖추고 있으면서 오행상 木生火, 火生土등으로 생화불식(生化不息)이 이루어진 명조는 같은 내격(內格)에 기준한 용신법이라 할지라도 그 흉의가 오행상 부조하고 억제하는 것이 더욱 더 두드러지게 나타나고 있으므로 그 흉의가 강력하게 발생하지 못한다.

하물며 위 사주원국은 이상의 부분을 모두 충족시키고 있으면서 비록 일간 癸水가 신약하나 용신인 인수 申金이 월지에 자리를 잡고 있으니 용신 또한 강력하며 더하여 왕성한 반대의 오행인 식상, 재성, 관성의 기운에 서로 중화(中和)가 되고 있다하여도 과언이 아니다.

결국 이상의 부분에 종합적으로 비교 판단할 때 궁극적인 목표는 얼마나 살운(殺運)이나 용신을 상극하는 기신(忌神)운에서 위 사주팔자가 흉의를 견뎌내는 힘을 얼마나 가지고 있는 것인가 그렇지 않는 것인가 하는 차이점이며 그렇다면 이상의 부분에 위 사주를 접목시켜 본다면 살운(殺運)이나 기신(忌神)의 운에 대하여 그 흉함이 크게 작용하지 않는다는 점이 여기에 있는 것이다.

이상의 부분을 종합하여 판단할 때 위 사주 주인공인 이 모씨는 이 때는 학업에 전념하는 시기였으나 대한민국이 민족상잔인 6.25 동란으로 인하여 국가적인 시련에 부닥치고 있었으니 그 소용돌이 속에 본 사주에 대한 대운의 흉함을 그나마 액땜을 하고 있었다하여도 과언이 아닐 것이다.

다시 22세는 乙巳대운이다.

따라서 대운천간 乙木이 사주일간 癸水에 대한 식신의 운로로서 신약한 일간에게는 그리 좋지 못하는데 다행스럽게 대운지지 巳火가 사주월지 申金 인수와 巳-申合水로 변화되어 일간을 생조하는 水氣로 변화됨에 따라 정히 길신으로 둔갑하게 된다.

이 때 사주 주인공인 이 모씨는 그동안 전쟁의 비운으로 대단히 고통을 받는 중에도 학업증진을 계속하였고 비록 대운천간 乙木이 지배하는 26세에 본 처를 이별을 하여 지금의 처를 만났는데 급기야는 해외 모 처 대학을 우수한 성적으로 졸업을 하였으며 더하여 국내 모 처 고등학교로 근무를 하였던 것이다.

32세는 甲辰대운으로 대운천간 甲木이 사주일간 癸水에게는 상관의 운로로서 그리 좋지 못하는데 다시 월상에 투출되어 있는 戊土 정관을 甲-戊 상충으로 가격하는 것은 약간의 관재와 직업적으로 고통을 받는 것이 된다.

그러나 다행스럽게 대운지지 辰土가 비록 사주일간 癸水에게는 정관의 운로이니 불리하지만 사주월지 인수 申金과 申-辰合水하여 희신의 기운으로 둔갑하게 되는 것은 대운천간의 흉을 줄이면서 직업적으로 대단한 발전이 예상되고 있다.

따라서 이 때에 사주 주인공인 이 모씨는 그동안 약간의 상사와 언쟁충돌 및 실적이 나타나지 않아 지방인 시골등으로 좌천을 계속하다가 이 대운에 이르러 서울 모 처 고등학교에 영전하였으며 직위도 교무주임으로 재수를 받았던 것이다.

다시 42세는 癸卯대운으로 대운천간 癸水가 일간 癸水에게는 희신이 되겠으나 사주원국의 월상에 투출되어 있는 戊土 정관과 戊-癸合火로 재성 火氣로 둔갑하고 있으니 희신의 기운이 기신(忌神)이 되어 약간의 흉의가 발생된다 하겠다.

더하여 대운지지 卯木은 사주일간 癸水에 대한 식신의 운로이니 역시 좋지 못하고 있는데 신약한 일간 癸水에 대한 식신은 식록이며 직장이 되고 있으므로 직장에 대한 흉이 돌출되어 탄핵 내지는 근심이 있다는 것을 알 수가 있다.

실제로 이 때에 사주 주인공인 이 모씨는 그동안 교무주임등으로 재직을 하다 사소한 일로 동료직원들과 언쟁충돌이 계속 발생하였고 결국 동료들의 시기와 윗전의 거슬림으로 인하여 교감승진에서 번번히 낙방하였으니 실의와 마음적 고통이 이루 말 할 수가 없었다며 본인이 회고를 하고 있다.

52세는 현재운로를 지배하는 壬寅대운인데 대운천간 壬水가 사주일간 癸水에 대한 겁재로서 길신이 되고 있으며 비록 사주월상에 투출되어 있는 戊土 정관을 壬-戊 상충으로 가격을 하고 있지만 기신(忌神)을 상극하는 것은 그다지 흉함이 돌출되지 않고 사주가 오행상 생화불식(生化不息)이 되고 있으니 대단히 발복을 하게 된다.

따라서 이 때 사주 주인공인 이 모씨는 52세에 이르자 서울 모 처 고등학교 교감으로 승진발령되었고 급기야는 55세는 경기도 모 처 고등학교에 교장으로 승진하였으니 대단히 발복을 하였는 것이며 또한 문학적인 집필로 인하여 저자로서 출판을 하는 등 대단히 승승장구하였던 것이다.

그러나 대운지지 寅木이 지배하는 57세부터는 대단히 고통이 뒤따르는데 그것은 대운지지 寅木이 일간 癸水에 대한 상관의 운로로서 기신(忌神)이 되고 있는 중에 사주일지 巳火 정재 및 월지 申金 인수를 寅-巳-申 삼형으로 가격 하는 것은 대흉이 들어오게 된다.

이와 같은 부분을 육친통변법상 좀 더 자세하게 기술하여 보면 일지 巳火 정재는 재물이요 처궁이니 처로 인하여 고통을 예상하므로 이 모씨 처가 질병이나 재물적인 문제로 사고를 당하는 것을 사주원국은 무언중에 암시하고 있다.

더하여 사주상의 용신인 인수 申金이 삼형으로 가격하는 것은 인수는 문서, 학술, 명예 등이고 또한 육친별로 인수는 모친을 나타내니 모친의 생명이 위험하겠으며 본인 또한 문서적으로 인한 손재와 고통이 오고 있다는 것을 사주원국이 모두 암시하고 있다.

실제로 이 때에 사주 주인공인 이 모씨는 모친이 지병으로 별세를 하였으며 더하여 본인의 처 또한 우연히 시장을 가다가 오토바이에 치어 전치 10주상의 골절상을 입어 병원에 입원을 하였으니 그 고통과 비애(悲哀)는 이루 말 할 수가 없었던 것이다.

하지만 이러한 고통의 연속 속에서도 세운이 1997년 丁丑년에 비록 세운천간 丁火는 일간 癸水에게는 좋지 않았지만 세운지지 丑土가 습토로서 사주일지 巳火 정재와 巳-丑合金으로 변화되어 金生水되니 서울 모 처 교육청 장학사로서 자리를 영전하였고 급기야는 그 동안 집필 및 교육계에 세운 공로가 인정되어 정히 국민훈장까지 수여 받는 영광을 안았던 것이다.

앞으로 들어오는 62세가 辛丑대운으로 대운천간 辛金이 일간 癸水에 대한 편인의 운로이니 대단히 발전을 예상하고 있는데 비록 사주년간에 투출되어 있는 丁火 편재를 辛-丁 상충이 성립되나 년간을 상충을 하는 것은 별 흉의가 없을 것이며 또한 들어오는 대운 申金은 용신의 기운이기 때문에 승승장구할 것이다.

더하여 대운지지 丑土가 비록 일간 癸水에 대한 편관의 운로이나 역시 사주원국의 일지 巳火 정재와 巳-丑合金으로 둔갑하니 대운천간지지 모두 용신의 기운이 되는 것은 말년이 대단히 안과태평을 누리는 현상이 될 것이라 보는데 더욱 더 뒤 따라 들어오는 대운이 72세가 庚子대운으로서 완전히 용신의 기운이 중첩이 되니 과히 사주 주인공인 이 모씨는 말년의 복록과 수명을 두루갖춘 인물이라 할 것이다.

※이상의 사주 주인공인 이 모씨는 교육가(敎育家)의 팔자로서 육친

운명과 대운의 흐름을 모두 파악하여 보았는데 이렇게 격국이 순수하고 오행이 木, 火, 土, 金, 水를 모두 가지고 있는 중에 생화불식(生化不息) 및 생생불식(生生不息)의 조건을 갖추고 있는 것은 아무리 생각해도 본 장 교육가(教育家)의 팔자를 넘어 좀 더 나은 고위직까지 바라볼 수가 있었을 것이다.

그러나 애석하게도 초 중년까지 수시로 사주용신을 상극하는 기신(忌神)의 운이 첩첩으로 받고 있는 것은 그만큼 사주격국이 순수해도 대복록을 유지를 할 수 없는 것으로 귀착하는 것이라 할 것이다.

따라서 그나마 사주팔자가 오행의 생화불식(生化不息)에 의존하여 살운(殺運)을 맞이해도 흉을 줄여주는 결과는 지극히 감사하는 마음이라 할 것이고 더구나 이렇게 기신(忌神)의 운을 중첩하여 받고 있었으므로 교육가(教育家)의 팔자에 만족하여야 됨은 두말할 것도 없을 것이다.

제15장

*. 언 론 가(言 論 家)

*. 언론가(言論家)에는 언론매체를 대표하는 신문, 잡지, 방송등으로 분류되며 그 직급도 말단 기자에서 과장, 국장, 사장 순서로 대표하고 있다.

(15). 언론가(言論家)의 팔자,!

언론가(言論家)의 팔자에는 전 장에 기술하였던 교육가(敎育家)의 팔자에 대동소이하여 일부 부합하고 있겠으며 그러나 그 특성상 조금의 격국이 상반되는 점도 눈에 띄고 있는 것을 엿볼 수가 있다.

하지만 언론가(言論家)는 옛날 고대시절에는 이러한 언론가(言論家)의 팔자가 없었으나 교육가(敎育家)팔자 틀 속에서 어느날 갑자기 문명이 발달하다 보니 언론가(言論家)가 부수되어 변천하여 나왔다는 것을 알 수가 있다.

그러나 사실은 언론가(言論家)나 교육가(敎育家)는 그 특성상 달리 분류할 수가 없고 같은 맥락을 유지하는 것을 본 저자는 많이 보고 있겠으며 사주격국이나 오행상 특성이 모두 동일주의적 원칙에 입각하여 엇비슷하다고 판단하여야 된다.

또한 시대의 흐름이 변천하고 문명이 발달한 현대사회에서 언론의 매체 및 방송, 신문, 잡지 등은 필수 불가결하게 없어서는 안될 중요한 직책으로 부상하고 있는 것이 사실이며 그 직책도 말단 기자로부터 시작해서 위로는 과장, 국장, 사장까지 분포되어 있다고 할 것이다.

이상 언론가(言論家)의 팔자를 기술하였지만 이상직업의 발복여부도 전편 命理秘典 下권인 간명비법상 용신의 강령함과 격국의 청탁(淸濁)에 부합하여 대운의 흐름이 정히 용신이나 희신의 운으로 치달리고 있으면 부귀공명을 누리는 팔자라 판단할 것이고 그렇지 못하면 빈천의 운명이라고 결론을 내리는 것이 정석이다.

(가). 언론가(言論家)의 운명,!

● 사주격국이 "외격"(外格)의 "종강격"(從强格)을 구성하고 대운흐름이 정히 "용신"이나 "희신"으로 치달리고 있을 때,! (참고로 종강격(從强格)이란 命理秘典 下권인 종격(從格)부분에 나오는 성질로 일간의 기운이 인성이 대부분을 차지하여 왕신(旺神)인 인성의 기운을 용신으로 삼는 사주!)

● 일간이 신약하나 "역마살"(驛馬殺)이 있는 중에 "인수"가 "월지"에 있거나 일간을 생조하는 "편인","인수"가 "용신"이나 "희신"이 될 때,!

● 일간이 신강,신약을 불문하고 사주월지가 "식신""상관"이 되는 중에 다시 사주에 "식신""상관"이 많을 때,!

● 일간이 "甲","乙","丙","丁","壬","癸"일주로서 사주에 "인성"이 많은 사주는 언론계(言論界)로 많이 진출한다,!

※참고로 이상의 언론가(言論家)의 운명을 기술하였지만 실제로 이 부분 이외에도 사주격국이 육친의 편인성이나 역마살(驛馬殺)을

가지고 있으면 보도국의 기자 등 주로 밖으로 나 다니는 직업에 종사하고 있는 점을 많이 볼 수가 있었다.

더하여 사주일간이 壬, 癸일간으로서 다시 사주에 수기(水氣)가 왕성하면 세일즈 및 유통 그리고 언론가(言論家)의 팔자에 일부 직업을 잡고 있는 것도 엿볼 수가 있었는데 이상의 언론가(言論家)의 팔자가 대부귀를 누리는 가는, 역시 대운의 흐름이 정히 사주상의 용신이나 희신으로 치달리고 있어야 만이 성공할 수 있는 것도 필수조건이다.

(예1). 언론가(言論家)팔자로서 한국방송대상 및 언론대상을 수상한 대한민국 모 방송국 국장(局長)으로 재직하고 있는 박 모씨,! (서기 1940년 음력 6월 16일 巳시)

(대 운)

病	浴	墓	衰	戊-癸合火,!	66	56	46	36	26	16	6
己	甲	癸	庚		庚	己	戊	丁	丙	乙	甲
巳	子	未	辰		寅	丑	子	亥	戌	酉	申

*."子-辰合水",!!!

정재		인수	편관
土	(木)	水	金
火	水	土	土
식신	인수	정재	편재

● 대운천간 戊土가 비록 일간 甲木을 甲-戊 상충으로 파극하나 사주월상에 투출되어 있는 癸水와 戊-癸合火로 그 흉을 줄이면서 다시 대운지지 子水가 사주년지 辰土와 子-辰合水로 정히 용신의 기운이 되고 있으니 대박이 터지고 있다.!

언론가(言論家)팔자로서 한국 방송대상 및 언론대상 수상자이며 대한민국 모 처 방송국의 국장(局長)으로 재직하고 있는 박 모씨 사주이다.

***. 일간의 왕쇠(旺衰),!**

甲일간 未월에 출생하여 실령(失令)하였고 사주원국 월지 未土 정재를 중심으로 해서 다시 년지 辰土 편재 그리고 시지 巳火 식신 및 천간에 편관 및 정재가 투출되어 일간 甲木을 강력하게 극설(剋泄)하고 있으므로 신약이다.

하지만 일간 甲木은 일지 子水 인수에 득지(得地)하여 있는 중에 다시 일지 子水 인수에 십이운성의 건록지에 앉은 월상 癸水 인수가 투출되어 신약한 일간 甲木을 생조를 하고 있으니 일간 甲木이 그리 쇠약하지 않음을 알 수가 있다.

따라서 이렇게 내격(內格)의 억부법이나 조후법상 일간을 생조하는 기운이 있을 것 같으면 마땅히 외격(外格)의 종격(從格)이나 가종격(假從格)으로 돌아가지 않는 이상 신약한 일간을 부조하는 것이 제일 길하게 될 것이다.

***. 일부학자들의 의문,!**

여기서 위 사주원국을 놓고 일부학자들 중에는 "고서(古書)나 원서를 인용한 시중 역학책에 사주일간이 戊, 己일간에 사주지지에 辰, 戌, 丑, 未월에 출생하면 가색격(稼穡格)이고 일간이 甲木이나 己土일간에 甲-己合土를 구성하여 월령이 辰, 戌, 丑, 未월에 출생하면 갑기합토화격(甲己合土化格)등으로 판단하고 있는 것을 종종 보고 있다".!

"따라서 위 사주는 일간이 甲木인데 시상에 투출되어 있는 己土 정재간에 甲-己合土를 구성하고 있는 중에 월지가 未월이므로 일면 갑기합토화격(甲己合土化格)을 성격(成格)하지 않겠느냐",! 라고 의문을 표시하고 있다.

***. 본 저자의 판단,!**

이 부분에 대해 본 저자는 초심의 학자들이 이와 같은 맥락에 시중의 역학 서적을 읽어보고 본 저자에게 판단의 부분에 이해가 되지 않으니 종종 이상의 의문을 많이 제기하고 있음을 알 수가 있었다.

그렇지만 이와 같은 현상은 추명의 원리를 완벽하게 설명을 하지 않은 관계로 시중의 역학서적이나 고서(古書)나 원서에 기록되어 있는 부분이 불투명한 해석과정으로 인해 역학에 입문을 하는 독자나 초심 역학자에게 이상의 의문을 제기하는 것은 당연한 처사라고 판단한다.

＊. 命理秘典 下권인 종격(從格)편에 인용하여,!

따라서 이 부분에 대하여 본 저자가 편찬한 命理秘典 下권인 종격(從格)편에서 가색격(稼穡格)이나 갑기합토화격(甲己合土化格)부분을 인용할 때 우선 가색격(稼穡格)에는 "사주 내 戊, 己일간에 사주지지에 辰, 戌, 丑, 未가 있고 다시 사주원국에 土氣를 상극하는 관성 木이 없을 경우 성격(成格)한다,"!

또한 갑기합토화격(甲己合土化格)에는 "사주원국에 甲 또는 己일간이 월간 또는 시간의 己혹은 甲이 들어 있어 甲-己간합하여 사주천체에 土氣가 강하게 되면 성격(成格)하는데 土氣가 약하더라도 土氣를 생조하는 火氣가 많아도 성격(成格)되며 혹은 지지에 육합, 삼합, 방합하여 火, 土가 되어도 성립 한다"!

"더하여 지지의 월령이 辰, 戌, 丑, 未월에 태어나면 더욱 더 금상첨화이고 하지만 土氣를 상극하는 木의 기운이 없어야 된다."라며 기술하고 있다.

이상의 부분을 판단하여 위 사주원국을 면밀히 관찰하여 볼 때 비록 위 사주원국이 일간이 甲木으로서 시상에 투출되어 있는 己土 정재와 甲-己合土를 하고 있는 중에 월령이 未월이 되니 갑기합토

화격(甲己合土化格)을 일면 생각할 수가 있을 것이다.

그러나 이 부분에 대하여 본 저자는 가색격(稼穡格)이나 갑기합토화격(甲己合土化格)에 위 사주가 해당되지 않는 부분을 두 가지 이유를 들어 좀 더 자세하게 기술을 하기로 하겠다.

그 첫째로 "사주일간의 기운이 내격(內格)의 억부법이나 조후법의 용신법이 되는가, 아니면 외격(外格)의 종격(從格)이나 가종격(假從格)의 기운이 되는가를 면밀히 검토하여야 되는데 이 중에서 만약 일간의 기운이 내격(內格)에 준하는 억부법이나 조후법의 용신법에 적용되는 사주팔자는 제일로 먼저 종격(從格)이나 화격(化格)이 되지 못한다".!

그렇다면 사주팔자가 외격(外格)의 종격(從格)이나 가종격(假從格)으로 성립되려면 우선 일간의 기운이 종(從)하는 기운이 대부분을 차지하여 사주격국을 면밀히 비교 분석할 필요가 있을 것이다.

따라서 위 사주팔자를 비교 분석하여 볼 때 우선 일간과 시상이 甲-己合土가 구성되어 있다고 하겠으나 시상에 투출되어 있는 己土 정재가 유정(有情)하게 되어 있는 시지 巳火 식신에 십이운성의 제왕지, 그리고 월령 未土 정재에 관대지에 앉아 있으니 지지의 강력한 십이운성인 장생, 건록, 제왕지에 앉아 있는 기운이 천간에 합이 있을 경우 합을 잘하지 않을려는 성질을 감안한다면 얼른 합을 잘하지 않을려 하고 있다.

상황이 이럴진데 일간과 시상에 투출되어 있는 己土 정재와 甲-

己合土를 방해하는 월상에 癸水 인수와 년간에 庚金 편관이 투출되어 끊임없이 양자의 기운을 癸-己상충, 甲-庚상충으로 파극을 도모하니 더욱 더 완벽하게 합을 구성하지 못하는 성질이 되고 있는 것이다.

다음 둘째로 "일간의 기운이 종격(從格)이나 가종격(假從格)의 성질인 가색격(稼穡格)이나 갑기합토화격(甲己合土化格)이 성격(成格) 되려면 일간을 종(從)하는 오행이 강력하게 작용하여야 될 것이다".!

그런데 위 사주원국은 일지 子水 인수가 자리를 잡아 일간 甲木이 득지(得地)를 하고 있는 중에 월상에 투출되어 있는 癸水 인수가 강력하게 일간 甲木을 생조하고 있으므로 일간이 의지하는 기운이 있으니 결코 외격(外格)의 종격(從格)이나 가종격(假從格)으로 돌아가지 못하고 있음을 판단하여야 된다.

그렇다면 보통 외격(外格)의 종격(從格)이나 가종격(假從格)의 성질은 일간에 대한 오행이 극도로 신강하던지 아니면 극도로 신약하던지 하여 불과분의 관계에서 일간이 왕성한 기운을 따라가는 성질을 논할 필요가 있을 것이다.

결국 이렇게 일간 甲木의 기운이 일지 子水와 월상에 투출되어 있는 癸水 인수가 일간 甲木을 생조하고 있으니 의지하는 기운이 있으면 결코 종격(從格)으로 돌아가지 못한다고 본 저자는 命理秘典 上권이나 命理秘典 下권에서 실제인물을 해설하는 과정에 수차 강조하고 있다.

***. 본 저자의 고서(古書)나 원서에 기술되어 있는 외격(外格)의 종격(從格)이나 가종격(假從格)에 대한 비판,!**

고서(古書)나 원서에 외격(外格)의 종격(從格)이나 가종격(假從格) 및 화격(化格) 등에 기술하고 있는 부분을 면밀히 검토하면 그 실례로 갑기합토화격 (甲己合土化格)일 경우 "일간이 甲, 또는 己로서 사주천간에 己, 또는 甲과 甲-己합을 구성하고 월령이 辰, 戌, 丑, 未월에 출생한 중에 土氣를 거슬리는 관성 木氣가 없으면 성격(成格)한다",라며 구체적인 언급을 회피한 채 막연히 기술하고 있다.

그렇다면 사주추명을 공부하는 초심 역학자는 보통 이 부분에 들어가면 사주팔자가 일간이 의지하는 기운이 있어 내격(內格)의 억부법이나 조후법의 용신이 적용되는 사주인데도 막연히 일간과 甲-己합을 구성하여 있는 중에 다시 위 사주처럼 월령이 辰, 戌, 丑, 未월에 출생하고 있을 경우 단순히 화격(化格)의 의미를 생각하기 때문에 판단을 단순히 하고 있음을 유념하여야 될것이다.

더하여 이렇게 화격(化格)이 되더라도 화격(化格)을 방해하는 형, 충, 파, 해가 있는가,또한 甲-己합의 경우 일간과 근접하는 시상과 월상이 아닌 년간에 합을 하는 기운이 있고 월상에 합을 방해하는 기운이 있을 경우는 원격(遠隔)하여 합의 기운이 잘되지 않는다는 부분등을 구체적으로 해석하여야 될 것이다.

또한 비록 합을 하여 화격(化格)의 기운이 되더라도 일간이 의지하는 기운이 있을 때 왕신(旺神)의 세력에 잘 따르지 않기 때문에 종격(從格)으로 판단해서는 절대로 아니 될 것이다.

만약 고서(古書)나 원서의 말대로 갑기합토화격(甲己合土化格)일 경우 비록 월령에 辰, 戌, 丑, 未월에 출생하였더라도 화격(化格)을 거슬리는 관성 木氣나 재성 水氣 및 일간의 기운을 의지하는 성질이 강할 경우 외격(外格)의 종격(從格)이나 가종격(假從格)으로 돌아가지 못한다는 등 구체적으로 기술을 하여야 추명의 혼란을 미연에 막을 수가 있을 것이다.

그러나 고서(古書)나 원서는 이러한 구체적인 부분에 대해 언급을 회피하고 있으며 더욱 더 기가 찬 것은 이것을 그대로 인용하던지 적용한 시중의 책자는 글자 그대로 추명의 원리가 불투명 할 수밖에 없으므로 결국 초심자는 역학 입문을 하기도 전에 고생 고생하다가 포기 및 중도 좌절하는 현상까지 일어나고 있으니 대단히 불행한 일이 아닐 수가 없다.

역학에 입문하던 초심의 시절, 역학이 주는 신비함과 그 놀랍고도 예리한 운명의 이치들이 나를 온통 매료시켰음에도 불구하고, 풀릴듯 풀릴듯 하면서도 끝내 그 매듭하나를 풀기에는 내가 가진 지식과 경험이 미천한지라, 오로지 고서와 원서 시중의 각종 이론서들에 매달려 왔다. 한권의 서책을 독파하고 한가지를 얻었다 싶으면 또 두개의 혼란이 다가와 오히려 점점 더 내 실력이 퇴보하는 것 같아 마치 안개속에서 헤매는 듯 괴롭고도 답답했던 나날들… 이제 겨우 그 안개 자욱했던 숲속에 한점 바람이 불어 오고 있으니 그 매듭 하나를 풀고 설레임에 잠못 이루는 밤들… 내 청춘을 다보내고 난… 이제서야…

***. 격국(格局)과 용신,!**

다시 위 사주원국의 격국을 파악하여 보면 일간 甲木이 왕성한 재성 土氣에 의하여 신약하고 월지에 정재 未土가 자리를 잡아 있는 중에 다시 시상 己土 정재가 투출되어 있으므로 "신약정재격(身弱正財格)", 혹은 "재다신약격(財多身弱格)"이 성격(成格)된다.

또한 용신으로 격국을 설정하면 "재중용비격(財重用比格)"이니 신약한 일간 甲木의 기운을 부조하고 아울러 일간의 반대기운인 식상, 재성, 관성의 기운을 억제하는 비겁 木氣와 인성 水氣를 함께 용신한다.

여기서 인성 水氣는 일간 甲木의 기운을 대단히 극루(剋漏)하는 왕성한 관성 金氣를 살인상생(殺印相生) 및 관인상생(官印相生)의 이치를 도모하므로 더욱 더 길하게 작용할 것으로 판단한다.

따라서 사주원국을 살펴보니 인수 子水가 일지에 득지(得地)한 중에 사주년지 辰土 편재와 子-辰合水하여 다시 그 세력에 뿌리를 둔 월상 癸水 인수가 투출되어 일간 甲木을 생조하고 있는 것은 인수의 기운이 대단히 강력하니 금상첨화이다.

***. 격국에 대한 청탁(淸濁),!**

위 사주팔자의 격국에 대한 청탁(淸濁)의 부분을 판별하여 보면 일간 甲木을 중심으로 하여 사주년간 庚金 편관과 甲-庚 상충이 되어 있고 다시 월상에 투출되어 있는 癸水 인수와 시상에 己土 정재와 癸-己 상충이 역시 되고 있는 것을 볼 수가 있다.

이와 같은 현상은 일면 사주천간에 상충으로 인한 탁기를 형성하는 듯하나 일간 甲木과 시상 己土 정재간에 甲-己합으로 곧 해극을 도모하고 있으니 상충의 작용이 없어진 상태이다.

더하여 사주지지에는 이렇다할 상충의 작용과 삼형의 작용이 성립되어 있지 않고 子-未 원진과 탕화살이 되고 있으니 이것 역시 子-辰合水로 해극을 하고 있으므로 사주가 절묘한 배합을 이루고 있다하여도 과언이 아니다.

또한 비록 일간 甲木이 신약하나 일간 甲木을 생조하는 인수 子水가 일지에 득지(得地)하고 있는 중에 년지 辰土 편재와 子-辰合水를 하여 다시 그 세력에 뿌리를 둔 월상 癸水 인수가 일간 甲木을 끊임없이 생조를 하고 있는 것을 알 수가 있다.

그렇다면 일간 甲木의 힘이 반대의 상극기운인 식상, 재성, 관성의 기운에 대적을 할 만큼 일간 甲木이 힘을 얻고 있다하여도 과언이 아닌데 이렇게 되면 일간의 기운이 중화(中和)의 기점에 육박하게 되므로 대단히 좋을 것이 된다.

한편으로 볼 때 사주년지 辰土와 월지 未土 재성이 년간 庚金 편관을 土生金, 그리고 년간 庚金 편관은 월상에 癸水 인수에게 金生水, 다시 월상 인수는 일간 甲木에 水生木으로 오행이 생조되고 있으며 일간 甲木은 다시 시지 巳火 식신에게 木生火 마지막 정재 巳

火는 시상에 투출되어 있는 己土 정재에 火生土로 이어지고 있다.

이와 같은 현상은 오행이 물과 같이 자연스럽게 유통을 이루고 있는 성질이 되니 생화불식(生化不息) 및 생생불식(生生不息)으로서 완전히 오행이 사주원국을 중심으로 하여 한바퀴 돌아주는 현상으로 대단히 청기(淸氣)를 가지는 사주임을 알 수가 있으니 정말 절묘하다 하겠다.

***. 격국에 대한 정신기(精神氣)삼자,!**

다시 위 사주원국의 격국에 대한 정신기(精神氣)삼자 부분을 판별하여 보면 일간 甲木이 의지를 하는 인성 水氣는 방금 설명한 바와 같이 子-辰合水하고 있는 중에 월상에 인수 癸水가 투출되어 일간 甲木을 왕성하게 생조를 하고 있으므로 정(精)의 기운이 대단히 왕성하다.

또한 일간의 기운을 상극하고 적절히 단련시키는 식상, 재성, 관성의 기운이 일간의 힘보다 조금 강력하게 되어 있으니 이것은 신(神)이 왕성한 것을 알 수가 있다.

아울러 기(氣)의 기운이 일간의 동기 비겁 기운인 木氣가 사주상 정오행이 없고 사주년지 辰土와 월지 未土에 각각 지장간 여기(餘氣)와 중기(中氣)에 존재하여 있으나 사주지장간에 존재하는 기운은 그 힘이 미약하므로 적절히 그 역할을 도모할 수가 없다고 보겠다.

따라서 정신기(精神氣)삼자중에 기(氣)의 기운이 조금 쇠약하여 있는 것을 알 수가 있는데 그러나 그 부분을 인성 水氣가 대신 보충하고 있겠으며 아울러 대운흐름이 정히 비겁의 기운으로 치달리고 있으면 대 발복을 하게 될 것이다.

하지만 조금 욕심을 부린다면 사주상에 비겁의 기운이 하나라도 있으면 일간 甲木의 기운이 중화(中和)의 기점에서 신왕으로 치달리고 있을 일면이 되어 있으니 더욱 더 좋을 것이며 더하여 오행의 기운이 전부 존재하는 것이 되어 생화불식(生化不息)의 조건에 근접하게 되므로 대단히 좋을 것이다.

***. 용신에 대한 진신(眞神)판단,!**

위 사주원국을 용신에 대한 진신(眞神)의 법칙에 준하여 판별하면 일간 甲木 이 신약하여 비겁 木氣와 인성 水氣를 같이 용신으로 사용하고 있는데 비록 비겁 木氣는 일간의 기운을 제외한 정오행이 없는 중에 인수 水氣가 그 부족함을 보충하고 있으니 이것은 내격(內格)의 억부법이나 조후법에 일치하는 용신이 되므로 복록이 깊다고 하겠다.

***. 용신에 대한 천복지재(天覆地載)판단,!**

따라서 용신에 대한 천간지지 모두 천복지재(天覆地載)의 법칙에 준하여 용신의 기운이 길신과 또한 용신을 생조하는 희신의 기운이 용신 곁에 근접하여 서로간 생조를 하여야 사주격국이 대길할 것인데 사주를 면밀히 관찰하여 볼 때 일지 인수 子水가 자리를 잡아 있는 중에 다시 년지 辰土와 子-辰合水를 하여 그 세력에 뿌리를 둔 월상 癸水 인수가 투출되어 있으니 사주가 대길해지고 있다.

만약 월상에 인수 癸水가 투출되어 있지 않다면 년간에 庚金 편관이 투출되어 있으니 신약한 일간 甲木의 기운을 甲-庚 상충으로 가격하면서 대단히 극루(剋漏)할 것인데 년간 편관이 월상 癸水 인수에게 살인상생(殺印相生) 및 관인상생(官印相生)의 역할을 실현하고 있으니 감히 편관 庚金이 일간 甲木 을 함부로 상극을 하지 못하고 있다.

더구나 이와 같은 현상은 월상 인수가 힘을 얻겠금 생조를 하는 것이 되므로 용신의 기운이 힘을 가지는 점이 되고 더욱 더 절묘한 것은 시상에 투출되어 있는 己土 정재와 일간 甲木간에 甲-己合土로 변화되는 것은 일간의 힘을 더욱 더 재성의 기운이 왕성하여 일간을 신약하게 만들고 있음을 알 수가 있다.

그러나 사주월상 癸水 인수가 시상 정재 己土를 癸-己 상충을 하는 것은 합을 하지 못하게 만들고 있으며 또한 년간 편관 庚金과 일간간에 甲-庚 상충 까지 월상 癸水 인수가 편관의 기운을 흡수하여 해극을 도모하고 있으므로 정말 이런 점은 절묘하다고 보겠다.

한편으로 사주 일지 子水 인수가 자리를 잡고 있는데 강력한 월지 未土 정재가 일지 인수 子水를 土剋水하고 다시 시지에 자리를 잡은 巳火 식신이 水剋火해서 용신의 기운을 상극하여 용신의 기운을 약화시키고 있으니 대단히 좋지 못할 것이다.

그런데 년지 辰土 편관과 일지 子水간에 子-辰合水를 하여 용신의 세력을 강력하게 만들고 있으니 그다지 함부로 용신의 기운을 쟁탈하지 못하며 이와같은 것은 천복지재(天覆地載)의 법칙에도 부합하므로 정히 용신이 강령함을 나타내고 있다.

***. 본장 언론가(言論家)에 준한 판단,!**

위 사주팔자를 본장 언론가(言論家)의 팔자에 부합시켜 간명을 하여 보면 사주원국 일간 甲木이 비록 신약하나 일지 子水 인수에 득지(得地)한 중에 년지 辰土 편재와 子-辰合水하여 그 뿌리에 중심을 둔 월상 癸水 인수가 재차 투출되어 신약한 일간 甲木을 생조하고 있으므로 인수의 기운이 대단히 왕성하여 본 장 언론가(言論家)의 팔자에 일치하게 된다.

또한 한편으로 일간 甲木을 주동하여 시지 巳火 식신이 문창성(文昌星)이 되고 있으니 이것은 문학적, 예술적 및 언론가(言論家), 교육가(敎育家)의 팔자에 더욱 더 근접하게 되는 점을 알 수가 있다.

또한 인수가 용신이 되고 있는 중에 월지 未土를 주동하여 일간 甲木이 월덕귀인(月德貴人)이 되고 있으므로 대단히 두뇌가 총명하고 박식하여 방송가에서 두각을 나타내는 것을 이미 사주원국은 무언중에 암시를 하고 있다.

*. 본인의 성격과 운명,!

위 사주 주인공인 박 모씨는 언론가(言論家)팔자로서 대한민국 방송대상과 언론대상등을 수상한 사람으로서 현재 서울시 모 처 방송국 국장(局長)으로 재직하고 있는데 이상의 사주팔자의 격국와 용신 및 청탁(淸濁)의 유무에 비추어 볼 때 과히 언론가(言論家)운명으로 대 발복을 누리는 팔자라고 볼 수가 있다.

따라서 사주 주인공인 박 모씨 본인의 성격과 운명을 판별하여 보면 사주일간 甲木이 비록 신약하나 인수 水氣가 일지에 자리를 잡고 정히 용신으로서 왕성하니 그 성격이 대단히 자비로운 성격을 가지고 있는 것을 판단 할 수가 있겠다.

더하여 사주원국 월지 정재 未土가 있는 중에 격국이 신약월지정재격(身弱月支正財格) 및 재다신약격(財多身弱格)을 구성하고 있으므로 매사에 성실 원만하고 독실 단정한 성품을 갖춘 것을 알 수가 있다.

하지만 사주월지 정재가 있는 곳에 일간 甲木을 주동하여 십이운성인 묘지에 앉아 있으므로 이것은 전편 본 저자가 편찬한 命理秘典 上권인 육친의 정재편에 볼 때 "정재가 십이운성의 묘지에 앉아 있으면 금전에 인색하여 수전노나 노랭이가 되기 쉽다,"라고 기술하고 있는 점을 감안한다면 사주 주인공인 박 모씨는 금전에 대해 대단히 인색한 면을 판단할 수가 있겠다.

***. 고서(古書)나 원서에 인용하여,!**

이와 같은 부분을 고서(古書)나 원서에 인용하여 보면 "정재는 사주천간에 있는 것보다 지지에 있는 것이 좋으며 그 중에서 월지에 있는 것이 가장 좋고 그 다음은 일지와 시지의 순서로 판단한다. 특히 월지에 정재가 있으면 호문숙녀를 처로 맞이한다,라고 기술하여 있다. 또한 "월지에 정재가 있으면 그 성격이 독실 단정한 일면이 있고 매사를 성실 원만하게 처리한다,라며 적고 있다.

***. 본 저자의 부연설명,!**

이상의 고서(古書)나 원서부분을 종합적으로 판단하여 볼 때 월지에 정재가 자리를 잡고 있는 것은 박 모씨의 성격이 성실 원만하고 독실 단정한 인품을 구비하였는 것을 알 수가 있는데 그러나 고서(古書)나 원서에 적기를 호문숙녀를 처로 맞이한다라는 부분에 대하여서는 본 저자는 약간의 견해를 달리하고 있다.

그것은 사주팔자에 정재가 월지에 일위(一位)에 존재하여 있을 때 한하여 고서(古書)나 원서부분에 부합하고 일치하였으나 이상의 사주 주인공인 박 모씨 사주에 정재의 기운이 중첩한 중에 다시 편재의 기운이 나타나고 있다는 것은 여자와 금전으로 인하여 대단한 재화를 받을 수가 있게된다.

***. 命理秘典 上권인 육친통변법에 준한 판단,!**

이와 같은 부분은 본 저자가 편찬한 命理秘典 上권인 재성에 관한 육친통변법에서 대단히 자세하게 기술하고 있는데 다시 그 부분을 인용하여 보면 "사주에 정재나 편재의 기운이 혼잡(混雜)되어 있으면 반드시 첩을 두게 된다,"!

"또한 아울러 본인은 호색다음(好色多淫)한 관계로 여자와 금전으로 인한 재화가 끊임없이 발생되는데 특히 신약사주는 더욱 더 심하게 발생된다," 라며 기술하고 있다.

그렇다면 위 사주 주인공인 박 모씨의 사주팔자에 비록 월지에 정재 未土가 들어 있으나 다시 년지 辰土 편재 그리고 시상에 투출되어 있는 己土 정재 및 일간과 시상 己土와 甲-己合土하여 재성의 기운이 또 돌출하여 있는 것을 알 수가 있다.

그런데도 불구하고 사주시지 巳중의 지장간에 戊土까지 또 들어 있으니 완전히 여자의 육친이 많은 것이 되는데 특히 일주가 십이운성의 목욕지에 앉아 있는 것은 신약사주에는 더욱 더 여자로 인하여 근심이 많은 것이 되므로 완전히 부합하게 된다.

이러한 부분을 종합적으로 검토하여 판단해 볼 때 일간 甲木이 신약한 중에 재성 土氣는 기신(忌神)이 되는데 재성 土氣가 많은 것은 그만큼 여자와 금전으로 인한 재화가 심하게 발생된다는 것에 일치하겠으며 더욱 더 여자의 기운끼리 서로간 쟁탈을 하고 있는 것은 호문숙녀를 처로 맞이하게 되지 못하는 것으로 귀착되는 것이다.

따라서 이러한 부분을 종합하여 볼 때 실제 간명상 고서(古書)나 원서에 막연히 월지에 정재가 있다하여 단편적으로 처를 호문숙녀 운운(云云)하여 판단하는 것은 사주추명학상 상당한 오류를 남기는 것이 되니 대단히 조심을 하여야 된다.

또한 반드시 사주명조에 재성의 기운이 혼잡되어 있는가 아니면 도화살(桃花殺) 및 십이운성의 목욕지등을 종합적으로 간명하여 비로소 판단을 내리는 것이 추명의 오류를 줄이는 하나의 방법이 될 것이다.

＊. 조부님의 운명,!

위 사주 주인공인 박 모씨 조부님의 운명을 간명하여 보면 사주원국 년주의 동태와 십이운성의 강약(强弱) 및 각종 귀인(貴人)과 살성(殺星)을 종합적으로 보아야 되며 육친별로는 편인이고 육친의 편인이 없을 때는 년, 월주의 관살(정관이나 편관)으로도 판단할 수가 있다.

따라서 사주팔자를 살펴볼 때 조부님을 나타내는 육친의 편인이 사주상에 없으니 부득히 년간에 투출되어 있는 庚金 편관은 고조부의 기운이 되나 조부님으로 대신판단하며 더하여 사주년주에 있는 것은 완전히 부합하게 된다.

그런데 조부님을 나타내는 庚金 편관을 사주년지 辰土 편재가 土生金하여 조부님을 생조하고 있으니 대단히 좋은 것이 되는데 년주가 庚辰으로서 괴강살(魁罡殺)이 해당하고 있는 중에 십이운성의 쇠지에 앉아 있는 것은 재물적으로 부귀함은 누렸으나 관록으로 진출하지 못하였다는 것을 알 수가 있다.

또한 년지 辰土는 일간 甲木을 주동하여 천라지강살(天羅至剛殺)이 되고 있는 중에 금여살(金輿殺)이 되고 있으니 천라지강살(天羅至剛殺)인 辰, 戌은 공업가(工業家)나 역학(易學), 기학(氣學), 도학(道學)을 의미하는 고로 조부님이 풍수지리학적인 면과 역학 등으로서 학문을 다듬었던 분으로 상당한 학자였음을 알 수가 있겠다.

***. 命理大要 中권인 조상편에 인용하여,!**

이와 같은 조부님에 대하여 命理大要 中권인 조상편에 적고 있기를 "년주에 재성과 관살이 상생하던지 인수 및 천을귀인이 있으면 조상이 부귀했으며 년주에 십이운성의 제왕(帝旺)이 있으면 명문집 자손이다",라며 적고 있다.

또한 "년주에 편관, 겁재, 편인, 양인이 있으면 조상이 미미했으며 년주에 십이운성의 사, 묘, 절,이나 형, 충이 있으면 조상덕이 없다",라고 기술되어 있다.

이상의 命理大要 中권인 조상편을 종합적으로 판단하여 위 사주 조부님을 간명하여 보면 년간에 편관이 있는데 년지 편재 辰土와 월지 未土 정재가 각각 庚金 편관을 생조하는 것은 조부님이 힘을 받는 것이 된다고 보겠다.

아울러 사주년간 庚金 편관과 년지 辰土 재성이 상생이 되고 있으니 재성은 재물을 의미하는 고로 비록 십이운성의 쇠지에 앉아 있으나 조부님이 재물적인 대부귀를 누렸다고 보는 것이 정석이다.

***. 命理秘典 上권에 인용하여,!**

더하여 조부님의 성질이 대단히 강직하고 고집스러운 면을 알 수가 있겠는데 이것은 년주 자체가 괴강살(魁罡殺)이 되고 辰土가 천라지강살(天羅至剛殺)이 같이되어 있으므로 완전히 부합하고 있겠다.

이 부분에 대하여 본 저자가 편찬한 命理秘典 上권인 괴강의 통변법에 인용 한다면 "괴강(魁罡)이 있는 여자는 일반적으로 용색이 아름다우나 그 마음이 고집이 세어 남편과 참다운 화합을 할 수가 없고 이혼하거나 과부되거나 병으로 신음하는 자가 많다,""또한 남자는 이론적으로 토론을 좋아하며 그 성질이 지나치게 결벽하다,"라며 적고 있다.

이상의 부분을 종합적으로 판단하여 사주 주인공인 박 모씨의 조부님의 성격은 조금의 결벽증을 가지고 있는 분이며 대단히 고집스러운 면으로 인하여 타인과 불화쟁론이나 비방불리를 초래하니 일면 타인으로 인하여 자주 언쟁 및 충돌이 있었을 것이다.

더하여 조부님의 수명이 비록 년주가 십이운성의 쇠지에 있는 것은 수명은 없다고 볼 수가 있겠지만 이렇게 년지와 월지 재성 土氣가 끊임없이 土生金 하여 조부님의 庚金 편관이 힘을 받고 있는 것은 수명이 장수함을 누렸다고 볼 수가 있으니 사주 간명을 단편적으로 판단해서는 안될 것이다.

*. 조부님의 선산묘지,!

다시 사주 주인공인 박 모씨 조부님의 선산묘지를 간명하여 보면 사주년주를 보고 판단하는데 십이운성의 강약(强弱)유무와 각종 귀인(貴人) 및 살성(殺星)등을 복수적으로 간명하여 결론을 짓는 것이 타당하다.

따라서 년주를 보니 庚辰으로서 괴강살(魁罡殺)이 되어 있으며 또 일간 甲木을 중심으로 하여 년지 辰土 편재가 천라지강살(天羅至剛殺)이 되고 있는 중에 십이운성 쇠지에 앉아 있으니 조부님의 선산묘지는 그다지 좋지 못하는 자리에 안장되어 있다고 볼 수가 있다.

그렇다면 조부님의 묘지 좌향은 년지 辰土가 습토이며 지장간의 중기(中氣)에 癸水는 북쪽을 나타내고 있는 중에 년간 庚金은 서쪽이 또 되니 서북간 방향이 되고 있는 것을 알 수가 있는데 묘지에서 보면 옆으로 오솔길 같은 길이 한갈레로 나있는 것을 판단할 수 있다.

더하여 사주년지 辰土 편재는 오행상 습토이니 지장간 중기(中氣)에 癸水는 큰 바다로 생각할 수가 없고 작은 물을 의미하니 묘지 앞으로 계곡이나 작은 강물이 흘러가고 있음을 파악할 수가 있겠는데 그러나 괴강살(魁罡殺)과 십이운성의 쇠지에 앉아 있는 것은 산수의 허리가 끊어져 있거나 그렇지 않으면 입수(入首), 용혈(龍穴)이 제대로 되어 있는 곳에 자리를 잡을 수가 없게 된다.

실제로 이와 같은 사주 주인공인 박 모씨의 조부님의 선산묘지를 사주추명학적으로 간명하고 난 후 박 모씨와 같이 선산묘지를 둘러 보았는데 서울시 모 근교 북한산 줄기에 약간 낮은 곳에 서북간방향으로 묘지가 안장되어 있음을 확인하였다.

더하여 묘지 앞쪽으로 보니 작은 강물이 흘러가고 있음을 파악하였는데 대체로 산세는 좋았으나 산의 기운을 대변하는 산수의 흐름이 끊어져 있었으며 박 모씨가 본 저자에게 묘지를 이장하려고 하니 풍수적인 좌를 부탁을 하였지만 본 저자는 정중히 거절을 하여 만류하였다.

왜냐하면 사주추명학의 근본은 이미 본인의 사주명조에 표기되어 있듯이 숙명적인 운세와 조상의 발복여부까지 사주원국은 무언중에 암시를 하고 있는 이며 이와 같은 숙명적인 운로를 조상의 묘지를 이장한다손 치더라도 그에 해당하는 자손들의 발복여부는 불투명한 것이 사실이기 때문이다.

*. 부모님의 운명,!

다시 사주 주인공인 박 모씨 부모님의 운명을 간명하여 보는데 사주원국 월주의 기운을 보고 판단하며 십이운성의 왕쇠(旺衰) 및 각종 귀인(貴人)과 살성(殺星)등을 복수적으로 간명을 하는 것이 타당하고 육친별로는 편재는 부친을 나타내며 인수는 모친을 의미한다.

따라서 월주의 동태와 육친의 성정을 같이 십이운성과 대조하고 아울러 형, 충, 파, 해 공망을 참조하여 판단하는 것이 정석이다.

그런데 사주 주인공인 박 모씨 사주월주의 동태를 자세하게 관찰하여 보면 월주가 癸未로서 월주 천간지지가 육친의 정재와 인수가 동주하여 있는 중에 십이운성 묘지에 앉아 있는 것은 부모님의 운명이 좋지 못하는 것으로 판단 한다.

그렇다면 년지 辰土 편재가 부친을 의미하며 년주가 괴강살에 해당 하고 있는 중에 정재와 편재가 중첩되어 있고 다시 편재 辰土를 생조하는 식상 火氣와 시지 巳火가 비록 있겠으나 일지 인수 子水에 가로막혀 편재 土氣를 火生土로 생조를 하지 못하고 있으니 부친이 흉사의 운명이다.

더하여 설상가상으로 사주일지 子水 인수와 년지 辰土 편재간 子-辰合水로 편재의 기운이 없어져 버리는 중에 년주의 십이운성 쇠지와 월주의 기운까지 묘지에 임해있는 것은 완전히 부친의 기운을 생조받지 못하는 점이 확실하다고 보는 것이 타당하다.

실제로 사주 주인공인 박 모씨의 부친은 초년 26세 丙戌대운에서 부친의 기운인 년지 辰土를 辰-戌 상충을 하고 다시 월지 未土를 戌-未 삼형등으로서 이중으로 가격을 하게 되어 이 때 부친이 교통사고로 유명을 달리하였다.

***. 命理大要 中권인 부모편에 인용하여,!**

더하여 사주 주인공인 박 모씨의 모친이 재가팔자라는 것을 알 수가 있는데 이와 같은 부분을 命理大要 中권인 부모편에 기술하였는 것을 인용한다면 “사주팔자에 인수가 간합되고 도화(桃花)또는 십이운성의 목욕과 동주하면 어머니가 정숙하지 못하다,”라며 적고 있다.

또한 “사주에 편재가 둘 이상이고 인수와 간합 및 지합되면 모친에게 이부(二父)가 있음을 의미한다.”라고 기술되어 있다.

이상의 命理大要 中권인 부모편의 부분을 종합적으로 판단하여 간명하여 볼때 위 사주원국 인수가 일지 子水가 있는 중에 년지 辰土 편재와 子-辰合水를 하고 있는 것을 면밀히 파악할 수 있으며 다시 시지 巳火 식신의 지장간 戊土와 일지 子水 인수의 지장간 癸水와 각각 戊-癸간합이 중첩으로 맺어지고 있는 것은 命理大要 中권의 부모편 부분에 일치하는 현상이 되고 있다.

상황이 이럴진데 모친을 표시하는 일지 인수 子水가 십이운성의 목욕지에 앉아 있는 것은 모친이 바람을 피우는 것을 의미하며 이와 같은 것은 월상 癸水 인수가 투출되어 있는 부분도 사주시지 巳火 식신 지장간에 戊土와 그리고 년지 辰土의 지장간 戊土와 각각 戊-癸암합이 맺어지고 있음을 알 수가 있다.

따라서 사주추명학상 위 사주팔자가 이렇게 보나 저렇게 보나 모두 일치하는 현상이 되고 있으므로 더욱 더 완전히 부합하여 모친이 재가팔자라는 점을 알 수가 있는 것이다.

실제로 이와 같은 부분에 대하여 본 저자는 사주 주인공인 박 모씨에게 질문을 하였으나 별다른 부인도 시인도 하지 않고 묵묵부답이었는데 박 모씨가 순간적으로 얼굴이 붉어져 있는 것을 감안한다면 그것은 아무리 생각해도 박 모씨 본인에게 자존심 상하고 개인적인 프라이버시를 침해하였지 않았나 하여 무참하게 말한 부분이 조금은 본 저자가 미안하게 생각하였다.

***. 본인의 처궁판단,!**

다시 사주 주인공인 박 모씨의 처궁을 판단하여 보면 사주일지를 보고 간명하는데 일주의 동태와 십이운성 왕쇠(旺衰) 및 각종 귀인(貴人)과 살성(殺星)등을 복수적으로 판단하는 것이 타당하다.

더하여 남자의 사주에서는 처를 재성으로 표시하고 있는데 그 중에서 편재의 기운은 첩이고 정재는 본처의 기운을 대변하며 따라서 재성의 기운과 십이운성의 강약(强弱) 및 귀인(貴人)과 각종 살성(殺星)등을 일주와 같이 간명하여야 된다.

그렇다면 사주 주인공인 박 모씨의 일지는 인수 子水가 자리를 잡아 있는 중에 십이운성 목욕지에 앉아 있는 점은 박 모씨 및 처가 바람을 피우는 것이 되고 또한 박 모씨 사주명조에 여자를 나타내는 정재의 기운이 월지 未土 및 시상 己土가 각각 2개가 있는 것을 알 수가 있다.

또한 다시 남자의 사주에서 첩의 기운을 대변하고 있는 편재가 사주년지 辰土 그리고 사주시지 巳火 식신의 지장간 여기(餘氣)에 戊土가 각각 2개의 기운이 나타나고 있으므로 여자의 기운이 많은 것이 된다.

고로 사주 주인공인 박 모씨는 재혼을 하는 팔자로 귀착하는 것이며 그렇다면 부부궁이 불리하여 이혼 내지는 삼혼의 팔자라는 것을 사주원국은 무언중에 암시를 하고 있는 것이다.

실제로 사주 주인공인 박 모씨는 2번의 여자와 이혼 및 사별을 하였으며 다시 지금의 처를 만났던 것인데 하지만 지금의 처는 대단히 용모가 청수하고 인자 관대한 현모양처를 만났다는 것을 미루어 짐작할 수가 있겠다.

***. 命理大要 上권인 처복편에 인용하여,!**

이러한 부분을 命理大要 上권인 처복편에 적고 있기를 "사주일지가 정관이거나 정재일 때 처가 미모이며 더하여 재성이 천을귀인과 동주하거나 재성의 천을귀인을 만나면 처첩이 수미(秀美)하다,"라며 적고 있다.

따라서 이와 같은 命理大要 上권인 처복편의 부분에 부합시켜 사주 주인공인 박 모씨의 사주월지에 未土 정재가 자리를 잡고 있는데 일간 甲木을 주동하여 월지 未土가 천을귀인에 해당하고 있으므로 완전히 命理大要 上권인 처복편의 부분에 일치하고 있음을 판단하였다.

그러나 사주 주인공인 박 모씨는 비록 미모의 현모양처를 만났지만 항상 사소한 일로 불평불만이 많아 약간의 의견충돌을 피할 수가 없을 것으로 본다.

이것은 재성의 기운이 천을귀인을 가지고 있는 것은 처의 성격과 미모등을 판단할 수 있겠으나 일간 甲木에 대한 재성 土氣는 기신(忌神)이 되고 있으니 본인으로서는 처로 인한 불평과 불만이 끊어지지 않는다는 점으로 판단하는 것이 타당하다.

***. 본인의 자식궁에 대한 판단,!**

다시 위 사주 주인공인 박 모씨의 자식궁을 판단하여 보면 사주원국 시주의 동태를 보고 판단하는데 시주의 각종 살성(殺星)과 귀인(貴人) 및 십이운성의 왕쇠(旺衰)등을 복수적으로 간명하는 것이 좋다.

더하여 육친별로는 여자에게는 식신,상관이며 남자에게는 편관, 정관이 되고 있는데 육친의 성정과 십이운성 강약(强弱) 및 각종 살성과 시주의 동태를 같이 판별하는 것이 타당하다.

따라서 사주팔자에 자식을 나타내는 육친인 관성이 년간에 투출되어 있는 庚金 편관이 있는 중에 다시 시지 巳중 식신의 지장간 중기(中氣)에 庚金이 들어 있으므로 전부 편관은 아들을 의미하니 아들이 2명이 된다.

또한 사주시지 巳火 식신이 일간 甲木에 대한 문창성(文昌星)이 되고 있으므로 자식이 대단히 문학적, 예술적으로 두뇌가 총명한 것을 알 수가 있으며 비록 시주의 기운이 일간 甲木에 대한 기신(忌神)인 己巳로 되어 있어 좋지 않겠지만 사주 주인공인 박 모씨의 말년대운이 북방 亥-子-丑 水局과 동방 寅-卯-辰 木局으로 치달리고 있으니 자식덕은 볼 수가 있게 될 것이다.

하지만 자식이 성장하는 과정에서 일면 대단히 질병이나 교통사고 및 신체부상으로 고통을 당하는 것을 암시하고 있는데 이것은 사주시주가 己巳로서 일간 甲木을 주동하여 십이운성의 병지에 앉아 있는 것은 자식의 부분이 질병및 건강상 좋지 않다는 점을 사주원국은 무언중에 암시를 하고 있는 것이다.

***. 격국에 대한 대운흐름,!**

위 사주 주인공인 박 모씨 본인의 성격 및 육친의 운명을 종합적으로 간명을 하여보았는데 본 장 언론가(言論家)팔자로서 그나마 대발복을 하였던 것은 격국에 대한 순수함 및 용신의 강령함도 있었을 것이다.

그러나 무엇보다도 중요한 것은 운로인 대운의 흐름이 중년 36세 丁亥대운부터 용신의 운로인 북방 亥-子-丑 水局으로 치달렸으니 언론가(言論家)로서 대부귀를 누렸던 것을 알 수가 있다.

따라서 사주 주인공인 박 모씨 대운의 흐름을 파악하여 보면 초년 16세 乙酉 대운까지는 학업에 전념하는 시기로서 약간의 번민과 갈등속에 학업을 계속 하였는 것을 알 수가 있다.

그것은 대운천간 乙木은 사주일간 甲木에 대한 겁재로서 길신이 되고 있으나 사주년간 庚金 편관과 乙-庚合金으로 관성 金氣로 둔갑하고 있는 중에 시상에 투출되어 있는 己土 정재와 己-乙 상충이 되고 있으니 여자로 인하여 고통과 번민의 세월을 보냈다고 본다.

더하여 대운지지 酉金이 사주일간 甲木에 대한 정관의 운로로서 사주년지 辰 土 편재와 辰-酉合金, 그리고 시지 巳火 식신과 巳-酉合金으로 완전히 관성 金氣의 기운이 더욱 더 왕성하여지니 박 모씨 본인이 원하는 대학을 들어가지 못하고 재수를 하여 다음해에 겨우 대학문턱을 들어갔던 것이다.

***. 저자의 본 대운흐름에 대한 판단,!**

이와 같은 현상은 사주원국이 인성 水氣를 용신을 삼고 있는데 어떻게보면 관성 金氣는 인성 水氣를 金生水하여 생조를 하고 있으니 길한 면도 있을지 모르지만 사주원국 자체에 인성 水氣의 기운이 얼마나 강력하게 일간의 곁에 둘러쌓여 있느냐에 따라 관성 金氣의 기운은 절대적으로 길흉이 상반되는 것임을 파악하여야 된다.

다시 말해서 사주팔자에 인성의 기운이 대운천간은 사주천간 그리고 대운지지는 사주지지를 서로 대조하여 판단하여야 될 것인데 위 사주의 경우 비록 월상 癸水 인수가 투출되어 있겠지만 시상에 투출되어 있는 己土 정재가 癸- 己 상충을 도모하고 있으니 상대적으로 인수의 기운이 쇠약하고 있음을 파악 하여야 될 것이다.

그렇다면 인성의 기운이 월상이나 시상에 같이 인성의 기운이 투출되어 있으면 비록 관성 金氣는 일간 甲木을 상극을 하지 못하고 인성에 서로 유정(有情)하여 생조하면서 일간 甲木이 힘을 받을 수가 있으므로 이 때에는 흉이 돌출되는 것이 아니며 오히려 길함이 들어온다고 판단하여야 된다.

그러나 위 사주원국은 인수가 월상에 하나가 있는 중에 이미 편관 庚金이 년간에 투출되어 있어 편관 庚金의 기운을 일간 甲木에게 상극을 하지 못하겠끔 살인상생(殺印相生) 및 관인상생(官印相生)의 이치를 도모하는 것도 힘에 벅차고 있음을 미루어 짐작할 수가 있겠다.

상황이 이런데도 시상에 己土 정재가 癸-己상충으로 파극하여 인수의 기운을 쇠약하게 만들고 있으니 운로인 대운이나 세운에서 재차 관성 金氣를 만나게 된다면 조금은 그 기운을 흡수할 수는 있을 것이다.

이것은 상충의 작용으로 쇠약한 인수 癸水로서는 절대적인 역부족이 되어 화살(化殺)의 이치를 하지 못한 상태에서 대운에서 들어오는 관성 金氣가 일간을 치고 들어오게 되므로 약간의 흉함이 돌출되는 것은 필연코 막을 수가 없다.

또한 대운지지에서 관성 金氣가 들어오는 것도 똑같이 적용되고 있는데 위 사주는 그래도 천간에서 관성 金氣가 들어오는 점보다 대운지지에서 관성 金氣가 들어오는 것은 조금 낫다고 볼 수가 있다.

그것은 인수 子水가 사주일지에 자리를 잡고 있는 중에 년지 辰土 편재의 기운과 子-辰合水를 하여 인성 水氣의 기운이 강력하고 있는데 인성 水氣가 왕성한 것은 비록 대운이나 세운에서 관성 金氣

를 만나게 된다면 일간 甲木의 기운으로 완전히 살인상생(殺印相生) 및 관인상생(官印相生)의 이치를 실현하게 되니 관성 金氣의 흉함이 평길 내지는 길하게 될 것이다.

***. 본 저자가 약 26년동안 실제인물을 통하여 얻은 비법,!**

다시 방금 위 사주처럼 대운지지 酉金이 사주년지 辰土와 辰-酉 合金,그리고 시지 巳火와 巳-酉合金 등으로 합을 하여 일간에게 들어오는 성질이 된다면 합의 기운이 대단히 강력한 것이 되니 인성 水氣가 이를 받아들이기가 조금 벅차게 될 것이다.

그것은 물론 사주 격국마다 조금씩 차이가 나고는 있겠지만 단순히 합을 하지 않고 순수한 관성 金氣가 들어오는 경우와 이와 같이 합을 하여 관성 金 氣가 대단히 강력하게 작용하는 것과는 약간의 차이를 보이고 있는 것으로 판단하여야 된다.

그렇다면 이 때에는 인성의 기운이 사주원국에 대단히 강력하게 자리를 잡는 성질이 아닌 이상 조금의 흉함이 나타나고 있는 것을 본 저자는 실제인물을 통하여 운로를 추적하여 본 결과 새로운 사실을 밝혀 내었는데 이상의 부분을 학자들이 터득을 하게 된다면 간명상 많은 보탬이 될 것을 미루어 짐작하고 있다.

다시 26세는 丙戌대운이다.

이것은 대운천간지지 모두 일간 甲木에 대한 기신(忌神)으로서 그중에 대운천간 丙火의 기운은 일간에 대한 식신의 운로인데 사주년간 庚金 편관을 丙-庚 상충으로 파극하고 있으며 다시 대운지지 戌

土는 편재의 운로이니 사주년지 辰土와 辰-戌 상충, 그리고 월지 未土 정재와 戌-未 삼형으로 가격하는 것은 해당 육친의 흉함은 물론 본인 자신까지도 기신(忌神)의 작용으로 인한 그 흉함이 하늘을 찌르고도 남음이 있다.

실제로 이 때에 사주 주인공인 박 모씨는 부친이 교통사고로 유명을 달리하였으며 더하여 그것도 모자라 불미스러운 일로 인하여 본처와 이별을 하였던 것인데 그 흉함이 극도로 치달리고 있었으니 계속하여 법정출입과 관재등으로 정말 이루말 할 수 없는 고통과 번민의 연속이었다고 박 모씨 본인이 회고를 하였다.

36세는 丁亥대운으로서 그 동안 어려웠던 시절이 다시 광명이 밝아오는 시절인 것을 알 수가 있는데 비록 대운천간 丁火는 일간 甲木에 대한 상관의 운이니 기신(忌神)이 되겠지만 대운지지 亥水가 水氣로서 일간을 생조하는 용신의 기운이며 사주월지 未土 정재와 亥-未合木을 하고는 있지만 시지 巳火 식신이 巳-亥 상충이 되어 있으므로 합의 기운이 쇠약하고 있다.

그러나 대운지지의 방향이 북방 亥-子-丑 水局으로 치달리고 있으니 무엇보다도 흉이 발생된다하여도 용신의 기운으로 치달리고 있는 점은 강력한 흉은 돌출되지 못하는 점으로 보는 것이 정석이다.
이 때에 사주 주인공인 박 모씨는 지금 모 처 방송국 과장으로 승진 발령되었고 그 직위가 앞으로 승승장구하는 것을 사주원국은 무언중에 암시를 하고 있다해도 과언이 아니다.

다시 46세는 戊子대운인데 대운천간 戊土가 기신(忌神)으로서 비록 사주월상 癸水 인수와 戊-癸合火로 둔갑되겠지만 역시 대운지지

子水가 사왕지지(子, 午, 卯, 酉)이니 정히 인수로 용신의 기운이 되고 있으므로 대발복을 하고 있음을 알 수가 있다.

이것은 금상첨화로 사주일지 子水 인수와 사주년지 辰土 편재를 子-辰合水로 합을 하는 것은 용신의 기운이 더욱 더 왕성하니 일약 지금의 방송국 모 처 국장(局長)으로 승진 발령되었으며 이것은 그 때만 해도 이른 나이로 주위 사람들을 충분히 놀라게 하고도 남음이 있겠다.

56세는 현재운로를 지배하는 己丑대운으로서 대운천간 己土가 사주일간 甲木 에 대한 정재의 운로이며 다시 사주월간 癸水 인수를 癸-己 상충, 일간 甲木 과 甲-己合土하니 일간 甲木에 대한 己土는 정재의 기운으로 여자와 금전으로 인한 흉함이 돌출된다.

더하여 대운지지 丑土가 역시 정재의 운로인데 사주원국 월지 未土 정재를 丑-未 상충이 되고 있으므로 정재를 상충을 하는 것은 처를 의미하니 지금 현재 사주 주인공인 박 모씨는 여자관계로 인하여 구설을 당하고 있는 것을 엿볼 수가 있는데 이것은 정재의 기운을 상충으로 충돌하는 이유에서 발생하는 것이다.

앞으로 다가오는 66세 庚寅대운 중에 대운천간 庚金은 일간 甲木에 대한 편관의 운로이니 그 흉함이 강력하게 돌출되겠지만 역시 월상 癸水 인수가 金生水하여 그 힘을 흡수하는 것이 되므로 비록 일간 甲木과 甲-庚 상충이 되고 있는 점을 많이 완화시킬 수가 있다.

더하여 대운지지 寅木이 일간 甲木에 대한 비견으로서 신약한 일간의 기운을 부조하고 있으니 대발전이 예상되고 있는데 아마도 대운천간이 지배하는 66세부터 70세까지는 건강상 조금의 고통이 있겠고 그러나 대운지지가 지배하는 71세부터는 승승장구하는 것을 판단하고 있다.

결국 위 사주 주인공인 박 모씨는 비록 대운의 흐름에서 수시로 약간의 살운(殺運)이 닥치더라도 그 흉의가 타 사주격국보다 오행이 木, 火, 土, 金, 水로 균등을 갖추고 있는 중에 생화불식(生化不息)까지 되므로 말년이 수명과 부귀공명을 누리는 사주팔자라고 본 저자는 간명하는 바이다.

※지금까지 위 사주 주인공인 박 모씨 사주격국의 판단과 육친의 운명 및 본 장 언론가(言論家)의 팔자에 부합시켜 간명을 하여보았는데 역시 격국의 순수함과 오행상 균등을 갖추고 있음을 눈여겨보아야 할 것이며 더욱 더 생화불식(生化不息)으로 오행이 상생의 원칙에 입각하고 있으니 대부귀 운명이라는 것을 알 수가 있다.

더하여 만약 이렇게 격국의 짜임새가 좋고 비록 일간이 신약하더라도 용신의 기운이 왕성하여 사주격국의 모자람을 보충하고 있는데 하지만 역시 운로인 대운이나 세운에서 사주상 기신(忌神)의 운로를 첩첩으로 받고 있다면 오늘날 언론가(言論家)의 팔자로서 대부귀 운명이 되지는 못했을 것이다.

제16장

*. 항 공 계(航 空 界)

*. 항공계(航空界)팔자에는 여객기조종사 및 승무원을 가르키는 데 여객기회사에 근무를 하는 사람도 다소 포함되고 있으며 그 실체를 본 저자가 경험상 터득한 비법(秘法)에 준하여 적나라하게 파헤치고 있다.!

(16). 항공계(航空界)팔자,!

항공계(航空界)팔자는 고서(古書)나 원서에는 기록되어 있지 않겠으나 고대의 추명학적으로 볼 때 배를 타고 무역업을 하는 직업에 일부 부합시켜 간명을 하고 있겠으며 오늘날 시대의 변천이 발달됨에 따라 항공계(航空界)팔자로 완전히 분류되어 내려왔던 것이 사실이다.

본 장 항공계(航空界)팔자에는 그 종류가 타 격국과 달리 그리 복잡하지 않고 동일적인 하나의 구성을 가지고 있는 것 때문에 대체로 직업적인 특성이 단순 명료하게 표시되고 있는 점을 알 수가 있다.

이와 같은 항공계(航空界)운명의 직업적인 분포는 비행기를 운전하는 비행조종사로부터 시작해서 승무원 및 항공회사를 근무하는 자들도 일부 포함되는 것으로 사주팔자의 특이한 부분은 보통 역마살(驛馬殺)을 가지고 있는 것을 본 저자는 많이 파악하고 있다.

더하여 본 장 항공계(航空界)팔자에 대해 운명의 발복 여부가 격국의 구성에 따른 命理秘典 下권인 간명비법상 청탁(淸濁)의 유무, 그리고 용신의 왕쇠(旺衰) 및 사주상의 용신을 생조하는 운로인 대운이나 세운에서 필수적으로 치달리고 있어야 만이 부귀공명이 판가름난다고 해도 과언이 아니다.

(가). 항공계(航空界)운명

●"申","子","辰"일주에서 신왕하고 "寅"이 사주팔자에 들어있어 "용신"이나 "희신"이 되고 있을 때,! (참고로 일주가 申, 子, 辰이 되고 寅木은 역마살(驛馬殺)이 되고 있는데 일간이 신왕하여 역마인 寅木을 용신이나 희신으로 삼는 것을 말함)

●사주년주를 주동하여 "일주"가 "역마살"(驛馬殺)이 해당하고 일간이 "신왕"하고 있는 것,! (참고로 예를 들면 사주년주가 巳, 酉, 丑년주라고 가정할 때 일지 亥가 역마살(驛馬殺)이 되는 것이다.)

●일간이 "신왕"하고 사주에 "역마살"(驛馬殺)이 있는데 재성의 기운인 "丙","丁","巳","午""火氣"가"용신"이나 "희신"이 될 때,! (참고로 재성 火氣를 용신으로 선택하고자 하면 사주일간이 壬, 癸일주가 된다.)

※참고로 이상의 항공계(航空界)팔자를 나열하여 보았는데 특이한 점은 전부 사주원국에 역마살(驛馬殺)을 가지고 나온다는 점이며 비록 일간이 신약하더라도 역마살(驛馬殺)이 존재하고 격국이 청기(淸氣)을 가지고 있을 경우 다소 항공계(航空界)팔자가 있음을 보고 있다.

더하여 본 장 항공계(航空界)팔자에는 민간 항공기부분에만 적용되는 것이 아니고 공군 비행조종사들도 군속으로 직업을 잡는 것이 되므로 이것 역시 항공계(航空界)팔자에 포함시켜야 타당할 것이다.

그렇지만 본 장 항공계(航空界)팔자가 대성공을 하려면 역시 격국이 순수하고 용신이 강령하며 대운의 흐름이 필히 용신이나 희신이 되어야 대발복을 누릴 수가 있게되는 것은 필수조건이다.

(예1). 항공계(航空界)팔자로서 대한민국 모 처 항공사 주기장(主機長)으로 종사하여 대 부귀 운명이 되어 있는 황 모씨,!

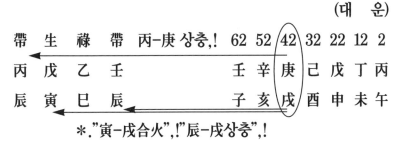

(대 운)

帶	生	祿	帶	丙-庚 상충,!	62	52	42	32	22	12	2
丙	戊	乙	壬		壬	辛	庚	己	戊	丁	丙
辰	寅	巳	辰		子	亥	戌	酉	申	未	午

*."寅-戌合火",!"辰-戌상충",!

편인		정관	편재
火	(土)	木	水
土	木	火	土
비견	편관	편인	비견

● 대운천간 庚金이 비록 사주일간 戊土에 대한 희신의 역할을 하고 있으나 사주시상에 투출되어 있는 丙火 편인을 丙-庚 상충을 하니 흉함이 강하게 나타남을 예시하고 있다. 더하여 대운지지 戌土가 오행상 조토로서 사주일지 寅木 편관과 寅-戌合火하여 신강한 일간을 더욱 더 신강하게 만들면서 사주년지 및 시지 辰土를 辰-戌상충으로

가격하는 것은 천간지지 모두 흉함이 대단히 강력하게 나타나는 것을 알 수가 있다.

항공계(航空界)의 팔자로서 대한민국 모 처 항공사 주기장(主機長)으로 근무하여 대부귀한 운명이 되어 있는 황 모씨의 사주 이다.

***. 일간의 왕쇠(旺衰),!**

戊일간 巳월에 출생하여 득령하고 사주원국 월지 巳火 편인을 중심으로 하여 년지 辰土 비견과 시지 辰土 비견에 득세(得勢)한 중에 다시 월지 巳火 편인의 십이운성 건록지에 앉은 시상 丙火 편인이 일간 戊土를 생조하고 있으므로 신강하다.

이렇게 일간 戊土가 신강하면 이것이 외격(外格)의 종격(從格)이나 가종격(假從格)으로 돌아가지 않는 이상 마땅히 내격(內格)의 억부법이나 조후법상의 용신이 선정되는 것이 타당할 것이다.

사주팔자를 살펴보니 일간 戊土를 생조하는 인성 火氣와 비겁 土氣가 강력하여 일간이 신강하나 일간 戊土의 기운을 적절히 억제할 수 있는 사주일지 寅木 편관이 자리를 잡고 있는 중에 다시 월상 乙木 정관이 투출되어 있으므로 결코 외격(外格)의 종격(從格)이나 가종격(假從格)으로 돌아가지 못한다.

그렇다면 내격(內格)의 억부법이나 조후법상 용신이 선정되는 것을 알 수가 있을 것이며 사주원국을 보면 일지 寅木 편관이 있는 가운데 다시 그 십이운성의 제왕지에 앉은 월상 乙木 정관이 투출되어 있는 것을 년지 壬水 편재가 끊임없이 정관 乙木을 생조하고 있으므로 사주가 대단히 좋게 되어 있다하겠다.

＊. 격국(格局)과 용신,!

위 사주원국의 격국을 판단하여 보면 사주일간 戊土가 왕성한 편인 火氣와 비견 土氣에 의하여 신강한 중에 사주월지에 巳火 편인의 십이운성 건록지에 앉은 시상 丙火 편인이 투출되어 있으므로 "신왕월지편인격(身旺月地偏印格)"이 성격(成格)된다.

또한 용신으로 격국을 설정하니 "인중용재격(印重用財格)"으로 편인 巳火가 강력하여 일간 戊土가 신강이 되고 있음에 따라 편인 火氣를 바로 상극하는 재성 水氣를 용신하고 재성 水氣를 생조하는 식상 金氣는 희신으로 삼는다.

한편으로 볼 때 사주원국이 관성과 인성의 기운인 木, 火의 기운이 강력하여 일간 戊土가 신강하고 있으니 일면 내격(內格)의 조후법상 金, 水로서 조후의 역할을 충족시켜야 할 것이므로 이것은 억부법이나 조후법에 일치하는 용신이 선정되는 것을 알 수가 있다.

여기서 관성 木氣의 경우는 인성 火氣가 강력하면 원칙적으로 관성 木氣는 신강한 일간 戊土를 편인 火氣가 살인상생(殺印相生) 및 관인상생(官印相生)의 법칙에 실현하여 좋지 않겠지만 일간 戊土에 바로 근접하여 있는 일지 寅木 편관이 있는 중에 다시 寅木의 제왕지에 앉은 월상 乙木 정관이 투출되어 있으니 일간과 유정(有情)하여 길신으로 선택할 수가 있다.

***. 일부학자들의 의문,!**

여기서 방금 이와 같은 설명을 놓고 일부학자들 중에는 약간의 의문을 제기하고 있는데 그것은 "위의 사주원국이 일간 戊土가 신강하는 것은 편인 火氣에 의하여 신강하고 있기 때문에 편인 火氣가 강력하면 관성 木氣로서는 오히려 편인 火氣를 생조하여 일간 戊土를 더욱 더 강하게 하므로 불리하지 않겠느냐", 라며 의문을 표시하고 있다.

***. 학자들의 의문에 대한 본 저자의 견해,!**

이와 같은 일부학자들의 의문에 대하여 본 저자는 일부학자들의 말이 일면 타당성이 있다고 볼 수가 있겠지만 그러나 위 사주팔자를 놓고 그 성질을 면밀히 검토하여 볼 때 비록 편인 火氣가 강력하여 일간 戊土가 신강이 되어 있는 것은 사실이다.

하지만 사주원국에 인성 火氣가 얼마나 강력하게 작용하고 있느냐와 또 비록 인성의 기운이 강력하더라도 관성의 기운이 일간에 대하여 얼마나 근접하여 길신으로서 그 영향력을 행사하느냐에 따라 그 가부(可否)가 결정되어야 할것이다.

***. 命理秘典 下권인 간명비법의 법칙에 인용하여,!**

그렇다면 본 저자가 편찬한 命理秘典 下권인 간명비법상 유정무정(有情無情)의 법칙에 인용하여 본다면 "사주팔자의 일간의 기운이 신왕하여 있는 중에 인성이 강력하다고 해도 용신이나 희신의 기운이 되는 관성이 일간과 근접하여 있을 경우 비록 인성의 기운에 일부 기운은 빼앗기는 현상은 되고 있어도 일간에 대하여 유정(有情)하니 용신이나 희신의 작용은 할 수가 있다",!라며 기술하고 있다.

따라서 이상의 부분을 부합시켜 용신이나 희신 및 길신으로 자리를 잡은 관성의 기운이 인성이 왕성할 경우 비록 그 기운은 일부 빼앗기는 현상은 발생될 지라도 일간과 직접 대조하여 관성이 일간에게 근접하면 길신의 기운으로서 그 영향력은 행사할 수 있는 논리에 귀착되고 있음을 알 수가 있다.

결국 위 사주팔자도 편인의 기운이 사주월지 巳火에 자리를 잡아 강력한데 다시 월지 巳火 편인이 십이운성의 건록지에 앉은 시상 丙火 편인이 투출되어 있으니 원칙적으로 편인 火氣가 대단히 강력하다고 볼 수가 있다.

그러나 방금 설명한 命理秘典 下권인 유정무정(有情無情)의 법칙에 인용하여 볼 때 사주일지 寅木 편관이 일간 戊土와 바로 근접하여 있는 중에 다시 월상에 투출되어 있는 정관 乙木까지 자리를 잡고 있는 것을 알 수가 있겠다.

따라서 이것은 일간의 기운을 생조하는 편인 火氣에게 비록 관성의 기운을 일부 빼앗기는 현상은 되고 있어도 일간에 대한 관성의 영향력은 행사할 수가 있는 것이니 운로인 대운이나 세운에서 관성 木氣의 기운을 재차 만나게 된다면 그에 대한 길함이 들어오게 되는 이유가 여기에 있는 것이다.

***. 사주격국에 대한 정신기(精神氣)삼자,!**

위 사주원국에 대한 정신기(精神氣)삼자를 판별하여 보면 우선 일간 戊土를 중심으로 하여 일간을 생조하는 편인이 월지 巳火 및 시상에 투출되어 있는 丙火가 있으니 인성인 정(精)이 강력하게 되어 있음을 알 수가 있다.

또한 신강한 일간 戊土의 기운을 적절히 억제 내지는 견제하고 단련시키는 관성이 일지 寅木 편관 및 월상에 투출되어 있는 乙木 정관이 있는 중에 다시 년간에 壬水 편재까지 있으므로 신(神)의 기운 역시 강력하게 작용하여 있다고 보겠다.

더하여 일간 戊土의 동기인 비겁이 사주원국 년지 辰土 비견과 시지 辰土 비견이 자리를 잡아 일간 戊土를 신강하게 만들고 있으니 기(氣) 또한 만만치 않고 그 세력이 강력하고 있는데 이렇게 정신기(精神氣)삼자가 모두 강력하게 있음을 알 수가 있으므로 사주삼자의 기운이 모두 왕성하니 격국이 절묘한 배합을 이루고 있다고 볼 수가 있다.

***. 격국(格局)에 대한 청탁(淸濁),!**

다시 위 사주원국에 대한 청탁(清濁)의 판별을 살펴보면 사주팔자의 용신에 대한 형, 충, 파, 해와 오행의 유통됨을 면밀히 관찰하여야 된다.

따라서 위 사주를 자세히 살펴보면 일간 戊土를 중심으로 하여 사주년간 壬 水 편재와 壬-戊 상충, 그리고 시상에 투출되어 있는 丙火 편인과 丙-壬 상충이 되어 있어 일면 사주상의 탁기를 남기는 것이 된다고 볼 수 있다.

그러나 이것은 사주년간과 일간사이에 월상 乙木 정관이 투출되어 있어 정관에 편재 壬水의 기운을 水生木으로 돌리고 있으니 상충의 작용을 퇴색시키고 있는데 시상에 투출되어 있는 丙火 편인과 년간 壬水 편재간 丙-壬 상충은 거리가 원격(遠隔)하여 제대로 상충의 작용이 일어나지 못하고 있음을 간파 하여야 될 것이다.

고로 상충이나 삼형의 작용으로 인한 사주천간의 탁기는 존재하고 있지 않음을 알 수가 있는데 그러나 지지는 월지 巳火 편인과 일지 寅木 편관간에 寅-巳 삼형이 존재하고 있는 중에 이것을 적절히 완화시킬 수 있는 합이나 오행의 유통이 되지 않아서 일점 탁기(濁氣)를 구성하고 있다고 볼 수가 있다.

상황이 이럴진데 년지 辰土 비견과 시지 辰土 비견간에도 비록 거리가 원격(遠隔)하고 있지만 辰-辰 자형까지 되고 있으니 편관의 기운인 신(神)과 비견의 기운인 기(氣)가 불청(不清)함을 면할 수가 없게 되어 있는데 辰-辰이 중첩되어 있는 것은 천라지강살(天羅至剛殺)을 동반하고 다시 년주 壬辰이 괴강살(魁罡殺)이 되고 있으므로 더욱 더 부합하고 있다.

대체로 사주팔자가 공업계(工業界)나 항공계(航空界)의 운명은 격국이 순수함을 이루고 있는 중에 이렇게 사주상의 일점 탁기를 구성하는 점이 일반적 현상으로 볼 수있는데 이것은 쇠를 만지는 성질에는 형, 충, 파, 해 및 각종 살성(殺星)을 동반하여야 만이 이러한 직업에 종사는 것을 본 저자는 많이 보고 있다.

***. 용신의 기운에 대한 일간과 유정무정(有情無情),!**

위 사주팔자에 대한 용신의 유정무정(有情無情)법칙에 준하여 판별하여 보면 방금 전자에 약간 언급을 하였지만 격국을 볼 때 일간 戊土가 신강한 것은 편인 火氣에 의하여 신강이 되고 있으니 원칙적으로 인중용재격(印重用財格)인 편인 火氣를 상극하는 재성 水氣를 용신으로 선택하고 있음을 알 수가 있다.

그러나 위 사주에는 재성 水氣인 편재 壬水가 비록 사주년간에 투출되어 있겠지만 일간 戊土와 원격(遠隔)하고 있으니 대체로 일간 戊土와 용신의 기운간에 무정(無情)한 것이 되어 있다고 보겠다.

그러나 그나마 다행스러운 것은 월상에 乙木 정관이 사주일지 寅木 편관의 십이운성의 제왕지에 앉아 투출되어 년간 壬水 편재의 기운을 흡수받아 직간 접적으로 신강한 일간의 기운을 줄여주고 있으니 용신의 대타로서 그 역할을 하고 있으니 다행이라 아니할 수 없다.

만약 이와 같은 편관이나 정관의 기운이 년주나 아니면 인성 火氣의 기운에 가로막혀 있다고 가정할 때 이것은 정말 용신인 편재 壬水가 일간과 원격(遠隔)하고 있는 중에 길신의 역할을 하고 있는 관성 木氣마져 제대로 그 역할을 할 수가 없는 성질이 되고 있으니 설상가상이라 할 것인데 절묘하게 용신의 부족함을 관성이 충족시키고 있으므로 대단히 다행스럽다 할 것이다.

따라서 이렇게 용신인 壬水 편재가 비록 년간에 투출되어 있는 것은 일간 戊土에게는 조금은 무정(無情)하다고 볼 수가 있겠으며 그러나 그 부족함을 관성 木氣가 충족하고 있으니 다시 운로인 세운이나 대운에서 재성 水氣나 재성 水氣를 생조하는 식상 金氣를 만나게 될 때는 대발복을 할 수가 있는 것은 기정사실이다.

***. 본 장 항공계(航空界)팔자에 대한 판단,!**

위 사주팔자에 대한 본 장 항공계(航空界)운명에 비추어 간명하여 보면 사주일간 戊土를 기준하여 일간이 신강한 중에 비록 용신을 년간에 투출되어 있는 壬水 편재를 사용하지만 그래도 관성 木氣가 일간 戊土와 서로 유정(有 情)하니 적잖이 관성의 힘이 일간에게 발휘되고 있다.

더구나 사주년주 壬辰을 주동하여 일지 寅木 편관이 역마살(驛馬殺)에 해당하고 있는 중에 편관 寅木이 사주일간에 대한 길신으로 작용하고 있으니 이것은 주로 밖에 나 다니는 직업을 가지면 성공을 할 수가 있으므로 해외를 다니는 항공계(航空界)팔자가 적합할 수가 있는 것이다.

또한 사주원국이 辰-辰 자형은 비록 나쁘게 작용할 수가 있겠지만 辰은 천라지강살(天羅至剛殺)로서 辰土가 중첩되어 있고 년주가 壬辰으로서 괴강살(魁罡殺)과 일지 寅木과 월지 巳火 편인간에 寅-巳 삼형까지 갖추고 있는 중에 월지에 편인 巳火는 자유업과 편업에 적합한 것인데다가 사주가 일점 탁기를 남기는 것이 되니 완전히 항공계(航空界)팔자로 부합하고 있는 것이다.

이와 같은 성질은 한편으로 살펴볼 때 보통 항공계(航空界) 및 공업가(工業家)의 팔자들의 사주명조를 유심히 관찰하여 보면 대체로 이렇게 사주상의 탁기를 구성하면서 일간이 신왕한 사주가 대운의 흐름이 정히 용신이나 희신의 운으로 치달리고 있을 경우 대 발전을 하고 있는 것을 알 수가 있다.

결국 이상의 항공계(航空界)운명이나 공업계(工業界)의 팔자는 사주원국의 격국이 순수한 점이 두드러지고 있을 때 이상의 직업에 종사하지를 않고 타 직업으로 전환하는 것을 많이 보고 있는데 이것은 항공계(航空界)나 공업계(工業界)의 팔자가 금속, 조립, 및 기계류는 사주상의 각종 살성(殺星) 및 오행상 일점 탁기를 구성하여야 만이 본 직업에 종사할 수가 있게 되는 이유가 여기에 있다.

***. 본인의 운명과 성격,!**

다시 위 사주주인공인 황 모씨 본인의 운명과 성격을 판별하여 보면 사주원국이 일간 戊土가 월지 편인 巳火 등에 의하여 신강하고 있는 중에 일지 寅木과 월지 巳火간에 寅-巳 삼형과 년주가 壬辰으로서 괴강살(魁罡殺)에 임하고 있으니 고집과 자존심이 대단히 강한 것을 알 수가 있다.

또한 사주일지 寅木 편관이 있는 중에 그 세력에 십이운성의 제왕지에 뿌리를 둔 월상 乙木 정관이 투출되어 있으므로 관성 木氣의 힘이 대단히 강력한 것이 되고 있는데 그렇다면 그 성격이 바람같이 급하고 한편으로는 급성을 부리다 손재와 재화를 종종당하는 것으로 판단한다.

하지만 두뇌회전은 빨라서 매사의 일을 처리함에 있어 빈틈이 없는 것도 엿 볼 수가 있겠으며 이것은 편관이라는 육신이 사주일지에 자리를 잡고 있을것 같으면 더욱 더 그 경향이 두드러지게 나타나게 된다.

더하여 월지에 편인 巳火가 자리를 잡고 일간 戊土가 신강하니 비록 시작 잘하나 매사에 끝마무리를 시원하지 않게 하여 용두사미로 일를 끝내기 쉽겠으며 그러다 보니 조금은 기회를 놓쳐 재복이 없어지는 현상까지 생기기 쉬우므로 이와 같은 단점은 대단히 조심을 하여야 될 것이다.

일면 사주월지에 편인이 있어 신강하면 이상의 특성과 함께 자유분방한 것을 좋아하며 절대로 남에게 속박 받는 것을 싫어하는 타입이 될 것이고 그렇다면 오늘날 사주주인공인 황 모씨가 항공계(航空界)팔자로 외국을 드나드는 것은 사주에 역마살(驛馬殺)과 편인의 특성이 한몫을 차지하는 하나의 이유도 될 것이다.

*. 命理秘典 上권에 편인편과 편관편을 인용하여,!

이와 같은 것은 본 저자가 편찬한 命理秘典 上권인 육친의 편인편에 기술하고 있기를 "사주월지에 편인이 있으면 의사, 배우, 운명가, 이,미용업등 편업(偏業)에 적합하고 그러나 십이운성의 쇠, 병, 사, 묘, 절과 동주하면 인기가 없고 또 사주에 식신이 있으면 손위사람의 방해를 받으며 신체가 허약해진다",!라며 기술하고 있다.

또한 육친의 편관편에 기술하고 있기를 "사주일지에 편관이 있으면 그 성질이 조급하나 총명 영리하다, 그러나 십이운성의 묘에 해당하면 매사에 걱정이 많으며 즐거움이 적다,"!라며 기술하고 있다.

이상의 命理秘典 上권인 육친의 편인편과 편관편의 판단부분에 비추어 볼 때 위 사주주인공인 황 모씨의 성격과 운명적 특성이 그대로 잘 나타나고 있음을 단적으로 보여주고 있다해도 과언이 아니다.

하지만 사주주인공인 황 모씨의 사주원국에 나타난 본인의 숙명적인 부분을 단편적으로 파악하여 볼 때 어렸을 때부터 유년이 대단히 불우한 환경속에서 성장을 하였다는 것을 알 수가 있겠는데 이것은 사주년주가 壬辰으로서 괴강살(魁罡殺)에 자리를 잡고 있으니 년주는 사회궁이고 본인으로서는 초년을 나타내므로 초년이 대단히 어려웠던 것을 사주원국은 무언중에 암시를 하고 있다.

***. 본 저자가 약 26년동안 실제 경험에 준한 비법(秘法),!**

이와 같은 부분은 사주원국 년주와 일주의 동태만 보고 판단할 수가 있겠으나 무엇보다 중요한 점은 사주주인공인 황 모씨의 초년 대운이 어떻게 흘러갔는가에 따라 판단의 기준에 비중을 두어야하는 것이 더욱 더 정확하게 될 것이다.

보통 사주추명학에서 사주주인공의 초년운로를 막연히 사주명조만 보고 판단의 결정을 내리는 것은 간명상 조금의 오류를 나타내는 것은 기정사실이고 실제로 작금의 몇몇 역술관이나 철학관의 현실이다.

그러나 이렇게 사주주인공의 선천성인 사주팔자와 후천성인 초년대운을 같이 비교 검토하여 판단을 내리는 것은 간명상 대단히 오류를 줄이는 결과가 되므로 학자는 반드시 사주주인공의 초년을 판단하기 앞서 본인의 초년대운을 검색하여 간명하는 것은 필수조건이 되어야 한다.

따라서 위 사주 주인공인 황 모씨의 초년대운을 판별하여 볼 때 우선 위 사주원국이 일간 戊土가 인성 火氣에 의하여 신강하고 있으므로 일간 戊土를 생조하는 인성 火氣나 비겁 土氣는 기신(忌神)이 될 것이다.

그렇다면 위 사주 주인공인 황 모씨의 초년대운을 보면 초년 21세까지 완전히 일간 戊土를 생조하는 인성 火氣로 치달리고 있었기 때문에 신강한 일간 戊土를 더욱 더 신강하게 만드는 것이 되니 상당한 기신(忌神)의 운을 첩첩으로 받고 있으므로 대단히 유년과 초년이 어렵게 성장하였다는 것으로 완벽히 결론이 나게 되는 것을 알 수가 있다.

*. 조부님의 운명,!

위 사주주인공인 황 모씨 조부님의 운명을 살펴보면 사주년주를 보고 판단하는데 년주의 동태인 각종 살성(殺星)과 십이운성의 강약(强弱)을 복수적으로 간명한다.

또한 육친별로는 편인을 나타내고 편인이 없을 경우 년, 월주 관살(정관이나 편관)으로도 판단할 수가 있으며 따라서 년주의 동태와 각종 살성(殺星) 및 귀인(貴人)그리고 육친의 성정을 다같이 보면서 판단하는 것이 타당하다.

따라서 사주원국을 살펴보니 사주년주에 조부님을 나타내는 편인이 없겠으나 사주시상에 투출되어 있는 丙火가 편인이고 다시 월지 巳火 편인이 자리를 잡고 있으므로 편인이 2개가 되는 것을 알 수가 있다.

하지만 시상에 丙火 편인은 시주이니 시주에 있는 편인은 조부님을 보지 않고 사주월지 巳火 편인을 조부님으로 보는데 일지 寅木 편관과 월상에 투출 되어 있는 乙木 정관이 편인 巳火를 木生火하여 생조하고 있으니 편인의 기운이 대단히 왕성한 것을 알 수가 있다.

그렇다면 조부님은 대단히 대부대귀한 분이라고 간명하며 더하여 관록을 쥐었던 어른이라는 것을 판단할 수가 있겠는데 일간 戊土를 주동하여 월지가 십이운성의 건록지에 앉아 있으므로 더욱 더 부합하게 된다.

또한 조부님의 성격이 상하를 엄격히 구분하는 어른이며 절대로 불의를 보고는 참지 못하고 항상 공명 정대한 점을 좋아하는 것을 판단할 수가 있겠는데 그와 같은 간명은 월주가 십이운성 건록지에 앉아 있으므로 사주월지 巳火 편인이 오행별로 火를 나타내고 있으니 火는 오행상 성질로 볼 때 남방으로서 예도(禮度)를 뜻하는 것이며 또한 형권을 표시하는 寅-巳 삼형까지 되고 있으니 확실한 것이다.

***. 일부학자들의 의문,!**

여기서 일부학자들 중에서 한가지 의문을 가지고 본 저자에게 질문을 던지고 있는데 그것은 "조부님을 나타내는 편인이 월지 巳火가 자리를 잡고 있으나 사주일지 寅木 편관과 寅-巳 삼형이 되어 조부님을 상극하니 조부님의 운명이 좋지 못하는 것으로 판단하는 것이 타당하지 않겠느냐",라며 의문을 표시하고 있다.

***. 학자의 의문에 대한 본 저자판단,!**

이 부분에 대하여 본 저자는 일부학자들이 말하는 부분도 약간은 수긍이 가고 있으나 하지만 본 저자는 학자들과 약간 견해를 달리하고 있다.

그것은 위 사주팔자를 살펴볼 때 일부학자들이 생각하는 사주일지 寅木 편관과 월지 巳火 편인간에 寅-巳 삼형이 성립되어 있는 것을 알 수가 있겠으나 이것이 상극하는 부분에 대하여 얼마나 강력하게 오행끼리 상극이 벌어지는 차이를 논할 필요가 있을 것이다.

***. 命理秘典 上권인 육신과 격국편에 인용하여,!**

이와 같은 부분은 본 저자가 편찬한 命理秘典 上권인 육신과 격국편에서 실제인물의 사주를 해설하는 과정에서 수차 반복하여 기술하고 있는 점을 되새 길 필요가 있다.

그 부분을 다시 인용하여 보면 "오행의 상극하는 것은 상충과 삼형 및 질투심이 있는 오행끼리 만나 상극하고 있을 때 그 중에서 같은 삼형의 부분이라 도 寅-巳의 삼형은 오행상 木生火의 조건을 갖추고 있기 때문에 완벽한 상극이 이루어지지 않고 오히려 寅木은 巳火에게 생조를 하는 입장이 되고 있으므로 때에 따라서는 서로간 유정(有情)하게 된다",!라며 기술하고 있다.

그렇다면 위 사주원국도 월지에 편인 巳火가 자리를 잡고 있는데 사주일지 寅木 편관이 비록 寅-巳 삼형을 한다 가정하더라도 이상의 판단부분에 비추어 볼 때 조부님을 나타내는 편인의 기운을 완벽하게 상극하지 못하고 오히려 생조를 하고 있으니 조부님이 무사하게 되는 것을 알 수가 있는 것이다.

하지만 조부님이 비록 관록을 잡고 대부대귀한 운명은 되겠으나 결혼운이 좋지 못해서 재혼을 하여 할머니가 두 분이라는 것을 알 수가 있겠는데 이와같은 판단은 년주가 壬辰으로서 괴강살(魁罡殺)에 해당하고 있는 중에 년지 辰土를 기준하여 월지 편인 巳火가 고신살(孤神殺)까지 적용되고 있으므로 완전히 부합하게 된다.

＊. 조부님의 선산묘지,!

다시 위 사주주인공인 황 모씨 조부님의 선산묘지를 간명하는데 사주년주의 동태와 각종 살성(殺星) 및 귀인(貴人)과 십이운성의 왕쇠(旺衰)를 조부님을 나타내는 편인의 기운과 상호 대조하여 복합적으로 판단하는 것이 타당할 것이다.

따라서 사주년주가 壬辰으로서 괴강살(魁罡殺)이 되고 있는 중에 비록 원격 하지만 사주시지 辰土와 년지 辰土사이에 辰-辰 자형까지 되고 있으므로 황 모씨 조부님인 선산묘지의 자리는 그다지 좋지 못하는 곳에 위치하고 있음을 사주원국은 무언중에 암시를 하고 있다.

이와 같은 현상은 비록 월지 巳火 편인이 십이운성의 건록지에 앉아 있으니 단편적으로 보면 조부님의 묘지 좌향이 좋은 곳에 위치하고 있다는 등으로 해석하면 대단히 추명의 오류를 불러들일 수가 있는 현상이 되고 있음에 따라 학자는 이상의 부분을 면밀히 파악할 필요가 있는 것이다.

또한 이 부분은 년간의 壬水 편재가 있는데 비록 월상에 투출되어 있는 乙木이 년간 壬水 편재의 기운을 水生木으로 흡수하여 일간 戊土와 壬-戊 상충을 완화시키고는 있을 지라도 육친통변법상 해당하는 기운에 대한 상극은 완전히 해극할 수 없는 성질이 되고 있음을 판단하여야 된다.

***. 命理大要 中권 조상편에 인용하여,!**

이와 같은 조부님의 선산묘지부분을 고서(古書)나 원서에는 자세히는 기록하고 있지는 않겠으나 본 저자가 집필한 命理大要 中권인 조상편에 그 부분을 인용하여 보면 "사주년주에 육친의 편관, 겁재, 편인, 양인살(羊刃殺)이 있으면 조상이 미미하였으며 년주에 십이운성의 사, 묘, 절, 형, 충이 있으면 조상덕이 없다"라며 기술하고 있다.

또한 본 저자가 집필한 命理秘典 下권인 간명비법에는 실제인물의 사주를 해석하는 과정에서도 조부님의 선산묘지를 약간씩 언급을 하고 있는데 그것은 년주가 괴강살(魁罡殺)이나 백호대살(白虎大殺) 및 십이운성의 쇠, 병, 사, 묘, 절에 앉아 있던지 형, 충이 되어 있으면 조상의 묘지가 그다지 좋지 못하였음을 기록하고 있다.

그렇다면 이상의 命理大要 中권인 조상편의 부분과 命理秘典 下권의 간명비법상 조상의 부분을 종합적으로 판단하여 볼 때 사주주인공인 황 모씨의 조부님의 선산묘지는 북쪽으로 자리를 잡고 있겠으며 묘지에서 보면 옆으로 길이 두갈래로 나있는 것을 알 수가 있다.

더하여 조부님의 선산묘지는 좌청룡(左靑龍) 우백호(右白虎)의 허리는 뚜렸하다고 볼 수가 있겠지만 입수(入首)나 용혈(龍穴)이 제대로 있는 자리가 아님을 알 수가 있는데 산수의 정기(精氣)는 미미하고 또한 사주년간의 壬水나 사주년지 辰土의 지장간 중기(中氣)에 癸水는 전부 물을 의미하니 묘지에서 보면 큰 강이나 바다가 보이는 배산임수(背山臨水)의 형상은 되고 있다고 판단한다.

하지만 산수의 정기(精氣)가 미미하다는 부분은 곧 자손이 발복함이 적은 것으로 귀착하는 것이며 이와 같은 사주주인공인 황 모씨의 본인을 대동하고 조부님의 선산묘지를 찾아본 결과 경기도 모 처에 북방으로 묘지의 좌향이 안치되었음을 알 수가 있었고 그 쪽에서 보니 한강이 흐르고 있었음을 확인 하였는데 대체로 본 저자가 간명한 황 모씨의 조부님의 산소는 예상한 장소에 일치하고 있음을 판단하였다.

*. 본 저자가 발견한 새로운 간명상 비법(秘法),!

그런데 여기서 본 저자가 문득 황 모씨 사주를 간명하다가 중요한 사실을 발견할 수가 있었는데 그것은 사주주인공인 황 모씨가 조부님의 선산묘지를 돌보지 않는다는 것을 사주원국이 무언중에 암시를 하고 있는 부분을 파악하였다.

이와 같은 것은 본 저자가 이미 집필한 命理秘典 上권인 각종 살성(殺星)의 부분에 들어가면 살(殺)의 통변법에 대체로 자세하게 언급을 하고 있는데 그 부분을 인용한다면 “사주일간이 년간을 상충이나 상극을 한다던지 일지가 년지를 상극하여도 조상을 모르고 살며 또한 일지와 월지간에 삼형이나 상충이 되어도 마찬가지이다,"라며 기술하고 있다.

그렇다면 위 사주원국을 면밀히 관찰하여보면 사주일간 戊土와 년간에 투출되어 있는 壬水 편재간 壬-戊 상충이 되고 있는 중에 원격하나마 시상에 투출되어 있는 丙火 편인과 다시 년간 壬水 편재간에 丙-壬 상충이 같이 되고 있다.

또한 비록 일지와 년지간에 상극은 되고 있지는 않겠지만 일지 寅木 편관과 월지 巳火 편인간에 寅-巳 삼형이 되고 있으므로 더욱 더 확실한데 년지 辰土 비견과 시지 辰土 비견간에 辰-辰 자형까지 되고 있으니 년주인 조부궁을 상극하는 것이 되어 완전히 부합하고 있다할 것이다.

이러한 부분은 비록 사주천간에 일간과 년간의 상극은 월상에 투출되어 있는 乙木 정관이 다소 해소를 시키고는 있겠지만 해당하는 육친과 상극의 의미는 완전히 살아있다는 보는 것이 정석이며 또한 지지 역시 일지와 년지는 상극은 하고 있지는 않겠으나 일지와 월지간 寅-巳 삼형 및 辰-辰 자형의 의미는 년지인 조부궁을 항명(抗命)을 하는 관계로 더욱 더 일치하는 것으로 판가름 난다고 보겠다.

이상의 판단부분을 가지고 본 저자가 갑자기 사주주인공인 황 모씨를 바라보면서 "이렇게 조부님의 선산묘지를 돌보지 않으면 자손들이 발복을 할 수가 있겠느냐"라고 무언중에 툭 튀어나오는 말에 대해 황 모씨가 엉겁결에 대답하는 말이 "항상 해외를 더나드는 관계로 수십년간 조부님의 선산묘지를 돌볼 시간이 없었다"고 막연히 대답을 하고 있는 것을 보고 있을 때 지금 저자가 해설하는 사주추명학의 무서운 적중률에 저자도 순간적으로 감탄을 하지 않을 수가 없었던 것이다.

*. 부모님의 운명,!

다시 위 사주주인공인 황 모씨 부모님의 운명을 간명하여 보면 사주월주의동태를 보고 판단하는데 육친별로는 편재는 부친이며 인수는 모친으로 나타낸다.

따라서 사주월주에 십이운성의 왕쇠(旺衰) 및 각종 살성(殺星)과 귀인(貴人)의 성정과 육친인 편재와 인수의 동태를 같이 복합적으로 간명하여 판단하는 것이 좋을 것인데 사주원국을 자세히 관찰하여 볼 때 사주년간에 壬水 편재 자리를 잡고 있으니 부친이 바로 나타나고 있다.

그런데 사주년간에 투출되어 있는 壬水 편재가 일간 戊土와 壬-戊 상충이 되어 있고 다시 원격(遠隔)하지만 시상에 투출되어 있는 편인 丙火와 丙-壬 상충까지 되고 있으므로 편재의 기운을 상극하는 것이 되어 부친의 덕이 없다는 것을 사주원국이 무언중에 암시를 하고 있다.

하지만 그 상황은 막연히 부친의 덕이 없다는 것에 그칠 점이 아니고 부친이 비명횡사 및 단명 객사하는 운명인 것을 판단할 수가 있겠는데 그것은 사주 천간의 일간 및 시상과 편재 壬水간에 상충의 작용을 하고 있는 부분도 한몫을 차지하는 이유가 될 수 있다.

그런데 그보다 년주가 壬辰으로서 壬辰자체가 괴강살(魁罡殺)이 해당하고 있는 중에 년간 壬水 편재의 기운을 년지 辰土 비견이 바로 아래서 土剋水하여 상극을 하니 더욱 더 부친의 운명이 횡사의 운명이라고 판단한다.

이와 같은 현상은 편재 壬水의 기운을 년지 아래에서 상극하는 현상을 회두 극(回頭剋)이라 하여 대단히 강력하게 상극하는 작용이 되는 점을 판단하는 것이 옳을 것이며 이것은 오행상 상극하는 의미가 매우 강하게 일어나는 것이므로 대단히 무서운 것이 된다.

상황이 이럴진데 편재 壬水가 가장 싫어하는 비견의 기운에 파극되고 있는 성질이 그렇지 않아도 괴강살(魁罡殺)이나 사주일간 및 시상에 壬水를 상충으로 대접을 하고 있는 중에 이렇게 비견의 기운까지 합세 상극이 되고 있는 점은 더욱 더 상극의 강도가 3배에서 4배정도 강력한 것이 되니 부친이 가망이 없다고 보아야 하는 것이 타당하다.

***. 일부학자들의 의문,!**

여기서 일부학자들 가운데 위 사주주인공인 황 모씨의 사주명조를 보면서 "부친의 운명을 이상과 같은 이유에서 횡사 및 단명 객사하는 것에 조금 지나친 감이 없지 않겠느냐" 라고 의문을 표시하고 있다.

"그것은 사주팔자에 비록 천간상충의 작용과 괴강살(魁罡殺)등으로 중첩하여 상극하는 것은 사실이나 편재의 기운을 나타내는 십이운성에 년주는 관대지(冠帶地)에 앉아 있고 월주는 건록지(健祿地)에 앉아 있는 것은 부친이 무언중에 힘을 얻고 있는 것이니 극단적인 횡사나 단명객사의 죽음으로 몰고 가지는 않는다고 보는 것이 타당하지 않겠느냐",! 라며 반문을 하고 있다.

***. 일부학자들이 의문을 제기한 본 저자의 상반된 견해,!**

이 부분에 대하여 본 저자는 지금 말한 일부학자들의 질문과 완전히 상반된 견해를 가지고 있는데 그것은 학자들이 설명한 십이운성 왕쇠(旺衰)의 성정에 비추어 편재의 기운이 관대지(冠帶地)와 그리고 부모궁을 표시하는 월주가 건록지(健祿地)에 앉아 있으니 일면 학자들의 생각대로 볼 수도 있을 것이다.

그러나 이와 같은 것은 오늘날 일본의 사주 추명학부분이 육신과 십이운성을 같이 상호 복합적으로 대조 간명을 하지 않고 오르지 십이운성을 중요시하여 사주추명을 판단하는 것이 지금 일본 역학자들의 간명 모습이 되고 있다.

그렇다면 일본식으로 막연히 십이운성의 기운만 가지고 편재의 기운을 운운(云云) 대변하여 볼 때 이상의 학자들이 추명하는 것이 일부 옳을 수도 있겠으나 하지만 이것은 대단히 간명상 오류를 불러올 수가 있는 소지를 다분히 가지고 있는 것이 되니 절대로 십이운성만 가지고 단편적으로 판단하여서는 아니 된다.

이와 같은 현상은 위 사주원국을 살펴볼 때 본 저자가 판단한 이상의 사주일간과 시상에 戊土와 丙火의 기운이 같이 년간 壬水 편재의 기운을 상충으로 몰고 가고 있는 현상은 대단히 부친이 고통을 당하고 있는 점을 알 수가 있을 것이다.

그런데도 불구하고 다시 이중, 삼중으로 괴강살(魁罡殺)과 편재와 비견이 동주하여 상극하는 점은 도저히 부친이 가망이 없는 것이 되니 단순히 십이운성의 기운에 대한 왕성하다는 것만 가지고 부친운명의 성쇠(盛衰)를 결론지울 수는 없는 것이다.

＊. 命理秘典 上권인 육친인 편재편에 인용하여,!

이와 같은 부친의 횡사나 객사의 부분에 대하여 더욱 더 중요시하고 있는 命理秘典 上권인 육친의 편재편에 기술하고 있기를 "사주원국 년주에 편재와비견이 동주하여 있으면 부친이 타향에 객사 및 비명횡사한다",!라며 대단히 강력하게 강조를 하며 기술하고 있다.

그렇다면 命理秘典 上권인 편재편의 부분에 인용할 경우 이상의 사주팔자 주인공인 황 모씨 부친의 운명이 첫눈에 보아도 횡사, 내지는 단명 객사하는것 임을 알 수가 있겠는데 설상가상으로 사주일간이 시상과 상충의 작용 및 다시 괴강살(魁罡殺)까지 중첩해서 상극하는 점은 도저히 가망이 없다고 판가름나는 것이다.

실제로 사주주인공인 황 모씨는 유년 2세 丙午대운에서 부친이 타향에서 교통사고로 비명횡사를 하였음을 회고를 하고 있으며 더 하여 편모(偏母)의 슬하에 유년이 대단히 어려운 삶의 고통과 뼈를 깍는 힘든 생활고에 허덕이었다고 지난날을 생각하면서 눈시울을 적시고 있었다.

따라서 일부학자들이 의문을 제기한 오로지 십이운성 강약(强弱)의 부분만 가지고 오늘날의 일본식의 사주추명학은 간명상 오류를 불러올 수가 있는 소지를 그대로 노출시키는 모순 점을 발견할 수가 있을 것이다.

결국 오늘날 대한민국의 역학자는 이상의 부분에 대하여 절대로 십이운성 하나의 기운만으로 간명을 하지 않아야 될 것이고 육신과 십이운성 그리고 더 나아가서는 각종 살성(殺星)과 귀인(貴人)등을 복수적으로 간명하고 또한 오행의 생극(生剋)원리도 대조하여야 만이 추명의 오류를 범하는 것을 방지함이 되니 이것은 사주추명학상 필연적이라 아니할 수가 없다.

***. 본인의 형제궁의 판단,!**

다시 위 사주주인공인 황 모씨의 형제궁을 판별하여 보면 사주원국 월주의 동태와 십이운성의 왕쇠(旺衰) 및 각종 살성(殺星) 및 귀인(貴人)성정을 보면서 육친별로는 비견이나 겁재의 기운을 같이 상호 대조를 하여 복합적으로 판단한다.

따라서 사주원국을 면밀히 관찰하여 볼 때 형제를 나타내는 비견이나 겁재가 년지와 시지 辰土가 있는 중에 사주월지 지장간 여기(餘氣)에 戊土 그리고 일지 寅木 편관의 지장간 여기(餘氣)에 또한 戊土가 각각 있으니 전부 형제의 기운은 일간 戊土를 포함한 5개가 된다.

그렇다면 사주주인공인 황 모씨의 형제가 4사람이나 되는 것을 알 수가 있겠지만 그 중에서 일지 寅木 편관과 월지 巳火 편인간에 寅-巳 삼형이 되고 있으니 형제의 기운이 상극을 당하는 현상이 되고 있으므로 형제의 운명이 불길함을 나타내니 이것은 곧 형제가 죽은 것이 된다.

이와 같은 점은 사주주인공인 황 모씨 본인을 포함한 형제가 3사람이 있음을 미루어 짐작할 수가 있겠는데 만약 사주원국에 년지 辰土와 시지 辰土가 辰-辰 자형살이 이렇게 원격(遠隔)해 있길 망정이지 그것이 근접하여 자형살이 되고 있을 경우 아마도 4명의 형제는 모두 죽은 것으로 판단하는 것이 정석이다.

실제로 사주주인공인 황 모씨는 지금 형제가 손위 형님을 포함한 3형제가 있다면서 설명하고 있는 것을 볼 때 무릇 사주팔자에 형제의 기운을 대변을 할경우 이상의 부분을 인용하여 간명한다면 아마도 대단히 높게 적중이 되고 있는 것을 알 수가 있다.

그러나 황 모씨가 형제덕을 볼 수가 있겠는가 아니면 형제덕을 볼 수가 없겠는가는 사주팔자의 형제의 기운인 비견이나 겁재가 일간 戊土에 대한 용신이나 희신 및 길신의 역할을 하고 있으면 형제덕을 볼 수가 있는 것이며 그렇지 않고 일간에 대한 기신(忌神)의 역할이 되고 있을 경우 형제로 인하여 큰 피해를 당하면서 형제덕이 없다고 판단하는 것이다.

***. 命理秘典 上권인 육신과 격국의 비겁편에 인용하여,!**

이와 같은 부분은 본 저자가 편찬한 命理秘典 上권인 육신과 격국의 비겁편에 대단히 자세하게 기술하고 있는데 그 부분을 인용하여 보면 "사주에 비견이나 겁재가 기신(忌神)에 해당하면 형제덕이 없다,!

또한 "일간이 신강, 신약을 불문하고 비견이나 겁재가 형, 충, 파, 해가 되어도 형제나 친구의 덕이 없고 아울러 형제로 인한 큰 피해를 받는다",!라며 형제의 육친에 대해 대단히 자세하게 기술하고 있다.

따라서 이상의 부분을 위 사주팔자에 접목하여 종합적으로 판단하여 볼 때 황 모씨의 사주원국이 일간 戊土가 강한 인성 火氣에 의하여 신강하고 있는 것은 완전한 비견이나 겁재는 사주상에 기신(忌神)의 역할이 되고 있음을 알수가 있다.

더구나 사주에 비록 원격(遠隔)하여 있지만 사주년지 辰土와 시지 辰土 비견간에 辰-辰 자형이 되고 있는 중에 년주가 壬辰으로서 괴강살이 되는 것은 형제로 인한 사주상의 탁기를 구성하는 일면이 되는데 설상가상으로 형제의 자리인 월주 巳火 편인을 일지 寅木 편관이 寅-巳 삼형으로 가격하고 있는 것은 命理秘典 上권인 육친의 비겁편에 완전히 일치하는 현상에 부합하고 있다.

실제로 사주주인공인 황 모씨는 형제덕이 없다며 회고를 하고 있으며 지난날 형제에게 빚 보증을 서준 것이 있는데 그것이 그만 강제경매를 당하여 하루아침에 대단히 큰 피해를 보고 망연자실하여 그 후로는 형제와 발길을 끊은지가 벌써 수년이 되었다면서 말하고 있는 것을 볼 때 일간이 신강한 사주에 형제의 기운인 비견이나 겁재가 기신(忌神)이 되고 있을 때는 그 흉함이 적나라하게 드러나고 있음을 알 수가 있었다.

＊. 본인의 처궁판단,!

다시 위 사주주인공인 황 모씨에 대한 처궁을 판단하여 보면 사주일주의 동태와 십이운성의 왕쇠(旺衰) 및 각종 살성(殺星)과 귀인(貴人)을 보면서 육친의 정재와 편재의 기운을 복합적으로 판단하여 간명하는 것이 타당하다.

따라서 위 사주팔자에 일주동태와 재성의 기운을 살펴보니 사주년간에 편재 壬水가 투출되어 있는 중에 다시 년지 辰土와 시지 辰土 비견의 지장간 중기(中氣)에 각각 癸水 정재가 존재하여 있으니 여자의 기운이 3명이나 되는 것을 알 수가 있다.

그런데 사주일지 寅木이 년지 辰土를 주동하여 역마살(驛馬殺)에 해당하여 있고 여자를 나타내는 재성의 기운이 3명이나 되는 것은 곧 사주주인공인 황모씨가 바람을 피우다가 처궁이 바뀌면서 재혼을 하는 것을 의미하며 그것도 이혼이 아니고 삼혼을 거치는 팔자라고 판단하여야 된다.

또한 한편으로는 달리 판단할 수가 있겠는데 사주일간 戊土를 기준하여 첩의 기운인 편재가 사주년간에 壬水가 투출되어 있는 중에 년지 및 시지 辰土 비견의 지장간 중기(中氣)癸水와 일간과 戊-癸암합이 이루어지고 있는 것은 내가 곧 여자와 몸을 합방한다는 것을 의미하고 있으므로 더욱 더 완전히 부합하게 되는 것이다.

＊. 命理秘典 上권인 음란성에 인용하여,!

이와 같은 부분을 命理秘典 上권인 음란성에 기술하고 있기를 "사주에 정관 상관이 있거나 정관과 편관이 혼잡되어 있으면 호색다음(好色多淫)하다",! 또한 "사주에 인성이 많으면 다음(多淫)하고 인성과 재성이 혼잡되어 있으면 방탕(放蕩)하다",!라며 적고 있다.

이상에 命理秘典 上권인 음란성의 부분에 부합시켜 위 사주팔자를 간명하여 보면 완전히 일치를 하고 있는데 비록 재성의 기운은 정오행이 사주 년간 壬水 편재 밖에 없겠으나 지장간에 암장된 기운을 모두 포함시켜 볼 때 재성의 기운은 많은 것이 되어 위의 법칙에 완전히 일치를 하게 된다.

따라서 위 사주주인공인 황 모씨는 이혼, 삼혼을 거친 재혼팔자라는 것을 알수가 있겠는데 실제로 황 모씨 본인에게 이상의 부분을 부합시켜 질문을 하여본 결과 얼굴을 붉힌 채 수긍을 하고 있었는 것을 볼 때 모두 적중이 되고 있었던 것이다.

하지만 아무리 처궁이 바뀌었던들 만나는 여자마다 모두 사주주인공인 황 모씨의 마음에 쏙 드는 사람은 못만나는 점을 알 수가 있겠는데 누군가가 말하기를 "너무 많이 가려내다 보니 나중에 만나는 사람이 설상가상으로 제일 못난 사람이 해당되었더라" 또한 "도둑을 피하다보니 강도를 만나는 형상이 되었다"라는 말이 새삼 떠오르게 되는 것을 알 수가 있었다.

여기서 위 사주원국을 간명하다가 본 저자가 문득 눈에 들어오는 것이 사주일지 寅木에 육친의 편관이 자리를 잡고 있는 것을 발견하게 되었다. 그렇다면 위 사주주인공인 황 모씨의 처는 그 성질이 대단히 난폭한 사람으로서 남편 알기를 우습게 생각하는 형상이 될 것이며 자존심 고집이 강대하여 타의 추종을 불허하며 남편인 황 모씨와 수시로 불화쟁론이 하루라도 끊어지지 않는다는 것을 판단하였다.

＊. 命理大要 上권인 처복이 없는 사주를 인용하여,!

이와같은 부분은 본 저자가 편찬한 命理大要 上권인 처복이 없는 사주에 편관의 특성을 대단히 자세하게 기술하고 있는데 다시 그 부분을 인용해서 기술하여 보면 "사주원국 일지에 육신의 편관이 자리를 잡고 있으면 그 처의 성질이 난폭하다",!

또한 사주일지에 양인살(羊刃殺)이 있거나 괴강살(魁罡殺)이 있는 중에 상충이나 삼형으로 충격을 가해도 처의 성질이 횡폭하다",!라며 상당히 자세하게 기술하고 있다.

이상의 부분을 위 사주팔자에 부합시켜 볼 때 완전히 일치를 하고 있는데 위 사주팔자에 일지 寅木 편관이 자리를 잡고 있는 중에 다시 월상에 정관 乙木이 투출되어 있으니 그렇지 않아도 관성의 기운이 강력한 터에 더욱 더 그 세력이 강력하게 되어 있음을 알 수가 있다.

하지만 만약 비록 일지에 편관 寅木이 자리를 잡고 있다해도 편관을 억제 내지는 견제할 수 있는 식신이 근접하여 편관의 기운을 순화시킬 수만 있다면 이상의 황 모씨 처는 오히려 순리를 존중하고 매사를 성실 원만하게 처리하는 대단한 내조를 보이는 처가 될 것이라고 판단하는 것이 정석이다.

그러나 위 사주는 일지 寅木 편관이 자리를 잡고 있는 중에 더욱 강력하게 월상에 정관 乙木이 투출되어 있으니 마땅히 편관의 기운을 억제시킬 수 있는 식신이 비록 월지 巳중의 지장간 중기(中氣) 庚金이 있겠으나 암장된 기운은 그 세력이 미미하므로 편관의 기운을 적절히 억제할 수가 없는 현상이 되고 있으니 이상의 부분에 완전히 일치하고 있는 것이다.

실제로 이상의 부분을 본 저자가 간명하는 도중에 사주주인공인 황 모씨에게 본인이 자존심이 상하지 않게 조심스럽게 타진을 하여 본 결과 땅이 꺼지도록 긴 한숨을 내쉬면서 지지리도 처복이 없는 내 인생이라고 한탄의 목소리를 높이고 있을 때 어쩐지 본 저자는 사주주인공인 황 모씨가 측은한 생각이 이루말 할 수 없이 들었다.

***. 본인의 자식궁 판단,!**

다시 위 사주주인공인 황 모씨의 자식에 대한 부분을 간명하여 보면 사주시 주의 동태를 십이운성 왕쇠(旺衰) 및 각종 살성(殺星)과 귀인(貴人)의 부분을 종합적으로 판단하면서 육친인 정관이나 편관의 기운을 서로 대조하여 추명하는 것이 타당하다.

따라서 위 사주팔자 시주를 살펴보니 자식을 나타내는 관성이 없으나 월상에 정관 乙木이 있고 다시 사주일지 寅木 편관이 있는 중에 년지 및 시지 辰土 지장간 여기(餘氣)에 각각 乙木 정관이 있으므로 모두 자식의 기운이 4명이 나타나는 것을 알 수가 있다.

그런데 사주년지 辰土는 壬辰으로서 괴강살(魁罡殺)이 되고 있는 중에 비록 원격(遠隔)하지만 사주시지 辰土 비견과 辰-辰 자형살이 되고 있으니 辰속의 지장간 여기(餘氣)인 乙木 정관은 무사하지 못하게 되는 것으로 판단한다.

또한 사주일지 寅木 편관은 사주월지 巳火 편인과 寅-巳 삼형으로 상극을 하고 있으니 여자사주에는 식신을 딸을 의미하고 상관은 아들을 나타내며 남자 사주에서는 정관은 딸을 의미하고 편관은 아들을 표시하고 있으므로 사주 일지 편관은 비록 寅-巳 삼형이 되나 巳火와 寅木의 지장간 중기(中氣)끼리 파극되고 같은 정기(正氣)의 기운은 무사하게 되므로 일지 편관 寅木인 아들은 무사하게 된다.

그러나 사주년지 辰土 지장간의 여기(餘氣)인 乙木 정관이 각각 상극을 받음으로 인하여 딸의 기운인 2명을 유산시키는 것이 된다.

실제로 사주주인공인 황 모씨의 자식은 아들, 딸 2명이 되어 있음을 간명할 수가 있겠는데 이와 같은 부분을 황 모씨에게는 확인하여 본 결과 아들, 딸이 2명이 존재하여 있는 것으로 파악되고 있었다.

***. 황 모씨가 자식덕을 받을 수가 있는가? 라는 의문,!**

이상의 사주주인공인 황 모씨 자식에 대한 판단방법을 간명하여 보았는데 이외에도 황 모씨가 말년에 자식덕이 있겠는가 아니면 자식덕이 없어 말년을 쓸쓸이 보내야 하는 것인가를 심도 있게 판단하여보기로 하겠다.

따라서 이 부분은 전장에 본 저자가 약간 언급을 하였지만 命理大要 上권인 자식편에 기술하여 있는 부분을 인용한다면 "시주가 일간에 대한 용신이나 희신의 성질이 되고 있으면 자식덕을 받고 만약 일간에 대한 기신(忌神)의 역할이 되고 있으면 자식덕이 없다",라고 구체적으로 기술하고 있다.

그렇다면 위 사주주인공인 황 모씨의 시주를 간명하여 볼 때 일간 戊土에 대한 丙辰으로서 편인과 비견이 자리를 잡고 있는 것은 신강한 일간에 대한 완전한 기신(忌神)이 자리를 차지하고 있으니 단편적으로 보면 황 모씨는 자식 덕이 없다는 점으로 판단할 수가 있을 것이다.

***. 자식부분에 대한 사주본인의 말년대운판단,!**

하지만 본 저자는 이러한 자식덕에 관하여 반드시 사주본인의 말년대운을 간파하고 나서야 비로서 판단의 원칙을 세우는 것이 타당하므로 황 모씨의 말년대운을 살펴보니 중년과 말년이 서방 申-酉-戌 金局과 북방 亥-子-丑 水局 으로 치달리고 있으므로 정히 용신이나 희신의 기운이 되고 있으니 말년이 부귀공명과 자식덕을 받을 수가 있음을 판단한다.

그러나 이 부분에도 비록 사주주인공인 황 모씨의 말년대운이 정히 용신이나 희신의 기운으로 치달리고 있는다 해도 육친의 특성상 시주에 일간의 기신(忌神)이 자리를 잡고 있을 경우 자식의 일로 인한 고통과 근심은 무사할 수가 없다고 보는 것이 타당하다.

그렇다면 자식이 성장하는 과정에서 부모에게 질병이나 탈선 및 보증 손재 혹은 결혼운이 나쁜 것 등을 암시하고 재혼을 하는 등으로 부모에게 고통을 안겨 줄 수가 있음을 미루어 짐작할 수가 있는 것이다.

***. 격국에 대한 대운의 흐름,!**

이상의 육친성정과 본인의 운명을 간명하여 보았는데 위 사주주인공인 황 모씨는 본 장 항공계(航空界)팔자로서 비록 대부대귀한 운명이 되었지만 약간의 가정생활에 배우자궁이 나쁘고 근심스러운 일면이 있었다.

하지만 그래도 대운의 흐름이 초년은 사주일간에 대한 기신(忌神)의 운을 첩첩으로 받고 있으니 대단히 곤고하였겠으나 22세 戊申대운부터 일약 사주일간에 대한 희신이나 용신의 기운으로 치달리고 있으므로 대부대귀한 운명이 되었음을 판단할 수가 있다.

따라서 대운의 흐름을 판단하여보면 유년 2세는 丙午대운으로서 대운천간 丙火가 일간 戊土에 대한 편인의 운로가 됨에 따라 신강한 일간을 더욱 더 신강하게 만들고 있는 중에 사주년간에 투출되어 있는 용신 편재 壬水를 丙-壬 상충까지 되어 용신의 기운을 파극하니 대단한 불운이다.

이와 같은 현상은 여기에만 끝나는 것이 아니고 설상가상으로 대운지지 午火 가 사왕지지(子, 午, 卯, 酉)로서 역시 신강한 일간을 더욱 더 신강하게 만 들고 있는 중에 다시 사주일지 寅木 편관과 寅-午合火 하여 태양과 같은 불길이 일간을 생조하니 그 흉은 하늘을 찌르고도 남음이 있다고 보겠다.

이것을 육친통변법으로 판단하여 보면 우선 일간 戊土에 대한 대운천간 丙火 는 편인으로서 편인이 기신(忌神)이 되어 사주년간에 투출되어 있는 壬水 편재를 丙-壬 상충으로 가격하니 편재는 부친을 의미하므로 단편적으로 보아도 부친의 생명이 위험하다.

더하여 대운지지 午火가 역시 인수의 기운으로 신강한 일간 戊土를 더욱 더 신강하게 만들면서 다시 사주일지 寅木 편관과 寅-午合火하니 이것은 완전히 태양과 같은 불길을 지피우게 되므로 대흉이 돌출되고 있음을 미루어 짐작할 수가 있다.

이 때 사주주인공인 황 모씨의 부친이 유년 3살 때 타향에서 교통사고로 비명횡사를 하였는데 그것도 모자라 본인이 신체상 질병으로 인하여 수술을 4번씩이나 받았으며 그로 인한 죽을뻔한 고비를 수차례 넘기는 등 대단히 유년이 어려운 시기였다고 본인이 회고를 하고 있다.

다시 12세는 丁未대운이다.

그러나 이것 역시 기신(忌神)으로 대운천간 丁火가 사주일간 戊土에 대한 인수가 되어 신강한 일간을 생조하면서 사주년간에 투출되어 있는 壬水 편재 용신의 기운과 丁-壬合木으로 용신의 기운이 제대로 그 역할을 하지 못하고 합을 탐한 나머지 기반(羈絆)이 되고 있으니 설상가상이다.

또한 대운지지 未土가 신강한 일간 戊土에 대한 겁재로서 불리한데 未土가 오행 상 조토로서 그렇지 않아도 사주팔자가 木, 火의 기운이 강력하여 조후 법상 金, 水를 필요하는 마당에 더욱 더 사주를 건조하게 만들고 있으니 대단히 좋지 못하다고 볼 수가 있다.

따라서 이 때에 사주주인공인 황 모씨는 한창 학업에 전념하는 시기가 될 것이나 학업적으로 실적이 나타나지 않아 번번히 본인이 원하는 대학에 낙방을 하였고 급기야는 두번을 재수를 하여 겨우 모처 항공대학을 들어갈 수가 있었던 것이다.

22세는 戊申대운으로서 대운천간 戊土가 일간 戊土에 대한 비견이니 신강한 일간을 더욱 더 신강하게 만들고 있는 중에 사주년간에 투출되어 있는 용신인 壬水 편재를 壬-戊 상충으로 가격하는 것은 더욱 더 흉을 불러일으키게 된다.

그러나 일면 다행스러운 것은 대운지지 申金이 사주일간 戊土에 대한 식신의 운로로서 일간 戊土를 신강하게 만들고 있는 사주에 인성 火氣를 火剋金하여 상극하니 그 힘을 줄여주면서 일간에 대한 희신의 역할을 하게 되는 중에 대운천간 戊土의 기운을 土生金하여 흡수하게 만들므로 대단히 길하게 된다.

그렇다면 대운천간 戊土가 지배하는 22세부터 26세까지는 약간의 소흉이 돌출되어 고통과 번민이 있을 것이며 하지만 대운지지 申金이 지배하는 27세부터 31세까지는 대단히 길하게 될 수가 있다고 판단한다.

***. 일부학자들의 戊申대운에 대한 의견,!**

여기서 일부학자들 중에서 "위 사주원국에 대한 22세 戊申대운 중에서 대운지지 申金이 지배하는 27세부터 31세까지는 命理大要 저자인 운정선생은 길하다고 판단하고 있는데 그것은 오히려 대운지지 申金이 사주일지 寅木과 월지 巳火 편인을 같이 寅-巳-申 삼형으로 가격하고 있으니 길함보다 대단한 흉을 동반하지 않겠느냐", 라며 의문을 표시하고 있다.

***. 본 저자가 본 戊申대운 판단,!**

이와 같이 일부학자들이 의문을 제기한 부분에 대하여 본 저자는 약간 생각을 달리하고 있는데 만약 위 사주원국이 일간 戊土가 신약한 중에 삼형을 업고 들어온다고 가정할 때는 방금 학자들이 말한 부분이 일면 타당성이 있을 수도 있다.

그러나 위의 사주팔자와 같이 일간 戊土가 신강하고 있는 중에 삼형을 업고 들어오는 성질을 약 2가지 정도로 비교 분석하여야 될 것인데 그 첫째는 사주일간이 신강하느냐 아니면 신약하느냐의 차이를 관찰한 뒤 삼형의 기운이 이미 사주원국에 자리를 잡아 얼마나 일간에 대한 영향력을 행사하느냐를 면밀히 관찰할 필요가 있다.

다음 두 번째로 비록 대운에서 삼형의 기운이 들어온다고 가정할 때 사주일간에 대한 용신이나 희신의 기운을 업고 들어오는 성질인가 혹은 일간에 대한 기신(忌神)을 업고 들어오는 성질인가를 비교 관찰하여 볼 필요가 있는데 만약 일간에 대한 용신이나 희신의 기운을 업고 들어오는 성질인 것 같으면 그 흉의 강도가 대단하지 않음으로 판단한다.

***. 본 저자가 약 26년동안 삼형의 부분을 추적한 경험상 秘法,!**

이상의 두가지 이유를 들어 위 사주원국을 비교 분석하여 볼 때 우선 일간 戊土가 신강하고 있는 중에 寅-巳 삼형의 두 기운이 사주명조에 이미 자리를 잡고 있는 것을 파악할 수가 있겠다.

그렇다면 일간이 신강한 중에 寅-巳-申이나 丑-戌-未 삼형은 권력의 팔자로서 이미 본 저자가 편찬한 命理秘典 上권인 삼형편에 대단히 자세하게 기술하고 있는데 그러나 이 경우에도 사주자체에 삼형이 존재하여 있는 것하고 존재하지 않는데 세운이나 대운 등에서 삼형의 기운이 들어오는 것하고 대단한 차이를 보이고 있다.

그것은 본래에 일간이 신강한 중에 寅-巳-申 삼형이나 丑-戌-未 삼형이 들어있는 경우에는 사주주인공은 대권을 장악하는 팔자로 둔갑하는 것이 정석이며 그러나 삼형이 들어 있지 않는데 운로인 세운이나 대운등에서 종합하여 삼형이 만들어져 인위적으로 그 영향력을 행사하는 경우에는 일간이 신강, 신약을 불문하고 그 흉이 돌출된다.

이와 같은 부분은 대단히 중요한 비법으로서 본 저자가 약 26년동안 삼형의 부분을 실제인물에 준하여 다년간 운로추적 및 그에 대한 해답을 파헤친 것이며 삼형의 원리를 불분명하게 이해하지 못하는 역학자가 아마도 지금의 비법을 터득하여 적용시킬 수가 있었을 때 무한한 환희감을 가질 수가 있을 것을 본 저자는 확신하는 바이다.

따라서 위 사주격국에 대한 22세 戊申대운은 이상의 본 저자가 설명한 부분에 부합시켜 판단하면 대운지지 申金이 비록 寅-巳-申 삼형이 성립되고 있겠으나 일간 戊土가 신강한 중에 이미 寅-巳 삼형이 존재하여 있으니 완전히 대귀한 운명이 되고 있음을 이미 사주원국은 무언중에 암시를 하고 있다.

더하여 대운지지 申金이 일간 戊土에 대한 희신의 기운으로서 금상첨화로 사주원국 년지 辰土 및 시지 辰土와 申-辰合水 및 사주월지 巳火 편인과 巳-申合水하여 정히 용신의 기운인 재성 水氣로 변화되는 점은 용신을 업고 들어 오는 것이 되어 삼형의 흉은 고사하고 오히려 대발을 기대하여도 좋은 것이다.

실제로 사주주인공은 이 때의 戊申대운에서 일약 공군부대에 좋은 보직으로 근무하다가 전역하여 지금의 모 처 항공사에 취직을 하니 대단히 승승장구하였다고 본인이 회고를 하고 있는 것을 볼 때 지금까지 본 저자가 설명한 부분이 완전히 부합하고 있음을 확신하였다.

다시 32세는 己酉대운이다.

따라서 대운천간이 지배하는 순간에는 기신(忌神)이 되겠는데 그것은 대운천간 己土가 일간 戊土에 대한 겁재로서 신강한 일간을 더욱 더 신강하게 만들고 있으니 흉이 가중될 것이고 설상가상으로 사주월상에 투출되어 있는 乙木 정관을 己-乙 상충으로 대접하므로 관재를 불러일으키게 된다.

하지만 대운지지 酉金이 지배하는 37세부터 41세까지는 승승장구하는 운로가 될 수가 있는데 이것은 대운지지 酉金이 신강한 일간 戊土에게 상관이 되니 희신의 작용이 되고 있는 중에 다시 사주원국 년지 및 시지 辰土 비견과 辰-酉合金 그리고 월지 巳火 편인과 巳-酉合金하여 합을 하여 나오는 성질이 金氣가 되므로 희신의 기운이 더욱 더 왕성함에 따라 아주 길하게 된다.

이 때 사주주인공인 황 모씨는 대운천간 己土가 지배하는 32세부터 약 5년 동안 불운이 계속되었고 또한 직업적으로 대단히 고통을 당하였는데 우연히 동료로부터 구설을 당하여 그것이 시비가 되어 경찰서 및 검찰청으로 불려 다니는 망신을 당하기도 하였으니 이것은 사주월상 정관 乙木을 己-乙 상충으로 대접하는 결과로 해석함이 타당하다.

하지만 대운지지 酉金이 지배되는 37세부터 대단히 승승장구하여 그동안 어려웠던 직업적인 문제도 깨끗이 해결이 되어 일약 국내선 비행조종사로서 있다가 이 때 국제선조종사로 발령되어 직업적인 승진이 있었으니 과히 대단한 발전이 있었다고 본인은 회고를 하고 있다.

다시 42세는 현재대운이 지배하는 庚戌대운이다.

따라서 대운천간 庚金은 사주일간 戊土에 대한 식신이니 희신의 기운으로 대단히 길하게 작용하고 있겠으나 일면 사주시상에 丙火 편인을 丙-庚 상충이 되어 가격하는 것은 흉이 돌출되는 염려가 있겠지만 다행스럽게 사주월상에 투출되어 있는 乙木 정관을 乙-庚合金으로 합을 하니 상충의 작용을 합으로 해극하므로 대단히 길운이 된다.

그러나 비록 대운천간 庚金이 지배하는 동안에는 승승장구하는 길운이 되겠지만 대운지지 戌土가 지배하는 동안은 대단히 흉이 돌출될 수 있는 염려를 다분히 안고 있는데 그것은 대운지지 戌土가 오행상 조토로서 火氣를 더욱더 부채질을 하고 있는 중에 사주 일지 寅木 편관을 寅-戌合火로 火氣를 성하고 다시 사주년지 및 시지 辰

土를 辰-戌 상충으로 대접하므로 그 흉함이 하늘을 찌르고도 남음이 있다.

***. 命理秘典 下권인 간명비법편인 화합(和合)의 법칙에 인용하여,!**

현재 1998년은 戊寅년으로서 이미 대운지지 戌土와 寅-戌合火가 되어 세운과 대운이 완전히 합을 하는 화합(和合)의 법칙에 적용되어 火局으로 변화되고 있는 중에 다시 세운지지 寅木이 사주월지 巳火 편인을 寅-巳 삼형까지 되고 있으므로 신강한 일간 戊土를 신강하게 만들며 삼형이 되고 있으니 대단히 흉함이 나타나고 있다.

따라서 현재 사주주인공인 황 모씨는 친한 친구에게 보증을 서준 것이 친구가 사업을 하여 부도가 나자 채권자들이 현재 황 모씨 재산에 가압류를 하여 빚에 대단한 독촉을 받고 있는 중에 본 저자에게 운명을 감정받으로 왔던 것이다.

하지만 이와 같은 현상은 앞으로 다가올 52세 辛亥대운이 지배되고 있을 때 지금의 손해를 만회할 수 있는 일면이 되겠으나 그 동안 조금의 고통이 있을 것이라고 본 저자는 답변을 해주었는데 그 말은 듣고 "그 동안을 어떡해 참고 있겠느냐" 라고 한숨을 쉬고 돌아가는 황 모씨를 보고 본 저자는 아쉽게 생각하였다.

그것은 세운의 흐름이 지금은 戊寅년 내년은 己卯년 그리고 2000년은 庚辰, 辛巳, 壬午로 치달리고 있으니 약간은 기복이 다단할 것이고 아울러 지금의 고통과 번민이 그때까지 갈 수가 있다고 판단하였기 때문이다.

그렇지만 앞으로 다가오는 52세 辛亥대운은 사주시상 丙火 편인과 丙-辛合水하여 용신의 기운이고 다시 대운지지 亥水는 정히 편재이므로 더욱 더 용신의 기운이 왕성하여 대박이 튀게 될 것이다.

또한 장차 다가오는 62세 壬子대운 역시 용신의 기운으로서 대발복이 예상되나 일면 사주일간 戊土를 壬-戊 상충이 되고 있으니 불안하겠지만 일간이 신강한 중에 재성을 용신으로 삼고 있는 것은 별 문제가 되지 않는다.

더하여 대운지지 子水가 사왕지지(子, 午, 卯, 酉)로서 일간 戊土에 대한 정재의 운로이니 용신의 기운이 왕성한데 금상첨화로 사주년지 및 시지 辰土 비견과 子-辰合水로 용신의 기운인 水氣가 대단히 왕성하여져서 아마도 이때에는 사주주인공인 황 모씨가 전성시절이 될 것이고 아울러 말년이 안과태평하고 자손 또한 덕을 받을 수가 있으니 그동안의 불운을 옛날시절으로 회상하는 나날이 될 수가 있을 것이다.

※참고로 이상의 사주주인공인 황 모씨는 본 장 항공계(航空界)팔자로서 육친 운명과 본인의 대운흐름을 모두 파악하여 보았는데 비록 약간의 격국이 순수함이 부족하고 사주상의 일면 탁기를 남기고 있었으나 절묘하게 대운의 흐름이 정히 초 중년부터 희신과 용신의 운로로 치달리고 있으니 대 발복을 기대할 수가 있었던 것이다.

또한 지금 현재 1998년 戊寅년에는 비록 그 흉이 대단히 강력하게 작용하여 본인이 아주 근심과 고통을 당하고 있겠으나 이상 대운의 흐름을 판단하여 보면 이것은 빙산의 일각이고 더하여 지금의 금전손해가 대단치 않다는 것을 먼 훗날 본인이 판단할 수 있을 것이다.

제17장

*. 역 술 가(易 術 家)

*. 역술가(易術家)라 함은 위로는 순수한 사주추명학(四柱推命學) 및 주역(周易)을 연구하는 역리학자(易理學者)를 비롯해서 신(神)을 부르는 보살 및 무당(巫堂)과 더하여 불경이나 경문을 읽고 치방을 주업으로 삼는 법사(法師) 처사(處士)등을 함께 포함한다.

(16). 역술가(易術家)팔자,!

역술가(易術家)라 함은 보통 우리가 생각하는 철학관(哲學館) 및 복술(卜術) 이라고 하여 점은 치는 무당이나 보살을 제일 먼저 머리에 떠올리게 된다. 그러나 이것 이외에도 불경이나 경문을 읽으면서 비록 신(神)을 불러내는 무속인이 아닐지라도 액땜을 하여 주는 법사(法師) 및 처사(處士)들 역시 본장 역술가(易術家)의 부분에 포함시켜 간명하는 것이 타당하다.

세상이 易을 두고 易學이라고 하던 易述이라고 하던 자연의 理致는 곧 眞理인 것이요. 어떤 말이나 글로써도 부정할 수 없는 질서란 것이 엄연히 존재하는 것이다.

帝王의 學問으로서의 易學이 그에 걸맞는 위치나 자리를 잡지 못하고 있는 그 근원적인 원인에는 참다운 연구나 체계적인 노력이 부족하고, 그리고 易을 연구하는 사람들의 편협한 마음자세가 자리하고 있다.

비록 현시점에서 易學이나 命理學의 위치가 불안정하고 세상 사람들의 곡해를 받고 있을지라도, 최고의 학문으로서의 가치는 그 자체로 유유히 존립해 나갈 것이다.

먼 훗날 易學이나 命理學이 하나의 學問으로서 우뚝 당당히 그 자리를 잡는 날을 기대하고 수양의 학문이자 경영과 치국의 학문인 易學을 둘러싸고 있는 이 숨막히는 문화적 껍질을 깨뜨리기 위해 우리를 감싸고 있는 알을 깨는 고통과 용기를 당당히 감수하자.

미천하고 보잘 것 없는 연구 성과를 이제 이렇게 정리하고 보니 참으로 미약하고 부끄럽기 짝이 없다. 허나 내 조그만한 땀방울이 뒷사람을 위한 작은 디딤돌이 될 수 있을거라 생각하며 스스로에게 위로를 해본다.

易學의 묘리와 이치가 발전하면 할수록 易學者의 입지는 한단계씩 더불어 발전할 것이고 학문으로서 易學의 입지 또한 제왕의 학문으로 본연의 위치에 높이 점할 것이다. 아직은 요원하고 먼훗날의 일이지만 반드시 그러한 날들이 오지 않겠는가… 가슴 설레는 그 날들을 위해 노력하고 노력하자…

(가). 역술가(易術家)의 운명,!

- **일간이 신왕하고 "월지"나 "일지"에 육친의 "편인"이 있고 다시 "화개살"(華蓋殺)이 있거나 "관성"이 "공망"이 될 때,!**

- **일간이 신강, 신약을 불문하고 사주에 "辰","戌"이 있는 중에 "관성"(정관,편관)이 쇠약할 때,!**

- **사주원국에 "卯","酉","戌"이 두자나 삼자를 갖추고 있을 때,!**

- **일간이 신왕하고 "인성"이 많은 중에(3개이상) "관성"(정관, 편관)이 없던지 있더라도 미약할 때,!**

● "丙", "丁" 일간에 "화토식상격"(火土食傷格)이나 "목화통명"(木火通明)이 이루고 있는 사주,! (참고로 丙, 丁일간 월지에 식상 辰, 戌, 丑, 未를 만나고 있으면 화토식상격(火土食傷格)이 되고 丙, 丁일간 월지에 인성의 기운인 寅, 卯를 만나면 목화통명(木火通明)이 됨)

● "壬", "癸", "戊", "己"일간이 일지가 "申", "子", "酉"가 자리를 잡고 있는 사주,! (참고로 사주일주가 壬申, 壬子, 癸酉, 戊申, 戊子가 되어 있는 중에 사주에 金 水가 많이(3개이상)있거나 왕성한 사주가 이상의 부분에 해당되고 있다.)

● "壬", "癸"일간에 사주에"甲", "乙", "寅", "卯"가 자리를 잡고 왕성할 때,! (이상의 경우는 壬, 癸일간에 사주에 甲, 乙, 寅, 卯가 있을 경우 수목식상격(水木食傷格)이라 하여 대단히 지혜총명하다.)

● "乙亥", "丁亥", "己亥", "辛亥", "癸亥"일주가 "월지"나 "시지"에 "丑"이 있을 때,!

● "甲戌", "丙戌", "戊戌", "庚戌", "壬戌"일주가 "월지"나 "시지"에 "戌", "亥"가 있거나 "丑", "寅"이 되는 사주,!

※참고로 이상의 사주격국은 모두 역술가(易術家)팔자인데 이 부분 이외에도 일부 육친의 "편인"이 "월주"나 "일주"에 자리를 잡고 "년주"가 "공망"이 되고 있던지 등 일부 "승도의 운명"이 역술가(易戌家)의 운명에 부합하고 있음을 본 저자는 파악하고 있다.

그러나 이 경우에도 사실상 직업적인 성공여부가 역시 사주격국의 순수함과 전장 命理秘典 下권인 간명비법상 청탁(淸濁)의 유무 및 용신의 강령함 그리고 대운흐름이 정히 용신이나 희신의 운으로 치달리고 있어야 함은 필수조건이다.

(예1). "命理秘典" "命理大要"를 집필한 본 저자의 사주,! (서기 1958년 음력 11월 12일 辰시)

(대 운)

養	病	祿	衰	丙-壬상충!	75	65	55	45	35	25	15	5
丙	癸	甲	戊		壬	辛	庚	己	戊	丁	丙	乙
辰	酉	子	戌		申	未	午	巳	辰	卯	寅	丑

*."申-子-辰 삼합 水局",!!!

정재		상관	정관
火	(水)	木	土
土	金	水	土
정관	편인	비견	정관

● 대운천간 辛金이 신왕한 일간 癸水를생조하는 편인의 운로로서 다시 사주원국 시상에 투출되어 있는 丙火 용신이 丙-辛合水로 기반(羈絆)되어 기신(忌神)으로 둔갑되니 대단히 불리하다.

더하여 대운지지 未土가 그래도 대운천간이 합을 하여 나

오는 水氣를 土剋水하여 방어하지만 사주년지 戌土 정관을 戌-未 삼형으로 대접을 하고 있는 중에 뒷 따라들어오는 75세 壬申대운이 완전히 용신을 파극하는 기신(忌神)의 운이니 74세 9수에 저승문턱을 넘기 어렵게 되어 있다.

본 저자의 사주팔자인데 세상 역학자의 학술발전에 도움을 주고 아울러 학문을 연구하는 과정에 비추어 본인의 살아왔던 과거와 현재 그리고 미래 및 육친의 운명과 희노애락을 숨김없이 역학의 정도(正道)에 준하여 기술할 것을 선서한다.!

＊. 일간의 왕쇠(旺衰),!

癸일간 子월에 출생하여 득령(得令)하고 사주월령 子水 비견을 중심으로 십이운성의 건록지, 다시 일지 편인 酉金의 득지(得地)에 생조한 중에 시지 辰土 정관과 일지 酉金 편인간에 辰-酉合金 및 월령의 子水 비견과 子-辰合水 하여 일간 癸水를 생조하고 있으니 신왕하다.

이렇게 일간 癸水가 신왕하고 있으면 이것이 외격(外格)의 종격(從格)이나 가종격(假從格)으로 돌아가지 않는 이상 마땅히 내격(內格)의 억부법이나 조후법에 준하여 용신이 선정되어야 할 것이다.

따라서 사주팔자를 살펴보니 월지 비견 子水가 자리를 잡고 있는 중에 子水의 기운을 흡수하는 월상 甲木 상관이 십이운성 건록지에 앉아 일간 癸水의 힘을 누출시키고 아울러 년주 戊戌 정관이 일간의 기운을 억제하고 있으니 결코 외격(外格)의 종격(從格)이나 가종격(假從格)으로 돌아가지 못하고 내격(內格)에 준하는 용신법이 선택된다.

＊. 격국에 대한 분석,!

그러나 사주원국이 추운겨울인 子월에 출생하였으므로 천지만물이 모두 꽁꽁 얼어붙어 있으니 시급히 조후법상 火氣로서 얼은 癸水를 녹여줘야 팔자가 대길할 것인데 사주를 살펴볼 때 금상첨화로 시상에 丙火 정재가 월상에 甲木 상관의 힘을 받으면서 조후법을 보충시키고 있으므로 아주 길하게 작용한다 할 것이다.

하지만 이렇게 시상에 丙火 정재는 억부법이나 조후법에 일치하는 용신인 것은 두말할 여지가 없지만 한편으로 판단할 경우 丙火 정재를 생조하는 월상 甲木 상관이 있으니 배부른 정재 丙火가 그 힘을 누출시켜야 만이 좋을 것이다.

때 마침 시지 정관 辰土가 습토로서 조후용신인 정재 丙火의 기운을 자연스럽게 누출시킬 수가 있으니 아주 좋게 작용하고 있는데 일면 사주일지 酉金 편인과 辰-酉合金하여 金氣로 丙火를 火剋金으로 상극할 수 있는 소지를 가지고 있지만 이 때 사주월지 子水 비견이 子-辰合水로 투합(鬪合)의 성질이 되고 있으니 완벽한 金氣로 돌아가지 못하는 중에 년지 戌土가 원격(遠隔)하나 辰-戌 상충으로 합을 방해하니 더욱 더 辰土의 잔여기운을 남기는 것이 되어 일부 丙火의 기운을 누출시키는 역할을 하므로 다행스럽게 되었다.

*. 격국(格局)과 용신,!

따라서 본 사주팔자 격국과 용신을 판별하여 보면 우선 일간 癸水가 월지 子水 비견 및 일지 酉金 편인에 의하여 신왕하고 있는 중에 월지 십이운성 건록지에 앉아 있으므로 "신왕월지건록격(身旺月支健祿格)"이 성격(成格)한다.

또한 용신의 격을 잡으니 일간 癸水가 신왕한 중에 원칙적으로 비중용관격(比重用官格)이나 계절이 子월에 출생하여 일간 癸水의 기운이 꽁꽁 얼어붙어 있으므로 시급히 조후법상 재성 火를 용신하고 재성 火를 생조하는 식상 木氣는 희신으로 삼는다.

더하여 관성 土氣는 일간 癸水가 신왕하여 일간의 기운을 억제하고 아울러 재성 火를 보호하는 일면이 있으므로 관성 土氣는 길신으로 선택하겠으나 그 중에서 지지인 辰, 丑 土氣는 습토라서 水氣를 부채질하는 일면이 있으니 그다지 길하게 작용하지 못한다.

그러나 未, 戌 土氣는 조토이므로 사주원국에 대한 조후를 충족하면서 일간 癸水의 기운을 억제하니 대단히 길하게 작용한다고 판단한다.

이렇게 용신과 희신의 기운을 선택하고 사주팔자를 살펴볼 때 사주원국 시상에 丙火 정재가 투출되어 있으니 이것은 곧 진신(眞神)이 자리를 잡아 있는 것이 되고 더구나 억부법이나 조후법에 일치하는 용신임을 알 수가 있으므로 아주 좋다고 볼 수가 있다.

그렇다면 용신의 격국을 선정하는 부분이 이렇게 시상에 丙火 정재가 타주에 거듭 정재나 편재의 기운이 없고 또한 정재의 기운을 파극하는 비견이나 겁재가 사주천간에 투출되어 있지 않는 중에 정재가 일위(一位)에 존재하여 있으니 "시상정재일위귀격(時上正財一位貴格)"이 성격(成格)한다고도 보아야 되겠으며 원칙적인 "식상생재격(食傷生財格)"을 같이 구성한다.

＊. 격국의 청탁(淸濁),!

다시 본 사주팔자의 격국의 청탁부분을 판별하여 보면 일간 癸水를 중심으로 하여 사주팔자내 비견 子水와 편인 酉金이 득령, 득지한 중에 子-辰合水, 辰-酉合金하니 일간이 신왕한 중에 시상에 용신 丙火 정재가 투출되어 월상 甲木 상관의 생조를 받고 있으므로 그나마 귀격(貴格)은 성격(成格)된다.

비록 사주천간에 월상 甲木 상관과 년간에 투출되어 있는 戊土 정관이 甲-戊 상충이 되고 있겠으나 일간 癸水와 년간 戊土 정관간에 戊-癸합으로 곧 해극을 도모하고 있겠으며 역시 사주지지에 子-酉 파살이 되어 있는 중에 년지와 시지 辰土간 辰-戌 상충 그리고 일지 酉金과 년지 戌土간 酉-戌 육해살이 있겠으나 辰-酉合金과 子-辰合水로 해극을 도모하고 있다.

하지만 비록 사주팔자에 오행의 부분이 木, 火, 土, 金, 水등이 모두 구비되어 있어 일면 중화가 된다고 볼 수가 있겠지만 이렇게 4흉성(겁재, 상관, 편관, 편인)과 4길성(식신, 재성, 정관, 인수)이 충돌하는 것은 아무래도 사주 상에 중화(中和)의 원칙에 부합되나 불안한 느낌이 들고 있다.

***. 본 사주의 오행상 균등과 생화불식(生化不息)판단,!**

그러나 본 사주원국을 자세히 관찰하여 보면 시상 丙火 용신을 시작하여 시지 辰土 정관에게 火生土로 생조하고 있고 다시 힘을 흡수 받은 시지 辰土 정관은 일지 酉金 편인에게 土生金으로 상생하고 있으며 다시 일지 편인 酉金은 일간 癸水와 월지 비견 子水에게 金生水로 연결을 하고 있다.

또한 이상의 성질은 더 나아가서 일간 癸水와 월지 子水 비견은 월상에 투출되어 있는 甲木 상관에게 水生木으로 생조하고 있는 중에 다시 월상에 투출 되어 있는 甲木 상관은 시상에 丙火 정재에게 木生火로 연결을 도모하고 있음을 엿볼 수가 있겠다.

이와 같은 현상은 오행이 木, 火, 土, 金, 水를 모두 가지고 오행상 상생의 법칙으로 연결되는 주류무체(周流無滯)가 되어 물결이 높은데서 낮은데로 순리를 따라 흐르는 것을 말하니 곧 생화불식(生化不息) 및 생식불식(生息不息)에 의존하는 사주격국이 되고 있으므로 정말 절묘한 배합을 구성하고 있다고 볼 수가 있다.

한편으로 년주가 戊戌로서 정관이 되고 있으니 오행상 떨어져 상생의 법칙으로 연결되고 있지는 않으나 시상 丙火가 용신이 되어 사주천간에 노출되어 있는 마당에 운로인 대운이나 세운에서 丙火를 쟁탈하는 비겁 水氣가 들어오게 되면 丙火 용신을 정관 戊土가 보호를 할 수가 있다.

무슨말인지 좀 더 자세하게 기술하자면 사주년간 정관 戊土가 운에서 들어오는 癸水는 戊-癸合火로 돌리고 壬水는 壬-戊 상충으로 土剋水하여 丙火 용신을 보호할 수 있는 한신(閑神)의 역할을 하고 있으니 이것 역시 절묘하다고 볼 수가 있겠는데 이 부분은 나중에 한신(閑神)의 판단에 들어가서 더욱 더 자세하게 기술하기로 한다.

이상의 맥락에 비추어 본 장에 기술하는 청탁(淸濁)의 법칙에 본 사주는 상당한 청기(淸氣)를 가지는 것을 알 수가 있겠으며 그러나 한가지 아쉬운 점은 시상에 투출되어 있는 丙火를 시지 辰土가 자리를 잡지 않고 오히려 식상 木氣가 되어 생조를 하고 있다면 지금의 격국보다 약 100배나 1000배정도 상위급으로 올라갈 수가 있을 텐데 아마도 전생에 복을 지은 것이 이 정도라 생각할 수밖에 없다.

결국 전자에 본 저자가 근심을 가질 수가 있는 4길성인 정관과 4흉성인 상관이 근접하여 甲-戊 상충으로 파극되는 현상을 걱정하였지만 이렇게 오행이 서로간 부조하면서 상생의 법칙으로 이어지고 있으니 사실상 그에 대한 근심은 제거될 수가 있다고 판단하는 점이 여기에 있다해도 과언이 아니다.

***. 사주명조에 대한 정신기(精神氣)삼자,!**

다시 본 사주팔자에 대한 정신기(精神氣)삼자부분을 판별하여 보면 우선 일간 癸水가 사주일지 酉金 편인에 득지(得地)한 중에 시지 辰土 정관과 辰-酉 合金을 하니 일간 癸水를 생조하는 정기(精氣)가 대단히 강하게 작용하고 있음을 알 수가 있다.

또한 신(神)의 부분을 판단하여 보면 일간 癸水가 신왕하면 원칙적으로 식상, 재성, 관성등 삼자의 기운을 모두 용신이나 길신으로 사용하는 격국이 되고 있으므로 일간 癸水를 억제하고 누출시키는 기운이 모두 신(神)에 해당하고 있다.

따라서 사주원국을 자세히 관찰하여 보니 일간에 대한 반대의 기운인 식상 甲木이 사주월상에 자리를 잡아 그세력이 십이운성 건록지에 앉아 있는 중에시상에 투출되어 있는 정재 丙火를 끊임없이 생조하고 있으며 더하여 정관土氣의 기운도 년주에 자리를 잡고 있으므로 신(神)의 기운도 대단히 강력한 것이 된다.

아울러 마지막 기(氣)의 성질도 사주팔자 월지 子水 비견이 십이운성 건록지에 앉아 있으니 이것은 전장 命理秘典 上권인 사주팔자 강약도표에 준하여 판단해도 30%의 힘을 가지고 있는 중에 일지와 시지가 辰-酉合金을 하여 金生水하니 기(氣)또한 아주 강하게 되므로 이상의 부분을 전부 종합 판단할 경우 정신기(精神氣)삼자부분에 어느 하나 버릴 것이 없는 절묘한 배합을 구성 하고 있다하여도 과언이 아닐 것이다.

***. 용신에 대한 한신(閑神)판단,!**

다시 본 사주원국에 대한 命理秘典 下권인 간명비법상 한신(閑神)에 대한 판단을 하여 보면 사주팔자에 용신의 기운이 사주천간에 투출되어 있으면 반드시 용신을 보호할 수 있는 한신(閑神)이 사주천간에 투출되어 있어야 길하게 된다.

이와 같은 현상은 용신의 기운은 사주지지에 있는 것이 좋은데 만약 사주상에 용신이 천간에 투출되어 있는다면 命理秘典 下권인 간명비법에 하나의 일부분으로 다루어지는 길신태로(吉神太露)의 법칙에 준하여 운로인 대운이나 세운에서 용신의 상극하는 기운이 들어오고 있을 때 일간의 중요한 용신이 쟁탈을 당하기 쉬우니 이 때는 용신을 보호할 수 있는 한신(閑神)이 필수적으로 사주천간에 나타나 있어야 된다.

따라서 본 사주팔자를 이상의 부분에 부합시켜 간명하여 볼 때 사주시상에 丙火 정재가 억부법이나 조후법에 일치하는 용신이 되고 있는데 시상에 노출되어 있으니 완전히 용신의 기운을 쟁탈당하기 쉬우므로 용신을 보호할 수 있는 한신(閑神)이 필수적으로 사주천간에 투출되어 있음을 필요로 하고 있다.

이상의 부분을 판단하고 사주팔자를 살펴볼 때 마침 사주년간에 정관 戊土가 투출되어 있으니 정히 한신(閑神)의 역할을 하게 되어 용신 丙火를 보호할 수 있는 장점을 십분 발휘하고 있다하여도 과언이 아닌데 금상첨화로 상관 甲木까지 월상에 투출되어 있으므로 아주 대길하게 작용하고 있다.

이와 같은 부분을 아래 사주팔자를 보면서 좀 더 세밀하게 분석하여 기술하여 보면,!

壬-戊 상충 土剋水,!　　대운, 세운

丙　(癸)　甲　戊　　　　→　壬(천간)

辰　酉　子　戌　　　　水生木,!

火　(水)　木　土　　　戊-癸合火,!　癸(천간)

土　金　水　土

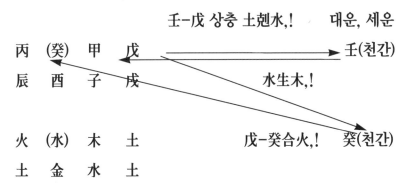

이상의 부분에 만약 운로인 대운이나 세운에서 壬, 癸水가 들어오게 될 때 사주팔자에 일간에 대한 용신인 시상에 丙火 정재가 투출되어 있는 것을 사정없이 용신 丙火 정재를 파극시키는 것이 되므로 이 때는 대단한 흉의와 재난이 극심하게 들어오게 된다.

하지만 사주원국 년간에 戊土 정관이 한신(閑神)의 작용을 하게 되므로 만약 운로인 대운이나 세운천간에서 壬水가 들어와서 용신인 丙火를 丙-壬상충으로 파극하려하지만 년간에 노출되어 있는 정관 戊土가 壬-戊 상충으로 水氣를 土剋水하여 용신인 丙火를 보호하게 되므로 이것은 정말 절묘한 일이 아닐 수가 없는 것이다.

더하여 월상에 투출되어 있는 희신 甲木 상관이 역시 노출되어 있으니 壬水의 기운을 水生木으로 쭉빨아드려 역시 시상에 노출되어 있는 丙火 정재에게 오히려 생조의 법칙이 도모되므로 월상 상관 甲木 역시 절묘하게 자리를 잡고 있다하여도 과언이 아니다.

또한 역시 水氣인 癸水가 만약 운로인 대운이나 세운에서 들어온다고 가정할때 이번에도 역시 년간에 투출되어 있는 정관 戊土가 癸水를 戊-癸合火로 합을 하여 용신의 기운으로 돌려버리니 이래저래 정관 戊土는 완전히 용신을 보호할 수 있는 한신(閑神)의 역할을 하면서 일간 癸水가 신왕하니 일간의 기운을 억제할 수 있는 이중성을 같이 부여되므로 역시 운로인 세운이나 대운에서 정관 土氣는 길하게 되는 점을 면밀히 파악할 이유가 여기에 있다.

***. 용신에 대한 유정무정(有情無情),!**

다시 본 사주팔자에 대한 용신의 기운을 命理秘典 下권인 간명비법상 유정무정(有情無情)의 법칙에 준하여 판별하여 보면 사주일간 癸水에 대한 용신의 기운이 시상에 丙火 정재를 선택하고 있는데 그렇다면 용신은 일간과 근접하여 그 영향력을 최대로 배가시킬 필요가 있다.

따라서 사주원국을 살펴보니 일간 癸水를 놓고 시상에 바짝 근접하여 일간에 대한 용신의 영향력을 행사하고 있으니 정히 일간과 유정(有情)하다고 볼 수가 있겠고 금상첨화로 사주월상에 甲木 상관이 용신을 생조하는 희신까지도 일간과 근접하므로 이것 또한 유정(有情)하므로 용신과 희신 모두 유정(有情)하여 그 영향력은 일간에 대해 상당히 증가하는 것이 된다.

보통 사주팔자에 이렇게 용신의 기운과 희신 및 길신의 기운이 일간에 대하여 근접하여 유정(有情)의 법칙에 부합되고 있다면 그에 대한 복록은 대단히 깊은 것으로 판단하고 있는데 아마도 본 저자의 사주는 비록 사주상의 탁기는 존재하는 것이 되더라도 이렇게 정신기(精神氣)삼자와 용신이나 희신이 일간에 대하여 그 영향력을 충분히 발휘하는 것이 되므로 그 부족함을 보충 시키고 있다고 판단해야 마땅할 것이다.

***. 용신에 대한 천복지재(天覆地載)판단,!**

더하여 사주팔자에 대한 용신의 기운을 두고 命理秘典 下권인 간명비법상 천복지재(天覆地載)의 법칙에 준하여 용신을 판별하여 보면 우선 시상에 丙火정재가 투출되어 있는데 그렇다면 용신인 丙火정재는 지지에 뿌리를 두어야만이 그 힘을 튼튼히 하는 것이 되어 대단히 길하게 작용할 것이다.

하지만 정재 丙火 용신이 사실상 사주시지 辰土 정관에 십이운성 관대지(丙火를 기준하여 辰土를 십이운성으로 볼 때 관대지에 해당함)에 해당하여 일면 丙火가 시지 정관 辰土에 뿌리를 두면서 천복지재(天覆地載)의 법칙에 부합하니 용신이 뿌리를 튼튼히 하는 것처럼 보인다.

그러나 시지 辰土 정관은 오행별 성질로 보면 辰土는 습토이니 火가 뿌리를 두는 것은 미약하고 오히려 왕성한 水氣에 의하여 상극당하는 점은 기정사실이 되므로 막연히 십이운성만 가지고 취용할 것은 못된다.

더구나 상황이 이럴진데 비록 년지 戊土가 원격하나마 시지 辰土

를 辰-戌 상충으로 합을 방해하고 다시 월지 子水가 子-辰합등으로 투합(鬪合)이 되어 합을 쟁탈하려는 성질을 감안한다면 완벽한 합을 구성할 수가 없지만 그래도 끊임없이 사주일지 酉金과 합을 탐한 나머지 辰-酉合이 되어 기반(羈絆)하려고 하니 丙火 정재가 완전히 의지를 하지 못하게 만들고 오히려 왕성한 金氣로 丙火를 상극하여 용신의 기운조차 쇠약하게 만들고 있으니 설상가상이라 하겠다.

따라서 丙火 정재는 본 장 천복지재(天覆地載)의 법칙에 시지 정관에 뿌리를 두지 못할 것 같으면 용신의 성질이 대단히 쇠약해지는 것은 기정사실인데 그렇다고 해서 대타로 년지 戌土가 조토이니 火氣에 부합하면서 지장간 중기(中氣)에 丁火가 존재하여 있으므로 그곳에 뿌리를 두는 현상은 될 듯하다.

하지만 그것도 비록 년지 戌土에 시상 丙火가 통근(通根)을 한다손치더라도 년지와 시상간에 거리는 너무 멀리 떨어져 있으니 이것은 완전히 용신과 정을 통하고 싶어도 무정(無情)하며 또한 辰, 戌, 丑, 未의 고(庫)에 뿌리를 두는 것은 창고 갇힌 것이 되므로 결국은 이러지도 저러지도 못하고 용신의 기운만 쇠약할 수 밖에 없어 천복지재(天覆地載)의 법칙에 결코 부합하지 못하니 곧 대길할 수 없는 이유가 된다.

그런데 하늘이 도우심일까 본 저자는 아마도 이런 부분을 생각한다면 천운(天運)이 보살펴주는 것이라 생각하고 있는데 학자들 가운데 만약 본 저자와 같은 사주명조가 부닥치게 될 경우 곧 바로 용신이 천복지재(天覆地載)의 법칙에 부합되지 못하는 점으로 결론을 내리게 될 것이다.

＊. 命理秘典 下권인 간명비법상 천복지재(天覆地載)편에 인용하여,!

이와 같은 부분을 命理秘典 下권인 간명비법상 천복지재(天覆地載)편에 인용하여 기술한다면 "사주팔자에 천간에 용신이 있으면 사주지지에 뿌리를 두어야 하고 지지에 용신이 있을 때는 사주천간에 용신을 생조하는 희신의 기운이 있어야 천복지재(天覆地載)가 되어 대단히 길하게 된다",!

"하지만 이상과 같은 조건인 천복지재(天覆地載)가 성립되지 않더라도 용신 이나 희신이 강력하게 될 수도 있는데 그것은 사주천간에 용신이 투출되어 있으면 다시 사주천간에 용신을 생조하는 오행(희신)이 지지에 뿌리를 두고 투출되어 있어야 만이 용신이 생조를 받아 강력해지므로 이때는 천복지재(天覆地載)의 법칙에 부합될 수가 있다",!

"더하여 이와 같은 성질이 만약 지지에 용신이 있다면 비록 천간에 천복지재(天覆地載)가 되지 않더라도 지지에 용신을 생조하는 오행이 있어야 만이 용신이 힘을 얻을 수가 있게되어 천복지재(天覆地載)에 부합하면서 대길할 수가 있는 것이다,"!라며 대단히 자세하게 기술하고 있다.

이상의 부분을 본 사주팔자에 부합시켜 볼 때 비록 년지 戌土 정관은 시상과 원격(遠隔)하여 용신이 뿌리를 두더라도 미약할 수 밖에 없을 것인데 절묘하게 월상에 상관 甲木이 십이운성 건록지에 앉아 월지 子水 비견의 힘을 水生木으로 쭉 빨아드려 다시 시상에 투출되어 있는 정재 丙火를 끊임없이 생조를 하고 있으니 정재 丙火가 힘을 받을 수가 있게 되어 본 장 천복지재(天覆地載)의 법칙에 완전히 부합하고도 남음이 있다.

만약 가상적으로 이 때의 상관 甲木이 년간에 투출되어 있는 중에 월상에 庚金 인수가 투출되어 甲-庚 상충으로 파극하면서 金剋木한다던지 아니면 년지에 존재하여 무정(無情)한 결과를 불러내었을 경우 이래저래 용신의 기운은 대단히 미약할 수 밖에 없을 것이다.

따라서 이와 같은 결론은 아주 나쁜 것이 되고 이상의 격국을 가진 본 저자는 용신의 기운이 미미하기 그지없기 때문에 운로인 대운이나 세운에서 살운(殺運)을 맞이하게 될 경우 십중구사의 운명을 피하기 어려운 일이 되는 점은 자명한 일이 될 수 밖에 없는데 격국의 구성이 이렇게 되니 용신이 힘을 받을 수가 있게 되므로 대단히 다행이라 아니할 수가 없다.

***. 본 장 역술가(易術家)의 운명에 부합시켜 본 사주판단,!**

이상으로 용신의 기운에 따른 격국의 청탁과 간명비법상 정신기와 한신등의 부분을 판별하여 보았는데 본 장 역술가(易術家)의 운명에 본 저자의 사주를 놓고 비교 분석하여 보면 우선 일간 癸水가 신왕한 중에 일지 酉金 편인이 자리를 잡고 있는 것부터 역술가(易術家)의 운명에 해당하게 된다.

***. 命理秘典 上권인 편인의 통변법에 인용하여,!**

이와 같은 현상을 두고 命理秘典 上권인 육친의 편인통변법에 대단히 자세하게 기술하고 있는데 다시 그 부분을 인용하여 보면 "사주에 월지나 일지에 편인이 있게 되면 의사, 배우, 운명가, 이 미용업 등 편업(偏業)에 적합하다",!라며 기술하고 있다.

그렇다면 이상의 부분에 완전히 일치를 하고 있는데 우선 사주팔자의 일간 癸水를 중심으로 하여 일지 酉金 편인이 金生水가되어 금수쌍청(金水雙淸)이 되고 있는 중에 다시 월상에 상관 甲木이 십이운성의 건록지에 앉아 있어 일간 癸水의 기운을 水生木으로 자연스럽게 누출시키고 있으니 상관이 강한 중에 식상생재격(食傷生財格)을 구성하고 있으면 언변과 말재주가 아주 뛰어나는 것이 되므로 역술가(易術家)의 팔자에 부합하게 된다.

더구나 사주지지에 卯, 酉, 戌이 있으면 철쇠살이라하여 2자이상 있을 경우 의학, 기학, 도학, 역학자의 팔자가 되는데 본 저자의 사주에 일지에 酉金이 있는 중에 년지가 다시 戌이 있으니 또한 부합하고 다시 사주에 辰, 戌이 있으면 천라지강살(天羅至剛殺)이 또 되므로 역시 공업가나 역술가 운명이 되는 것은 기정사실이다.

한편으로 일주 癸酉를 중심으로 하여 년지 戌土 정관이 공망이 되고 다시 년주 戊戌를 기점으로 하여 시지 辰土 정관이 공망이 되니 辰, 戌, 丑, 未는 화개살을 나타내고 화개(華蓋)를 공망하면 정통승도팔자라고 하였으니 초년에 머리깍고 승도의 길로 일시 접어들었는데 아마도 얼마 못가서 다시 절에 들어가서 승려의 길로 걷는 것은 기정사실이 된다.

이 부분은 다시 본 저자의 사주팔자 대운을 해석하는 과정에서 좀 더 자세하게 육친통변법에 인용하여 기술하기로 하겠다.

***. 본 저자의 성격과 운명,!**

다시 본 저자의 사주팔자를 놓고 나의 성격과 육친별로 분류해서 그 특성을 육친통변법에 부합시켜 파악하여 보기로 하는데 우선 사주팔자 일간 癸水를 사주지지에 子水 및 酉金이 생조하니 신왕사주가 된다.

따라서 본래 사주팔자가 신왕사주가 될 경우 남녀를 불문하고 자존심, 고집이 강대하는 것은 피할 수가 없을 것이며 이것은 곧 성격탓으로 타인과 불화 쟁론이 심심치 않게 나타날 수 밖에 없으니 그로 인해 고통과 근심이 많은 운명이 되는데 특히 여자사주에서는 더욱 더 심하게 발생한다.

***. 命理秘典 上권인 비견의 육친통변법에 인용하여,!**

이와 같은 부분에 대하여 본 저자가 편찬한 命理秘典 上권인 비견의 육친통 변법에 인용하여 기술하면 “사주월지에 비견이 자리잡고 일간이 신왕하면 자존심, 고집이 강대하고 더하여 부친과 인연이 없어 타향살이 팔자이며 형제 친구 덕이 없다”,!

더구나 "비견이나 겁재 및 인성이 왕성하여 일간이 신왕사주가 되면 반대급부의 오행인 재성을 상극하는 것이 되어 처덕이 박약하니 재혼하는 팔자가 된다,"!라며 대단히 자세하게 기술하고 있다.

그렇다면 본 저자는 이상의 부분에 완전히 부합하는 성격이 될 것이며 특히 월지에 비견이 존재하고 있는 것은 형제, 친구덕이 없고 더하여 부친과 이별및 사별하는 운명이 될 것인데 만약 사주에 정관이 없어 비견을 상극하여 견제하지 못할 경우 아마도 나는 성질이 나면 흉폭성이 매우 강력하게 작용하여 안하무인식이 될 것이다.

하지만 다행스럽게 년주가 戊戌로서 천간지지 모두 정관에 들어있어 월지 비견 子水를 견제하는 현상이 되고 있으니 매사에 순리를 존중하며 공명정대함을 좋아하는 성격임을 알 수가 있겠는데 특히 오행의 균등을 모두 가지고 주류무체(周流無滯)가 되면서 월상에 상관 甲木이 일간 癸水의 기운을 자연스럽게 누출시키고 있으므로 더욱 더 부합하게 된다.

그런데 일면 사주일주가 癸酉로서 십이운성의 병지에 앉아 있는 중에 일지에 酉金 편인이 자리를 잡고 있는 점은 유년에 질병으로 죽을 고비를 2번이상 넘겨야 한다는 것을 사주원국은 무언중에 암시를 하고 있는데 이것은 일간이 신약하여 편인 酉金이 자리를 잡고 있을 경우에도 잔병치레로 인한 고통은 모면할 수가 없다.

실제로 본 저자는 유년에 부친과 이별을 하는 중에 편모(偏母)슬하에 성장하다가 질병으로 인한 건강상 악화로 인하여 병원마당이 떠날 날이 없었으며 또한 교통사고로 수술을 받는 등 유년이 대단히 고통과 근심속에 나날을 보냈었다하여도 과언이 아니다.

그러나 일간이 신왕하고 월지에 비견이 십이운성 건록지에 앉아 있는 것은 아무래도 부친의 조업을 지키지 못하고 타향객지로 떠나와서 자수성공하는 운명은 피할 수 없는 필연이며 또한 일지에 편인이 존재하는 것은 비록 사주상에 재성이 있다손 치더라도 부부간 재혼 및 삼혼은 피할 수가 없게 된다.

실제로 본 저자는 이미 청년시절 젊은 나이에 본처와 이별을 하고 재혼을 하였는데 그 때의 뼈아픈 시절이 지금도 가슴속 깊숙히 자리를 잡고 있는 것은 대단히 슬픈일이 아닐 수가 없겠으며 이 부분은 본 저자의 배우자 궁인 처궁을 해설하는 과정에 좀더 상세히 언급을 하기로 하겠다.

*. 본 저자의 26년동안 실제경험상 얻은 비법(秘法),!

이상의 부분은 이미 전장에 실제인물의 사주팔자를 해설하는 과정에 조금씩 언급을 하였지만 남녀를 불문하고 4흉성(겁재, 상관, 편관, 편인)이 사주일지에 자리를 잡고 있는 것은 곧 바로 재혼 및 사별하는 팔자로 간명하면 대체로 적중률이 높게 된다.

이와 같은 현상은 유독 본 저자의 사주팔자를 놓고 말하는 것이 아니라 지금 까지 약 26년동안 명리를 파악하고 검증을 거친 본 저자의 비법으로서 아직 한번도 감정에 틀림이 없는 노하우이니 이상의 부분을 학자는 십분 터득하여 간명상 보탬이 되었으면 더 이상

바랄 것이 없겠다.

＊. 본 사주에 대한 조부님의 운명,!

본 저자의 사주팔자를 보고 조부님의 운명을 간명하는데 조부님의 자리를 사주년주의 동태와 십이운성의 강약 그리고 각종살성과 귀인의 성정을 참조하며 육친별로는 편인을 나타내고 육친의 편인이 없을 경우 년, 월주 관살(정관이나 편관)을 조부님으로 표시한다.

사주팔자를 살펴볼 때 일지 편인 酉金이 자리를 잡고 있으니 조부님을 나타내고 있겠으나 일지는 처궁이므로 그대로 보지 않고 년주가 정관이 나타나니 년주의 십이운성 강약과 육신의 정관을 복수적으로 간명하는 것이 타당하다.

따라서 년주에 정관이 나타나고 있으니 조부님은 관록의 출신이었다는 것을 말할 수가 있겠으며 그러나 십이운성에 일간 癸水를 주동하여 쇠지에 앉아 있고 년간 戊土를 주동하여 戊土를 대조하면 묘지에 해당하고 있는 중에 월상에 투출되어 있는 상관 甲木이 년간 정관 戊土를 甲-戊 상충 木剋土하여 파극을 시키고 있으므로 조부님의 수명이 단명이라는 것을 알 수가 있다.

더구나 조부님의 성격이 약간의 결벽증을 가지고 있고 대단히 자존심과 고집이 강대한 분이라는 것을 알 수가 있는데 그것은 戊戌이 괴강살(魁罡殺)이 되므로 더욱 더 부합하고 있는 것이다.

***. 命理秘典 上권인 괴강살(魁罡殺)의 통변법에 인용하여,!**

이와 같은 부분은 본 저자가 편찬한 命理秘典 上권인 괴강살의 통변법에 준해서 인용하여 보면 "괴강살이 있을 경우 여자는 일반적으로 용모와 자색은 아름다우나 그 마음은 고집과 자존심이 세어 남편과 참다운 화합을 할 수가 없어 이혼하거나 과부되거나 병으로 신음하는 수가 많다",!

"또한 남자는 그 성격이 지나치게 결벽증을 가지고 있다,"!라며 대체로 자세하게 기술하고 있다.

이상의 부분에 적용하여 조부님의 성격을 판별하여 보아도 대체로 적중이 되고 있음을 간명할 수가 있겠으며 더하여 본 저자의 조부님은 풍류호객적인 기질로 인하여 할머니가 두분인 것을 판단할 수가 있겠다.

이와 같은 부분은 사주년간 戊土 정관은 조부님을 나타내고 있는 중에 년간 戊土 정관을 중심으로 하여 여자의 오행은 水氣가 되는데 사주팔자에 일간 癸水와 戊-癸합, 그리고 시지 辰土 정관의 지장간 중기(中氣)에 癸水가 또 들어 있으니 다시 戊-癸암합을 구성하여 이렇게 합을 하는 것은 조부님이 여자와 합방을 하는 것이 되므로 완전히 부합하고 있는 것이다.

또한 한편으로 달리 판단 할 수가 있겠는데 일지 편인 酉金이 조부님으로 표시하면 역시 여자의 기운은 金剋木하여 木氣가 되며 다시 사주팔자에 월상에 甲木, 그리고 시지 辰土의 지장간 여기(餘氣)

에 乙木이 있는 중에 辰-酉合金이 성립되니 역시 조부님은 재혼팔자라는 것도 파악할 수가 있을 것이다.

실제로 본 저자의 조부님은 그 성격이 대단히 까다로운 분으로 자존심 고집이 아주 강한 어른이었으며 또한 할머니가 두분이다.

더하여 조부님의 수명이 단명이라는 것을 전자에 잠깐 언급을 하였는데 53세에 질병으로 세상을 하직하였으며 그것도 모자라 작은 할아버지도 단명하였음을 이 자리를 빌어 본 저자는 밝혀드리고 싶다.

하지만 본 저자는 조상의 묘지를 돌보지 않는 점이 나타나고 있는데 그것은 일주 癸酉를 주동하여 년지 戌土가 공망이 되고 있겠으며 년주를 공망하고 있다는 자체가 조상덕이 없다는 것을 사주팔자는 벌써 무언중에 암시를 하고 있는 것이다.

더구나 사주팔자 월상에 투출되어 있는 상관 甲木이 년간 정관을 甲-戊 상충을 하고 있는 것은 부친과 조부님간 사이도 좋지 못하였다는 것을 판단할 수가 있겠으며 더욱 더 년지 정관을 공망이 되고 있는 중에 일지 酉金과 년지 戌土간 酉-戌 육해살이 되고 있으므로 더욱 더 부합하고 있겠다.

***. 조부님의 선산묘지,!**

이렇게 본 저자의 조부님운명을 간명하여 보았는데 다음은 조부님의 선산묘지를 판단하여 보면,사주팔자 년주의 동태와 십이운성의 강약 그리고 각종 살성(殺星)과 귀인을 복합적으로 육친의 성정과 대조하여 결론을 내리게 된다.

따라서 사주원국 년주의 동태를 면밀히 관찰하여 보니 년주가 戊戌로서괴강살(魁罡殺)에 임하여 있는 중에 십이운성에 戊戌은 일간을 기준하여 쇠지에 앉아 있으므로 조부님의 선산묘지는 그다지 좋지 못하는 곳에 안장되어 있음을 알 수가 있겠다.

이와 같은 부분을 좀 더 세밀하게 기술하여 보면 년간 戊土 정관이 양토로서 대단히 큰산을 의미하고 있겠으며 년지 戌土 정관은 조토이면서괴강살(魁罡殺)에 해당하니 산수의 허리가 메마른 곳이며 방향은 戌중의 지장간 중기(中氣)에 丁火가 있으니 양지바른 남쪽방향인데 그 쪽으로 보면 두갈래 오솔길이 돌아가면서 나있음을 알 수가 있겠다.

보통 이와 같은 묘지옆에 길의 의미는 학자들 가운데 지금까지 본 저자가 종종 기술하였든 부분에 대하여 약간 의문을 가지고 있겠으나 사주년간의 기운과 년지의 기운을 종합하여 보고 아울러 지장간의 기운을 세밀히 판단하면 그리 어려운 부분은 아니라고 보겠다.

그렇다면 이 부분을 본 저자의 사주팔자 년주를 한번 자세하게 파악하여 보면 년간 戊土는 오행별로 양토이며 년지 戌土는 조토로서 년지 戌土 지장간 정기(正氣)는 戊土가 되니 두 개의 戊土는 두 개의 길을 의미하고 있음을 학자들은 판단하여야 된다.

따라서 본 저자의 조부님의 선산묘지는 대단히 큰 산수에 묘지를 안장하고 있음을 알 수가 있겠으며 그러나 년지 戌土 정관은 고(庫)에 해당하고 있는 중에 괴강살(魁罡殺)이 되고 있으니 산수의 기운은 미미하기 짝이 없겠으며 아울러 입수(入首)와 용혈(龍穴) 또한 보잘것이 없는 곳에 안장되어 있음을 알 수가 있다.

실제로 본 저자의 조부님은 전남 완도에 선산묘지에 안장되어 있겠으며 후일 부친이 선산묘지가 좋지 않다고 저자에게 묘지를 이장하려고 좌를 지시하였으나 본 저자는 조부님의 묘지를 그냥 그대로 두어야 한다는 것을 부친에게 말하여 더 이상 묘지를 이장하지 않았다.

그것은 전장에 실제인물의 사주를 간명하면서 묘지부분에 대하여 본 저자가 약간 언급을 하였지만 이렇게 선천적인 사주명조에 준하여 조부님의 묘지가 안장되어 있음은 필연적이며 숙명적인 운기를 벗어날 수가 없기 때문에 비록 조부님의 묘지를 좋은 곳에 이장한다하여도 그에 대한 자손들의 발복여부는 불투명하기 때문이다.

*. 부모님의 운명,!

다시 사주팔자에 부모님의 운명을 간명하여 보면 사주원국에 월주의 동태와 십이운성 강약 그리고 각종 살성(殺星) 및 귀인의 성정을 종합 판단한 후 육친의 부분을 참조하여 간명하는 것이 타당하다.

따라서 사주원국을 살펴보니 월주에 甲子로서 상관과 비견이 존재하여 있는 중에 부친을 표시하는 편재가 사주년지 戌土 정관의 지장간 중기(中氣)에 丁火가 있으므로 편재인 부친이 암장되어 있음을 알 수가 있다.

그렇다면 년지 戊土 지장간 중기(中氣)丁火와 월주의 십이운성 강약 그리고 월주의 동태를 같이 보고 판단하는데 월주가 십이운성의 건록지에 앉아 있는 중에 월지 子水 비견이 되고 있으니 신왕한 일간 癸水에게는 완전히 기신(忌神)이 자리를 잡은 것이 된다.

상황이 이럴진데 사주일지 酉金 편인과 월지 子水 비견간에 子-酉 파살(破殺)과 귀문관살(鬼門關殺)이 되고 있으며 다시 시지 辰土와 년지 戊土간 역시 원격하지만 辰-戌 상충이 되므로 완전히 부합하고 있는데 더욱 더 일주 癸酉를 주동하여 년주 戊戌이 공망이 되고 있으니 이것은 더 이상 설명할 것도 없는 것이다.

고로 부친 및 모친덕이 없다는 것으로 결론이 나고 있는데 더하여 부친인 편재가 戊土에 암장되어 戌이 고(庫)에 해당하고 있는 중에 戊戌이괴강살(魁罡殺)에 임해 있으므로 더욱 더 부합하게 된다.

결국은 낯이 뜨거운 일이지만 부친이 재혼팔자이며 본 저자에게는 어머니가 두분이라는 것을 알 수가 있겠는데 이와 같은 부분은 본 저자가 편찬한 命理 秘典 上권인 육친의 편인통변법에 자세하게 기록되어 있다.

＊. 命理秘典 上권인 육친의 편인통변법에 인용하여,!

따라서 이 부분을 命理秘典 上권인 육친의 편인통변법에 기술하여 있는 것을 보면 "사주팔자에 일지와 월지에 편인과 비견이 동주하던지 나란히 있게되면 타인의 양자가 되지 않을 것 같으면 계모 및 유모, 서모가 있을 운이다",!라며 대단히 자세하게 언급을 하고 있다.

그렇다면 본 저자의 사주원국 일지에 酉金이 편인이 되고 있는 중에 월지에 子水 비견이 나란히 있으므로 완전히 이상의 부분에 적용되고 있는데 한편으로 달리 판단하면 월주는 부모궁이 되니 곧 월주의 성질을 놓고 합의 기운을 취용하여 간명할 수도 있다.

그런데 월지 子水가 년간 戊土 그리고 년지 戌土의 지장간 정기(正氣)戊土, 마지막 사주시지 辰土 정관의 지장간 정기(正氣)에 戊土와 각각 戊-癸암합이 맺어지고 있으니 이렇게 부모궁을 대변하는 월지가 사주상에 합을 이루고 있는 것은 그만큼 부친이 바람둥이고 재혼하는 팔자로 판단하면 적중률이 아주 높게 된다.

실제로 본 저자는 부친이 모친과 생이별을 한 뒤 본 저자는 홀어머니를 모시고 있는데 지금까지 떨어져 이별을 하고 있으며 부친쪽에서 작은어머니를 두어 그 쪽에 자식이 3명이라는 것을 멀리 주위에 친척들이 말하여 들었을때 사주추명학상 운명의 굴레는 벗어날 수가 없음을 본 저자도 자인하는 바 이다.

***. 본 저자의 형제궁판단,!**

다시 위 사주팔자를 놓고 본 저자의 형제궁을 판단하여 보면 역시 사주월주의 동태와 십이운성 강약 그리고 각종 살성(殺星) 및 귀인(貴人)를 복수적으로 육친의 성정인 비견이나 겁재를 같이 보면서 종합 판단하는 것이 타당하다.

따라서 사주원국을 살펴보니 형제의 기운을 나타내는 비견이나 겁재가 사주에 월지 子水 비견이 하나,그리고 시지 辰土 정관의 지장간 중기(中氣)에 癸水가 하나, 또한 시상 丙火와 사주일지 酉金 지장간 정기(正氣)辛金과 丙-辛合水, 마지막 월지 子水와 시지 辰土와 子-辰合水하여 水氣로 변화되니 모두 형제의 기운을 4개가 된다.

그 중에서 각각 癸水는 2개로 친형제로 판단하여야 되고 子-辰合水 및 丙辛合水하여 나오는 것은 이복형제를 표시하고 있으므로 나와 더불어 이복형제가 있음을 알 수가 있는데 그러나 형제중에 장남이 본 저자가 되는 것은 월지 子水가 일간 癸水에 대한 십이운성의 건록지를 표시하고 있으므로 그것을 보고 장남인가 차남인가를 구별하게 된다.

하지만 본 저자는 형제의 도움을 받지 못하고 형제 서로간 덕이 없다는 것을 또한 판단할 수가 있겠는데 그것은 본 저자가 편찬한 命理秘典 上권인 비견의 육친통변법에 적용하여 볼 때 대단히 자세하게 기술하고 있다.

***. 命理秘典 上권인 비견의 육친통변법에 인용하여,!**

이와 같은 부분은 命理秘典 上권인 비견의 육친통변법에 인용하여 볼 때 "일간이 신왕하고 비견이나 겁재가 일간에 대한 기신(忌神)이 되고 있으면 형제덕이 없다,"!

더하여 "사주상에 비견이나 겁재가 사주일주와 상충이 되면 형제와 사이가 나쁘고 또한 비견이나 겁재가 십이운성의 사, 묘, 절, 목욕과 동주하면 형제와 인연이 박하고 형제가 있더라도 아무 도움을 받지 못한다,"!라며 대체로 구체적인 언급을 하고 있다.

이상에 命理秘典 上권인 비견의 육친통변법에 적용하여 판단하여 볼 때 완전히 일치를 하고 있는데 우선 일간 癸水가 왕성한 월지 및 일지 비견과 편인에 의하여 득령(得領), 득지(得地)한 중에 子-辰合水, 辰-酉合金하여 일간이 신왕이 되고 있으므로 이 때는 일간을 부조하는 비견이나 겁재는 기신(忌神)이 되니 더욱 더 부합하게 된다.

보통 사주팔자를 간명할 때 이상의 부분을 적용하여 형제덕을 볼 수가 있는가 아니면 형제로 인하여 큰 피해를 당하는 것을 판단할 때 무조건 일주를 기점하여 비견이나 겁재가 일주와 상충이나 삼형이 되고 있다던지 더하여 일간에 대한 기신(忌神)이 되고 있을 경우 완전히 형제로 인하여 배반 상극하는 일이 발생하니 형제덕이 없는 것으로 판단하면 대단히 적중률이 높게 된다.

***. 본 저자의 처궁판단,!**

다시 사주팔자에 대한 본 저자의 처궁을 판단하여 보면 사주원국 일지의 동태를 관찰하면서 육친별로는 편재는 첩의 기운이고 정재는 정처의 기운을 대변하고 있다.

따라서 일주에 대한 십이운성의 강약 및 각종살성과 귀인 및 육친의 정재나 편재의 기운을 같이 대조하여 종합적으로 판단하는 것이 타당하다.

그렇다면 사주팔자를 면밀히 관찰하여 보니 시상에 丙火 정재가 자리를 잡고 용신의 기운이 되고 있으므로 완전히 처의 기운이 나타나고 있음을 알 수가 있다.

하지만 사주일지에 편인 酉金이 자리를 잡고 있는 중에 사주시지 辰土 정관과 辰-酉合金을 하니 흉성(겁재, 상관, 편관, 편인)인 편인의 흉폭성은 합으로 인하여 그 성질은 많이 완화시키고는 있겠으나 다시 이렇게 합을 하여 편인의 기운인 金氣가 대변되면 그 영향력은 더욱 더 강력하게 된다.

이와 같은 현상은 더욱 더 설상가상으로 사주용신의 기운이 시상 丙火 정재를 사용하고 있는데 정재 丙火의 기운을 시지 辰土 정관이 자리를 잡아 丙火의 기운을 火生土하여 수기(秀氣)유행을 시키고 있을 것 같으면 대단히 좋게 되겠지만 이렇게 辰-酉合金으로 인성 金氣로 둔갑하여 무언중에 丙火 정재의 기운을 火剋金으로 상극하고 있으니 이는 대단히 좋지 못하게 된다.

***. 命理秘典 上권인 편인의 육친통변법에 인용하여,!**

고로 본 저자 역시 재혼하는 팔자가 되는 것은 기정사실인데 이와 같은 부분은 본 저자가 편찬한 命理秘典 上권인 육친의 편인통변법에 대단히 자세하게 기술하고 있는 것을 인용하여 보면 "사주원국 일지에 편인이 있으면 결혼운이 나쁘고 따라서 재혼하거나 부부이별을 하는자가 많은데 특히 여자의 경우는 더욱 더 심하다,"!

또한 "편인은 흉성이므로 반드시 간합이나 지합이 이루어져야 하는데 간합, 지합등으로 나오는 오행이 사주상의 길신이 되면 신사, 숙녀등 인기가 높다,"!라며 자세하게 기술하고 있다.

따라서 이상의 부분을 접목시켜 간명하여 보면 완전히 일치를 하고 있는데 후자의 편인은 흉성이니 간합이나 지합을 하여야 되며 합을 하여 나오는 오행이 길신이 되고 있을 것 같으면 이상의 흉을 면할 수가 있겠지만 이렇게 다시 편인 金氣가 돌출되어 기신(忌神)으로 자리를 잡고 있으니 대단히 좋지 못하는 것을 알 수가 있다.

실제로 본 저자는 25세 丁卯대운에서 본처와 이별을 하고 지금의 처를 만났는데 이렇게 조부님부터 부친까지 내림으로 본인까지 해당하고 있으니 정말 낯이 뜨거운 일이 아닐 수가 없겠으며 민망하기 그지없으니 학자들의 이해를 바라겠다.

***. 본 저자의 자식궁에 대한 판단,!**

다시 본 저자의 자식에 대한 부분을 판단하여 보면 사주원국 시주를 보고 간명하는데 육친별로는 남자사주에는 편관을 아들이고 정관은 딸이며 여자에게는 식신은 딸이고 상관은 아들을 표시한다.

따라서 이상 육신의 부분에 십이운성 강약 및 각종 살성(殺星)과 귀인(貴人)을 종합하여 시주의 동태와 같이 부합시켜 판단하는 것이 좋을 것이다.

그런데 사주팔자를 자세하게 관찰하여 볼 때 우선 자식을 표시하는 정관이나 편관중에 나타나는 정관이 3개가 있으니 모두 딸을 의미하고 있는데 그 중에서 사주년간에 戊土 정관은 일간 癸水와 戊-癸합이 되어 타오행으로 변화되는 중에 월상에 투출되어 있는 상관 甲木이 甲-戊 상충으로 파극하며 다시 시지 辰土 정관은 일지 酉金 편인과 辰-酉合金으로 역시 인성 金氣로 둔갑하였으니 2명의 자식이 사라지게 되는 것은 곧 유산을 의미한다.

그렇다면 년지 戊土 정관이 하나 존재하여 있으니 딸이 하나라는 것을 알 수가 있겠는데 사주시간에 丙火 정재가 용신의 기운으로 자리를 잡고 있으니 그래도 말년은 본 저자가 아들은 없겠으나 딸덕은 볼 수가 있을 것을 미루어 짐작을 하면 조금은 마음이 편해지고 있다.

***. 고서(古書)나 원서에 인용하여,!**

이와 같은 자식덕을 볼 수가 있는가 아니면 자식덕을 볼 수가 없을 것인가를 놓고 고서(古書)나 원서에 기술하고 있기를 "사주팔자에 시주가 일간에 대한 기신(忌神)이 자리를 잡고 있으면 자식덕이 없고 아울러 시주를 형, 충을 한다던지 남자에게는 정관이나 편관, 여자에게는 식신이나 상관이 기신(忌神)이 되어 역시 형, 충을 하고 있으면 자식의 성질이 흉폭하고 부모에게 불효한다,"!라며 대단히 자세하게 기술하고 있다.

***. 일부학자들의 의문,!**

여기서 시주에 자식을 보는 과정에서 일부학자들 중에 한가지 의문을 가지고 본 저자에게 질문을 던지고 있는데 "보통 사주팔자에 시주에 기신(忌神)이 자리를 잡고 있는 부분을 판단할 때 운정선생의 사주만 보더라도 시지 辰土 정관이 길신이 되고 있겠으나 일지 酉金과 辰-酉合金하여 기신(忌神)으로 둔갑하고 있을 경우 그러나 시상에 丙火 정재는 사주상의 용신으로서 자리를 잡고 있으니 이럴 때는 천간과 지지중에서 어느 것을 판단합니까",?

또한 "선생의 사주가 아니더라도 보통 시주자체가 동일하게 오행이 구성되어 있을 것 같으면 별 문제가 되지 않겠지만 각각에 육신의 기운이 틀리게 자리를 잡고 있는데 그것을 자세하게 말씀드리면 만약 시간에는 기신(忌神)이 자리를 잡고 있는데 시지는 용신이나 희신의 성질이 되는 점은 어떻게 판단해야 좋을지 명쾌한 해석을 바랍니다",!라며 구체적으로 질문을 하고 있다.

***. 일부학자들이 제시한 의문에 대한 본 저자의 판단,!**

이 부분에 대하여 일부학자들이 의문을 제기한 부분은 지극히 당연하고 또한 응당 추명의 원리를 제대로 파악하는 학자들 같으면 언젠가는 한번쯤 궁금하였을 것이다.

따라서 그 부분에 대하여 본 저자는 동일주의적 원칙에 입각하여 만약 시주가 甲寅이나 乙卯등으로 하나의 기운이 되어 이것이 기신(忌神)이 되는지 아니면 용신이나 희신이 되고 있다면 별문제가 되지 않겠지만 천간지지가 틀리게 되어 있는 경우가 많아서 그것을 판단하기가 대단히 난이하게 되고 있음을 본 저자도 인정하는 바이다.

그러나 그러한 부분에 대하여 본 저자는 전자의 학자들이 의문을 제기한 본 저자의 사주를 놓고 시상 천간은 용신이 되고 있는데 지지는 辰-酉合金으로 기신(忌神)인 金氣로 둔갑하는 부분에 대해서는 일간을 기준하면 시간에 丙火 정재가 용신이 되고 있는 점을 판단하여 시지가 비록 기신(忌神)이 앉아 있다하여도 자식덕은 볼 수가 있다고 간명하는 것이 타당하다.

더하여 후자에 대한 의문 역시도 동일선상에 기준하여 사주상의 용신이나 희신이 시간이나 시지에 불문하고 자리를 잡고 있을 경우 역시 자식덕을 볼 수 있다고 판단하는 것이 되겠으나 하지만 이렇게 비록 용신이나 희신의 성질이 한쪽부분에 있다고 해서 막연히 단정지을 것이 아닌데 그것은 시주에 하나의 기운으로 되어 있는 용신이나 희신를 형, 충을 하여 상극하고 있을 경우 완전히 자식으로 인한 피해가 돌출될 것이며 아울러 오히려 자식덕을 볼 수가 없는 점도 나타나고 있다.

또한 사주주인공의 명조를 판단하여 비록 시주에 하나의 용신이나 희신의 기운이 자리를 잡고 있을 경우도 사주주인공의 말년대운의 흐름을 파악하여 말년이 정히 용신이나 희신 및 길신의 운로로 치달리고 있는가 아니면 용신이나 희신을 상극하는 기신(忌神)의 운으로 치달리고 있느냐에 따라 그 판단에 중점두어야 한다.

결국 이와 같은 것은 비록 시주가 용신이나 희신의 성질이 되고 있을 경우도 사주주인공의 말년대운이 흉하게 작용하고 있으면 자식덕이 없고 아울러 본 인의 말년이 좋지 않다며 판단을 내리는 것이 정석이니 막연히 사주명조만 보고 단정을 지우는 것은 조금의 간명상 오류를 돌출하는 이유가 되므로 추명의 원리를 신중히 하여 결정을 내려야 할 것이다.

*. 격국에 대한 대운흐름,!

이상으로 본 저자의 격국과 용신, 그리고 육친별로 운명을 모두 간명하여 보았는데 오늘날 본 저자가 비록 추명의 원리를 간명하는 역학자이나 본 저자도 인간이기 때문에 운의 흐름을 지배받아 지난날의 삶이 그다지 좋은 날 보다 괴로운 나날이 많았음을 회고하고 있다.

그것은 본 저자의 사주상의 용신을 선정하고 격국의 청탁(淸濁) 및 대운의 흐름을 판별하여 볼 때 정히 초년부터 동방 寅-卯-辰 木局과 남방 巳-午-未火局으로 치달리고 있으니 일부 학자들 중에는 정말 승승장구하는 운명이 아니겠느냐, 할 지 모른다.

그러나 이미 본 사주격국이 더욱 더 상급으로 가지 못하고 일년 군주인 세운이 가세, 대운의 기운에 중첩 기신(忌神)을 동반해서 사주일간이나 사주상의 용신을 상극하는 것이 되고 있을 때 그 흉의는 비참할 정도로 본 저자를 괴롭혔다 하여도 과언이 아니다.

따라서 본 저자의 과거 및 현재 그리고 앞으로 다가오는 미래의 운기를 지금이 命理大要를 읽고 있는 세상의 역학자와 더불어 좀 더 자세하게 대운의 흐름을 판단하여 보기로 한다.

***. 일부학자들의 의문,!**

여기서 일부학자들 중에는 한가지 의문을 가지고 있는데 그것은 방금 본 저자의 대운흐름이 5세부터 시작하고 있지만 만약 5세이전에는 대운흐름을 어떻게 판단하여 유년을 간명할 수 있겠는가,라고 의문을 제기하고 있다.

***. 이에 대해 본 저자의 판단,!**

이 부분에 대하여 본 저자는 보통 사주주인공의 대운흐름이 1로 시작하는 사람도 있고 7이나 10에서 시작하는 사주명조도 있다. 따라서 그 이전의 운로를 추적하려고 할 경우 이미 대운의 시작점이 사주월주를 보고 간명하여 대운을 나열시키고 있기 때문에 그이전의 운을 간명하려면 월주의 기운을 보고 판단하면 될 것이다.

다시 말하여 본 저자의 사주팔자를 이상의 부분에 적용하여 판단하면 유년인 태어나서 4세까지는 월지인 子水 비견의 영향력을 받았다는 것을 알 수가 있겠으며 이것은 사주팔자 용신인 丙火 정재가 선택되고 있는데 대운 子水가 비견으로서 더욱 더 조후법에 거슬리는 것이 되니 이 때 본 저자는 질병으로 인한 죽을 고비를 2번씩이나 넘겼다하여도 과언이 아니다.

또한 대운이 10으로 나가는 사주는 사주월간이 5년 그리고 사주월지가 5년하여서 각각 5년씩 담당하여 판단하는 것이 타당한데 이 때는 지지의 방향이 중요하므로 지지의 힘이 강력하게 작용한다고 보는 것이 정석이다.

다시 유년 5세 乙丑대운을 간명하여 보면 대운천간 乙木이 들어오는 시기는 사주일간에 대한 식신의 운로이니 용신인 丙火를 木生火하여 길운임을 알 수가 있겠으나 하지만 대운지지 丑土가 지배되는 10세부터 14세까지는 대단한 불운이다.

이것을 육친통변법에 준하여 좀 더 자세하게 기술하여 보면 대운지지 丑土가 비록 사주일간 癸水에 대한 편관이 되어 길신이 되겠지만 丑土가 오행별로 볼 때 습토이니 본 사주가 子월에 태어나 조후법상 丙火를 용신으로 선택하고 있는데 더욱 더 차가운 얼은 기운을 중첩하면서 사주일지 酉金과 酉-丑合金으로 변화되어 신왕한 일간을 더욱 더 신왕하게 만들고 있으므로 설상가상이다.

따라서 이 때에 부친과 모친이 생이별을 하였는데 그것은 대운지지 丑土가 일지 酉金과 酉-丑合金을 하여 모친의 기운인 인성 金氣

가 나타나고 있는 것은 부친이 바람을 피우다가 들통이 나므로 완전히 부합하는 것이 된다.

상황은 여기에만 끝나는 것이 아니고 설상가상으로 丑土 편관이 사주년지 戌土 정관을 丑-戌 삼형으로 가격하니 년주는 사회궁이고 초년을 나타내는데 이렇게 신왕한 일간을 생조하는 인성 金氣가 나오면서 년지를 삼형으로 가격하는 것은 모친이 견디다못해 이혼하여 보따리를 싸게 되는 것이다.

결국 이 시점에 본 저자는 어린 고사리같은 손을 모친과 함께 잡고 지금의 경남 남해로 눈물을 훔치면서 친정집으로 돌아왔으며 그 때부터 대단히 어려움과 시련의 연속속에 지난시절이 눈물로서 세월을 지나왔는데 그 비참함이란 이루말 할 수가 없었다.

다시 15세는 丙寅대운으로서 대운천간 丙火가 일간 癸水에 대한 정재의 기운이 되어 정히 용신이므로 대단히 승승장구하는 운명이 되는데 더하여 사주시상의 丙火 정재가 대운지지 寅木의 십이운성의 장생지에 앉아 있는 중에 사주년지 戌土 정관과 寅-戌合火 하여 더욱 더 용신의 기운이 왕성하여져서 일약 하늘이 놀라는 현상이 되고 있음을 알 수가 있다.

따라서 이 때 본 저자는 외할아버지가 풍수지리학적으로 능통한 분이며 또한 시골 한의원을 경영하였던 분인데 아마도 이 때부터 본 저자가 역학부분을 어깨너머로 배웠던 것이 외할아버지가 놀랄정도로 총명함을 나타내었다 하여도 과언이 아니었다.

25세는 丁卯대운이다.

이 때는 본 저자가 가장 인생행로에서 구비가 심하고 어려운 청년시절임을 알 수가 있겠는데 그것은 비록 丁卯대운자체가 일간 癸水에 대한 용신 및 희신의 기운이 되나 사주 일주 癸酉를 동시에 丁-癸 상충과 卯-酉 상충을 하게 되니 이것은 전편인 命理秘典 下권인 간명비법상 천극지충(天剋地沖)의 법칙에 해당하여 아무리 용신의 기운이라도 천간지지 상충에 대한 충분한 대가를 지불하여야 된다.

이 부분을 좀 더 육친통변법에 준하여 자세하게 기술하여 보면 우선 대운천간 丁火는 사주일간 癸水가 조후법에 준하여 火를 용신으로 삼고 있는데 단편적으로 판단하면 대단히 길운이 되는 것으로 볼 수가 있다.

그러나 대운천간 丁火가 사주일간 癸水를 丁-癸 상충을 하게 되니 丁火는 사주육친별로 보면 편재이니 여자와 금전을 나타내고 또한 부친을 의미하기도 한다.

이런저런 많은 기회들이 오고갔고 내자신의 소양과 수양의 부족으로 대단히 많은 고뇌와 번민의 젊은 날들이었다. 머리깍고 승도의 길을 걸어보기도, 이런저런 사업에 부딪치며 좌절도, 환희도 맛보던 시절… 불쑥불쑥 솟아오르는 내 아만심, 자만심으로 순간순간 다가오는 기회들을 버려야 했다.

이것은 곧 내 인생을 내가 망친결과라 누구에게도 하소연을 할 수가 없었으며 이 때부터 나의 운명이 왜, 이렇게 허망한가하고 나라는 실체를 알고자 그동안 초심자의 틀속에 벗어나지 못했던 역학에 더욱 더 몰두를 하게 되었다.

이와 같은 고통과 번민은 여기에서 끝나지 않았는데 대운지지 卯木 말기에는 그동안 한스런 시름을 이길려고 모친이 연결하여 중매결혼을 하였던 것이 역시 이혼으로 연결되었으니 이것은 대운지지 卯木이 비록 사주상의 식신이 되나 역시 사주일지 酉金 편인을 卯-酉 상충으로 가격하고 있으므로 희신, 기신(忌神)을 막론하고 사주일지를 충격하는 것은 부부이별을 면할 수가 없는 것이다.

다시 35세는 현재대운이 지배하는 戊辰대운이다.

하지만 여기서 또 한차례 가장 어려운시기가 닥쳐오고 있음을 알 수가 있겠는데 원칙적으로 대운천간 戊土는 사주일간 癸水에게는 정관의 운로로서 위 사주팔자가 시상 丙火 정재를 용신으로 사용하고 있는 중에 비겁 水氣가 강하여 신왕하고 있으니 정관 戊土는 길신이며 또한 용신 丙火를 사주에서나 운로에서 들어오는 壬水나 癸水를 막아서 용신 丙火를 보호하는 한신(閑神)의 역할을 도모할 수가 있어 길신으로 선택된다.

그런 와중에 대운戊土 정관이 사주원국 이미 년간과 일간간에 戊-癸합을 월상에 투출되어 있는 상관 甲木이 甲-戊 상충으로 방해하고 있는 것을 이번에 는 대운이 들어옴에 따라 완전히 戊-癸合火로 변화되어 정히 용신인 火氣로 둔갑하니 대단히 길운이 된다.

이 때에 본 저자는 그동안 실의에 빠져 역학에 몰두한채 인사불성으로 나날을 보내다가 우연히 친한 친구의 조언을 받아 전자통신 사업체를 인수하니 나날이 승승장구하였는데 그 때 휴대폰의 초창기 시대로 휴대폰 한 대값이 250만원에서 300만원을 호가하므로 정말 황금알을 낳은 통신시장이라 하여 일약 25억정도의 재산을 가지게 되었던 것이다.

하지만 하늘이 본 저자를 시기를 하였을까,?

운명의 굴레에 소속되어 있는 한 인간을 운이라는 거대한 흐름을 조금 역학을 안다는 얄팍한 실력으로 살운(殺運)이 맞이한다고 해도 대처를 하면 되지 않겠느냐,라는 막연한 아만심과 자만심이 가득한 본인을 하늘의 기운은 사정없이 심판을 내려 철퇴를 가한 것이다.

***. 命理秘典 下권인 간명비법에 제3편 전극(戰剋)의 법칙에 인용하여,!**

이러한 것은 전장 본 저자가 편찬한 命理秘典 下권인 간명비법에 제3편 대운과 세운을 상극하는 전극(戰剋)의 법칙에 적용되고 있는데 그 부분을 도표로서 좀 더 자세하게 기술하여 보면,!

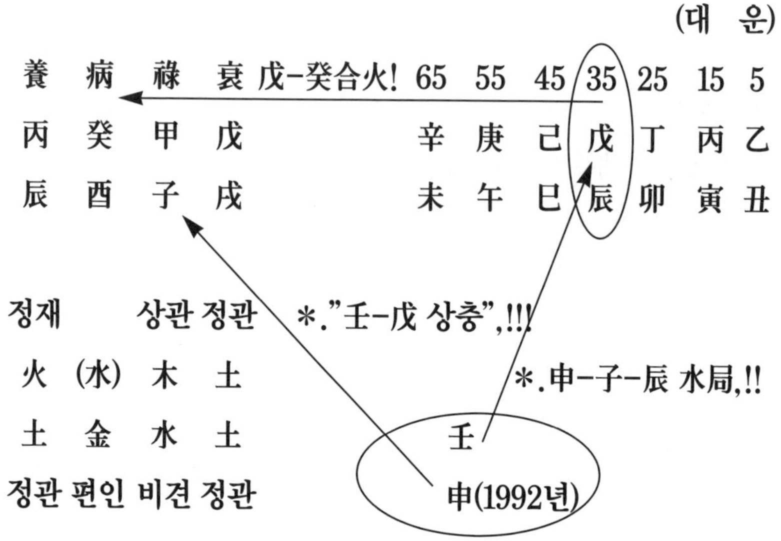

이와 같은 부분에 대해 命理秘典 下권인 간명비법상 제3편 전극(戰剋)의 법칙에는 "후천성의 운로인 대운과 세운간의 천간끼리 또는 지지끼리 상극이 된다든지 아니면 대운천간지지와 세운천간지지 모두 서로간 충돌하는 성질을 전극(戰剋)이라고 칭한다."!

하지만 고서(古書)나 원서의 일부에는 전극(戰剋)의 부분을 대운과 세운의 지지를 포함하지 않고 대운천간과 세운천간이 충돌이 일어나는 성질만 전극(戰剋)이라고 판단하고 있다.

하지만 본 저자는 "대운지지 및 세운지지 역시 상충과 상극으로 일어나는 성질이 대운천간과 세운천간이 충돌하는 성질과 일치하므로 모두 같이 포함시켜 판단하는 것이 타당하다",!라며 대단히 자세하게 기술하고 있다.

이상의 부분에 접목시켜 본 사주팔자를 간명하여 보면 1992년은

壬申년으로서 이 때 대운이 35세 戊辰대운의 대운천간 戊土가 지배되는 시점이니 전자에 언급하였듯이 사주원국 일간 癸水와 戊-癸合火로 둔갑하여 정히 용신의 기운이 되어 대길하고 있음을 말해주고 있다.

그런데 세운인 1992년 壬申년이 되자 같은 후천성인 대운과 세운간에 壬-戊 상충이 되어 이미 사주일간과 대운천간 戊土간 戊-癸合火를 방해하고 말았으니 완전히 命理秘典 下권인 간명비법상 전극(戰剋)의 법칙에 부합이 되고 말았다.

하지만 상황은 여기에만 끝나는 것이 아니고 이렇게 대운천간 戊土가 합을 방해하여 정히 용신의 기운이 깨어져버리자 이 때 대운지지 辰土가 오행별로 습토를 업고 들어와서 이미 사주명조에 월지 子水 비견과 시지 辰土 정관간 子-辰合水가 되고 있는 것을 대운지지 辰土와 다시 세운지지 申金이 합세하여 완전히 申-子-辰 삼합 水局으로 물바다를 만들어버리니 이것은 정말로 가망이 없는 것이다.

*. 일부학자들의 의견,!

여기서 일부학자들 중에서 방금 본 저자가 설명한 부분에 대하여 약간의 의문을 가지고 질문을 하고 있는데 그것은 "命理大要 저자 운정선생이 말씀하신대로 세운과 대운지지 그리고 사주명조가 합세하여 申-子-辰 삼합 水局이 되어 조후법에 丙火 정재를 용신하고 있는 것을 물바다로서 휩쓸어버린다고 하였다".!

"그러나 사주의 용신인 시상 丙火 정재가 시상에 투출되어 있는 것은 천간에 떠있는 것이니 지지의 기운은 지지와 천간은 천간끼리 그 영향력을 미친다고 命理秘典 上권에서 읽은바가 있는데 지금의 설명은 이해하기가 힘든 면이 있으므로 좀더 자세하게 설명하여 달라",라며 구체적인 회답을 요구하고 있다.

"또한 한편으로 볼 때 역시 申-子-辰 삼합 水局으로 시상에 투출되어 있는 丙火 정재 용신을 水剋火하여 파극을 하고 있겠으나 命理秘典 下권인 간명비법상 한신(閑神)의 법칙에 준하여 사주팔자 년간에 정관 戊土가 투출되어 있으니 이것을 대운에서 합을 하여 나오는 水氣를 土剋水하고 또한 월상에 투출되어 있는 상관 甲木이 이를 다시 水生木으로 흡수하여 용신인 정재 丙火를 木生火로 돌리고 있다".

"그렇다면 이상의 부분을 종합적으로 판단하면 그다지 흉함이 돌출되지 않겠다고 보는 것이며 금상첨화로 대운천간 戊土가 합을 방해하여 戊-癸合火가 되지 않을 것 같으면 본래 정관 土氣로서 이 또한 水氣를 土剋水하여 용신인 丙火를 보호할 수가 있으므로 별 문제가 되지 않을 것 같은데 이것에 대해서도 좀 더 자세한 설명을 부탁합니다",라며 구체적인 대답을 요구하고 있다.

***. 일부학자들의 의견에 대한 본 저자판단,!**

이와 같은 일부학자들의 견해에 대해서 본 저자는 약간 동감을 할수 있으나 하지만 엄밀히 따져보면 완전히 생각의 판단을 착오를 하여 동떨어진 것이라는 것을 알 수가 있다.

따라서 그 부분을 구체적으로 자세하게 파악하여 보면 학자들이 의문을 제기한 처음 문제인 천간과 지지간 분리가 되어 서로간 상극하는 의미라는 운운(云云)은 본 저자가 편찬한 命理秘典 下권인 간명비법상의 동정(動靜)의 법칙에 준하는 것으로서 분명히 그곳에는 "천간의 기운은 지지에 영향력을 미치지 못하고 지지는 천간에 대하여 분리되어 있으니 역시 그 영향력이 미미하다",라며 적고 있다.

하지만 그 부분은 1대1의 작용으로서 오행별 하나의 기준을 놓고 그 성질을 분류 판단하는 것이며 이것을 좀 더 자세하게 비유하여 설명하여 보면 하나의 천간이 있다고 가정할 때 지지에서 하나의 기운이 천간을 상극하는 것이 지지의 지장간 여기(餘氣)나 중기(中氣)에 천간의 기운을 상극하는 것이 들어 있을 경우 지지에 암장된 것은 정물(靜物)이 되어 천간의 기운을 완벽하게 상극하지 못한다는 성질을 설명한 것이다.

그러나 이 경우가 만약 동주(同柱)되어 있는 기운이 되면 즉 자세하게 예를 들면 乙酉가 되는 등으로 사주팔자에 천간과 지지에 상극이 되는 것은 지장간의 여기(餘氣), 중기(中氣)가 아니고 바로 정기(正氣)가 되고 있기 때문에 이 때는 완벽하게 천간의 乙木은 지지인 酉金에 의하여 상극을 당하게 된다.

따라서 학자들이 생각하는 것은 지지의 지장간인 여기(餘氣)나 중기(中氣)에 암장되어 있는 기운이 사주천간을 상극하는 것을 놓고 완벽하게 상극되지 않는 이유를 지장간에 암장된 정물(靜物)이기 때문에 동정(動靜)의 법칙에 거론하는 것이며 그러나 방금 설명한 지지의 정오행이 동주되어 있는 기운은 천간의 기운을 완벽하게 상극하는 것은 지지에 정오행이 작용하는 까닭이다.

다음 두 번째로 학자들이 의문을 제기한 "사주천간에 한신(閑神)이 투출되어 있는데 상극하는 오행을 맞이할 때 한신(閑神)이 용신을 보호하여 무사할 수 있지 않겠느냐",라는 부분에 대하여 역시 본 저자는 학자의 생각에 공감을 표시하는데 그러나 그러한 용신을 상극하는 기운이 얼마나 강력하게 들어오는 것인가,를 비교 분석할 필요가 있다.

그렇다면 본 사주팔자를 놓고 볼 때 그 성질을 면밀히 살펴보면 비록 사주년간에 戊土 정관이 투출되어 있고 또한 월상에 상관 甲木이 투출되어 있다하지만 그러나 이것도 동일주의적 원칙에 입각하여 하나의 상극하는 오행이 들어 왔을 때가 문제이지 이렇게 지지와 대운 및 세운이 합세하여 하나의 삼합 기운으로 들어오고 있을 때는 이미 역부족이 되는 것이다.

무슨 말인지 좀 더 자세하게 설명하면 사주에서나 운로에서 壬水나 癸水 하나만 들어오고 있을 때 이상의 한신(閑神)의 작용인 년간 戊土 정관이나 월상에 투출되어 있는 상관 甲木이 본 사주에 영향력을 행사하여 土剋水나 水生木의 법칙이 성립되어 丙火 정재 용신을 보호할 수 있는 장점이 있겠지만 이렇게 집단적으로 하나의 기운을 만들어 휩쓸어버리면 도저히 가망이 없게 된다.

이는 곧 우리일상생활에 비추어 판단하면 주먹을 쓰는 사람이 혼자라면 한신 (閑神)도 혼자이므로 1대1은 팽팽한 접전이 벌어지게 될 때 자기의 영향력을 행사하여 자기 자리를 지키고 있는 것이 되지만 이것이 집단행동인 즉 데모를 하여 밀고 들어올 때는 하나의 기운은 도저히 역부족이 되는 현상과 일맥 상통하니 아마도 이 부분을 생각하면 쉽게 이해가 될 것이다.

결국 이상의 맥락에 비추어 볼 때 아무리 한신(閑神)이 투출되어 있다해도 왕성한 水氣를 형성하여 사주상의 용신을 치고 들어올 때는 이미 역부족이 되는 것을 알 수가 있을 것이며 이는 곧 유독 본 저자의 사주팔자에서만 적용할 것이 아니라 모든 사주명조에 적용시키는 것이 타당하고 또한 명리의 척도를 판가름하는 중요한 부분이 되는 이유가 여기에 있다해도 과언이 아니다.

실제로 본 저자는 35세 戊辰대운이 지배되는 1992년 壬申년에 전자통신사업을 하던 중에 마이크로웨이브 전송통신설비를 마치고 귀가하던 직원이 술을 마시고 음주운전을 하여 빗길에 중앙선을 침범, 마주 오는 오토바이와 승용차를 연달아 충돌하여 5명이 그 자리에 즉사하고 2명이 중상을 입는 참사를 당하였던 것이다.

본 사고차량은 4,5톤으로서 모든 종합보험에 가입이 되었으나 음주와 중앙선침범, 과속등으로 8개항목에 모두 저촉되어 종합보험혜택을 받지 못하고 개인회사 명의인 차주가 본 저자로 되어 있는 약점 때문에 하루아침에 모든 재산압류를 당하였으며 급기야는 수표부도까지 몰리면서 사업이 파산되어 하루아침에 거지신세로 돌변하였던 것이다.

아마도 본 저자는 그 때 모든 것을 근신하고 오르지 흉운을 지나가기만 기다렸다가 주위의 권유인 사업을 시작하였더라면 아마도 그러한 대실패를 겪지도 않았을 것인데 한순간 역(易)을 독파하였다는 자만심은 살운(殺運)이지만 운을 알기에 대성공을 할 수가 있다는 독버섯처럼 가슴 한가운데 피어오른 생각이 기신(忌神)의 운에서는 역시 본인도 운을 지배받는 하나의 작은 동물에 불과하였던 것이다.

결국 뿌린 것만큼 거두는 현상이었고 뼈아프게 후회한 것은 본인 역시 인간이었기에 기신(忌神)의 운로에서 아무리 역학의 대가(大家)라 할지언정 마땅히 살운(殺運)을 극복하고 삼가 근심하여 살운(殺運)에 대처를 하여야 평운으로 전환할 수가 있을텐데 조금의 역(易)을 안다고 자만을 부렸던 것이니 그에 대한 철퇴는 응당 마땅하다 할 것이다.

하지만 그러한 아픔은 오늘날 본 저자를 만들어주었고 이제는 하나의 하늘에 기운을 더욱 더 증진하여 역학계(易學界)에 이바지할 시점이 되었으니 오늘날의 본 저자를 탄생시킨 하나의 기틀이 되었다는 것은 아무도 부인할 수가 없으나 지난날의 역(易)을 독파하였다는 본인의 오만스런 생각은 지금도 가슴깊이 반성하고 있다.

다시 앞으로 다가올 45세는 己巳대운이다.

따라서 이 때부터 본 저자가 새로운 희망과 발복이 예상되고 있는데 그것은 대운천간 己土가 사주일간 癸水를 주동하여 볼 때 편관이 되어 용신의 기운을 보호할 수 있는 한신(閑神)의 작용과 일간이 신왕하니 원칙적으로 길신이 되고 있다.

일면 사주일간 癸水를 癸-己 상충을 하여 일간의 기운이 흔들리는 일면이 있겠으나 사주원국 월상에 투출되어 있는 상관 甲木이 甲-己合土로 부합을 시키고 있으므로 별 문제는 되지 않으며 시상에 丙火 용신이 대운지지 巳火를 대조하니 십이운성 건록지에 자리를 잡고 있으므로 대단히 승승장구하는 것을 알 수가 있다.

더하여 대운지지 巳火가 일간 癸水에 대한 정재의 운로로서 정히 용신의 기운이 되고 있는데 일면 사주팔자 일지 酉金과 巳-酉合金으로 변화되어 흉물이 돌출될 수 있는 일면이 있겠지만 그래도 지지는 방향을 중요시하여야 되니 巳火의 잔여기운이 남아 있어 조후법에 충족시키는 것이 되므로 길흉이 상반되겠으며 그다지 많은 재화는 돌출되지 않고 약간의 기복이 있을 것이다.

다시 55세는 庚午대운이다.

따라서 대운천간 庚金이 비록 사주원국에 인수가 되어 시상에 투출되어 있는 丙火 정재를 丙-庚 상충, 그리고 월상에 투출되어 있는 甲木 상관을 甲-庚 상충하여 신왕한 일간을 더욱 더 생조하는 일면이 있겠으나 대운지지 午火가 사왕지지(子, 午, 卯, 酉)로서 정히 태양과 같은 불길이니 대운천간 庚金을 火剋金하여 기신(忌神)의 역할을 하지 못하게 된다.

더하여 대운지지 午火가 사주원국 丙火 정재가 午火를 십이운성에 대조를 하니 丙-午는 제왕지에 해당하고 있는 것은 정히 용신의 기운이 대단히 왕성하여 대발전을 이룩하는 것인데 금상첨화로 사주원국 년지 戌土 정관과 午-戌合火로 火氣를 더욱 더 왕성하게 하므로 이 때가 본 저자가 세상에 태어나서 일생동안 최대의 전성시절임을 미루어 짐작하고 있다.

***. 일부학자들의 의문,!**

여기서 일부학자들 중에는 한가지 의문을 가지면서 질문을 하고 있는데 그것은 "비록 대운지지 午火가 정히 용신의 기운이 되어 길한 것은 사실이지만 일면 사주팔자 월지 子水 비견을 子-午 상충으로 가격하고 있으니 이것은 子水 비견이 사주강약도표에 준하면 약 30%의 기운이 되어 왕신(旺神)의 성질이 되고 있으므로 이것을 상충으로 파극하는 것은 왕신이 발동하여 일면 흉함이 돌출하지 않겠느냐",라고 의문을 표시하고 있다.

***. 일부학자들이 의문을 제기한 본 저자판단,!**

여기서 일부학자들이 말한 부분에 대하여 본 저자는 약간의 판단의 생각을 달리하고 있는데 그것은 지금 학자들이 거론한 부분이 무조건 왕신(旺神)의 성질을 가격하여 흉함을 돌출한다는 부분에 대하여서는 판단의 기준을 신중히 하여야 된다.

그것은 명리의 척도가 중화(中和)의 기점에 얼마나 신강이나 신약쪽으로 멀어져가고 있느냐에 따라 왕신을 반발할 경우 상극의 의미를 생각하여야 될것이며 그러나 본 저자의 사주는 중화(中和)의 기점에 육박하고 오히려 신왕한 사주인 것을 기신(忌神)인 子水 비견이 되고 있는데 기신(忌神)를 운로에서 제거함에 따라 더 이상 기신(忌神)으로 작용을 하지 못하니 이것은 대단히 길하게 되는 이유가 여기에 있다.

하지만 앞으로 다가오는 65세 辛未대운부터 본 저자의 운명이 내리막길인 것을 알 수가 있다.

따라서 대운천간 辛金이 일간 癸水에 대한 편인의 운로로서 신왕한 일간을 더욱 더 신왕하게 생조하면서 사주원국 시상에 투출되어 있는 丙火 정재가 丙-辛合水가 되어 기신(忌神)으로 변화되는 성질과 함께 합을 탐한 나머지 기반(羈絆)이 되고 있으므로 이것은 대단히 좋지 못하게 된다.

이것을 육친통변법으로 좀 더 자세하게 판단하여 보면 대운천간 辛金은 편인이니 편인이 기신(忌神)이 되어 사주일간 癸水를 생조하는 것은 질병을 의미 하고 더하여 용신 丙火의 기운이 기반(羈絆)되어 용신으로서의 제 역할을 망각한 채 역시 기신(忌神)인 水氣로 변화됨에 비추어 볼 때 水氣는 비겁이므로 곧 금전적인 문제와 건강상 대단한 고통을 의미하고 있는 것이다.

그러나 대운지지 未土가 오생별 성질로 볼 때 조토로서 편관이 되는데 이와 같이 대운천간 辛金이 丙-合合水를 하여 나오는 水氣를 사주년간 戊土 정관과 대운지지 未土가 같이 합세하여 土剋水하여 방어를 할 수 있는 잇점이 남아 있으므로 목숨까지는 위태로울 정도는 아니나 대운지지 未土가 지배되는 마지막 9수가 생명이 위험하다.

이것은 다가오는 75세 대운이 壬申대운으로 신왕한 일간을 더욱 더 신왕하게 만들면서 조후법에 丙火를 상극하는 의미가 대단히 강력하고 비록 사주년간 정관 戊土가 土剋水를 하여 방어를 한다지만 대운지지 申金이 사주에 이미 子-辰이 들어 있는 것을 완전히 申-子-辰 삼합 水局으로 변화되므로 완전히 가망이 없는데 그렇다면 65세 辛未대운이 끝날시점인 9수인 74세에 한많은 본 저자의 생이 마감되는 것을 예상한다.

※참고로 지금까지 역술가(易術家)의 운명에 준하여 본 저자의 사주원국을 육친의 통변법에 적용시켜 간명하면서 대운의 흐름까지 관찰하여 보았는데 본장 역술가(易術家)의 운명도 역시 사주격국이 순수하고 용신이 강령함을 요구하는 것은 두말할 필요가 없을 것이며 더하여 대운의 흐름이 정히 용신이나 희신으로 치달려야 대부귀를 누릴 수가 있다.

지금까지 본 서 命理大要 下권을 기술하였지만 후편인 雲情의 特秘 上, 下권 에서는 간명의 특비(看命 特秘)라 하여 운명감정을 받으려 온 사람이 무슨일로 왔고 그에 대한 해답은 어떻게 내려야 할 것이며 또한 육친 및 조상의 운명과 선산묘지에 대한 특별비법을 수록하고 있고 또한 사주주인공이 태어날 때부터 죽음을 맞이하는 순간까지 실제인물에 준하여 간명하고 있음을 참고 바라면서 본 서 命理大要 下권을 여기서 종(終)한다.

雲情선생님 歸天日에 대하여

운정선생님은 음력으로 1958. 11. 12. 辰 시에 출생하였으며 이를 토대로 사주와 대운을 뽑아보면 다음과 같다.

시	일	월	년		65	55	45	35	25	15	5
丙	癸	甲	戊		辛	庚	己	戊	丁	丙	乙
辰	酉	子	戌		未	午	巳	辰	卯	寅	丑

1. 일간의 강약 : 癸水일간이 겨울철인 子月에 출생하여 得領하였고, 일지 酉金의 生助및 시지 辰에 通根하고있어 身旺하다

2. 用神 : 調候 및 抑扶法에 일치하는 火氣를 主用神으로 삼고' 火를 生助하는 木은 喜神으로, 火를 水氣로 부터 보호하는 土는 吉神으로 삼는다. 단, 辰土와 丑은 제외한다

3. 이에따라 사주 원국을 살펴보면 時上에 丙火 正財가 투출하여 眞用神이 존재하고 있으며 月上에 甲木 傷官이 喜神으로서 이를

생조하고 있고 년간에 무토길신이 자리잡고 있다

운정선생님은 양력으로 2001. 12. 28. 丑시에 歸天하셨는데 이날 운세를 사주원국과 비교하여 살펴본다.

사 주 원 국	운명하신 년	월	일	시	대운수
丙 癸 甲 戊	丁	乙	庚	辛	戊
辰 酉 子 戌	丑	丑	子	巳	辰

1. 사망하신 2001년은 선생님이 44세 되던해로 戊辰대운중 辰의 영향하에 있는데 辰土는 濕土로서 忌神운에 속하며 이 대운지지 辰이 사주 원국의 월지및 사망하신 월의 월지 子水와 子-辰 合水하여 忌神인 水가 대단히 강화되어 있고

2. 사망하신 辛巳年 년지 巳火는 원래 대단한 用神氣運, 사주원국의 일지 酉 및 사망하신 당일 일지丑, 운명하신 시간의 시지丑과 巳-酉-丑 三合金局 忌神으로 변해 버렸으며

3. 사망하신 辛巳年 천간辛은 사주원국의 眞用神인 時干丙火를 丙-辛合水하여 제거해 버렸고

4. 사망하신 庚子月의 庚金 사주원국의 喜神인 月上甲木을 甲-庚相沖으로 가격하여 喜神이 파괴되었다 결국 사주원국이 대운 세운 월운 일운 심지어 시운과 合沖 변화를 일으켜 用神과 喜神 기운이 철저히 파괴되어 아쉬운 생을 마감하시게 되었다.

5. 어떻게 이럴수가 있는지, 아쉽고 아쉽고 아쉽기만 하다. 다시 한번 선생님의 명복을 빌면서 미진한 해설을 줄인다.

편집후기

장마가 끝나니, 어느새 계절의 끝자락이다.
몇일후면 8月…

이제서야 마지막 명리대요 하권의 편집작업을 마친다. 선생님께서 남겨두신 원고가 명리대요 上, 中, 下, 합충의 특비, 그리고 운정특비… 해서 모두가 다섯권이다.

이중 명리대요 上, 中, 下, 합충의 특비, 그리고 명리비전 上권이 그동안 작업으로 편집되고 출간이 된다. 더디고 무딘 내가 나름대로 한다고 했으나 더디긴 매일반이다.

명리대요 상권과 합충의 특비가 나가고 나서 여러 독자님들로부터 격려의 전화를 받았다. 여러 좋은 말씀들 중에서 "책값이 하나도 아깝지 않은 책입니다. 고맙습니다."하고 간단하게 일러주신 분의 전화에 난 참으로 잔잔한 감동과 고마움을 느꼈다. 이런걸 보람이라고 하는걸까…

고마우신 몇몇분에게 꼭 감사의 말씀을 드리고 싶다.

포항 자비사 혜정스님에겐 다시한번 그 마음 쓰주심에 감사드린다. 그리고 멀리 LA에서 전화 주시고 명리대요 발간사까지 써 주신 캘리포니아 주립대학 종교철학과 정 영복 교수님껜 선생님께서 주신 격려와 감사가 내겐 얼마나 큰 위안이고 용기였는지 이렇게 지면으로나마 다시한번 감사의 말씀을 드린다. 이런저런 내 질문에 아낌없는 조언을 주신 운허 한 규용 선생님, 대구 혜명스님 모두에게 그져 감사하단 말밖엔 할게 없다.

그리고 마지막으로 이름모를 독자님들의 전화격려에 여러분의 공부에 진전있기를 기원하며 감사에 대신한다.

책이 만들어지는 과정에서의 여러가지 미비점들은 모두 부족한 내 탓이니 독자님들의 이해를 바라고 부디 미흡한 점이 있더라도 저자의 최선을 다한 작품이니 만큼 모두의 발전에 밑거름이 되었으면 한다.

김 경 렬

명리대요(下)

2009년 9월 17일 초판 인쇄
2015년 11월 23일 초판 3쇄 발행

지은이 | 雲情 秋一鎬
펴낸곳 | 도서출판 청연

주소 | 서울시 금천구 시흥대로 484 (2F)
등록번호 | 제 18-75호
전화 | (02)851-8643 · 팩스 | (02)851-8644
E-mail | chungyoun@naver.com
홈페이지 | www.chungyoun.co.kr

ISBN 978-89-7569-371-7 93180